U0924803

主办：
四川大学法学院刑法学科
四川大学刑事政策研究中心

Criminal Law
Interpretation Review VOL.6

# 刑法解释



魏　东主　编

2021

总第6卷

法律出版社
LAW PRESS · CHINA

# 目　录

## 判例刑法学

# 卷 首 语

魏 东

《刑法解释》(总第6卷)系国家社科基金项目重点课题“刑法解释原理与实证问题研究”(12AFX009)的阶段性成果,获该课题经费资助出版。本卷共设四个栏目,载文20篇。其中,“特稿”和“刑法解释学”两个栏目共载文9篇,专题研讨刑法解释论的学术论文;“刑法教义学”栏目载文6篇,专题研究法定犯、行政犯、违法相对性、刑事义务论、酌定情节法定化等刑法教义学问题;“判例刑法学”栏目载文5篇,专题研究侵犯公民个人信息罪、受贿罪、敲诈勒索罪、抢劫罪等争议案件的解释适用问题。

本卷“特稿”栏目登载林维教授和袁林教授的刑法解释学论文各一篇。林维教授的大作《论刑法学理解释的权力作用机制》从权力作用的机制着手,分析刑法学理解释产生影响的内在规律,指出,如果我们将权力定义为是一个意向性的概念,则它潜藏在主体之间的关系之中,可以将权力理解为在社会关系中某些人对他人产生预期效果的能力,即权力是令预期效果产生的能力,是可以占有未来利益的手段;将刑法学理解释也纳入刑法解释的权力分析之中,也正是因为刑法学理解释同样在或多或少的程度上具有影响刑事立法、司法的能力。袁林教授的大作《刑法解释范式创新:科学与人本的融合》指出,根据库恩的范式原理,当今世界的刑法解释可以分为两种主要的范式,即受科学主义影响而形成的规则主义解释范式(或称法条主义的范式)和受人本主义影响而形成的人本主义(以人为本)解释范式;我国当今的刑法解释范式主要是规则主义的解释范式,鉴于规则主义解释范式弊端的日益突出,应当在以人为本为核心的科学发展观指导下,确立科学与人本有机融合的人本主义解释范式,实现我国刑法解释理论的突破,实现司法民主。

本卷“刑法解释学”栏目中,魏东教授所著《中国刑法解释(学)的学术考察》一文系统总结了当代中国最近二十余年刑法解释理论研究取得的成就和发展,主张参照法理学意义上的法律解释学与部门法解释学的理论体系,刑法解释学的理论体系可以依次安排为“绪论”“本体论”“实证论”三论;作为刑法解释学的本体论,应系统阐释刑法解释、刑法解释价值(原则)、刑法解释功能(任务)、刑法解释类型、刑法解释立场、刑法解释限度、刑法解释主体、刑法解释权、刑法解释对象、刑法解释方法、刑法解释结论等十一个基本范畴,通过刑法解释学基本范畴体系的系统阐释来构建刑法解释学的基本原理,努力实现刑法解释学教义学化,体系化地提出能够有效解决刑法解释问题的理论答案;作为刑法解释学的实证论,在本质上应当说是进一步贯通地运用刑法解释学教义学原理和刑法教义学原理以解决刑法实践问题的综合论,因而实证论研究应当成为当下和将来刑法解释学研究的重要方面。由陈忠林教授、袁林教授、胡启忠教授、唐稷尧教授所做的学术报告《刑法学的法理诠释与学术路径》,围绕着“关于刑法研究的学术思考”,从刑法的研究方法与刑法学位论文的写作方法两方面展开了颇具教益的论述。田维博士的《刑法目的解释的关系论考察》一文指出,刑法机能与刑法目的的认定相关,刑法目的解释应当兼顾法益保护与人权保障,以人权为基本价值立场不会限制刑法的法益保护机能,反而符合法益的现代精神,能够遏制工具主义刑法观对刑法解释的不利影响;刑法目的解释的适用必然涉及其与立法者目的、法条目的的关系,应当兼顾二者的重要特性,将其作为刑法目的的重要维度进行考量;囿于刑法解释的特殊性与罪刑法定的原则要求,立法者目的论应当作为刑法目的解释的基本原则,法条目的论在确有必要时应当谨慎适用。刘浩博士的《法教义学语境下的刑法解释理念》一文指出,由于我国当前的形式法治优先的教义学立场倾向,以及法教义学被赋予的法治构建的功能期待等,应当将谦抑性作为我国刑法解释的基本理念,并在此基础上倡导谦抑性理念的具体功能导向,以切实地发挥谦抑性理念在刑法解释的过程中的作用;以谦抑性作为刑法解释的理念符合刑法人文关怀走向的趋势与社会治理的体系化与现代化的治理诉求。张光云教授的《刑法的实质解释论与形式解释论之溯源》一文首先对日本刑法学界的实质犯罪论与形式犯罪论之争的经纬、双方的基本观点以及相关的社会背景、理论背景做了一个简单梳理,并加以探讨;其次对二者立场的渊源性思想背景予以分析,进而讨论与之相关联的法解释客观性问题,探讨凯尔森博士的“框架”理论与长尾龙一教授的“富士山”理论。刘秀副教授的《刑罚导向主义的刑法解释方法》一文指出,刑法具有确定性和不确定性双重属性,对于具有不确定性的刑法问题,实际上是没有标准答案和唯一结论的,因此在解释刑法时,可以在罪刑法定原则的框架范围内,以刑罚为导向解释刑法和适用刑法,即可以由刑及罪,由刑罚倒推罪名,以满足罪责刑相适应的要求和达到最好的社会效果,实现实质正义。肖敏副教授的《论法官的刑法解释》一文指出,目的解释论已成为刑法严格解释的基本准则,而法官解释的主体地位在我国法律体系中一直未能得到确证,但无可否认的是,法官解释确实是一个普遍存在的事实,制度性剥夺或否认法官解释权直接损害了司法正义,故应明确我国法官刑法解释的地位,同时,为规制和防范法官滥用解释权,常识、常情、常理应成为法官刑法解释的终极指引。

本卷“刑法教义学”栏目中,王昭武教授的《法秩序统一性视野下违法判断的相对性》一文指出,不同法域之间的违法判断究竟是必须保持统一,还是应当具有相对性,甚至彼此独立,对该问题的回答将直接决定对涉及“民刑”交错以及“行刑”衔接问题的案件的判决结果;该问题的实质在于“违法判断相对性”与“违法判断多元性”这两种判断理念之间的对立,正确的方法是在法秩序统一性的视野下,以违法统一性为基础进行违法的相对性判断;因此,民法或行政法允许的行为,必然不具有刑事违法性;而民法或行政法禁止的行为,则未必具有刑事违法性;对民法或行政法认为并无保护之必要的利益,不能认定侵害行为具有刑事违法性。付玉明教授和孔臻臻硕士的合作研究成果《网络时代刑法术语的现代考察》一文指出,词语本身的含义具有流变性,在网络时代下有了更多解释的可能性,尤其是网络新兴术语扩张了刑法适用领域,对于传统构成要件要素的解释范围带来冲击;从文义解释的方法论上来讲,词语的外延无论怎样进行扩张,传统文义解释的结论仍然根深蒂固,在网络时代刑法既要当好“守夜人”又要具有时代进步性,刑法的语义解释向语用解释的转向,不仅提供了一个新的研究路径,又能够切实解决立法滞后性的难题。悦洋博士的《法定犯时代的刑事义务论——修正保证人说》一文指出,在工业化和城市化社会,法定犯罪成为犯罪现象的主要形态,并在犯罪现象总量中占据绝大多数,刑法明示的刑事义务具有强烈的法定犯风格,但在学理研究和司法实践中,实质化的刑事义务却大规模地侵入到典型的自然犯罪之中;义务犯理论揭示了支配犯和义务犯两种类型犯罪的根本性差异,属于义务犯领域内的不纯正不作为和作为的等价性并不是体现在支配原因力,而是体现在归责理由的实质相同——对来自刑法赋予的特别义务的违反;和考夫曼支持的将各种形式法义务进行划分的旧保证人说、许乃曼主张的以事实支配统摄的新保证人说相区别,修正保证人说要求刑事义务首先必须有坚实的实在法基础,只有刑法规定的义务才能成为修正保证人的义务来源;修正保证人义务的实质化应当对标法定不作为犯,恪守刑事义务的边界。先德奇副教授的《论行政犯客观违法要件的关系——基于双重违法性的比较分析》一文指出,在中国语境下,我国行政犯具有行政违法和刑事违法的双重属性,行政违法与刑事违法的“质量差异”,决定了行政犯行政违法和刑事违法的双重构造;在行政犯的双重客观违法要件关系中,一方面,行政违法的客观构成要件制约着刑事违法的成立,反之,刑事违法客观要件的成立依赖于行政违法要件,行政犯空白罪状的内容,需要行政违法客观要件的介入和填充,且在法益侵害的类型和程度上以行政违法客观要件为标准;另一方面,刑事违法客观要件又具有独立性和高标准性,以实现刑法严格的犯罪成立之筛查机能。谢雯昕博士的《法定犯视角下前置法规范的刑法接纳问题研究》一文指出,我国刑事立法随着风险社会与法定犯时代的到来频繁调整,前置法规范持续被刑法所接收,前置违法行为入刑的趋势明显,而且还有进一步扩大的征兆;从刑事司法现状来看,实践的通常做法是全盘接收前置法的规定、标准、处理结果等,过度依赖前置法,在很大程度上,前置法成了行为入罪的依据,架空了刑事违法性的独立判断;为了突破这一困境,有必要明确刑法与前置法补充协调和前提的互动关系,明确前置法在犯罪构成中构成要件的作用和地位,再对新时代下的犯罪法益重新定义,这样才能探索更高效、可操作性更强的前置法司法接纳方式。陈荣飞副教授和肖敏副教授的合作研究成果《再论酌定情节法定化之法理》一文指出,酌定情节法定化是自古以来世界各国有关量刑情节立法的发展趋向,在这一立法趋向的背后有其深刻理论根基;酌定情节法定化是近代以来的限权理论、刑法的三大基本原则(罪刑法定原则、适用刑法人人平等原则、罪刑相适应原则)的内在要求,同时也是人类对犯罪这一社会现象的认识规律的必然要求。

本卷"判例刑法学"栏目中,周加海博士、邹涛博士、喻海松博士的合作研究成果《侵犯公民个人信息罪的解释适用》一文就《关于办理侵犯公民个人信息刑事案件适用法律若干问题的解释》的制定背景、起草中的主要考虑和主要内容从解释论角度予以了详尽的分析,以便于司法实践的正确开展。邓君韬副教授和龚宏川硕士的合作成果《立体刑法学视野下争议案件解释路径探寻》一文指出,化解刑事争议案件的关键是既强调法律的原则性同时也注重刑法教义学解释论运用,不仅保障一般正义,也要努力实现个别正义;可以立体刑法学理论辅助刑法解释方法论完善,发挥刑事裁判在维护公众道德、规范社会秩序等方面的积极功能。张理恒博士的《受贿罪中特定关系人参与疑难问题探析》一文指出,对于特定关系人利用国家工作人员职务便利为请托人谋取利益并收受财物,国家工作人员事后知情并未退还或上交的行为,考虑到国家工作人员怠于履行退还上交义务(故意的不作为)进一步强化了贿赂的不法占有状态,可以肯定国家工作人员成立受贿罪;对于特定关系人作为国家工作人员的代理人向请托人索取或收受贿赂超出了国家工作人员的授意范围,对于超额部分除非国家工作人员事后知情否则不能要求国家工作人员担责,特定关系人其实利用了国家工作人员的不知情使其实施受贿罪中的身份性行为,而本人则实施收受财物行为,故可以肯定特定关系人成立受贿罪的间接正犯或共同正犯,不成立利用影响力受贿罪或诈骗、侵占等普通财产犯罪。魏再金博士的《政府作为敲诈勒索对象之法理检视》一文指出,从教义学立场来说,上访行为不能被评价为敲诈行为,政府并非权利相对人,政府作为非自然人不会陷入恐惧,政府救助费不能被视为敲诈所得,因此政府作为敲诈勒索之对象不具有教义学依据;从刑事政策立场来说,政府作为敲诈勒索对象隐藏钓鱼执法风险,而我国钓鱼执法出罪存在较大困境,因此否定政府作为敲诈勒索对象之刑事政策意义;将政府作为敲诈勒索之对象是"综治"思维的产物,尤其需要警惕后劳教时代敲诈勒索罪成为劳教的"变种";基于权利保障的立场,于长远之计应该由立法机关通过修正案明确将政府排除于敲诈勒索的对象之外,于当务之急应该由最高司法机关出台司法解释或者指导案例将政府排除于敲诈勒索的对象之外。钟凯博士和杨蓉法官的合作成果《抢劫中"抗拒抓捕"的目的性限缩》一文指出,《刑法》第269条事后抢劫中所规定的以暴力或暴力相威胁的方式"抗拒抓捕"的行为能否一概转化为抢劫罪,需要结合刑事诉讼的目的以及强制措施的原则从刑法解释论的角度加以分析;对“抗拒抓捕”一词的含义应在人权保障目的下进行必要的限缩,不当或过限抓捕在性质上应属不法,而由此引起适度反抗,只要在目的、方法、手段、程度等方面符合限定之条件,就不应解释为抗拒抓捕,也不能转化为抢劫罪。

# 特　　稿

## 论刑法学理解释的权力作用机制

林　维*

刑法学理解释，通常认为是国家宣传机构、社会组织、教学科研单位或者个别学者、专家和法律工作者，从理论上、学术上对刑法规定含义进行阐明的活动，或者是对刑法规定含义进行阐明的结论。① 在我国，刑法学理解释被认为是一个无权解释，即并没有法律上的拘束力，仅仅具有学理上的参考价值。同相对意义上的有权解释不同，刑法学理解释一般而言仅仅是个体性的解释，即便通常认为刑法学理解释的主体也包括一定的学术机构，但这样的实践极其少见，其在整体上仍然是个体的学者在理论上对刑法所作的解释，而有权解释无一例外是机构性解释。不过，如果我们将权力定义为一个意向性的概念，则它潜藏在主体之间的关系之中，可以将权力理解为在社会关系中某些人对他人产生预期效果的能力，即权力是令预期效果产生的能力，是可以占有未来利益的手段。将刑法学理解释纳入刑法解释的权力分析之中，也正是因为刑法学理解释同样在或多或少的程度上具有影响刑事立法、司法的能力。本文尝试从权力作用的机制着手，分析刑法学理解释产生影响的内在规律，以便对刑法学理解释能够有更为深入的理解。

### 一、作为权力影响手段的权威说服

刑法学理解释的基础既然在于其理论和学术性，那么其权力的来源同样需要从这一方面去寻找。权力影响的形式和策略是极其复杂的，“一切可以想象的个人品质和一切可以想象的环境组合，都可能使他有条件在给定情况下强行实现他的意志”，②这就说明存在多种多样的基础，在此基础上某人可以对他人行使权力，这种基础包括对

---

* 林维，法学博士，中国社会科学院大学教授、博士研究生导师。

① 参见李希慧：《刑法解释论》，中国人民公安大学出版社 1995 年版，第 227 页。关于刑法学理解释的对象等内容，有关的讨论可以参见赵秉志、苗晓亮：《刑法学理解释的基本问题》，载赵秉志、张军主编：《刑法解释问题研究》，中国人民公安大学出版社 2003 年版，第 273—274 页。

② Weber, Economy and Society, Volume One, p. 53.

声望的考虑、说服、操纵、责任感、习惯、性爱和个人魅力,以及对肉体上或经济上惩罚的恐惧。因此,我们一般将其分为:武力、操纵、说服。所谓的说服,即如果A向B提出论据、呼吁或劝告,B根据自己的价值观和目标独立地估量其内容之后,接受A的意见作为自己行为的依据,那么A就已经成功地说服了B。[①] 由于B接受A论点并不是因为惩罚、奖励或者义务的约束,而且B完全可以反对A的论点,因而通常不被作为典型的权力形式对待。因为人们通常认为,说服的平等主义秩序与等级的权威主义秩序总是相对立的,事实上,说服在形式上也的确缺乏权力关系的非对称性,而更像一种互惠的交谈。但是说服代表了一种影响的手段,尤其是不同的说服手段所凭借的资源完全不同,影响的程度也完全不同,对于一些利用了当时社会中有重要影响力的资源的人而言,尤其是在说服的手段同其他一些强制性的权力交往而相互利用的场合,说服带有了一定的强制性。因此,像其他权力形式一样,说服依赖于分配不均的资源,而声誉也是说服的资源。占有卓越的知识和技能、地位高、受他人爱戴,都可能成为行使权力的基础。

刑法学理解释当然是希望被人尤其是被有权者或有权机关所接受,这是每一个解释行为的潜在目的。这种接受—被接受的关系建立在很复杂的基础之上,而其中的核心结构就是知识和技能的社会权力的存在,对象服从权威的指令是出于信任权威有卓越的才能或专门知识去决定何种行动可以最好地赋予对象利益与目标。虽然有的人认为说服不同于权威,因为成功地说服所涉及的对象是基于独立评价说服者的信息而对其内容的接受,权威所涉及的对象是基于其来源如是其内容而对指令的遵从。[②] 但是,对象接受某一结论并非盲从,仍然经过了精心判断,权威地位并非一下子形成的,同样依赖于其长久以来的结论的可信服性、可利用性,在知识的接受—被接受关系中形成的权威,其地位的形成即使不是全部也主要地依赖于其结论,而不是单纯的来源。当我们说,应该听从专业人员的劝告,因为它是专业人员给出的,而不是因为它是或可以根据其有证据的功过作出的评价,我们不能认为职业权威的特殊来源就是专家身份的责任,同时还要注意到这一劝告内容的合理性。两者是互为因果的。

## 二、刑法学理解释的权威说服性

作为刑法学理解释,如果要求取得其实践意义,必然要回到权力机构之中,希望能在具体个案中被采纳,或者能够转化成为一种规范,所谓为立法机关或者司法机关献

① 参见[美]丹尼斯·朗:《权力论》,陆震纶等译,中国社会科学出版社2001年版,第37页。

② 参见[美]丹尼斯·朗:《权力论》,陆震纶等译,中国社会科学出版社2001年版,第61页。

计献策也是很多学者的任务之一,直接参与刑事立法、司法更是学者所重视的职责之一。①

首先,社会分工造成了专业分化,尤其是在法学从政治学等学科中的独立基础之上,各法学学科之间也具有了越来越独立的倾向,形成了各自的“专业槽”,这种专业的无限度区分使知识越来越倾向于精确细致,每一个体所熟悉的知识领域越来越小,甚至在每一部门法中也会区分出不同的研究专长,从而形成不同的权威,并促成了即便是权威之间也要发生的知识依赖。从法治的内在思路来看,法治本身要求法律具有最高的权威,要求一个完美无缺的法律文本,也就要求有一个独立中立的法律科层能够对法律含义进行阐明,这一内在逻辑要求法律复杂化、技术化、专业化和职业化,要求法律科层的扩张和霸权。自由主义国家中存在一套独立的法律准则,一种专业化的法律机构体系,一种明确表述的法律理论传统即具有自己相对独立的观点、利益和理想的法律职业集团。法治就因此成了“以职业的自治性为特征,一个由本身活动、特权和训练所确定的特殊集团即法律职业集团,操纵了规则、充实着法律机构和参与法律争讼的实践”。②

事实上,从我国的刑法学理解释的发展中也可以看到这样一种更趋精细的态势。从出版物上看,③在中华人民共和国成立初期,主要的讨论围绕如何镇压反革命、有关“三反五反”的政策法令、惩治贪污等问题进行政策性解说,刑法学理解释往往集中在一些较为宏观的问题,如犯罪的本质、刑法的阶级性、犯罪的基本特征等。1954 年以后,才逐渐开始了对有关法律条文的资料汇编、研究,随着对肃反问题、对敌斗争路线和政策等问题思考,但此时几乎也没有对某一特定的问题进行系统思考。1979 年之后,随着《刑法》的颁布,开始对某一具体的专业问题进行资料汇编、研究工作,如滥用职权违法犯罪资料汇编等,但是大多数仍然集中在一般性问题或者总类的笼统叙述。这一阶段的学术论著和论文也同样具有这一特点,少有专题性研究论著,有关专题性的论文也都是在 1980 年以后才开始陆续发表,对总则和分则的一些特定问题进行了越来越深入的阐释。而 20 世纪 90 年代以来,学术的专题论著越来越多、研究的问题越来越细、使用的话语越来越多样化。这一趋势同刑法规范的体系化相结合而更加明

① 例如,高铭暄教授自 1954 年至 1979 年,自始至终参加起草了中华人民共和国第一部《刑法》的工作,在 1988 年至 1997 年,作为刑法专家又应邀参加了 1997 年《刑法》的修改工作,在 1980 年其参加了中国立法机关指定单行刑法的起草研讨工作,在 1980 年起多次应邀参与最高司法机关指定刑事司法结合研讨咨询工作,参见肖中华:《高铭暄教授》,载赵秉志主编:《刑法评论》(第 1 卷),法律出版社 2002 年版,第 79 页。又如,王作富教授自 1978 年开始参加我国《刑法》的起草工作,1988 年担任刑法总则修改组组长。20 世纪 90 年代以来,应邀参加反贪污贿赂法的起草工作,多次应全国人大常委会法制工作委员会邀请参加对《关于严惩卖淫嫖娼的决定》等一系列单行刑事法律草案以及专门问题的研讨,并自 1990 年起,多次应最高司法机关邀请参加司法解释创制中的研究工作,参见田宏杰:《王作富教授》,载赵秉志主编:《刑法评论》(第 2 卷),法律出版社 2003 年版,第 29 页。

② [美]昂格尔:《现代社会中的法律》,吴玉章等译,中国政法大学出版社 1994 年版,第 47 ~ 48 页。

③ 相应的资料汇编可以参见高铭暄主编:《新中国刑法学研究综述》(1949—1985),河南人民出版社 1986 年版,第 378 页。

显,刑事立法、司法人员也迫切需要学术的指导,进入理论的思维范式之中,使用学术话语来统一论证自己的行为,强化自己的正当性。

其次,在一个日益技术化的社会中,法律的复杂化、技术化、专业化和职业化使其不断扩张成为规范人们生活的体系,并且在将生活格式化后成为人们生活的本身。而与此同时,法律越来越依赖解释,法律越来越抽象,因而与人们的日常生活和语言之间发生了间隔,当我们说到所有权、使用权、留置、抵押,当我们讨论数罪并罚、结果加重犯、连续犯、继续犯、持续犯等概念的时候,日常生活的知识已经远远不足,“专门词语和专门手段开始产生影响,使人意识到法律机构已与公众疏离,法律本身作为一系列条规和准则以及其付诸实施的复杂程序,成了一个专业阶层的行业”。① 一切均有赖于权威人物的解释、例证和还原,而这些权威人物必然具备一定的学科上的知识认证、评估能力。

最后,基于刑法知识的分工以及刑法知识同生活的隔离效应所产生的权威依赖,仅仅是刑法学理解释能够产生说服作用的前提,其成为权力的根本原因在于正式权力产生了对权威阐释的需求。在一个更多地强调刑事立法、司法的合理性、合法性的社会中,需要培养人们对政治运作管理的自觉服从,培养人们对刑事规范的忠诚感,而论证这些在政治上的合法性包含着其理论上合理性的论证,这样一种论证需要一定的知识体系的支撑。包含立法者、司法者在内的统治者需要这一知识体系,为其提供一种正确的规范体系,同时也需要他们来说明某一规范体系的实质合法性。因而一个国王经常可以轻而易举地使法学家成为自己政权的有用工具,而同时民主政府也有利于加强法学家的政治权力,这就是韦伯所谓的优越作用。② 在具体司法体制中,刑事判决书说理理由的进一步论证强化,刑事案件本身的复杂性加大,都要求司法人员必须对刑法规范的适用具有人们能够认同的中立和公正,此时使用其他权力形式如武力、强制,或者使用以往的政治、政策术语或者不加分析径直作出判断,既不可能,也不合适,既不符合时代的精神,也并不经济实用,刑法学理知识的权威成为最佳选择。从掌权者的观点看,如果要求少花资源,少冒引起权力对象敌对或反对的危险,则说服是最可靠的权力形式之一。③ 知识所形成的权威为正式权力所用,两者互为因果地结合造就了权力—知识的正向结构。

反过来,作出刑法学理解释的主体,同样需要以自己的解释结论为有权机构或个人所采纳作为证明并且维持、发展自己的权威地位的手段之一。双方的需要与被需要说明了知识就是权力或者说知识—权力关系的形成,知识发挥权威说服的影响力而构成一种权力,也只有在与权力的互动中才能发生。在这一关系中,知识总是被作为一

① [美]M. E. 泰格、M. R. 利伟:《法律与资本主义的兴起》,纪琨译,学林出版社1996年版,第149~159页。

② 参见[法]托克维尔:《论美国的民主》(上卷),董果良译,商务印书馆1997年版,第305~306页。

③ 参见[美]丹尼斯·朗:《权力论》,陆震纶等译,中国社会科学出版社2001年版,第39页。

种需求、一种工具、一种待选择的对象而存在,因而总是处于被动状态之中。之所以认为刑法学理解释并不是典型意义上的权力,就是因为它没有拘束力或者强制执行力。的确,作为权威说服的刑法学理解释,其综合性和强度极其有限,完全取决于权力机构对其意见的自由接受。刑法学理解释的影响力只有在其结论为有权机关或者个人所采纳时,才转化为真正的规范。

无权解释仅仅从强制拘束力的角度理解刑法学理解释,但是并没有注意到这种刑法学理解释的潜在影响,这种潜在影响或者说服的方式和途径是多种多样的。有的通过直接参与刑事立法途径加以体现,有的通过对刑事立法施加影响加以体现,这是刑法学理解释发挥其权威影响的最有效途径。在刑法史中,例如,费尔巴哈在1806~1813年担任法典编纂委员会委员,从而起草了费尔巴哈刑法典草案,根据这一草案,其于1813年完成了巴伐利亚王国刑法典,后者对1851年普鲁士刑法典以及1871年德国刑法典都有重要影响;又如,菲利在1919年被司法大臣任命为意大利刑法修正委员会委员,并于1920年提出了意大利刑法典草案,该草案充分体现了刑事社会学派的理论,排斥了刑罚的概念,提出"制裁"概念,并以犯罪危险性为制裁的根据,排除了责任概念,因而被人称为没有责任和刑罚的刑法典。现代德国刑法典的修订过程更加反映了学者在刑事立法中的巨大作用。德国法学家大会在1906年柏林会议上将对1871年的帝国刑法典的修订形容为一件紧迫的任务。同年,以弗兰茨·冯·李斯特-克鲁森于1894~1899年主编的《当代刑事立法比较论述》手册为基础,从比较法的角度开始了预备性的工作,1909年,由专家委员会准备的德国刑法典预备草案出版。1911年,另一选择草案随之出版,该草案为科尔(Kahl)、冯·利廉泰(Von Lilienthal)、冯·李斯特(Von Liszt)、戈德斯密特(Goldschmidt)教授执笔。两年之后,由德国司法部在1911年任命组成的刑法修订综合委员会提交了一个草案。弗兰克(Frank)、冯·希普尔(Von Hippel)、科尔合作完成了该1913年草案。除了其他创新,该草案还提出了在缓刑监护官员监督和指导下的针对未成年违法者的保护性羁押措施。1952年,修订工作又重新开始。1954~1959年,刑法修订综合委员会完成了一个全新的刑法典草案,在同联邦共和国政府的一个委员会经过漫长和审慎的讨论之后,其最终版本被称为1962年草案而出版。在该草案中,准备工作的第一部分作为"关于刑法修订的材料"而出版,其中包含有由该委员会任命的刑法学教授的专家意见以及比较法方面的全部规定。进一步的修订工作的新的基本理念来源于刑法典的选择性草案,该草案系由一批刑法学教授作为独立成果而提交。选择性草案的总则部分在1966年交付出版,分则的大部分条款在随后至1971年出版。[①] 在此过程中,学者草案

---

① Dietrich Oehler, *Introduction: The Revision of the Penal Code*, The American Journal of Comparative Law, Vol. 24.

在每一步骤中都起到了基础性作用,他们对刑法价值观的一些基本判断以及对一些刑法制度的见解都充分地反映在刑法典草案中。日本的情形同样如此。由于刑法之类的基本法律对市民的生活影响巨大,其制定需要有高度的经验和学识,因此为了专门审议、调查这种法律的制定和修改,日本法务省在其内部专门成立了法制审议会,法制审议会的委员由从法律学者、司法实务界人士、经济及新闻行业等方面挑选出来的人组成,19 名委员中有 7 名法律学者,9 名其他方面的学者,而实务人员仅仅包括东京地高等法院院长、东京高等检察院副检察长和律师代表 3 名。法制审议会的下属机构中,刑事法分会的委员有 18 名,其中有法律学者 10 名。① 而在 1974 年刑法改正草案通过之后,日本律师联合会和日本刑法研究会对其进行了强烈的批判,认为国家主义、保安主义色彩浓厚,没有考虑日本宪法的价值观转换等,这些批判导致该草案经过 20 多年仍然未获国会通过。② 无论是在修订工作还是在反对通过的过程中,学者的观点、意见都起到了主要作用。

## 三、刑法学理解释作用的影响因素

在我国,从 1979 年《刑法》到 1997 年《刑法》的制定过程中,我们同样可以看到,刑法学理解释的重要性不断加大,虽然很难具体地认定某一规范系由学者独立作出,学者意见也往往整合了各界的意见,但是学者意见乃至学者独立草案的出现,都说明了刑法学理观点获得了更多的重视。③ 事实上,对于一些崭新的立法领域和前所未有的疑难问题,权威性的法学著作和法律学说通常更具有特殊的价值,法学家们渊博的知识、严密的分析论证、求实的学术态度和经过反复比较研究得出的成熟结论,具有较强的科学性和说服力,他们能够帮助立法者想办法、拿主意,能够启发立法者的思路、激发他们的灵感,使立法获得一个坚实的理论基础和学术界的支持。④ 这样一种倾向表现在机构设置上,立法事务中政策团体的发展速度令人惊异,今天全国人大与学术机构和法律专家之间的联系比任何政府机关都要紧密,大多数专门委员会都从外部正

---

① 参见[日]大谷实:《日本最近的刑事立法》,黎宏译,载赵秉志主编:《刑法评论》(第 6 卷),法律出版社 2005 年版。

② 参见张明楷:"译者序",载《日本刑法典》,张明楷译,法律出版社 1998 年版,第 5 页。

③ 例如,关于罪刑法定原则,学者长期以来对这一原则的论证对于其在刑法中的明确规定起到了一定的推动作用,虽然主要的原因仍然在于整个社会政治经济法的发展所导致的价值观转换。在其表述上,刑事立法过程中一开始提出表述为"法律没有明文规定的,不得定罪处罚",但是在场的全国人大常委会领导同志不满意,认为还应该包含法律已经作出规定的,必须依照法律规定办的意思。全国人大常委会的领导同志说:"今天下班以后再请教一些专家学者看这样行不行。"法制工作委员会工作人员就分头给一些专家学者,如高铭暄、王作富、储槐植、陈兴良等人打电话问了一下,他们大多说还行,也有的说没有必要。参见张军等:《刑法纵横谈》,法律出版社 2003 年版,第 5 页。无论采纳与否,这一具体事例说明立法工作至少在一定意义上已经初步摆脱了领导意志的至上性,而倾向于寻求学者的支持和理解以增加其权威性。

④ 参见封立霞:《法典编纂论——一个比较法的视角》,清华大学出版社 2002 年版,第 308 页。

式任命了专家和顾问,这些人作为不投票的委员参加各种委员会会议,这些顾问在指定的领域内无论在政治上还是在技术上都起着顾问咨询作用,他们在调查、研究、新法起草和其他领域都监督着由相关专业委员会起草的各种计划。全国人大的法律起草者们经常在学术界相互争论的观点中摇摆,而行政机关的法律起草者即使有这种行为,其数量也是非常之少。很多立法建议在向公众和学术圈子公布之前一般都经过了圈内顾问们事先的详细审查,审查的方式有时极不正规,如通过电话讨论、备忘录交流或者一个简短的会议,大多数内圈的顾问都擅长于为法案的修订提供有益的信息,真正的法律起草者常常从他们那里受益。法制工作委员会起草的立法计划大多也是在学术机构中完成的,学者和专家们的外部审查已经成为法制工作委员会和各专门委员会的法律草案审查中的一个必要环节。除了此类顾问之外,还有来自各行各业的专家作为法律和政策顾问而为全国人大服务。[①] 学者草案在不同领域的不断提出,说明学者越来越意识到自己存在的独立价值,意识到学理观点对于正式权力运作的重要意义,表明了学者想更多地影响立法以便将自己的主张确立为官方正式观点。作为立法机构,越来越多的人发现,全国人大是一个进行政策博弈、影响政策形成的场所,因而更加积极地参加到了立法工作中来。尤其在 1979 年《刑法》修订过程中,来自不同院校的专家学者组成了“起草班子”,成为法律草案的基本建设者。同样,也有的刑法学理解释是通过参与刑事司法而加以体现的。在刑事司法解释的制定过程中,通常都会征求学者、专家的意见,最高人民检察院 1996 年 3 月 15 日专门聘请了 15 位著名法学家作为其研究室的专家顾问。现有的很多刑事司法解释都是在对法律规定的含义进行了一定时间的理论探讨后才制定发布的,这些解释不可能不从刑法学理解释中吸收成果。另外,越来越多的专家、学者以各种不同的方式(如兼职、挂职甚至担任专职的司法部门领导)直接参与、领导司法实践,从而给案件的处理渲染了更多的学术色彩,使刑法学理解释渗透进了个案实践中去。同时,司法部门人员素质的整体提高(也主要是指相关人员的学理知识得到了提高)也意味着刑法学理解释的吸收达到了一定的标准,从而为刑法学理解释在实践中的应用奠定了人事背景。但是刑法学理解释更为普遍的是通过一般的理论灌输、教育途径发挥起作用,这一作用更为潜移默化,但是也更为深远。在遇到疑难问题时,司法人员往往会转向一些学术论著尤其是刑法学教材寻找解释的理由和结论。他或是想从这些理论作品中寻找直接的解释结论,也可能

① 孙哲:《全国人大制度研究》,法律出版社 2004 年版,第 281 ~ 283 页。以原《物权法》为例,自 2005 年 7 月 10 日至 8 月 20 日,人民群众通过网络、信件提出意见 11,543 件;26 个省(区、市)和 15 个较大市的人大常委会、47 个中央有关部门、16 个大公司、22 个法学教学研究机构和法学专家等提出了意见。法律委员会、法制工作委员会召开三个座谈会,听取部分全国人大代表、常委委员、省(区、市)人大常委会、中央有关部门和法学专家的意见,参见 2005 年 10 月 19 日全国人大法律委员会(现为全国人大宪法和法律委员会)《关于〈中华人民共和国物权法(草案)〉修改情况的汇报》。显然,法学专家的意见起到了重要作用。

只是想从那些著作中寻找能够论证自己直觉性结论的论据,但当他们发现那些学说可能并不支持或者证实自己原来的看法时,可能也会对这一问题进行更为深入的思考甚至相应改变自己的结论。这是刑法学理解释发挥说服作用的典型过程。

在这一过程中,作出刑法学理解释的主体的权威性的各种要素将集中起来,统一而复杂地发挥作用。可以将这些要素区分为解释者本人的权威性要素以及解释者同正式权力之间的距离。[①] 前者如解释者的学术地位、所担任的学术职务、职称、学历以及影响度,这是知识产生权力的典型,用来测量刑法学理解释作为知识本身可能的正确性程度以决定知识的权威性,甚至也可以包括学者对媒体的运用程度,因为传播工具的无所不在使受众不得不经受着大量的说服。后者是指其是在司法领域中的影响力,甚至是否成为司法资格考试(现为法律职业资格考试)的出题人员,[②]解释者同正式有权解释机关和解释者的关系或距离,如是否担任某一咨询委员会的顾问、是否属于人大代表或者人民法院的特邀咨询员等,[③]是否同权力机关保持一种良好的沟通渠道,能够便利地将自己的观点和意见向权力机关灌输,这是权力产生知识的典型表现,用来测量刑法学理解释可能为正式权力机关采纳的可能程度以决定知识的权威性。因此,在司法机关对特定人员的意见采取了特殊处理方式的场合,这一权威性的测度就会显著提高。例如,根据最高人民法院2000年12月29日《关于人民法院办理全国人大代表来信暂行规定》的规定,全国人大代表来信是指全国人大代表通过信函(包括来访)等形式反映法院工作和涉及诉讼案件方面问题的材料。收到全国人大代表直接递交的或者上级法院转交的全国人大代表的来信,以及全国人大代表来访反映的问题,要统一由人大代表联络处(室)分别进行登记。对全国人大代表的来信,联络处(室)要及时提出拟办意见,报领导审批。一般事项报办公厅(室)领导审批,重大事项呈报院领导审批。对来信所反映的问题,要根据其内容转本院有关部门或交由有关法院办理。涉及诉讼案件的问题,对正在审理的,交由正在审理的法院办理;对已审结的,交由判决生效的法院办理;对正在执行的,交由负责执行的法院办理。下级法院收到全国人大代表来信反映上级人民法院或其他法院审理的案件,应及时转有关法院办理。交办应以书面形式。最高人民法院直接发函交给中级人民法院、基层人民法院办

---

① 在古罗马,答复的权威性是建立在法学家的个人威望之上的,在这个时代,法学家总是属于罗马的上层,因此他仅仅满足于指出,他认为这是真的和正确的,参见[德]H. 科殷:《法哲学》,林荣远译,华夏出版社2002年版,第199页。即便在这里,我们也不应忘记"罗马的上层"这一补充的含义。

② 由于司法资格考试(现为法律职业资格考试)属于一种官方考试,因而指定参考教材上的答案可能在很大程度上可能成为司法人员的"指定"参考答案,因此这一教材的说服力量远比其他教材要大得多。

③ 例如,最高人民法院《特邀咨询员工作条例》规定,特邀咨询员职责为:对人民法院贯彻执行党的路线、方针、政策和党中央、全国人大常委会有关重大工作部署的落实情况,提出咨询意见;在人民法院依法公正审理案件和执行工作提出意见;对人民法院有关队伍建设、审理重大疑难案件、起草司法解释等工作提供咨询意见;反映或者转递人民群众对人民法院和审判人员在司法活动中,不依法办案、影响司法公正的意见。

理的,应同时抄送高级人民法院。对在规定期限内未能报告办理结果的,应及时催办。催办可采取书面形式,也可电话催办或现场督办。经两次催办,承办法院未作报告的,可直接电话通报给承办法院院长或主管副院长予以督办。通过这样的程序,具有学者身份的人大代表的意见或者解释就受到了更多的重视,审判人员可能更容易接受或者更畏惧其所作的解释,无论接受与否,都必须有一番详细的说明。因此,仅仅强调刑法学理解释内容的正确性是不够的,因为即便是同样的解释结论,人们所测度的权威性以及因此带来的说服效果也迥然不同。

影响刑法学理解释的作用甚至还包括接受对象即有权机关及其人员的层级,而不仅仅取决于解释者的地位。例如,一般而言,在基层司法机关,对于知名学者、专家的刑法学理解释存在较之高级别的司法机关相对较强的信赖,因为与对立双方和他们的支持者的社会地位相比,第三方的社会地位越高,其行为越容易表现出更大的权威性,① 在此,知识的优越性演变成为权威性的优越性。

在众多选择性的刑法学理解释中,司法人员面对的实际上也是一个竞争性的市场,选择的依据也必须要从司法权的运作角度进行考察,即如何能够更为充分地论证其判决的合理性和合法性,从而维持其裁判权。有的学者认为,司法工作人员接受何种学理解释,与其所受教育的渊源、个人的价值取向等因素不无关系。例如,中国人民大学法律系毕业的司法人员一般会接受中国人民大学法律系刑法专家、教授、学者所作的学理解释,而中国政法大学毕业的司法人员往往会以中国政法大学刑法专家、教授、学者所作的学理解释为圭臬,可以说,教育渊源在司法工作人员选择刑法学理解释时起着重大的作用。② 事实上,教育渊源可能会对司法人员接受某一学理解释产生作用,但教育渊源仅仅为某一种学理解释提供了一种灌输、渗透的前提,学生在司法工作中是否真正能够加以接受仍然要考虑到解释者的权威、解释者同正式权力之间的关系,因为判决并非给昔日的老师看,而是要给上级法院进行复审。由于刑法学理解释并无拘束力,因而这样的影响或者说服的机制是一个极难实证考察的过程,但是在一般的意义上,刑法学理解释的权威影响是无法否认的。

作为刑法学理解释,其最终的作用应当是回到实践并对实践产生影响,同任何理论一样,刑法学理解释的根本命运也在于至少要在一定程度上改变世界。对法学,除了它的实际任务(促进刑法的适用及续造)之外,不能要求它追求一种与此无关之纯理论的目标,法学最终的任务要协助法的发展,因此,假使法学不能获取知识,以促进

---

① 参见[美]唐·布莱克:《社会学视野中的司法》,郭星华等译,法律出版社2002年版,第12页。

② 参见李希慧:《刑法解释论》,中国人民公安大学出版社1995年版,第232页。在此,教育领域的话语权延伸到了司法领域,当然作为一个变量,其相互关系极其微妙。但是不管如何,虽然缺乏实证的数据,其中接受的程度似乎还谈不上"一般"的程度。

对现行法、法律问题及其解决可能性的理解,则其对法律实践的贡献亦将极端有限。[①]但是,刑法学理解释要想影响作用的发挥,其本身还需要具备一定的条件。第一,学理解释本身应当具有内在的逻辑,前后一致的价值观使实务人员能够通过把握具体的解释结论,明了其中的内在线索,进而掌握解释者的价值判断,并据此在其他问题上进行类似的运用。一个解释者不能在解释逻辑或者价值观上发生无原则的前后变化,使其解释结论在精神上相互矛盾,从而失去一般性的指导价值。第二,刑法学理解释应当更为精致,不应当泛泛而论。例如,对于某一犯罪的具体客体、具体概念,不同的学者可能会有巨大的差异,有时是为了差异而制造差异,因而形成了数量广泛的某一犯罪的具体概念及其客体构成,但是这些概念或者客体的分歧往往没有实质意义,这样的差异或分歧,必须要能够说明在某一个具体应用案件中会发生怎样的结论差别,才能够证明这种差异或者分歧的真实性,否则仅仅是一种虚假的歧义。因而学理解释结论必须实质化,并且能够更为详尽明确,更为深刻地阐明解释的理由,否则仅仅变成一种判断而不是论证,其说服力就大受影响。第三,刑法学理解释应当加强其实践性。刑法学理解释的根本目的是要解决实践性问题,因此它首先要同刑法实践建立紧密联系,必须深入到司法实践中,通过对充分广泛的案例的搜集和分析,从中抽象出一般性问题加以解决,解释者必须对规范的实践情形具有清楚的了解,对于其中的疑难问题有准确的归纳。脱离实践将会使解释结论失去针对性。刑法学理解释虽然并非必然发生在刑法的实现过程之中,但是它必须回到刑法的实现过程之中,因而学理解释必须比以往更充分地关注案例,通过案例来实现自己的实践使命。刑法学理解释的空间及其作用在司法文书改革背景下将会得到进一步的扩大。因为随着司法文书进一步倾向于对判决结论及其理由进行论证分析,司法人员将不得不提高自己的理论水平,并且作为一条捷径,也不得不从学理解释中寻找可以为己所用的论据和论点,因为没有判决理由将被认为是司法专横的表现。这样一种隐性援引体系又可能反过来刺激学术权威的重新排位,学理解释的解释者被援引率的高低成为衡量其权威性高低的重要标准。

事实上,正式权力机关也充分地意识到了学理解释的重要作用。例如,最高人民法院建立特邀咨询员制度的根本目的就是要充分发挥法学理论家的优势,为我国的司法实践提供有力的理论支撑,因为最高人民法院认识到,要做好最高人民法院的工作,不仅要依靠法官自身的力量,而且要依靠社会各方面的力量,特别是依赖于法学界的重要力量,充分利用法学理论资源,努力探索司法实践与法律理论相结合的新路。这一制度的目的固然也有减轻学者对最高人民法院工作的批判,但是从正面的角度来

---

① 参见[德]卡尔·拉伦茨:《法学方法论》,陈爱娥译,台北,五南图书出版股份有限公司1996年版,第131页。

讲，就是要从理论知识中寻求对权力的支撑。司法系统对调查研究工作的重视，也将有助于刑法学理解释在司法过程中的渗透。例如，最高人民法院考虑到"我国的法制建设还不够完善，一些问题尚未从法理上阐述清楚，一些法律适用问题尚处在探索阶段，一些司法改革设想还缺乏必要的理论支持和制度保障。这些都需要我们对司法制度进行总体把握，对各项探索进行系统总结，对法院工作进行深入研究，从理论高度理清工作思路，解疑释惑，指导具体的司法实践"。① 因此，最高人民法院提出要大力加强调查研究，坚持有效转化科研成果，为司法决策提供理论和实践依据服务，及时将调研成果转化为完善法律的立法建议，规范行政行为的司法建议以及指导审判的司法解释等规范性文件。② 在这一过程中，刑法学理解释会大量地进入调研工作，成为下一步有权解释的重要参考依据。

## 四、刑法学专家意见的说服性

### （一）专家意见的正当性问题

刑法学理解释的说服可以通过上述参与抽象规则的制定而得到体现，也可以通过对具体个案的判断而得到反映。法律人必然会对司法问题倾注浓厚的兴趣，他可能通过即时评论发挥作用，即对法律场景之下的事实进行评论，通常涉及对正在进行的审判或者其他法律程序发表评论，或者通过专家证人形式发挥其专业特长，③有时也可以通过直接参与审判而更为权威地发挥知识的作用。④ 上述例子都可以作为学理参与司法的典型例子。而在具体案件中，由于"法官也读书看报，像其他人一样（事实上比其他人还要更多些）并因此他们敞开心扉面对公共知识分子的作品，对于将来可能在案件中出现的问题，这些作品也许将改变他们观察的视角"，⑤并且他们还会直接从中寻找解释结论。在中国成为问题而备受争议的则是专家意见。在刑法领域中，所谓专家意见一般是指刑法学家或者研究人员应诉讼参与人之邀或者司法机关之邀而对某一刑事案件所发表的观点。专家意见的正当性问题由于2003年刘涌一案而受到前

---

① 曹建明：《努力开创人民法院调研工作新局面》，载《人民法院报》2004年1月7日，第02版。

② 参见沈德咏：《牢固树立司法为民思想，大力加强调查研究工作》，载《人民法院报》2004年1月7日，第02版。

③ ［美］理查德·A. 波斯纳：《公共知识分子——衰落之研究》，徐昕译，中国政法大学出版社2002年版，第456～457页。

④ 例如，最高人民法院在1991年6月6日《关于审理第一审专利案件聘请专家担任陪审员的复函》中确认，一审专利案件中可以根据该案件所涉及的技术领域，聘请有关技术专家担任陪审员而建立专家陪审员制度。虽然在这一复函中仅仅强调了技术专家，但是在知识的运用上，法律专家同技术专家之间并不存在本质的区分。在最近实行的陪审员制度改革中，有一些专家学者被选任为陪审员，直接参加一定的刑事案件审理，同样可以作为刑法学理解释参与司法的一个例子。

⑤ ［美］理查德·A. 波斯纳：《公共知识分子——衰落之研究》，徐昕译，中国政法大学出版社2002年版，第461页。

所未有的关注,虽然其存在早有时日。专家意见书的实践作用在于:通常法官在看到专家意见书之后,处理案件时会显得更谨慎些,虽然不一定同意专家的意见,但是通常不会很快作出判决,法官倾向于将意见书向院、庭领导汇报,由于受到其他因素的影响,裁判结果最终采纳专家意见的并没有想象的多。调查表明,大约80%的法官表示会重视并阅读专家的意见书,这一比例在实际接触意见书的法官中,恐怕还要高一些。[①] 这一制度在其他国家中也同样存在,例如在德国,刑法教授会以教授的名义给法院写"鉴定",并收取一定的鉴定费。[②]

同隐性地、间接地、非特定性地发挥说服作用不同,专家意见书针对特定案件并通过直接向司法机关提交而企图发挥更为明显的影响或者应司法机关要求而作出,但它在刑事司法中发挥作用的机制仍然在于知识—权力构造下的权威性说服。当然,我们还可以进行更为细致地分析。专家意见通常是由司法机关或者当事人所提出,对于司法机关而言,由于一些疑难问题具有专业性和复杂性,故需要借助专家的知识和理论进行分析,以便在司法过程中为司法机关提供参考或者提供论证依据,强化司法决定的合理性以及司法活动的自信心。这一过程仍然没有摆脱知识为权力所运用的通常惯例,但由于是司法机关出面组织专家论证,所作出的专家意见直接向司法机关内部提供,因而人们似乎并不怀疑它的公正性、所依赖的材料的完整全面性、意见的中立性。而作为当事人,即便是律师,也无法实质性地参与案件的决策过程,与此相反,在制度之内却存在很多潜在或者正式的制度,以便司法机构之间甚至其他机构同司法机构之间在刑事判决决定中的商谈。例如,检察机关实际上存在同审判机构之间的讨论和协商可能,以便就某一指控和审判作出安排,而党的机关也同司法机构之间存在正式的请示报告制度。1995年11月30日,最高人民法院《关于报送刑事请示案件的范围和应注意事项的通知》指出,重大案件以及司法部门之间存在原则分歧的案件还须附政法委员会的意见。如果审委会、政法委有几种不同意见,也应写明各自倾向性的意见。1999年3月12日,最高人民法院《关于开展争创人民满意的好法院争当人民满意的好法官活动的通知》要求坚持请示报告制度,主动争取党委领导支持,各级人民法院要主动向党委、人大汇报,取得指导和支持。司法工作在本质上当然是国家治理的工具,但是在前述过程中,司法决策的内部过程排斥了民众乃至当事人的公平参与(在此并不涉及对该现实存在的内部过程的价值判断问题),而成为国家尤其是司法机构之间一直对外的一种利益协商和权力安排。

从法律社会学角度考察,案件的社会结构不止取决于谁控告谁,也取决于谁支持

---

① 参见浙江省高级人民法院研究室:《"专家法律意见书"对审判工作的影响》,载《法律适用》2003年第10期。

② 参见冯军:《评〈最高人民法院再审刘涌案刑事判决书〉》,载陈兴良主编:《刑事法评论》(第14卷),中国政法大学出版社2004年版,第151页。

谁,以及谁是干预的第三方。与控辩双方的社会特征一样,律师、证人、公开其偏向立场的感兴趣的旁观者等支持者及其社会特征具有同样的影响模式,其影响的力度取决于其参与的程度。尽管律师不能消除与社会地位优越者对抗的全部不利因素,但是可以通过提升地位较低一方的社会地位,律师能够使得司法机构对案件的处理均质化和平等化。同样,支持的第三方的权威性程度随第三方的社会特征的不同而不同。从辩护策略和维护当事人的权益角度看,在可以利用的说服资源分配不均的情况下,律师必然需要动用一切资源,以便能够影响司法的内部决策,即使需要使用一些非正式的材料,来加强其意见的权威性,促使被告人在整个刑事司法体系中的弱者地位有所好转。律师首先需要通过专家论证来促进自己对案件的把握,当然最重要也是最经常的是,律师需要通过专家对自己辩护意见的肯定,来说服司法人员采纳对自己有利的意见。就对抗性的刑事诉讼而言,无论是哪一方所提供的专家意见书的出现,都有助于司法的民主化,有助于司法程序的公平,有助于最终结论的清晰。

律师所出具的专家意见和检察机关所出具的专家意见一样,都是单方面的,都具有自身的特定利益导向,并且服务于自己在司法中所要实现的目的,因而不能单独地认为检察机关组织专家论证就一定是中立的,而律师所咨询的专家得出的结论就有所偏向,两者在对抗的意义上都是偏向的,因而可能都是片面的。有的学者认为,既然法官可以主动咨询专家,检察官当然也可以主动咨询专家,这不会干涉司法独立,但是如果检察院将专家具名的意见书直接提交给法官,并试图以此左右法官,逼迫法官,法官当然有权以"与本案无关"为由而拒绝接受。[①] 同样,由于律师所提供的专家意见书在法律中的确并没有合适的法律依据,法院也完全可以拒绝接受,且由于刑法学理解释的自由性和无拘束力,律师也不能对此有过多的抱怨。例如,按照浙江省高级人民法院的调查,法院最终采纳专家意见的不到20%,应当承认,这是法官在进行独立、公正、客观之后所作出的判断,而律师显然也不能以此作为上诉的依据。但是通常法官并不会拒绝接受专家意见书,其原因在于:法官从尊重刑法学理解释的角度,并且当法官的地位和专家的地位由于包罗知识在内的各种因素而存在较大差异的时候,法官仍然愿意阅读专家意见书甚至欢迎专家意见书对案件所作的评论,即便最终他可能认为这一结论是完全错误的,这也可能构成一份不同的片面意见而促使法官能够对案件有全面的理解。

(二)专家意见的民主性

就一份法律意见书而言,它的意义并不在于为法院提供判决书的模本或者基础,而在于在一种观念多元化的商谈性的民主机制下提供另外一种差异的意见,这是我们讨论专家意见书存在合理性的前提。刑法学理解释并不具备任何正式意义上的权力

---

① 参见何兵:《法律专家意见书:施向法庭的无影神掌》,载《法制日报》2003年9月11日,第1版。

要素,因而只能通过其意见书的内容达到说服作用,而专家的权威性仅仅构成了微妙的说服机制的一个因素,它可能为法官阅读这一意见书而提供理由,也可能为法官接受意见书的内容提供理由,甚至还可能成为坚定法官作出某一结论的理由,但是它不能替代法官作出独立的判断,不能将法官作出错误判断的责任归结于专家意见书,就好像也不能归罪于当事人的律师所提出的即使是诡辩的辩护理由一样。说服也许能比大多数其他权力形式有更大的广延性,但综合性和强度有限,因为说服完全取决于权力对象对说服者意见的自由接受,与合法权威的区别是,权力对象在主观上并不受有义务遵从的约束,按定义如果不遵从,就不会像强制性权威那样有被他人剥夺的危险。①

事实上,专家的参与仅仅是特定群体的参与,当我们将这一特定人群扩张至所有公民时,就能够意识到,意见书对于司法审判有着重要意义。在刑事案件中,"诉讼乃由少数国家官员(司法官)以国家权力为后盾,而作硬性决定,因此社会大众自然难免对审判之公正性产生疑问,有鉴于此,世界文明诸国均以各种不同方式使民众参与刑事审判,以求社会大众均能悦服审判之结果"。② 专家意见书实际上就是民众参与刑事审判的一个缩影,应该被视为公众对刑事审判的监督的一个部分,即便其他部分尚未健全,但是也不能将审判不公的责任推诿至专家意见书。

在美国,同专家意见书类似的审判民主化方式之一为"法院之友",这一制度同样也经历过质的变化。③ 最初由于法院之友并非诉讼当事人,因此不能以一方当事人或其律师之立场而行动,其所提出之意见或所为之辩论也不得偏袒某一方当事人,而应当纯粹居于帮助法院对事件进行妥善、合理解决的角色,如果其态度或立场有偏袒某一方当事人的情形,就不能获准担任法庭之友。因此,传统的法庭之友的任务并非在拥护任何一方当事人的利益,而仅仅在于帮助法院避免作出错误或者不妥当、不合理的判决。但是在20世纪初,各种利益团体介入法院之友制度的运作,而且只要当事人同意,就可以请法院之友出庭为其进行言辞辩论。由于利益团体有组织、财源丰富,可以搜集到法院甚至当事人都搜集不到的资料,而由于法院为避免作出不妥当的判决而需要这些资料,或者法院为其判决需要利益团体分担责任时,即使法院明知利益团体的立场或关心有偏袒一方的嫌疑,也往往基于本身需要而准其担任法院之友。因此,今天的美国法院之友如果涉及利益团体,实际上乃属于一方当事人的代言人,而非居于中立立场。利益团体财力越雄厚、声望越大,就越能吸引专家教授为其撰写法院之友书状,而且这些书状也的确具有扎实根据,能帮助法院在其判决中展开许多划时代

---

① 参见[美]丹尼斯·朗:《权力论》,陆震纶等译,中国社会科学出版社2001年版,第39页。

② 黄东熊:《审判机构民主化之一措施:美国法院之友制度》,载台湾地区《刑事法杂志》1957年第5期。

③ 参见黄东熊:《审判机构民主化之一措施:美国法院之友制度》,载台湾地区《刑事法杂志》1957年第5期。

的法理论。当然必须注意的是,法院不顾及利益团体的偏袒立场而对其意见予以听取,其根本原因在于利益团体所代表的民意对于法院构成了不可忽视的压力,这也正是刑法学理解释的说服力所在。法院借此避免"闭门造车"产生判决,而是广泛地倾听、采纳,因此只要所提供的意见能够反映民意或者代表着一部分人的意见,即使其意见偏袒,也可以并且应该在司法中得到关注。在刑事案件中,除了被告人,被害人也可以提供专家意见书,甚至其他相关的利益团体乃至公益团体都可以提交或者公开发表其所搜集的专家意见。这些意见对于法院构成了司法外的压力。但是在美国,法院几乎不会因此而受到法院之友书状的不良影响,其原因在于,在法院之友书状中,固然有不少精心之作,足以使法院援引为其判决理由之意见,或者按照其逻辑得出妥当的结论,但是法院仍然具有自己独立的判断,浪费笔墨、浪费时间或者立论牵强、薄弱的书状,根本不足以影响法院的判断。①

因此,对专家意见书的评论,必须要注意其非正式性而不是它的组织背景、是否收费等。② 它仅仅是一种案外人参与司法的途径,是为法院作出正确的判断提供一种参考材料,也是司法民主性在刑法学理解释中的具体呈现。专家意见书可能仅仅是一种单方面的公正和准确,因此它的内在价值并不在于它所提供的意见就一定全面、客观、正确而可以为法院所引用,而恰恰在于它作为刑法学理解释的参与性,这种参与的民主性和对法官全面思考的助益并不因其偏袒性、营利性而有所减弱。事实上,当权威成为一种可以利用的资源,专家们往往会更谨慎地运用这一资源,以尽可能的客观性、中立性、科学性来维持、强化其权威性,而不是有的学者所想象的那样,毫无原则地偏袒某一方并且收取费用而导致专家意见书的不公。在一个案件中,不同诉讼参与者可以相互提供结论不同的多份专家意见书,虽然结论可能存在冲突,但是作为一种刑法学理解释,说服的效果应当表现为法院独立审查证据材料,然后决定拒绝或者接受专家意见书的解释结论,最终的裁判仍然是由法官而非学者作出,因而审判责任仍然应该由法官自身负责,进一步地,专家意见书的结论也不能成为上诉的理由。所以,由于接受专家意见书的结论而导致错误判决的责任不应该由刑法学理解释承担,而应该由法官承担。法官应当是坚韧之人,在恶劣气候中也能顽强生存,即便存在针锋相对的专家意见,也不应该以保护司法独立为名而让法官存活于没有民主性司法参与的真空之中。

---

① 参见黄东熊:《审判机构民主化之一措施:美国法院之友制度》,载台湾地区《刑事法杂志》1957 年第 5 期。

② 通常对专家意见书的批判也主要围绕其片面性、偏袒性、营利性而展开。

# 刑法解释范式创新:科学与人本的融合

袁　林*

【内容摘要】根据库恩的范式原理,当今世界的刑法解释可以分为两种主要的范式,即受科学主义影响而形成的规则主义的解释范式(或称法条主义的范式)和受人本主义影响而形成的人本主义(以人为本)解释范式。我国当今的刑法解释范式主要是规则主义的解释范式,鉴于规则主义的解释范式弊端的日益突出,应当在以人为本为核心的科学发展观指导下,确立科学与人本有机融合的人本主义解释范式,实现我国刑法解释理论的突破,实现司法民主。

【关键词】科学主义　人本主义　以人为本　刑法解释　范式

现代刑法理论与实践表明,刑法"即使'表达最清楚的条文'也需要解释"。[①] 因而如何解释刑法成为刑法理论研究的重点与热点,并形成了众多的解释理论,提出了多种解释方法。然而,人们寄予厚望的解释理论和方法都不能像人们想象的那样可以信赖,一个又一个似乎日益完善的解释法律的方法并没有取得多大的实际进展。不仅其中任何一个都不可能充分有效,而且其加总也无法构成一套整体方法。[②] 因而刑法解释实践也自然面临一些难题,尤其是在利益与价值多元化的社会,基于不同的观念与视角,对相同条文往往形成不同甚至冲突的理解和解释,如近年来我国发生的诸多影响性案件,如许霆案、邓玉娇案、药家鑫案、李昌奎案等,由于社会公众、司法人员对相关刑法条文的理解与解释存在巨大的分歧,而这种解释的分歧又没有恰当、及时的化解途径,解释的分歧演化成对司法的质疑,严重损害司法的公信力及法治的权威性,因此,以更宽广的视域检视现有刑法解释理论,整合科学知识与人文知识,创新刑法解释范式以指导刑事司法实践成为当今刑法解释理论的新课题,本文试就此问题进行探

---

* 袁林,法学博士,西南政法大学法学院教授、博士研究生导师。教育部人文社会科学研究基金项目"以人为本与刑法解释范式的创新"(09YJA820065)。

① [德]汉斯·海因里希·耶赛克、托马斯·魏根特:《德国刑法教科书》,徐久生译,中国法制出版社2001年版,第190页。

② 参见苏力:《解释的难题:对几种法律文本解释方法的追问》,载梁治平编:《法律解释问题》,法律出版社1998年版,第58页。

讨,求教于同人。

## 一、范式的引入:刑法解释理论发展的新起点

从知识的体系看,刑法解释学无疑属于解释学的一个组成部分。而解释学的发展,经过了从方法论到本体论再到兼具方法论与本体论的过程。西方最初的诠释学是神学诠释学,文艺复兴时期,神学诠释学转变为一般诠释学并成为人文科学的一般方法,解释被视为消除误解的技术。因其主要具有方法论的特征,又被称为方法论解释学,其代表人物是德国哲学家弗里德里希·丹尼尔·恩斯特·施莱尔马赫与威廉·狄尔泰。而以马丁·海德格尔、汉斯·格奥尔格·伽达默尔为代表的诠释学家确立了本体论解释学,实现了解释学从方法论向本体论的转向。法国现代哲学家及解释学家保罗·利科尔又提出了文本解释理论,将解释学提升到兼具方法论与本体论的层次。

刑法解释理论在发展中受到不同解释学理论的影响。在古典诠释学和一般诠释学思想的影响下,特别是自启蒙思想家提出三权分立理论后,法律解释的主要任务就是寻求法律文本中立法者所表达的真实意旨,如赫施所说:"我们应当将原意视为最好的意义,即合理的解释标准。"①这种解释理论属于主观解释论,以主客体二元分立为认识论基础,认为刑法解释是解释者通过特定方法对法律文本中存在的立法意旨的认识。随着解释学的本体论转向,刑法解释的立场也由主观解释论逐渐转向客观解释论,认为刑法解释不是阐明立法者制定刑法时主观上赋予刑法条文的意图,而是根据社会现实需要探寻刑法文本客观上所表现出来的意义。此种解释理论强调法律解释的目的是满足现实需要,规则的含义"体现在社会生活的迫切需要之中"。② 由于客观解释论的立场体现了人本精神与实质,作为一种解释理念与立场,具有一定的优越性,因而得到普遍遵从。我国的刑法解释理论也经历了主观解释论与客观解释论的论战,如今"主观解释论与客观解释论的问题,在我国基本上已经得到解决,即客观解释论几成通说"。③ 目前,我国刑法解释理论界又展开了形式解释与实质解释的论战,以陈兴良教授为代表的形式解释论者主张以文义为基础与边界解释刑法,在文义框架内可以根据实质判断将没有处罚必要性的行为出罪,但禁止将有处罚必要性而缺乏形式规定的行为入罪。④ 以张明楷教授为代表的实质解释论认为,文义是刑法解释的基础而不是边界,可以根据目的与结果的考量,根据行为是否有处罚必要性,可以通过实质解释将其入罪或出罪。⑤ 从形式解释与实质解释的争论看,两种解释理论有共同之处:

---

① E. D. Hirsch, *Three Dimensions in Hermeneutics*, New Literary History, Vol. 3, p. 48(1972).

② [美]本杰明·卡多佐:《司法过程的性质》,苏力译,商务印书馆1998年版,第76页。

③ 陈兴良:《形式解释论的再宣示》,载《中国法学》2010年第4期。

④ 参见陈兴良:《形式解释论的再宣示》,载《中国法学》2010年第4期。

⑤ 参见张明楷:《实质解释论的再提倡》,载《中国法学》2010年第4期。

都认为文义解释是基础,并且不排斥价值判断,对没有处罚必要性的行为可以根据价值判断将其出罪。而两种解释论的根本区别在于:文义是否是解释的边界,是否可以突破文义界限将有处罚必要性的行为入罪。

回溯解释学及刑法解释理论的发展历程,可以得出以下启示:一是刑法解释理论与社会科学发展的历程基本是一致的,因此,提升刑法解释理论的科学性必须契合社会科学发展的大背景,否则,刑法解释理论将难以深化。二是完全统一的刑法解释理论是不可能存在的,因此,有必要将不同的解释理论进行区分并纳入不同的范式中,以便更好地认识和运用不同的解释理论。三是不同的理论之间需要借助一定的方式进行交流,如果理论之间缺乏必要的交流途径,难以正确认识不同理论之间的分歧及原因,刑法解释理论就难以获得发展,更不可能有效地指导司法实践。如果忽视这三个问题,对于刑法解释和适用可能无法获得共识,刑法的实施会因此受到阻碍。例如,我国刑法解释理论关于刑法解释与适用中是否应当反映民意和体现公众的情感,存在两种对立的观点,必然影响了司法实践。在这三个问题的约束下,美国科学哲学家库恩提出的范式理论为我们提供了一个促进刑法解释理论发展的有效路径。

范式是科学家研究和解释世界的基本方式。[①] 从广义上理解,范式是指科学共同体所假定、接受和采用的基本信念、概念、模式、理论框架、价值取向和研究方法。特定的范式可以理解为一种理论框架,一种具有抽象意义的系统的思考方式和思维框架。[②] 刑法解释作为一种认识及实践活动,同样存在不同的范式,而且不同的解释范式很大程度上决定着解释的结果。范式理论的引入在认识论和方法论上标志着接受了科学历史主义的影响,既不完全坚持科学实证主义,也超越了一般解释学的范畴,走向科学相对主义。这为正确认识刑法解释奠定了认识论基础。长期以来,国内的刑法解释理论没有使用范式理论,这不仅制约了刑法解释理论的科学化程度,而且使不同的刑法解释理论之间缺乏交流与对话的路径。因此,引入并运用范式理论是我国刑法解释理论发展的一个突破点。从范式入手研究刑法解释具有以下特殊的意义:第一,范式理论兼具方法论和本体论的意义,克服了实证主义坚持的主客观二元对立的局限性,拓展了解释的视野,在方法论上实现综合方法的运用,可以更好地从整体上把握刑法解释。第二,范式理论本身属于科学哲学的范畴,包含了完整、系统的科学方法论思想和知识,可以进一步完善刑法解释的理论体系和框架,增强刑法解释的科学性和系统性,丰富刑法解释的工具,提升刑法解释理论的说服力。第三,在范式理论下,我们可以包容更加多元的社会因素,构建刑法解释和适用的对话平台,更好地把握刑法解释的差异性与交流的可能性,正确对待刑法适用中的分歧和不同观点,提高对刑法适

① 参见袁方主编:《社会研究方法教程》,北京大学出版社1997年版,第64页。

② 参见张小劲、景跃进:《比较政治学导论》,中国人民大学出版社2001年版,第59页。

用的共识程度。

## 二、范式的分野:刑法解释理论的深化

自19世纪下半叶批判黑格尔思辨的理性主义盛行以来,西方现代理论形成了两种不同的哲学思潮即人本主义(Humanism)与科学主义(Scientism),“科学主义是认为自然科学是人类知识的典范,而且科学家描述的科学方法是获得那种能应用于任何现实的知识的唯一手段的信仰”。① 科学主义强调知识来源于客观的观察,应当从理性的角度衡量社会利益关系,相信科学和科学方法可以推广至一切领域。而人本主义“是以人为中心及准则的哲学”,②强调知识来自人的理解和解释,应当根据价值标准,从生存意义上衡量社会利益关系,由于人类获得的知识并不都是客观的,包含着价值的判断,科学方法不能适用于一切领域特别是人文社会科学领域。

上述两种基本的哲学思想深刻地影响人们对社会的认识及实践活动,刑法及刑法解释理论也当然深受这两种哲学思想和知识观的影响,并形成了不同的范式。科学主义在法学领域的典型表现就是规则主义,或称法条主义。所谓法条主义,是指以法律的确定性为法律适用的前提,在司法活动中力图排除自由裁量,禁止法官解释,强调法官严格依照法律条文规定进行裁决的一种司法观念。法条主义的口号是“法治”,并且认为法律是一门自给自足的学科,有一个有限的领域。而与法条主义完全相伴的是一套解释规则,解释也就成了一种受规则约束的活动,清除了司法裁量。③ 在法条主义司法观念下的刑法解释就是规则主义或称法条主义的刑法解释,其以理性主义为基础,以法律的确定性为假定前提,强调解释者抛开个人因素探求刑法条文所蕴含的客观意义。与规则主义的解释范式不同,人本主义刑法解释则放弃了完全追求客观理性的立场,坚持以人为本的理念,从理解人本身的角度承认人的理性与非理性,以法律具有非确定性为前提,以促进人的发展作为刑法解释的出发点和最终目标,强调刑法解释与适用必须保障人权、尊重人格、体现人道、体恤人情,使刑法的解释结果符合公众的基本情感。

在近现代法治社会中,规则主义的刑法解释具有历史的必然性:第一,随着科学与技术的发展,严格遵守规则作为形式合理性,实际上已成为技术与程序的合理性。“特殊的法的形式主义会使法的机构像一台技术上合理的机器那样运作。”④第二,法律作为社会运行的一个保障系统,工具性与实用性是其最基本的要求,即使是启蒙思想家也必然努力将人文主义精神转化为现实的法律制度设计,将法律转化为解决政

① 曹志平、邓云丹:《论科学主义的本质》,载《自然辩证法研究》2001年第4期。

② Lamos. C. ,*The Philosophy of Humanism*,New York,Trederick Ungar Press,1982,p. 11.

③ 参见[美]理查德·波斯纳:《法官如何思考》,苏力译,北京大学出版社2009年版,第38~39页。

④ [德]马克斯·韦伯:《经济与社会》(下卷),林荣远译,商务印书馆1997年版,第14页。

治、经济与社会问题的可操作的技术,如孟德斯鸠根据数学思想在《论法的精神》中提出三权分立理论。[①] 刑法的解释与适用也必然追求成为具有可操作性的技术。如刑法适用的模式坚持三段论的逻辑推理形式,而刑法的解释则以实现形式正义为理念,以文义解释为基本方法,以文义射程为边界,运用逻辑或技术手段获得刑法中所蕴含的客观意义,力图为解释者寻找客观的意义提供确切的路径与科学的方法。

在法治体系中,追求正义特别是追求形式正义具有不可否认的合理性,然而,我们努力创设了越来越多的规则却不一定都能收获正义,特别是机械地、毫无例外地适用规则,由于忽视了世界的多样性、复杂性,虽然实现了形式上的正义,但却可能造成实质上的不公。这种法律的教条主义与形式主义的弊端即法律目标的普遍丧失现象被称为"太多的法律、太少的正义"。[②] 因此,以追求抽象的正义为理念并强调严格遵守规则的刑法解释存在难以克服的缺陷,主要表现在:第一,忽视了人的主体性。刑法规则本身是为人服务的,以抽象的正义理念为指导的刑法解释与适用中,遵守规则成了目的,人则成了规则的奴隶,使人的主体性淹没在形式之中。[③] 第二,忽视了人是最根本的目的。规则主义坚持规则至上的理念是正确的,但忘记了规则存在的最终目的是促进人的全面发展,满足人的基本需要。第三,忽视了人权保障的现实化条件。当代刑法的价值目标已不限于抽象的法律公平与正义,而是追求更为具体与现实的目标,即人权保障与秩序维护。但在抽象正义理念的影响下,刑法解释与适用常常注重抽象人权的保障而忽视对具体人权的保障。第四,忽视了公众情感与人文价值关怀。以理性主义为基础的规则主义刑法解释遵从抽象的形式正义理念,采用逻辑实证主义的解释方法,追求刑法条文中的客观真义,不承认刑法解释中的情感等非理性因素,主张法不容情,至于刑法的解释与适用结果是否符合公众基本情感,是否体现了对犯罪人的人文关怀等,往往不予考虑。正如本杰明·N. 卡多佐总结的:"在不通人情的逻辑刀锋之下,法官似乎没有选择余地,经常得出冷酷无情的结论。"[④]如许霆案,有人认为许霆是法制进程中的牺牲品,为了维护法制的尊严,许霆就应当牺牲。在我国刑法解释与适用中,这种现象已引起人们的广泛关注,并备受社会质疑。

人本主义刑法解释超越了传统的刑法解释理念的局限,实现了从抽象正义向现实人本理论的回归,克服了规则主义解释的缺陷,具有更为突出的现实价值。主要表现在:第一,确立了人在刑法解释中的主体地位。在人本理念指导下,刑法解释与适用重

---

① 参见何柏生:《数学精神与法律文化》,上海人民出版社 2005 年版,第 55 ~ 56 页。

② See Laurence Tribe. , *Too much law*, *too little justice*, New York State Bar Journal, Nov. 1980.

③ 参见[英]韦恩·莫里森:《法理学——从古希腊到后现代》,李桂林、李清伟等译,武汉大学出版社 2003 年版,第 288 ~ 289 页。

④ [美]本杰明·N. 卡多佐:《法律的成长 法律科学的悖论》,董炯、彭冰译,中国法制出版社 2002 年版,第 38 页。

新确立人的主体地位,刑法解释被视为人的一种实践活动,不仅包含主体与文本这一主客体关系,而且包含人与人的主体间关系,刑法解释的结果必须得到公众的认同,并能促进人的全面发展、满足人们的基本需要。第二,明确了刑法解释的最终目的。在人本主义解释中,遵守规则不是最终目的,如果按刑法字面解释得出不合理的结论,就应当基于人本理念进行矫正。在价值多元化的社会中,多元利益主体可以从人的价值理念出发追求公平与合理的价值目标,协调各种利益关系和矛盾,认真对待人的生存权、发展权、平等权等基本权利保护,正确判断各种行为的意义与后果,恰当理解犯罪和刑法的适用。第三,拓宽了刑法解释的视角。以人为本的刑法解释采用更为宽广的视野,在人与规则的互动与整合中理解和阐明刑法规则的含义,并且将人作为规则的主体与目的,刑法解释的视角并不仅仅专注于规则本身,而是从更加开阔的社会视野理解和解释刑法,从而辨别各种相关因素的联系,在各种纷繁的利益关系中选择合理的解释结论,实现形式正义与实质正义的统一。以人为本的理念将刑法解释框架从原来的价值、规则与事实三要素构成的框架,拓宽为主体、社会、价值、规则与事实五要素构成的框架,契合了和谐社会的需要。第四,扩展了刑法解释的知识广度。人本主义的知识观强调对人生意义的理解和体验,以此为基础形成的有关犯罪和刑法的知识不再是完全客观的,而是知识共同体达成共识的结果,这决定了刑法知识的相对性、建构性与公共性。第五,体现了公众情感与人文关怀。人类的情感是维系社会的最基本要素,也是法律存在的根基。维尔弗雷多·帕累托认为,人类的大多数行动是非理性地由“情感”而不是由逻辑所引导的,潜在的情感与利益是决定社会均衡特征中深层次的力量,情感的变迁改变了历史的进程。[①] 以人为本理念下的刑法解释在强调全面理解人的基础上,能够认识到刑法是理性与非理性的统一,注重刑法解释和适用结果与公众基本情感的吻合程度。

人本主义刑法解释克服了规则主义解释的局限,但人本主义解释自身也存在不足,表现为:第一,人本主义承认解释的非理性,这就容易造成解释的任意;第二,由于人本主义刑法解释强调解释主体是一个多元主体组成的互动解释共同体,基于情感与非理性原因,解释更容易情绪化;第三,人本主义的解释标准是多元主体间的共识,而获得共识的解释结论更为困难。因此,如果缺乏恰当的约束,人本主义的刑法解释很容易走向任意解释,背离法治的方向。在我国刑法解释理论中,更注重解释目标与效果的实质解释理论,虽然向人本主义解释范式迈出了一步,但由于没有找到恰当的限制措施,不能回答如何限制解释的任意性问题而受到形式解释论的批判,最终自己也回到文义的框架内寻求答案。如“军警人员抢劫”是否按《刑法》第 263 条第 6 款“冒

---

① 参见[美]乔纳森·特纳、勒奥纳德·毕福勒、查尔斯·鲍尔斯:《社会学理论的兴起》,侯钧生等译,天津人民出版社 2006 年版,第 374 ~376 页。

充军警人员抢劫”从重处罚时,有学者将“冒充”解释为包括假冒与充当,[①]这实际上仍然是一种逻辑性的解释,并未走出规则主义解释的理论框架。

正是由于两种范式的缺陷决定了在刑法解释中不可能依赖单一的范式,而是必须考虑两种范式的整合,即所谓的综合性方法,才能恰当适用和解释刑法规则。从刑法解释理论的发展过程看,两种范式的发展成了刑法解释理论发展的基本线索。

## 三、范式的竞争:刑法解释理论在司法实践中的丰富

虽然科学主义与人本主义是近现代才形成的两大哲学思潮,但此两种思想源远流长,因而,人类刑法解释与适用的历史也是规则主义与人本主义两种范式发展的历史,并且两种范式呈现出此消彼长的趋势。如在古罗马时代,法律解释的发展轨迹“就是从严格解释到任意解释再到严格解释”,[②]在罗马颁布了《十二铜表法》后的一段时间,起初是严格按字面意思解释,但由于法律只规定普遍情况而不规定个别情况,当法律不再适应新的现实情况时,严格解释刑法就不再是正确的了,因为法律不是教条而是“善良与公正的艺术”。[③]

中世纪时期的欧洲,基督教义代替了法律,神学诠释学成为教义规则主义,强调规则的严格遵守。但在某些时候,刑法解释并不完全拘泥于字面含义,对此,埃德加·博登海默认为,英国中世纪历史的某些时期,普通法对法规解释所持的看法同罗马法与大陆法系所持的一般态度并无二致,即坚持公平解释原则,法规频繁地被扩大适用于它们不曾明确规定的情形。[④]

文艺复兴运动时期及启蒙时期,人们崇尚科学,注重理性,法学家们相信自然法中蕴含公理,因而都努力寻找公理。如切萨雷·贝卡里亚认为,对于犯罪与刑罚,“应当用几何学的精确度来解释这些问题”。[⑤] 对于法律的解释,启蒙思想家基于对科学理性的追求,主张法官只能是法律的“留声机”,在执行法律的过程中必须对法律文字绝对服从。1813 年的《巴伐利亚刑法典》甚至明确禁止对法律进行解释。[⑥] 英美法系国家虽然是典型的判例法国家,但在 19 世纪,受欧洲科学主义思想的影响,也经历了一场认真且影响显著的法典化运动。[⑦] 以功利主义的创始人之一杰里米·边沁为代表

① 具体解释参见张明楷:《刑法学》(第 3 版),法律出版社 2007 年版,第 717 页。

② 李希慧:《刑法解释论》,中国人民公安大学出版社 1995 年版,第 26 页。

③ 参见[意]斯奇巴尼:《正义和法》,黄风译,中国政法大学出版社 1992 年版,第 35 页。

④ 参见[美]E. 博登海默:《法理学——法哲学及其方法》,邓正来、姬敬武译,华夏出版社 1987 年版,第 508 页。

⑤ [意]贝卡里亚:《论犯罪与刑罚》,黄风译,中国大百科全书出版社 1993 年版,第 7 页。

⑥ 参见[德]汉斯·海因里希·耶赛克、托马斯·魏根特:《德国刑法教科书》,徐久生译,中国法制出版社 2001 年版,第 190 页。

⑦ 参见[美]伯纳德·施瓦茨:《美国法律史》,王军等译,中国政法大学出版社 1989 年版,第 82 页。

的法学家认为,立法可以使法律具有确定性及简明性,并猛烈抨击法官造法。① 结果,19 世纪英国的法律公平解释原则基本上被摧毁了。② "法官把他们自己仅仅局限于阅读成文法本身——一字一句地读,一字一句地赋予他们语法上的解释,并仅此而已。"③与英国隔海相望的美国,在边沁的思想影响下,④从 19 世纪 20 年代开始掀起了一场法典化运动,关于制定法的解释,也严格按法律条文的字面含义进行解释。

随着规则主义解释的弊端越来越多地被反映出来,特别是规则主义解释过于强调规则正义而忽视个案正义,强调法理而忽视情理,强调遵从规则而缺乏人文关怀,在 19 世纪末 20 世纪上半叶,英美国家掀起了一场反形式化运动。如现实主义学派卡尔·N. 卢埃林曾称美国严格规则主义时期为"我们的法律体系最阴郁的日子",⑤并且讽刺道:"看来那种根据规则审判的理论,整整一个世纪内,不仅愚弄了学究,而且愚弄了法官。"⑥20 世纪初,美国的反形式化运动强调法律的一般价值理论,强调法律的实质目的,强调法律解释以意图解释为目标,注重法官的自由裁量,刑法解释一定程度上从规则主义逐渐转向人本主义。尽管 19 世纪的欧洲大陆采用严格的规则主义刑法解释,法官没有解释权,但在司法实践中,法官不仅解释法律,而且在解释法律的过程中也贯穿着人本精神,如 1897 年德国帝国法院通过"癖马案"的判决,创立了期待可能性理论。

综观当代各国的刑法解释,虽然规则主义刑法解释理论仍有一定市场,但已逐渐转向人本主义的刑法解释,不再固守刑法的确定性前提,不再严格拘泥于规则的字面含义,而更多强调基于目的或意图的解释,强调刑法解释结果的合理性。欧洲大陆各国的法学家们开始调整解释视角,提出新的解释理念,如阿图尔·考夫曼在《法律哲学》中批判了抽象的公平正义理念,提出了法律理念是人类理念反映的观点,即人作为自主的本性、人作为其世界中的目的以及人作为他律性的本性,⑦卡尔·拉伦茨分析了法律适用中必要的价值判断,尤尔根·哈贝马斯提出了真理共识理论,罗伯特·阿列克西提出了法律适用中的理性实践论辩理论,雅各布斯明确提出刑法解释在一定

---

① 参见[美]P. S. 阿蒂亚、R. S. 萨默斯:《英美法中的形式与实质》,金敏等译,中国政法大学出版社 2005 年版,第 25 页。

② 参见[美]E. 博登海默:《法理学——法哲学及其方法》,邓正来、姬敬武译,华夏出版社 1987 年版,第 510 页。

③ [英]丹宁:《法律的训诫》,杨百朠等译,群众出版社 1985 年版,第 10 页。

④ 参见[德]K. 茨威格特、H. 克茨:《比较法总论》,潘汉典等译,法律出版社 2003 年版,第 356 页。

⑤ 参见[美]P. S. 阿蒂亚、R. S. 萨默斯:《英美法中的形式与实质》,金敏等译,中国政法大学出版社 2005 年版,第 208 ~ 212 页。

⑥ Karl N. Llewellyn, *The Constitution as an Institution*, Columbia Law Review, Vol. 34, p. 7(1934).

⑦ 参见[德]阿图尔·考夫曼:《法律哲学》,刘幸义等译,法律出版社 2004 年版,第 22 页。

条件下可以超越文字界限。[①] 英美法系国家的解释理论也对机械的制定法解释原则提出了修正,如德沃金提出应当根据法律中所包括的原则和政策,由法官根据其公平、正义观对规则作出建设性的解释;波斯纳提出了意义共识论,并坚持实用主义立场,提出法官的判决只要能满足于现时和将来的需要,就必定是最佳的判决。

我国历史上大致也存在规则主义与人本主义两种主要的刑法解释范式。《尚书·舜典》记载,舜统治的优点之一是"慎徽五典,五典克从",即是规则主义的体现。《礼记·王政》中的"有旨无简不听",同样强调了严格按规则办事。春秋战国时期的法家倡导"依法治国""君臣上下贵贱皆从法",并通过制定和公布成文法的方式严禁官吏任意解释法律。秦统一六国以后,严禁对法律进行解释,而严格规则主义的刑法适用原则甚至直接导致了陈胜、吴广的起义。[②] 汉初虽然律学兴盛,但对规则解释的原则没有改变,其定罪审案与秦一样"严格按照语义适用法律",[③]但汉吸取秦灭亡的教训,将情理逐渐融于解释中,对严格规则主义进行矫正,如汉景帝中元五年(公元前145年)诏:"诸疑狱,若虽文致于法而于人心不厌者,辄谳之。"[④]至汉中后期,董仲舒开创春秋决狱之先,其他司法官员纷纷效仿,通过法律的逐步儒家化,"战国以降法家倡导和实践的那种'刚性'的法律体系,现在被软化了,法律与经义、道德、人情渐渐地出现了融合"。[⑤] 然而,董仲舒的以经注律与春秋决狱,在矫正严格规则主义的同时,却又从一个极端走向了另一个极端,刑法解释与适用完全走向了任意。面对秦与汉中后期刑法解释与适用的两个极端,自魏晋开始,逐渐实现规则主义与人本主义思想的融合,在继续法律儒家化并用儒家理论对法律进行系统解释的同时,注重对刑法条文形式的遵守。至唐朝,其官方解释《唐律疏议》更是集法律、道德、礼和经义于一体的集大成者,但法律明确规定定罪量刑必须援引正条。唐朝以后各代,在刑法的解释与适用中,仍表现为在依法裁判的形式下,强调对情理的兼顾。[⑥] 因此,在几千年的刑法解释与适用中,除极短暂时期出现过或机械地遵守规则或单纯地讲求情理外,都强调天理、国法与人情的有机统一,因而,有学者认为,"人本主义是中国传统法文化的哲学基础,也是中华法系的特点之一"。[⑦]

我国当代的刑法解释也经历了不同的发展时期。在"文化大革命"期间,完全漠

① 参见[德]克劳斯·罗克辛:《德国刑法学总论》(第1卷),王世洲译,法律出版社2005年版,第89~90页。

② 秦律规定"失期,法皆斩",陈胜、吴广虽因大雨而失期,但由于秦的严格规则主义,陈胜、吴广依律必死。陈胜、吴广在"囚徒困境"的博弈中,被迫选择造反。

③ 参见王志强:《制定法在中国古代司法判决中的适用》,载《法学研究》2006年第5期。

④ 《汉书·刑法志》。

⑤ 徐忠明:《清代中国司法裁判的形式与实质化》,载《政法论坛》2007年第2期。

⑥ 参见徐忠明:《清代中国司法裁判的形式与实质化》,载《政法论坛》2007年第2期。

⑦ 张晋藩:《人本主义——中华法系特点之一》,载《河北法学》2005年第9期。

视法制,忽视了刑法的基本社会功能,刑法沦为政治及政治斗争的工具,在一些情况下甚至成为迫害人民的工具,刑法的适用与解释在很多情况下是任意的,既不遵从规则,也不尊重人性。除"文化大革命"这一特殊时期外,我国当代的刑法解释主要属于规则主义解释。改革开放以后,鉴于"文化大革命"的沉痛教训,为了实现依法治国,防止法律虚无或法律沦为恣意的工具,中国开始推行民主与法治。为了建立社会主义法治国家,中国法制现代化沿袭了传统的法典化路径,并且借鉴大陆法系国家法律观念而进一步强化了规则主义的地位。① 刑法的适用和解释开始强调规则和程序,倡导法律的形式理性和正义,特别是自我国 1997 年《刑法》第 3 条规定罪刑法定原则,取消 1979 年《刑法》中的类推制度后,规则主义或称严格罪刑法定主义在我国逐步流行起来。但随着以人为本理念的倡导,刑法解释理论也必然要回答规则主义与人本主义如何整合的问题。

## 四、科学嵌入人本:我国刑法解释范式的创新之路径

应当说,规则主义刑法解释范式的确立是我国刑法解释理论的一个重要进步,是推行法治的必然步骤,是保障人权的基本要求。但规则主义解释虽然宣扬了形式正义,却无法满足越来越复杂的社会关系的需要,表现出教条化和形式化,法律的实质目标和正义没有得到应有的考量和实现,从而产生一些新的社会矛盾,引起公众的不满。以规则为中心的解释范式不能恰当地解决刑法适用过程中的复杂问题,在刑法适用和解释中不断出现一些让公众难以理解的现象,产生所谓公众与司法机关观点对立的局面。如果这样的情况越来越多,无疑会动摇刑法适用和解释的正当性与合法性,动摇我国刑事司法制度的基础。

面对规则主义解释范式的诸多缺陷,我国理论界与司法实务界开始根据以人为本的理念,审视我国现有刑法解释理论,而且诸多观点已对原有刑法解释理论有所突破。例如,第一,关于刑法解释的理念,有学者主张刑法解释在追求正义与安定性的同时,应强调合目的性,②刑法解释应体现法的精神。③ 第二,关于解释的标准问题,在批判传统刑法解释的立法原意或法意论的基础上,提出了刑法解释的新标准,即共识。司法的根本目的并不在于搞清楚文字的含义是什么,而在于判定什么样的决定是比较好的,是社会可以接受的。④ 第三,关于解释的途径问题。有学者提出,解释是一种人与人之间的沟通共识,法律解释合理结论的获得,必须通过一定的制度构建,实现超越意

① 参见谢维雁:《严格规则主义及其对中国宪政之影响》,载《社会科学研究》2001 年第 1 期。

② 参见张明楷:《刑法理念与刑法解释》,载《法学杂志》2004 年第 4 期。

③ 参见冯亚东:《刑法解释应体现法的精神》,载《法商研究》2003 年第 3 期。

④ 参见苏力:《解释的难题:对几种法律文本解释方法的追问》,载梁治平编:《法律解释问题》,法律出版社 1998 年版,第 30 ~ 64 页。

识形态的法律诠释,即诠释的整合,社会整合的主要途径是社会主体之间的妥协与价值之间的交涉。[①] 解释体制改革的出路就在于有限地提高大众话语权,在大众话语与精英话语之间建构一个可以相互理解相互对话的有益渠道。[②] 第四,关于解释的效果问题,针对规则主义刑法解释注重法律效果,提出刑法解释更应当重视社会效果,刑法解释的结果必须符合"常识、常理、常情"。[③] 近来,我国刑法解释理论界形式解释与实质解释学派论争焦点主要在于更注重规则本身的遵守还是更注重遵守规则的结果与目标,在某种程度上也可以说是两种解释范式之争。[④]

除上述理论上的准备外,在刑法解释实践中,也已经出现突破现有解释框架的一些尝试。例如,杭州市中级人民法院审理受社会各界关注、反映热点难点等重大案件,在开庭后宣判前召开了市民意见征询会;[⑤]自2009年开始,河南省部分地市人民法院开展了人民陪审团制度试点工作;[⑥]2011年3月4日,陕西省高级人民法院在刑事案件审理中引入人民陪审团机制;[⑦]2011年3月25日,常州市中级人民法院试行人民陪审团制审理案件。[⑧] 上述实践中的各种制度探索,目的都是通过各种途径了解民意并寻求司法人员与公众的共识,纠正我国实践中基于技术与逻辑严格按字面含义的刑法解释结论不为公众认同的弊端,2012年3月全国"两会"期间,有政协委员提议全国法院推广人民陪审团制度试点。[⑨] 这些理论与实践的新动向,不是对原有刑法解释理论的一些细枝末节的问题如一个简单的解释方法或是某个简单的观点的改变,因其与原有范式不容,因而是对原有刑法解释范式的挑战与质疑。换言之,我国刑法解释理论与司法实践已经为引入人本主义的范式做好了准备,可以说,我国刑法解释理论与实践正在经历"范式转换"的过程。

按照库恩的理论,"科学革命"的实质就是"范式转换",由一个新的范式代替原有

---

① 参见谢晖、陈金钊:《法律:诠释与运用》,上海译文出版社2002年版,第203~209页。

② 参见刘星:《法律解释中的大众话语与精英话语》,载梁治平编:《法律解释问题》,法律出版社1998年版,第105~141页。

③ 参见陈忠林:《谈中国法制建设三十年》,网址:http://webcast.china.com.cn/webcast/created/1879/91_1_0101_desc.htm,2013年4月17日访问。

④ 主要争议观点可参见陈兴良:《形式解释论的再宣示》,载《中国法学》2010年第4期;张明楷:《实质解释论的再提倡》,载《中国法学》2010年第4期。

⑤ 参见马岳君、陈东升:《法官断案征询市民意见——杭州中院创新举措引关注》,网址:http://www.civillaw.com.cn/article/default.asp?id=45721,2009年8月19日访问。

⑥ 参见"百度百科"网站"人民陪审团制度"条目,网址:http://baike.baidu.com/view/3454560.htm#sub3454560,2019年3月30日访问。

⑦ 参见杨一苗:《陕西高院:首次引入人民陪审团工作机制审案》,网址:http://www.lawyee.net/News/Legal_News_Display.asp?RID=110005,2019年3月30日访问。

⑧ 参见卢凝一、马奔:《常州法院首次尝试人民陪审团制度陪审员随机抽选》,网址:http://news.ifeng.com/mainland/detail_2011_03/25/5358279_0.shtml,2019年3月30日访问。

⑨ 参见李恩树、汤维建委员:《建议推广人民陪审团制度试点》,网址:http://www.legaldaily.com.cn/index_article/content/2012-03/07/content_3410279.htm?node=5955,2019年3月30日访问。

的范式。任何一个新的研究范式,都产生于少部分人发现广泛接受的现有范式存在许多例外,而这些例外的事实通常是不为现有的概念框架所预期的,是难以解释的和逻辑不相容的,从而质疑原有范式,并试图用一个新的假设、新的视角和研究方法创立一个新的理论来与原有理论竞争。面对我国刑法解释理论与实践的现状,我们应当从更宏观的视野思考,从社会发展方式转变的背景思考,刑法解释和适用的现有范式是否存在缺陷?是否需要实现范式的转换?从国外及我国传统刑事司法实践模式来看,我们的答案是肯定的。在我国发展方式转变的背景下,在民主法治不断发展的趋势下,原来的老一套是不能满足社会发展需要的,因此,刑法解释理论与实践必须寻找适当的突破点,进行理论与制度的创新。这个突破点就是转变刑法解释范式的同时实现刑法解释范式的整合,即将科学嵌入人本之中,将规则主义的范式纳入人本主义的大范式中,确立科学与人本有机融合的人本主义解释范式。

实现刑法解释范式的整合适应了当代社会发展的大方向。从当今科学哲学的发展来看,科学主义与人本主义两种思潮不再是对立的,而是逐渐走向融合。一方面,科学主义复归人性。如科学研究中提出了科学人本主义,美国著名学者萨顿认为科学是我们智力的力量与健康的源泉,但仅有它绝对不是充分的,因此,必须建立人性化科学之上的新文化,即新人文主义。波普尔发端的科学哲学变革的宗旨就在于强调向人文主义复归。以库恩为代表的科学历史主义学派则认为科学知识是一种历史产品,科学本质上是一种人文事业、社会事业。范式的提出、接受和变更,科学共同体的建立、重组和交流,都无法用逻辑来解释,而是历史的社会过程,其间诸多非逻辑、非理性的因素起着重要作用。另一方面,人本主义在强调个人和非理性的同时,更理性地强调群体的、社会的、长远的利益。人本主义将人文主义原则延伸到自然界,包括保护环境、维持生态平衡、与自然界协调发展,认为保护自然也就是保护人类。总之,科学主义开始接受人文因素,而人本主义也开始重新接纳科学力量。不过,科学与人本如何实现有机融合,无论是人本主义者还是科学主义者,都在积极探索。

党的十六届三中全会提出,“坚持以人为本,树立全面、协调、可持续的发展观,促进经济社会和人的全面发展”。这一决定将以人为本与科学发展有机地融为一体,并对人本与科学的关系作了科学合理的定位,既指明了科学与人本融合是我国当代社会意识形态及法律制度发展的基本方向,又明确了科学与人本之间,以人为本是核心与目标,科学发展是方法与路径。而以人为本这个哲学命题融合了西方现代社会的人本主义理论和我国传统文化中的人本思想,是西方人本主义的中国表达。目前,我国立法、行政、司法活动都在引入以人为本的理念,但在刑法理论中没有形成人本解释的成熟的理论范式,在刑法解释与适用中,以人为本的实践多少变得有些空泛。因此,我们应当充分利用科学发展观确立这一契机,实现刑法解释范式的整合。

要确立科学与人本融合的人本主义刑法解释范式,必须明确人本主义刑法解释范式是一个包含着人本主义思想、方法、工具、语言的完整的解释范式,虽然其以规则解释为基础,却是一个不同于规则主义解释范式的知识体系,在人本主义解释范式中,科学的功能及表现形式有别于规则主义范式。因此,要实现范式整合必须实现以下创新:第一,更新解释理念。实现刑法解释理念从抽象正义向现实人本的回归,确立以人为本的理念,在遵守规则的同时更注重规则适用的效果与目标,这就意味着文义只是解释的基础而不是边界。第二,调整解释视角。刑法解释作为人的一种认识活动,应当确立人的主体地位,从理解人本身而不是从对象(规则)本身出发看待刑法解释,这就意味着根据人具有理性与非理性的特点,承认刑法解释具有主观性。第三,承认解释主体的多元结构。规则主义由于强调解释的客观性,忽视解释主体及其结构,在人本主义范式下,不仅应当把主体纳入刑法解释结构中,而且必须承认刑法解释主体的多元性,承认司法人员、公众等在刑法解释与适用中的主体地位。第四,重构解释的框架。刑法解释不应仅专注于规则本身,而应将主体、社会、价值、规则与事实五要素纳入解释的框架,以便更好地契合社会发展的需要。第五,确定解释新标准。根据哲学主体间性原理,刑法解释的限制标准应是多元主体间互动沟通达成的共识,而不是寻找既不能证实也不能为证伪的刑法文本中的客观意义如立法原意或法意。第六,创新刑法解释制度。由于人本主义刑法解释认为合理的解释不可能完全通过逻辑与技术实现,只能通过互动沟通的渠道实现主体间的共识,因此,必须改革我国依据规则主义范式而构建的司法制度,通过科学的制度设计,将多元的解释主体纳入对话协商的制度中,保障各解释主体间的良性互动,实现社会公众与司法人员的视域融合,获得刑法解释的共识结论。

引入人本主义解释范式既是新时期我国刑事法律制度发展的一个需要,也是我国刑法解释理论发展的一个方向。可以说,人本主义的范式决定着刑法解释的态度和立场,在刑事司法活动中决定着对事实的认识,并且决定着解决刑事法律问题的方法和手段。在人本主义解释范式确立之前,有关人本主义解释范式的许多问题需要我们回答。当人本主义的解释范式被越来越多的人接受时,我国的刑法解释理论就会获得明显的丰富和发展,司法民主会更好地落到实处,刑事案件的处理和裁决会得到公众更高程度的认同与支持,才会更好地实现司法为民。

# 中国刑法解释(学)的学术考察

魏 东[*]

【内容摘要】中国刑法解释的学术研究可谓源远流长,有值得认真总结的辉煌成就。当代中国最近二十余年刑法解释理论研究取得的成就和发展可以归纳为四个方面:一是刑法解释的学术成果丰硕;二是基本完成刑法解释学原理的体系化,中国的刑法解释学理论研究已经触及世界范围内刑法解释学所论及的基本范畴、基础理论与前沿理论诸问题;三是基本完成刑法解释学的知识论本土化与适用论中国化,尤其是刑法解释保守性和功能主义刑法解释论命题值得重视;四是开展刑法解释学的学术之争并逐步走向刑法解释学的有限教义化。参照法理学意义上的法律解释学与部门法解释学的理论体系,刑法解释学的理论体系可以依次安排为"绪论""本体论""实证论"三论。作为刑法解释学的本体论,应系统阐释刑法解释、刑法解释价值(原则)、刑法解释功能(任务)、刑法解释类型、刑法解释立场、刑法解释限度、刑法解释主体、刑法解释权、刑法解释对象、刑法解释方法、刑法解释结论等11个基本范畴,通过刑法解释学基本范畴体系的系统阐释来构建刑法解释学的基本原理,努力实现刑法解释教义学化,体系化地提出能够有效解决刑法解释问题的理论答案。作为刑法解释学的实证论,在本质上应当说是进一步贯通地运用刑法解释教义学原理和刑法教义学原理以解决刑法实践问题的综合论,因而实证论研究应当成为当下和将来刑法解释学研究的重要方面。

【关键词】刑法解释 刑法解释学 基本范畴 学术史 教义化

中国的刑法解释的实践活动和学术研究均可谓源远流长,其间既有值得认真总结的辉煌成果,也有值得认真对待的学术思想。近现代中国刑法解释学的理论研究有过曲折颓废,但是知耻而后勇的当代中国刑法学人并没有退步,而是满怀大国崛起的时代使命奋起直追,勇攀刑法解释学术高峰。

---

[*] 魏东,法学博士,四川大学法学院教授、博士研究生导师。本文系作者所承担的2012年度国家社科基金项目重点课题"刑法解释原理与实证问题研究"(12AFX009)的阶段性成果之一。

## 一、中国刑法解释的实践脉络

中国古代农业社会由于较早地出现了大量刑法规范文本(其整体内容相当于刑法典、单行刑法和附属刑法之文本总和),因而在刑法实践活动中逐渐出现了较为普遍的刑法解释现象,包括针对个案的刑法解释适用活动、针对文本的刑法解释文本制作,并形成了作为中国古代刑法解释理论的律学。① 随着中国古代第一部成文刑法的正式诞生,中国古代的刑法解释活动也随之而生,一般认为是自公元前536年郑国子产“铸刑书”开始。中国古代的刑法解释,在学理上可以从中国古代刑法的立法解释、司法解释、学理解释以及解释方法四个方面进行考察总结。中国古代刑法立法解释与司法解释的重要特点,是国家没有设立专司立法解释与司法解释的机构,仅由皇帝诏令国家官吏进行刑法解释活动或者直接采用民间达人的刑法解释意见。如湖北云梦《秦简》中的《法律答问》即是由高级官员所作的刑法解释,东汉末年郑玄对《汉律》所作的章句解释,西晋张斐、杜预应皇帝诏令对《晋律》进行注解,唐朝长孙无忌等15人应唐高宗诏令解释《永徽律》而作《永徽律疏》,其后经唐末、五代、两宋直至元朝不断充实完善而最终形成代表中国古代刑法解释的最高成就的集大成者《唐律疏议》,均是在皇帝下旨认可后而获得权威性的。同时,古代中国刑法的立法解释文本可以独立颁行也可以附录于律文之中颁行,如自《永徽律疏》之后形成的《宋刑统》《大明律》《大清律》等都在律文之后附有注释疏解律文以阐发律文“难明之义”,补充其“未足之语”。而中国古代民间达人进行的刑法解释活动大致经历了秦朝被禁锢到秦朝之后逐步开放、发展和鼎盛的过程,西晋之后至明朝为中国古代刑法学理解释的深化时期,清朝以来的刑法学理解释在集历代经验之大成的基础上达到了中国古代刑法学理解释的鼎盛状态,并最终形成了中国古代蔚为壮观的律学。②

中国近现代的刑法解释实践大致可以分为清末、北洋政府时期、国民党政府统治时期三个阶段来描述。③ 清末开始,国家明确规定了有权进行司法解释的主体,赋予了有权解释主体统一行使司法解释权,如1906年(光绪三十二年)颁布的《大理院审判编制法》第19条规定“大理院之审判,于律例紧要处表示意见,得拘束全国审判衙门”;1910年2月7日(宣统元年十二月二十八日)颁布的《法院编制法》第35条规定“大理院卿有统一解释法令必应处置之权”,以维护国家法律的统一适用。国家赋予有权解释主体统一行使司法解释权的传统由此自清末形成,并且这一司法解释传统在

① 参见魏东主编:《中国当下刑法解释论问题研究》,法律出版社2014年版,第12~13页。

② 参见李希慧:《刑法解释论》,中国人民公安大学出版社1995年版,第1~7页。

③ 基于历史原因,这里所述中国近现代的刑法解释仅截至1945年中国的刑法解释,而中华人民共和国的刑法解释则纳入“中国当代的刑法解释”进行阐述。同时,本自然段所引用文献除特别注明出处的以外,均参考李希慧:《刑法解释论》,中国人民公安大学出版社1995年版,第11~15页。

近现代中国100余年来不间断地沿袭采用,至今如此。北洋政府时期的刑法解释,继续规定由大理院统一行使司法解释权,其中在1912年(民国元年)至1927年(民国十六年)的15年间作出的刑法解释例达2000余件、汇编的判例达3900多件,[①]其解释内容包括了刑法总则规定和分则条文,其解释方法有文理解释和论理解释两类(其中论理解释兼有扩张解释和缩小解释两种)。国民党政府统治时期的刑法解释,依《中华民国宪法》规定由司法院行使,1929年(民国十八年)至1945年(民国三十四年)司法院作出的刑法解释例有698件,此外,最高法院也有权作出法律解释和公布判例;这一时期刑法解释所采用的方法是以文理解释为主并辅以论理解释,刑法学理解释则开始学习借鉴西方刑法理论而有了重大进步,有的刑法学专著对刑法的解释达到了很高水准。国民党政府统治时期的刑法解释理论和实践,为当代中国台湾地区的刑法解释实践和理论研究奠定了良好基础,对于当代中国大陆的刑法解释实践和理论研究也具有特殊的借鉴意义。

中国当代的刑法解释活动沿袭了近现代中国刑法解释传统。大体可以这样描述:当代中国在1979年《刑法》颁行之前的刑法解释活动比较活跃,而在1979年《刑法》和1997年《刑法》颁行之后的刑法解释文本则异常丰富。

在1979年《刑法》颁行之前,作为刑法解释对象的刑法规范文本比较有限,当时仅有《惩治反革命条例》《妨害国家货币治罪暂行条例》《惩治贪污条例》等少数几部单行刑法规范文本,在国家刑法立法和国家法制不完善的情况下,较多的有权解释文本突出存在解释主体繁多混杂、解释内容实质立法化的突出特点。[②] 其一,随着1954年《宪法》和1955年《关于解释法律问题的决议》的颁布施行,当代中国刑法解释的有权主体实现了从法无明文规定走向法有明文规定,但是“释出多门”现象长期普遍存在。在1955年6月23日全国人大常委会《关于解释法律问题的决议》颁布之前,由于法律没有明文规定刑法解释的有权主体,《刑法》的司法解释性文本出自多门,如最高人民法院、最高人民检察署、公安部、政务院、中共中央、中央法制委员会、司法部、最高人民法院分院、中央节约检查委员会、政务院政法委员会党组干事会、大行政区司法部等;而即便在1955年《关于解释法律问题的决议》颁布施行之后,虽然法律明文规定司法解释权由最高人民法院行使,但是实际上仍然是“释出多门”,如最高人民法院、最高人民检察院、公安部、国务院、中共中央、中央十人小组、司法部、中央监委、中央政法小组、中国人民解放军军事法院等。其二,全国人大的立法解释很少,而其他国家机关和部门的司法解释活跃并且广泛存在解释内容实质立法化(司法解释立法化)的现

① 参见李光灿、宁汉林主编,杨堪、张梦梅:《中国刑法通史》(第八分册),辽宁大学出版社1987年版,第172页。

② 参见李希慧:《刑法解释论》,中国人民公安大学出版社1995年版,第15—18页。本自然段所引用文献除特别注明出处的以外,均参考李希慧所著此书。

象。1954年《宪法》规定全国人大常委会行使解释法律的职权,赋予了全国人大常委会的刑法立法解释权,但据史料可查的当期进行的刑法立法解释只有1件,即1956年5月8日由第一届全国人大常委会第三十九次会议作出的《关于被剥夺政治权利的人可否充当辩护人的决定》;[①]而同期的司法解释文本却有300多件(其中最高人民法院单独或者参与制定发布的司法解释性文件有184件[②])。司法解释立法化现象广泛而突出地存在,如最高人民法院1956年颁布的《关于处理精神病患者犯罪问题的复函》(法研字第5674号)明确规定:"精神病人在不能辨认或不能控制自己行为的时候实行对社会有危险性的行为,不负刑事责任……间歇性的精神病人,在精神正常时候的犯罪,应当负刑事责任。醉酒状态中的犯罪,应当负刑事责任。"[③]像这种借刑法司法解释之名行刑法立法之实的情况在我国1979年《刑法》颁行之前大量存在,既反映了我国在没有颁行1979年《刑法》时的刑法实践需要刑法司法解释立法化,也开启并强化了当代中国刑法司法解释立法化的滥觞。

在1979年《刑法》和1997年《刑法》颁行之后,我国的刑法解释活动十分活跃,刑法解释文本异常丰富。其突出特点可以概括为以下五个方面:

其一,以立法形式明确有权解释的刑法解释主体是全国人大常委会、最高人民法院和最高人民检察院(以下简称"两高")等三个国家机关(以下简称"三机关")。1982年《宪法》第67条明确规定,解释法律是全国人大常委会的职权之一。1981年全国人大常委会《关于加强法律解释工作的决议》规定,"凡属于法院审判工作中具体应用法律、法令的问题,由最高人民法院进行解释。凡属于检察院检察工作中具体应用法律、法令的问题,由最高人民检察院进行解释"。由此可以看出,全国人大常委会是法定的刑法立法解释机关,"两高"是法定的刑法司法解释机关。

其二,作为最高权力机关常设机构的全国人民代表大会常务委员会的立法解释文本逐步受到重视并发挥作用。据资料介绍,在1979年《刑法》颁行后的第一个15年期间(1980~1995年),全国人大常委会除了在有的"法律草案说明"中对有些刑法规定做过解释外,单独并且根据正当程序制作的刑法立法解释一件也没有,而只有一些由全国人大常委会的职能部门(如全国人大常委会办公厅和法制工作委员会等)为回答有关机关的咨询就刑法有关规定所作的解释,或者由全国人大常委会的职能部门与其他国家机关联合发布的刑法解释或者解释性文件,但是"上述两种情形的解释,由

① 参见北京大学法律系刑法教研室编:《刑法参考资料选编》(三),北京大学法律系刑法教研室1978年版,第163页。

② 参见周强主编:《最高人民法院司法解释汇编(1949-2013)》(上),人民法院出版社2014年版,"出版说明"第1页。

③ 北京大学法律系刑法教研室编:《刑法参考资料选编》(三),北京大学法律系刑法教研室1978年版,第111页。

于是全国人大常委会的职能部门单独或者与其他国家机关联合做出的，而不是以全国人大常委会的名义制定和公布的"，因而不能认为是完全规范意义上的刑法立法解释。[①] 当然应当承认，这些不是完全规范意义上的刑法立法解释，如1981年7月16日全国人大常委会办公厅就最高人民法院提出的关于死刑的核准问题所作的复函、1984年3月24日全国人大常委会法制工作委员会会同最高人民法院、最高人民检察院、公安部、司法部、民政部作出的《关于正在服刑的罪犯和被羁押的人的选举权的问题的联合通知》，1986年7月10日全国人大常委会法制工作委员会会同最高人民法院、最高人民检察院、司法部作出的《关于劳教工作干警适用刑法关于司法工作人员规定的通知》等，在实质上均具有刑法立法解释的价值和功能。此后，尤其是在1997年《刑法》颁行后，全国人大常委会依法规范制作发布的刑法立法解释（文本）逐步形成、逐步增多，截至2016年12月已有规范的刑法立法解释（文本）13件，[②]包括2000年4月29日通过的全国人大常委会《关于〈中华人民共和国刑法〉第九十三条第二款的解释》、2014年4月24日通过的全国人大常委会《关于〈中华人民共和国刑法〉第一百五十八条、第一百五十九条的解释》等，除此之外还出现了一些不规范的刑法立法解释，如2002年1月14日全国人大常委会法制工作委员会《关于对"隐匿、销毁会计凭证、会计账簿、财务会计报告构成犯罪的主体范围"问题的答复意见》、2002年7月24日全国人大常委会法制工作委员会《关于已满十四周岁不满十六周岁的人承担刑事责任范围问题的答复意见》等，但是总体上看，刑法立法解释的数量仍然远远少于刑法司法解释的数量。

其三，作为最高司法机关[③]的"两高"的刑法司法解释文本大批量出台并适用，并且刑法司法解释文本规模甚至远超《刑法》及其修正案、单行刑法规范文本的规模，刑法司法解释文本从而成为刑法司法适用的重要依据和实质法规范依据。据资料介绍，仅最高人民法院单独或者联合制定发布的司法解释（文本）数量就很多：在1980年1月至1997年6月有1520件，在1997年7月至2011年12月有1647件。[④] 2012年1月至2017年这段时间里的司法解释文本数量现在尚无法准确统计，但是估计应在500件以上。更加值得注意的现象是，"两高"甚至"三机关"独自制作或者联合其他国家机关以各种名义制作的"非法定的"规范性刑法司法解释性文本大量存在，而且有的文本对外公开，有的文本则不对外公开，其数量无法准确统计。有学者认为应当

---

① 参见李希慧：《刑法解释论》，中国人民公安大学出版社1995年版，第21～22页。

② 参见全国人民代表大会常务委员会法制工作委员会刑法室审编：《中华人民共和国刑法（2016年审编版）》，中国民主法制出版社2016年版，"出版说明"第1页、第223～237页。

③ 按照我国有关法律规定和法理界说，我国的最高司法机关是指最高人民法院，同时也包括作为法律监督机关和公诉机关的最高人民检察院，统称"两高"。

④ 参见周强主编：《最高人民法院司法解释汇编（1949－2013）》（上），人民法院出版社2014年版，"出版说明"第1页。

“网罗一切刑法适用方面的规范性文件”,“但在当下,这几乎是一个不可能完成的任务,其中,最主要的障碍是很多规范性文件不对外公开,因而无法收集”,例如,仅2011年“最高人民法院研究室答复高级人民法院法律适用问题的请示就高达114件”,而“公安部及其职能部门每年也会就公安机关办理刑事案件如何适用刑法规定作出各种批复”,然而“这些数量惊人的规范性文件,多数在报刊、互联网上是查询不到的”。[①]应当说,“两高”发布的“座谈会纪要”“纪要”“答复”“意见”等非法定的司法解释性文本(文件)[②]逐步获得了司法解释的普遍性指引功能。

其四,“两高”指导性案例逐步成为刑法解释的新形式。最高人民法院于2010年11月26日发布《关于案例指导工作的规定》,自2011年12月20日发布第一批指导性案例以来,截至2019年12月26日共发布了24批指导性案例,其中许多批指导性案例中包含有刑事指导性案例;而最高人民检察院自2010年12月31日发布第一批指导性案例以来,截至2020年7月共发布了21批指导性案例,其中绝大多数都是刑事指导性案例。对于这些指导性案例,最高人民法院在发布指导性案例的通知中通常要求各地人民法院在审判实践中对这些指导性案例加以“参照”运用,即“供在审判类似案件时参照”。当前,最高人民法院发文明确要求司法审判中必须进行类案检索、类案同判,可以说是对指导性案例制度的进一步发展。

其五,地方各级司法机关、尤其是省级司法机关制定发布的地方性司法解释性文本(文件)和地方性指导案例逐步成为司法解释性质的地方性法律知识。大致可以说,全国省、自治区、直辖市高级人民法院都有制定发布(或者制定之后不对外发布)地方性司法解释性文本的做法,从各种媒体资料上可查阅的情况来看,这类地方性司法解释性文本数量巨大。以西部某省为例,近几年因为非法集资犯罪较为突出并且处理难度较大,因此,该省高级人民法院在省政法委、省检察院、省公安厅的深度合作之下制作发布了《关于当前我省办理非法集资案件若干问题的会议纪要》,其内容有“工作机制和办案指导原则”“非法吸收公众存款罪与非罪的认定”“刑民交叉案件的程序衔接与处置”“跨区域案件的管辖”“证据收集的范围及金额的认定”“非法吸收公众存款罪与集资诈骗罪的界限”“刑事追究人员的范围”“漏罪的处理问题”“犯罪数额认定”“查封、扣押、冻结措施”“赃款赃物追缴范围”“涉案资产统一处置”等,文本字数将近5000字,涉及定罪量刑、资产处置和程序性规定的内容十分具体。再如,全国

---

① 参见李立众编:《刑法一本通》(第12版),法律出版社2016年版,“第十二版前言”第1页。

② 根据2007年最高人民法院发布《关于司法解释工作的规定》第6条第1款的规定,司法解释的形式分为“解释”“规定”“批复”“决定”四种。据此,“两高”发布的非法定的司法解释性文本(文件),是指除“解释”“规定”“批复”“决定”四种法定的司法解释形式之外的文本,主要包括“座谈会纪要”“纪要”“答复”“意见”等形式的文本。有关司法解释性文本形式的法理问题,参见李立众编:《刑法一本通》(第11版),法律出版社2015年版,“第十一版前言”第1页;孟庆华、王法:《“意见”是否属于刑法司法解释表现形式问题探析》,载《临忻师范学院学报》2010年第5期。

部分省级人民法院制定发布的《〈关于常见犯罪量刑指导意见〉实施细则》应当说也是比较典型的地方性司法解释性文本,其对于当地所属法院的刑事司法审判具有直接的法规范效力。

## 二、中国刑法解释的学术简史

如前所述,中国古代刑法实践活动中逐渐出现了较为普遍的刑法解释现象,包括针对个案的刑法解释适用活动、针对文本的刑法解释文本制作,也较早地出现了针对这些刑法解释现象的学术研究活动,形成了中国古代刑法解释理论,即律学。而中国古代蔚为壮观的律学,其运用的刑法解释方法包括文理解释与论理解释,且论理解释中较多地运用了扩张解释、缩小解释、比较解释、历史解释与类推解释等。[①] 同时,中国古代律学的发达也是和中国古代儒学和经学的发达相得益彰的。有学者指出,中国古代律学的精髓是以经注律(以儒家经义注释律学),因此,"律学是中国古代特有的一门学问,是秦汉时期随着成文法典的出现,统治阶级为了使法典得以贯彻实施对其进行注释诠释因而形成的一个学术研究领域,它是中国法学的一个重要组成部分"。[②] 由于中国古代法律的主体内容是刑法,中国古代律学不但可以笼统地被认为是法律注释学,而且可以具体地认为其就是中国古代的刑法解释学。因此可以说,律学是我国古代封建社会法律解释理论的最高峰,其已具有反思以往的和当时的法律解释现象并且已经逐渐呈现出追求某种科学合理性的特点,尽管其中还明显存在欠缺现代法治要旨(主要欠缺现代刑事法治之罪刑法定和人权保障观念)之不足。正如有学者指出的那样,"中国古代以经注律的诸事活动,不是单纯的、机械的注释法学,而是带有浓厚的论理、说理和学理的成分和色彩,为达到注释的结论能够被人接受特别是能够上升为官方判案的依据的目的,注释学家采用了多种形式进行解释",从而使中国古代律学"成为中国法文化最具特色的标签与识别标识";同时,中国古代以经注律活动及律学,因无近代意义上的罪刑法定原则的限定而在很大程度上仍然是皇权和吏权的一种恣意适用,并导致法外用法、用法因人而异的恶果。[③] 尽管如此,我们还是应当看到,中国古代律学"以经注律"的文化传承,有助于避免天马行空式地随意阐释法律规范实质,表明其对于刑法规范的法律解释(刑法解释)已经具有某种意义上的保守性趋向。[④]

中国近现代刑法解释学术活动。对应前述清末、北洋政府时期、国民党政府统治时期三个阶段的刑法解释实践的描述,可以对当时的刑法解释学术活动进行某种概括

---

① 参见李希慧:《刑法解释论》,中国人民公安大学出版社 1995 年版,第 1~11 页。

② 何勤华:《秦汉律学考》,载何勤华编:《律学考》,商务印书馆 2004 年版,第 37 页。

③ 参见徐岱:《刑法解释学基础理论建构》,法律出版社 2010 年版,第 5~8 页。

④ 参见魏东主编:《中国当下刑法解释论问题研究》,法律出版社 2014 年版,第 13~14 页。

性的讨论。其一,刑法解释的对象分析。在刑法解释的学理上,其解释对象只能是刑法规范文本和相应法律事实,作为刑法解释对象的刑法规范文本有《大清新刑律》《暂行新刑律》《中华民国刑法》等,从而有利于确保刑法解释适用的合法性。其二,刑法解释的权力分析。按照刑法解释主体的权威性可以将刑法解释划分为有权解释与学理解释两类,其中,前者作为具有法律效力的刑法解释主体,必须要有法律授权,从而有权解释主体所作解释有利于维护国家刑事法律的统一适用。其三,刑法解释的立场分析。当时的刑法解释学已经逐渐借鉴吸纳西方大陆法系国家的刑法解释理论,在刑法解释学上注意区分和讨论刑法的主观解释和客观解释。尤其是国民党统治时期的刑法解释学,关于刑法解释立场的主观解释、客观解释和折中解释的学术争议已较为突出。其四,刑法解释的方法论分析。当时学术界已经提出了刑法的文理解释和论理解释的解释方法的区分,并且"刑法司法解释所采用的方法也是以文理解释为主。辅之以扩张解释和缩小解释等论理解释方法","开始自觉地运用刑法的基本原理来解释刑法的规定","解释往往具有很强的论证性"。[①] 其五,刑法解释的学术成果分析。国民党统治时期出现了王觐的《中华刑法论》和郗朝俊的《刑法原理》等刑法学专著,其"由于受西方刑法理论的影响,较之以前各个时期的刑法学理解释有了重大的进步","对刑法的解释达到了颇高的理论水平"。[②]

中国当代刑法解释学术研究渐入佳境。当代中国在1979年《刑法》颁行之前的刑法解释活动尽管比较活跃,但是"这一时期内部印行和公开出版的涉及刑法解释的教科书、普及读物仅有屈指可数的9本""刑法学专著仅有为数可怜的两本小册子",这些专著以及期间发表的绝大多数论文"都难以认为是刑法学理解释之作",可以说"中华人民共和国建立后至《刑法》颁布施行前长达30年的时间内,刑法学理解释是十分贫乏的"。[③] 及至1979年《刑法》和1997年《刑法》颁行之后,刑法解释文本刑法学术研究活动均空前活跃和十分丰富,甚至可以说"《刑法》颁布后的15年,刑法学理解释的繁荣大概是中国历史上前所未有的,大量的学理解释对于刑法的正确适用以及刑法的修改补充起了重要的作用"。[④] 但是,我们发现,尽管早在20世纪80年代中后期中国法理学界已经开始较为系统地关注法律解释学的引介和研究,如西南政法学院法学理论教研室1986年印制了英国学者鲁伯特·克罗斯的《法律解释》(孔小红等译)、华夏出版社1987年出版了美国学者博登海默的《法理学——法哲学及其方法》(邓正来等译)等不少法律解释学著作,但是当代中国在1995年以前的刑法解释理论仍然停留在仅有一些碎片化的刑法解释学知识的水平,不但没有针对刑法解释学进行

---

① 李希慧:《刑法解释论》,中国人民公安大学出版社1995年版,第14~15页。

② 李希慧:《刑法解释论》,中国人民公安大学出版社1995年版,第14~15页。

③ 李希慧:《刑法解释论》,中国人民公安大学出版社1995年版,第19~20页。

④ 李希慧:《刑法解释论》,中国人民公安大学出版社1995年版,第25页。

专题理论研究的学术专著,而且当时刑法学专著中所论及的刑法解释学知识十分有限且根本达不到刑法解释学知识体系化的基本要求,如当时全国统编教材《刑法学》也仅仅在第四章第二节简单介绍了"刑法的解释"的概念、刑法解释的分类。[①] 文献检索表明,作为重要部门法的刑法学界和民法学界对相对应的部门法解释理论的系统化研究均大致始于 1995 年左右,如民法学界当时仅有徐国栋的《民法基本原则解释》(中国政法大学出版社 1992 年版)、梁慧星的《民法解释学》(中国政法大学出版社 1995 年版)等屈指可数的民法解释学论著。刑法学界的情况是,直到 1995 年,当代中国才有了真正意义上的较为系统的刑法解释学研究,其标志性事件正是李希慧教授的同名博士学位论文《刑法解释论》的公开出版,高铭暄教授为该书作序并指出"《刑法解释论》一书不仅对刑法解释作了古今中外的历史考察,而且对刑法解释的基本思想、概念、特征、功能、分类、原则、方法等都做了详尽的分析和探讨",相信中国刑法学者阅读本书"将会对刑法解释这样一个科学领域和实践活动,获得更深一层的认识"。[②]

可以说,1995 年对于当代中国的刑法解释学而言是一个真正开始走向学术化系统研究的新起点,自此以后中国刑法解释学的理论研究逐步繁荣并取得了辉煌成就。综合观察当代中国最近二十余年刑法解释学的理论研究成果,大致可以概括为以下诸方面:

### (一)刑法解释的学术成果丰硕

通过中国知网以"刑法解释"为关键词、以"中国社会科学引文索引(CSSCI)"为来源,共检索到自 1993 年以来至 2020 年 6 月的相关文献有:公开出版专题研究刑法解释学原理的重要专著有 50 余部(见表 1),完成博士学位论文答辩的专题研究刑法解释学原理的重要博士学位论文有 20 余篇(见表 2),重要硕士学位论文有 100 余篇,[③]专题研究刑法解释学原理的重要学术论文有 200 余篇。从这一粗略统计可以看出,刑法解释学的专题研究专著和博士学位论文总数达 70 余部(篇),其研究成果不可谓不丰硕,其研究的广度和深度不可谓不令人刮目相看。

---

① 参见高铭暄主编:《刑法学》,法律出版社 1982 年版,第 46 ~ 48 页。

② 李希慧:《刑法解释论》,中国人民公安大学出版社 1995 年版,第 1 ~ 2 页。

③ 以"刑法解释(学)"为主题的硕士学位论文统计数据增加较快:2016 年 6 月的相关统计数据仅有 80 余篇,但在 2019 年 5 月 3 日的相关统计数据激增为 100 余篇。也就是说,2017 ~ 2018 年,平均每年有大约 10 篇硕士学位论文的选题是"刑法解释(学)"专题,这一现象值得关注。

**表1　刑法解释学的重要专著(总数有51部)**

| 作者 | 专著名称 | 出版社及出版时间 |
| --- | --- | --- |
| 李希慧 | 刑法解释论 | 中国人民公安大学出版社 1995 年版 |
| 李国如 | 罪刑法定原则视野中的刑法解释 | 中国方正出版社 2001 年版 |
| 刘树德 | 罪状解构——刑事法解释的展开 | 法律出版社 2002 年版 |
| 赵秉志 | 中国刑法学年会文集(2003 年度)第 1 卷:刑法解释问题研究 | 中国人民公安大学出版社 2003 年版 |
| 陈兴良 | 中国刑事司法解释检讨:以奸淫幼女司法解释为视角 | 中国检察出版社 2003 年版 |
| 侯国云 | 刑法与解释 | 中国检察出版社 2003 年版 |
| 张明楷 | 刑法分则的解释原理 | 中国人民大学出版社 2004 年版(第 2 版,2011 年版) |
| 高铭暄、马克昌 | 中国刑法解释 | 中国社会科学出版社 2005 年版 |
| 杨新京 | 刑法修正案与立法解释 | 中国检察出版社 2005 年版 |
| 林　维 | 刑法解释的权力分析 | 中国人民公安大学出版社 2006 年版 |
| 陈志军 | 刑法司法解释研究 | 中国人民公安大学出版社 2006 年版 |
| 赵秉志 | 刑法解释研究 | 北京大学出版社 2007 年版 |
| 杨艳霞 | 刑法解释的理论与方法——以哈贝马斯的沟通行为理论为视角 | 法律出版社 2007 年版 |
| 吴丙新 | 修正的刑法解释理论 | 山东人民出版社 2007 年版 |
| 李　荣 | 刑法适用中的法官解释 | 知识产权出版社 2007 年版 |
| 梁根林、[德]埃里克希尔根多夫 | 罪刑法定与刑法解释:中德刑法学者的对话 | 中国法律图书有限公司 2007 年版 |
| 王凯石 | 刑法适用解释 | 中国人民大学出版社 2008 年版 |
| 肖吕宝 | 主客观违法论在刑法解释上的展开 | 黑龙江人民出版社 2008 年版 |
| 李　荣 | 刑法适用中的法官解释 | 知识产权出版社 2008 年版 |
| 张明楷 | 罪刑法定与刑法解释 | 北京大学出版社 2009 年版 |
| 刘艳红 | 走向实质的刑法解释 | 北京大学出版社 2009 年版 |
| 徐　岱 | 刑法解释学基础理论建构 | 法律出版社 2010 年版 |
| 袁　林 | 以人为本与刑法解释范式的创新研究 | 法律出版社 2010 年版 |
| 齐文远、周　详 | 刑法司法解释立法化问题研究 | 中国人民公安大学出版社 2010 年版 |

续表

| 作者 | 专著名称 | 出版社及出版时间 |
|---|---|---|
| 牛克乾 | 刑事审判视野中的刑法解释与适用 | 法律出版社 2010 年版 |
| 魏　东 | 刑法观与解释论立场 | 中国民主法制出版社 2011 年版 |
| 宋小海 | 程序自然法视域下的法律解释——以刑法解释为范例 | 社会科学文献出版社 2011 年版 |
| 黄奇中 | 刑法解释的沟通之维 | 中国人民公安大学出版社 2011 年版 |
| 赵运锋 | 刑法解释论 | 中国法制出版社 2012 年版 |
| 王海桥 | 刑法解释的基本原理——理念、方法及其运作规则 | 法律出版社 2012 年版 |
| 徐光华 | 刑法文化解释研究 | 中国政法大学出版社 2012 年版 |
| 杨高峰 | 刑法解释过程论纲 | 光明日报出版社 2013 年版 |
| 魏　东 | 中国当下刑法解释论问题研究 | 法律出版社 2014 年版 |
| 赵运锋 | 刑法解释前沿问题研究 | 中国法制出版社 2014 年版 |
| 刘　浩 | 刑法解释方法论 | 中国政法大学出版社 2014 年版 |
| 利子平 | 刑法司法解释瑕疵研究 | 法律出版社 2014 年版 |
| 李　翔 | 刑法解释的利益平衡问题研究 | 北京大学出版社 2015 年版 |
| 魏　东 | 刑法理性与解释论 | 中国社会科学出版社 2015 年版 |
| 魏　东 | 刑法解释论丛(第 1 卷) | 法律出版社 2015 年版 |
| 张　能、田　维、洛桑东洲、邓　浩 | 刑法解释理论与重要实务问题研究 | 四川大学出版社 2015 年版 |
| 魏　东 | 刑法解释(第 2 卷) | 法律出版社 2016 年版 |
| 王政勋 | 刑法解释的语言论研究 | 商务印书馆 2016 年版 |
| 苏彩霞 | 刑法解释的立场与方法 | 法律出版社 2016 年版 |
| 刘延和 | 刑法解释与适用研究 | 法律出版社 2016 年版 |
| 卫　磊 | 当代刑事政策转型与刑法解释发展 | 中国法制出版社 2017 年版 |
| 王　帅 | 刑法解释分歧的司法化解 | 中国人民公安大学出版社 2018 年版 |
| 魏　东 | 刑法解释(第 3 卷) | 法律出版社 2018 年版 |
| 魏　东 | 刑法解释(第 4 卷) | 法律出版社 2019 年版 |
| 黄明儒 | 刑法解释的限度与修改关系论 | 中国检察出版社 2019 年版 |
| 赵运峰 | 刑法解释边界研究 | 中国政法大学出版社 2019 年版 |
| 魏　东 | 刑法解释(第 5 卷) | 法律出版社 2020 年版 |

表2　刑法解释学的重要博士学位论文(总数有26篇)

| 作者 | 题　　目 | 教学科研单位名称 | 年份 |
|---|---|---|---|
| 李希慧 | 刑法解释论 | 中国人民大学 | 1993 |
| 杨艳霞 | 正当性刑法解释路径研究 | 中国政法大学 | 2004 |
| 林　维 | 刑法解释的权力分析 | 北京大学 | 2006 |
| 胡东飞 | 刑法解释的基础观念 | 清华大学 | 2006 |
| 王凯石 | 刑法适用解释研究 | 西南政法大学 | 2006 |
| 蒋　涛 | 罪刑法定下我国刑法司法解释的完善 | 华东政法大学 | 2008 |
| 吴允锋 | 经济犯罪规范解释的基本原理 | 华东政法大学 | 2008 |
| 王瑞军 | 罪刑法定的实现——法律方法论角度的研究 | 山东大学 | 2008 |
| 顾　乐 | 刑法解释的存在依据与实现方式 | 吉林大学 | 2008 |
| 王太宁 | 宪政视野下的刑法若干基本问题研究——以刑权力为视角的探讨 | 吉林大学 | 2008 |
| 袁　林 | 人本主义刑法解释范式研究 | 西南政法大学 | 2010 |
| 邓多文 | 论刑法的合理性解释 | 西南政法大学 | 2010 |
| 赵　宁 | 罪状解释论 | 华东政法大学 | 2010 |
| 张飞飞 | 论刑法的公众认同 | 西南政法大学 | 2014 |
| 田　维 | 刑法目的解释论 | 四川大学 | 2015 |
| 钟　凯 | 刑法多元及其解释论意义 | 四川大学 | 2015 |
| 李佳欣 | 中国刑法解释功能论 | 吉林大学 | 2015 |
| 徐松林 | 以刑释罪:一种刑法实质解释方法 | 华南理工大学 | 2015 |
| 王翠霞 | 实质的刑法解释论之提倡 | 山东大学 | 2015 |
| 王祖书 | 刑法目的论解释研究 | 吉林大学 | 2015 |
| 石聚航 | 刑法目的解释研究 | 南京师范大学 | 2016 |
| 李　琪 | 主观解释论下的刑法解释模式研究 | 郑州大学 | 2016 |
| 邓　浩 | 兜底罪状的刑法解释 | 四川大学 | 2017 |
| 葛恒浩 | 刑法解释规则及其应用研究 | 东南大学 | 2017 |
| 段卫利 | 刑法司法解释法源地位研究 | 吉林大学 | 2018 |
| 田馨睿 | 刑法解释限度论 | 四川大学 | 2020 |

(二)刑法解释学的基本原理体系化

中国的刑法解释学理论研究已经触及世界范围内法解释学和刑法解释学所论及的全部基础理论与前沿理论诸问题,其主体内容是刑法解释学的基本范畴与重要原理。除此之外,还有数量巨大的刑法具体问题(包括刑法总则规定和分则规定)的解释适用研究成果,其中包含了刑法解释学基本原理问题研讨的研究成果。

关于刑法解释学的基本范畴问题,既有研究成果所论及的刑法解释学的基本范畴目前可以归纳为以下 11 个,即刑法解释、刑法解释价值(原则)、刑法解释功能(任务)、刑法解释类型、刑法解释立场、刑法解释限度、刑法解释主体、刑法解释权、刑法解释对象、刑法解释方法、刑法解释结论。上述 11 个基本范畴,依据一定逻辑关系可以组成刑法解释学范畴体系并构建刑法解释学的基本原理。

关于刑法解释学的基本范畴,我国有学者提出了刑法解释权、刑法解释行为和刑法解释结论的三范畴体系理论,认为“刑法解释权是刑法解释学的基石范畴,刑法解释行为是刑法解释学的逻辑中介,而刑法解释论及其运用则是刑法解释学的逻辑终点”,其中,只有刑法解释权是刑法解释学的基本范畴(基石范畴、核心范畴与关键范畴),刑法解释权作为刑法解释学的学科开端或逻辑起点,使刑法解释主体得以实施刑法解释行为。[①] 解释权(刑法解释权)是法律解释学的重要范畴,法律解释史以及法律解释学术史上均对其予以了特别关注,但是在西方近现代法律解释(学)中,解释权问题应当说逐渐呈现宽泛化和淡化的趋势,其原因可能是多方面的,既是民主政治论(司法民主)的内在要求,也是法律解释学诠释学化和哲学解释学化的内在逻辑,更是法律解释学科学论规范化的必然结论,法律职业共同体乃至全体公民均有遵从法治理念的“解释权”,均有发表法律解释意见、解释性交谈、解释性沟通和意见交换、解释性论证的“解释权”。但是,一方面,应当承认法官(以及其他执法人员)具有独断的、权威的、“有效力的”法律解释权,其法律解释(结论)具有确定司法裁判结论(裁判结果)的“活的法”效果;另一方面,中国所客观存在的公布司法解释文本(以及司法解释性质的文本)的传统至今仍强势发展的现状,客观上也要求中国刑法解释学必须持续关注和认真对待“解释权”问题,以及与此强相关的“(司法)解释体制”问题,这可以说是中国特色的刑法解释学必须予以特别考量的问题。从而可以说,“刑法解释权”应当成为刑法解释学的一个重要范畴。还有学者在刑法解释学专著的体系安排中隐含指出了刑法解释学的基本范畴包括刑法解释(以及刑法解释的主体、刑法解释的对象/客体、刑法解释的目的和刑法解释的态式等四个方面的内容),刑法解释的基本思想和原则,刑法解释的方法(以及刑法立法解释、刑法司法解释和刑法学理解释)等。[②] 再有学者提出,“刑法解释基本原理就包括刑法解释的理念、刑法解释的基本方法以及刑法解释的运用规则三个有机组成部分”,[③]即认为刑法解释学的基本范畴有刑法解释的理念、刑法解释的方法、刑法解释的运用规则三个。也还有学者“从权力角度

① 参见徐岱:《刑法解释学基础理论建构》,法律出版社 2010 年版,第 16 ~ 18 页。

② 参见李希慧:《刑法解释论》,中国人民公安大学出版社 1995 年版,“内容摘要”第 1 ~ 3 页,第 40 ~ 41 页。

③ 王海桥:《刑法解释的基本原理——理念、方法及其运作规则》,法律出版社 2012 年版,第 34 页。

分析了刑法解释本身这一范畴”,明确提出了刑法解释权的范畴,深入分析了刑法解释中“最为关键的那些要素”如刑法解释对象、刑法解释主体、刑法解释场景、刑法解释形式、刑法解释结论,并专题讨论了刑法解释方法问题,①由此可以认为该学者提出的刑法解释基本范畴包括以下8个:刑法解释、刑法解释主体、刑法解释权、刑法解释对象、刑法解释场景、刑法解释形式、刑法解释方法、刑法解释结论。这些学者关于刑法解释学的基本范畴的提出和讨论,有利于刑法解释学基本范畴的体系化,进而有利于刑法解释学原理的逐步成熟、深化和体系化,尽管这方面的学术努力还有待进一步强化并形成进一步的学术共识,但是仍然可以说这是中国刑法解释学的基本原理体系化的最重要表征。

针对刑法解释学的11个基本范畴及其组成的范畴体系,学术界展开了较为深入的理论研讨,形成了较为成熟的刑法解释原理。

(三)刑法解释学的知识论本土化与适用论中国化

刑法解释学的知识论本土化,指的是刑法解释学的基本范畴与原理内化为中国刑法学整体理论的有机组成部分。刑法解释这一基本范畴目前已成为我国全部刑法学教科书和刑法解释学论著的基本概念,尽管其在内涵阐释上难免还存在差异,但是均已内化为我国传统的和革新的刑法学与刑法解释学的最为基础性的刑法知识。例如,刑法解释价值(功能)、刑法解释立场、刑法解释限度和刑法解释原则,作为四个关联性十分紧密的概念亦成为中国各种刑法解释理论与实践中的“常客”,如刑法的主观解释与客观解释之争、刑法的形式解释与实质解释之争,都惯常地运用刑法解释价值(功能)与刑法解释立场为其各自解释行为及其结论提供理论支撑。刑法解释主体、刑法解释权、刑法解释对象、刑法解释行为(过程)、刑法解释方法、刑法解释结论(论证性和可接受性)业已成为中国刑法的立法解释、司法解释和适用解释之理论研讨和实践应用中最为常用的“关键词”,而无论其使用者运用中国传统的四要件犯罪论体系还是德日阶层论体系,均能够毫无障碍地把这些关键词充分地运用于其具体的解释论阐释之中。

刑法解释学的适用论中国化,指的是刑法解释学基本原理的实践应用旨在有效解决中国刑法适用问题和中国刑事法治建设问题,其最主要内容是对刑法总则和分则的解释适用。这方面的例证是大量的。例如,关于刑法总则问题的解释适用,针对罪刑法定原则、犯罪成立和形态、刑罚及其具体运用等的理解适用,就其出现的解释结论的一致性分析与分歧性批评。再如,关于刑法分则问题和具体个案的解释适用中出现的解释结论的一致性分析与分歧性批评,论证中均充分体现了刑法解释学的适用论中国

① 参见林维:《刑法解释的权力分析》,中国人民公安大学出版社2006年版,“摘要”第1页,第18页、第50~144页。

化特征。

刑法解释学的知识论本土化与适用论中国化研究成果中,有以下两个重要命题值得特别提及:一是功能主义刑法解释论命题,二是刑法解释保守性命题。

关于功能主义刑法解释论命题。在当下"互联网 + 人工智能"时代,人类社会面临着复杂的社会风险,在积极预防刑法观和积极刑法立法观盛行的背景下,中国刑法学界积极开展功能主义刑法解释论的学术研究,有利于推动和实现中国刑法解释学的知识论本土化与适用论中国化。功能主义刑法解释论是近年引入我国并备受关注的一种学术新见,可以认为,"一定程度上,功能主义刑法解释论是对积极一般预防主义的回应,也是安全刑法观在解释论上的反映","是功能主义刑法观在解释论上的表征",①其"有助于解决在复杂社会中刑法如何有效回应社会需求的问题",②有利于我国刑法在社会转型新时代背景下应对智能化的和网络化的重大社会风险。劳东燕指出,"将刑事政策的目的性思考整合其中的解释论,注重解释结论的政策与社会效果,注重刑法所发挥的社会功能。就此而言,这样的一种刑法解释论完全是功能主义导向的,故可称为功能主义的刑法解释论"。③ "倘若将传统刑法解释论的特点归纳为逻辑性、形式性、封闭性与回溯性,那么,功能主义的刑法解释论的特点便是目的导向性、实质性、回应性(或开放性)与后果取向性(或前瞻性)。在某种意义上,当前我国刑法学中方兴未艾的形式解释论与实质解释论之争,可谓是处在传统刑法解释论与功能主义的刑法解释论之争的延长线上。功能主义的刑法解释论的前述特点,从根本上而言乃是缘于,包括刑法解释在内的法解释,已不再被视为是寻找与发现法律之真实含义的方法,而是作为法的实体而存在。"④按照劳东燕的理解,功能性刑法解释论是指功能主义导向(性)、刑事政策目的导向性、回应性(或开放性)与后果取向性(或前瞻性)、实质正义导向性、哲学诠释学本体论导向性的刑法解释论,以此区别于"逻辑性、形式性、封闭性与回溯性""方法论"的传统刑法解释论。

关于刑法解释保守性命题。刑法解释保守性有效契合了刑法所特有的罪刑法定原则和刑法谦抑性的基本要求,有利于合理权衡刑法的秩序维护与人权保障之间的价值紧张关系,具有十分重大的学术价值和实践意义,⑤有利于准确把握当下中国刑法的主观解释与客观解释之争、形式解释与实质解释之争的实质内核,也体现了中国刑法解释学的知识论本土化与适用论中国化的特点。法理学一般认为,法学总体上看是

---

① 赵运锋:《功能主义刑法解释论的评析与反思——与劳东燕教授商榷》,载《江西社会科学》2018 年第 2 期。

② 劳东燕:《能动司法与功能主义的刑法解释论》,载《法学家》2016 年第 6 期。

③ 劳东燕:《功能主义刑法解释论的方法与立场》,载《政法论坛》2018 年第 2 期。

④ 劳东燕:《能动司法与功能主义的刑法解释论》,载《法学家》2016 年第 6 期。

⑤ 参见魏东:《刑法解释保守性命题的学术价值检讨——以当下中国刑法解释论之争为切入点》,载《法律方法》(第 18 卷),山东人民出版社 2015 年版,第 220 ~ 236 页。

一门比较保守的学科,保守性是法学的一种重要性质。[①] 刑法解释保守性命题获得了较多刑法学者的认同,[②]因为罪刑法定原则的基本含义就是适当限制国家刑罚权以充分保障人权,其基本要求是刑法解释必须保守和内敛,反对过度解释和国家刑罚权的过度张扬。而"刑法谦抑性究其实质,无非是限制刑法的扩张,使其保持在一个合理的范围之内,其可以通过刑事立法上的犯罪圈的划定、刑罚处罚范围、处罚程度和非刑罚处罚方式的适用、刑法解释等方面加以体现,其中刑法解释因是动态的刑法适用第一层次的问题,最能够体现刑法谦抑的精义"。[③] 有的刑法学者强调了刑法解释的从属性、严格性等特征。例如,赵秉志教授明确指出,刑法解释的特征之一是"解释性质的从属性",认为刑法解释具有从属于刑法立法的性质,刑法解释的任务只是对已有刑法规范的含义进行阐明,不能突破刑法立法所确立的刑法规范。[④] 有的刑法学者指出,刑法解释的从属性是指刑法解释必须充分尊重和严格遵从刑事立法的内容、精神和权威,并且严格遵从刑法规定的字面含义、刑法立法的目的、刑法的效力等;刑法解释的严格性,是指刑法解释必须格外慎重,当然需要严格操作、严格解释。[⑤]

(四)刑法解释学的学术之争与有限教义化

尽管刑法解释学的学术之争的具体内容较为丰富而难以作出简单概括,但是有一个十分典型的刑法解释学的学术之争极具说服力,这就是刑法的形式解释与实质解释之争,[⑥]通过这种学术之争,逐步形成了较具有折中色彩的刑法解释学的有限教义化:刑法的形式解释论者声称其在先审查刑法规范条文的字面与形式含义的前提下并不反对实质化审查,刑法的实质解释论者则声明其在实质地审查刑法规范条文的规范目的和行为的实质应罚性的条件下应限定刑法规范条文的字面意思的射程范围,[⑦]从而在刑法的"保守的实质解释"与"开放的形式解释"之间形成了某种共识性的刑法解释结论,并由此形成了中国刑法解释学的大体一致的有限教义化,刑法的形式解释论者

---

① 参见苏力:《反思法学的特点》,载《读书》1998年第1期。

② 参见魏东主编:《中国当下刑法解释论问题研究》,法律出版社2014年版,第7页。

③ 徐岱:《刑法解释学基础理论建构》,法律出版社2010年版,第75页。

④ 参见赵秉志、陈志军:《论越权刑法解释》,载《法学家》2004年第2期。

⑤ 参见王季秋:《论刑法解释的若干问题》,武汉大学2004年硕士学位论文,第9~18页;杨艳霞:《刑法解释的理论与方法:以哈贝马斯的沟通行为理论为视角》,法律出版社2007年版,第182~186页。

⑥ 典型表现是《中国法学》2010年第4期同时发表了著名刑法学家陈兴良教授和张明楷教授的争鸣文章。陈兴良:《形式解释的再宣示》,载《中国法学》2010年第4期;张明楷:《实质解释的再提倡》,载《中国法学》2010年第4期;刘艳红:《走向实质的刑法解释》,北京大学出版社2009年版,"前言"第2页;刘艳红:《实质刑法观》,中国人民大学出版社2009年版,第254页;劳东燕:《刑法解释中的形式论与实质论之争》,载《法学研究》第2013年第3期;魏东:《刑法解释保守性命题的学术价值检讨——以当下中国刑法解释论之争为切入点》,载《法律方法》(第18卷),山东人民出版社2015年版,第220~236页;魏东主编:《中国当下刑法解释论问题研究——以论证刑法解释的保守性为中心》,法律出版社2014年版,第122~123页。

⑦ 参见魏东:《刑法解释保守性命题的学术价值检讨——以当下中国刑法解释论之争为切入点》,载《法律方法》(第18卷),山东人民出版社2015年版,第220~236页。

和实质解释论者有条件地合并成“我们”并且认同“我们对中国大陆当下司法样态的判断基本一致,给出的解决方案也大体一致”。[①] 再有刑法的主观解释与客观解释之争,[②]通过学术讨论也逐渐统一认识并走向刑法的客观解释、[③]功能主义刑法解释论,应当说这也是我国逐步形成了较具有中国特色的刑法解释学的有限教义化的例证。

## 三、刑法解释学术史提出的基本问题

作为一种学术史的源流梳理和理论观察,首先有必要简要归纳刑法解释的实践发展方向,这种实证性的观察总结有助于恰当展开刑法解释的学术分析;在此基础上,刑法解释学术史的考察分析才可能更有意义,才有条件审查对应于相应历史时期刑法解释实践的学术活动的根基,才能使分析刑法解释学术史提出的基本问题的理论研讨有理有据。

刑法解释的发展方向应该如何判断?这是我们在观察论述刑法解释学术史的时候需要审查思考的一个重要的实践问题和实证依据。

如前所述,西方国家法律解释实践在经历了严格解释与灵活解释的交替反复之后,最终在当今时代走向了法律的灵活解释,可以说适当的灵活解释是当今刑法解释的基本面貌。古罗马开启并经历了“从严解释到自由解释再到严格解释”的法律解释活动,[④]而中世纪对古罗马法的法律解释则表现为“从严格解释到灵活解释的历程”;[⑤]及至近现代,大陆法系国家的刑法解释在19世纪早期和中期奉行严格解释主义,在19世纪晚期开始直到20世纪以后逐渐转向了灵活解释主义;在20世纪以来直到当下,灵活解释主义作为一种刑法解释立场已经越来越被普遍接受。就英美法系而言,19世纪的英国制定法解释受大陆法系国家奉行法律严格解释的影响呈现法律的严格解释的倾向,但20世纪以来英国法律解释逐渐回归转向了法律的灵活解释主义,美国制定法解释也经历了由早些时期的法律的严格解释到当今的法律的灵活解释的变化。

中国历史上的法律解释实践也是在经历了严格解释与灵活解释的交替反复之后,

---

① 邓子滨:《中国实质刑法观批判》(第2版),法律出版社2017年版,第15页;陈兴良主编:《刑事法评论》(第28卷),北京大学出版社2011年版,“主编絮语”第2~3页。

② 参见许发民:《论刑法客观解释论应当缓行》,载赵秉志主编:《刑法论丛》(2010年第3卷,总第23卷),法律出版社2010年版,第165~191页;魏东:《刑法解释保守性命题的学术价值检讨——以当下中国刑法解释论之争为切入点》,载《法律方法》(第18卷),山东人民出版社2015年版,第220~236页。

③ 陈兴良教授称:“在刑法解释的立场上,我是主张客观解释论的。但在刑法解释的限度上,我又是主张形式解释论的,两者并行不悖。其实,主观解释论与客观解释论的问题,在我国基本上已经得到解决,即客观解释论几成通说。我国最高人民法院在有关的指导性案例中,也明显地倡导客观解释论。”参见陈兴良:《形式解释论的再宣示》,载《中国法学》2010年第4期。

④ 参见李希慧:《刑法解释论》,中国人民公安大学出版社1995年版,第25~29页。

⑤ 参见李希慧:《刑法解释论》,中国人民公安大学出版社1995年版,第29~30页;杨仁寿:《法学方法论》,中国政法大学出版社1999年版,第21~22页。

最终在当今时代走向了法律的灵活解释、客观解释和实质解释。古代中国的法律注疏活动始终体现了阐发律文“难明之义”、补充其“未足之语”的基本特点,近现代中国刑法解释也是在借鉴吸纳西方国家刑法解释实践做法的基础上经历了逐步发展探索的过程;及至当代中国,不但全国性的法律解释性文本大量出现,地方各级司法机关制定发布的地方性司法解释性文本(文件)和地方性指导案例逐步成为司法解释性质的地方性法律知识,而且法律适用解释活动也逐步体现了较为灵活的客观解释和实质解释的特点。

可以说,中国刑法解释实践活动的基本面貌体现了与西方国家的刑法解释逐步倾向于灵活解释的发展方向上的一致性。换言之,中国和西方的刑法解释的发展方向具有趋同性,都表现为:反对机械的严格解释,主张适当的灵活解释、适当的客观解释和适当的实质解释。

应刑法解释的适当的灵活解释、适当的客观解释和适当的实质解释之发展方向,刑法解释学术史提出的基本问题有哪些?这是学术史理论考察所必需审查和回答的问题。

本文认为,刑法解释学术史提出的基本问题包括以下三个方面的问题:其一,刑法解释、刑法解释价值(功能)、立场、限度与原则是什么、为什么?其二,刑法解释主体与刑法解释权、刑法解释的对象应该如何认识、为什么?其三,刑法解释方法和刑法解释结论是什么、为什么?关于这些基本问题的具体阐述有待后面专门章节的充分展开,这里仅归纳提出这些基本问题并予以简要梳理。

(一)刑法解释及其类型、刑法解释价值(功能)、立场、限度与原则是什么、为什么?

刑法解释本身是什么,以及基于这个本源性问题所关联涉及的刑法解释价值功能、刑法解释的立场、刑法解释的限度、刑法解释的原则等问题,在刑法解释学术史上成为重要的争执问题。

刑法解释是什么?从中外刑法解释学术史考察,不同学者针对刑法解释的概念、特性、功能和分类均有不同看法,如规范含义阐明说,规范含义及其适用阐明说,规范的内容、含义及其适用原则阐释说,刑事法律意义、内容及其适用说明说,规范、概念、术语、定义说明说,刑法规定的含义阐明活动或者阐明结论说。这些学说归纳在很大程度上已经是“中国话语式”的归纳,其不同回答涵摄了关于刑法解释的类型划分、刑法解释的价值与立场的差异,甚或影响对刑法解释的限度与原则的不同看法,因而具有特别重要的奠基意义。

刑法解释的价值是什么?价值问题是法律的基本问题,因而刑法解释的价值当然是刑法解释的基本问题,在刑法解释学术史上获得了高度重视和充分论述。总体上看,刑法解释的价值可以分别从形式正义价值与实质正义价值两个角度予以展开,有的则从刑法解释的功能视角(价值功能)、目标视角(价值目标)对刑法解释的价值进行论述。

刑法解释的立场是什么？立场影响并决定方法和结论,因而刑法解释的立场成为刑法解释的重要基础理论问题而受到重视。大体上可以说,刑法解释学术史关于刑法解释的立场问题的讨论,有立法与司法之分,也有立法者原意与文本客观意思之别,进而深刻影响着刑法解释的其他相关问题的具体展开。

刑法解释的限度与原则是什么？这一问题作为刑法解释应当恪守的限度与遵循的基本准则问题,始终是刑法解释学术史所关注和讨论的重大问题,古代刑法解释论主张有严格解释与灵活解释之别,近现代刑法解释论主张由于受罪刑法定的总原则规制,因而在其具体原则上提出了合法性、客观性、合理性等原则,当代有的刑法解释论者还提出了更为具体的整体性原则、明确性原则、以刑事政策为指导原则等内容。至于刑法解释的限度,到底是作为一个较为独立的、与刑法解释其他基本范畴相并行的基本范畴(刑法解释的限度范畴),还是作为刑法解释的原则中的一个具体内容(合理性原则之中的合理性限度),抑或是作为刑法解释方法范畴、刑法解释结论范畴之中的一个具体内容(刑法解释方法的限度与刑法解释结论的限度)来对待,在刑法解释学术史上也成为一个值得研讨的问题。

(二)刑法解释主体与刑法解释权、刑法解释的对象应该如何认识、为什么？

刑法解释实践在刑法解释主体与刑法解释权、刑法解释的对象等问题上曾经有过长期反复的摸索和变换,反映在刑法解释学术史上也出现了较多的学术设计和学理研讨。关于刑法解释的主体及其刑法解释权,历史上曾经出现过严格限定、宽松放权并对刑法解释权进行过较为深刻的学术思考与论证,尤其是是否赋予法官、法学家和公民个人以刑法解释权的问题仍然成为一个十分令人纠结难定的问题,直到近现代的刑法解释主体和刑法解释权仍然有较多研讨和学术争论,值得刑法解释学充分关注。

刑法解释的对象曾经被认为不是一个“问题”,即刑法规范文本或者刑法习惯法;但是及至近现代,刑法解释学才发现刑法解释的对象不再局限于刑法规范文本,还包括案件事实,因而刑法解释的对象应当包括刑法规范、案情事实以及规范与事实之间的关联关系,方才进一步深化了刑法解释的对象问题的研究。可见,刑法解释的对象逐步成了刑法解释学术史上的一个“真问题”,逐步占据了刑法解释学研究的重要地位。

(三)刑法解释方法和刑法解释结论是什么、为什么？

刑法解释是一个“独断的”简单判断还是一个“探究的”复杂过程,刑法解释方法是封闭的文义阐释与逻辑分析还是开放的目的探究与历史和现实的事理研判,刑法解释结论是绝对的一元论还是相对的多元论的相对合理性论证结果,针对这些问题的不同态度和回答均深刻影响着刑法解释学原理的不同面貌,成为刑法解释学术史蔚为壮观的学术景象。

## 四、刑法解释学的理论体系

在厘清刑法解释学术史提出的基本问题(基本范畴)的基础上,有必要进一步检讨的问题是:如何秉持当下时代刑事法治理性,借鉴吸纳法理学意义上的法律解释学理论,建构具有中国特色和时代理性的刑法解释学的理论体系?

刑法解释学与法律解释学的关系可以简单描述为,法律解释学是一般原理、指导原理,刑法解释学是受法律解释学指导的特殊原理。因此,刑法解释学是应当遵循法律解释学的一般原理,因而通过观察法律解释学的基本问题,可以较为合理地确定刑法解释学的基本问题。

法律解释学原理所设置的基本问题通常包括以下内容:法律解释、法律解释学、法律解释价值目标、法律解释原则、法律解释立场、法律解释主体、法律解释权、法律解释体制、法律解释对象、法律解释行为过程、法律解释方法、法律解释结论,等等。关于法律解释学的基本问题到底有哪些,不同学者的具体见解应当说还是有所差异的。例如,陈金钊教授等认为,法律解释学的主要问题有法律解释学、法律解释的对象、法律解释的立场、法律解释的目标、法律解释的特征、法律解释的原则、法律解释权、法律解释方法、法律解释的方式、法律解释的结果等。[①] 张志铭教授认为,"法律解释的原理问题"包括法律解释、法律解释的主体、法律解释权与法律解释体制、法律解释的对象、法律解释的目标目的、法律解释方法、法律解释的理论模型等。[②] 周永坤教授讨论法律解释学所提出的主要问题是:法律解释学、法律解释、法律解释的对象、法律解释的客观性、法律解释方法、法律解释规则、法律解释体制。[③] 严存生教授认为,"法律解释"中值得重点思考的问题是:法律解释,法律解释的性质、特点和目的,法律解释的构成要素、标准或者根据。[④] 通观这些法理学者所作的各有特色的具体论述,应当说关于法律解释学的基本问题的归纳还是有许多共同见解,这些共同见解可以作为刑法解释学的重要参考。

刑法解释学必须以法律解释学的基本原理为法理基础,正视和解决法律解释学的"一般性"问题,进而提出并解决刑法解释学自身所特有的"特殊性"问题。按照这一思路,参照法律解释学原理所提出的基本问题,可以将刑法解释学的法理基础界定为针对以下11个基本问题(基本范畴)的法理阐释:刑法解释、刑法解释价值(原则)、刑法解释功能(任务)、刑法解释类型、刑法解释立场、刑法解释限度、刑法解释主体、刑

---

① 参见陈金钊、焦宝乾等:《法律解释学》,中国政法大学出版社2006年版,"目录"第1~3页。

② 参见张志铭:《法律解释原理》,载朱景文主编:《法理学专题研究》(第2版),中国人民大学出版社2010年版,第435~478页。

③ 参见周永坤:《法理学——全球视野》(第4版),法律出版社2016年版,第292~306页。

④ 参见严存生:《西方法哲学问题史研究》,中国法制出版社2013年版,第583~587页。

法解释权、刑法解释对象、刑法解释方法、刑法解释结论。

考察我国法律解释学论著的理论体系可以发现,法律解释学的理论体系通常是依次安排绪论(或导论)、本体论与方法论两大部分,或者依次安排绪论(或导论)、本体论、实证论三大部分。例如,陈金钊、焦宝乾等学者合著的《法律解释学》一书共有12章,其中第1~4章安排了"绪论"性质的内容,依次是"导论:法律解释(学)的矛盾与选择""法律解释学的概念""法律解释学的历史发展""当代法律解释理论",当然这其中也融入了不少刑法解释学的本体论与方法论内容;其中第5~10章紧接着安排的是比较纯粹的刑法解释学的本体论与方法论的内容,依次是"法律解释的目标""法律解释权研究""文义解释方法""目的解释方法""法律概念解释""法律事实解释";其中第11~12章则是实证论内容,依次是"法律解释方法的应用"和"结语:法律解释学的困境"。[①] 再如,陈金钊教授独著的《法律解释学——权利(权力)的张扬与方法的制约》一书,因其理论研究重点和策略考虑而只安排了"绪论"和"本体论与方法论"内容而没有安排"实证论"内容,其第1~2章主要是"绪论"性质的内容,依次包括"当代法律解释学研究的境遇"和"对法律解释学的诠释";其第3~17章主要是"本体论"性质的内容,包括"法律解释(学)的对象""法律解释(学)的特性""法律解释(学)的功能""法律解释的目标"等。[②]

作为部门法解释学的民法解释学,也主要是依次采用法理学意义上的法律解释学的体例结构。梁慧星的《民法解释学》依次分为三编,依次安排的内容是"第一编:民法解释学的沿革""第二编:民法解释学的理论""第三编:民法解释学的方法"。[③] 这些法律解释学、民法解释学的理论体系安排,对于我们确定刑法解释学的理论体系安排均有参考价值。

我国既有的刑法解释学论著的理论体系,大体都是遵循法理学意义上的法律解释学与民法解释学的理论体系,即通常是依次安排绪论(或导论)、本体论两大部分,或者依次安排绪论(或导论)、本体论、实证论三大部分。例如,李希慧的《刑法解释论》,依次分"导言"和7章,其中7章的内容依次安排为"刑法解释的历史考察""刑法解释概述""刑法解释的基本思想和原则""刑法解释的方法""刑法立法解释""刑法司法解释""刑法学理解释"。[④] 再如,徐岱教授的《刑法解释学基础理论建构》,该书共有7章,其中第1~3章属于"绪论"性质的内容,如"刑法解释的历史渊源""刑法学与刑法

① 参见陈金钊、焦宝乾、桑本谦、吴丙新、杨建军:《法律解释学》,中国政法大学出版社2006年版,"目录"第1~3页。

② 参见陈金钊:《法律解释学——权利(权力)的张扬与方法的制约》,中国人民大学出版社2011年版,"目录"第1~3页。

③ 参见梁慧星:《民法解释学》,中国政法大学出版社1995年版,"目录"第1~5页。

④ 参见李希慧:《刑法解释论》,中国人民公安大学出版社1995年版,"目录"第1~4页。

解释学”“刑法解释学基础论”;其中第4~6章属于“本体论”性质的内容,第4章的标题和内容是“刑法解释学本体论”,第5~6章属于方法论性质的“本体论”内容并且依次论述了“刑法的立法解释”和“刑法的司法解释”;第7章属于实证论内容的“刑法的学理解释论”,重点针对未成年人犯罪、吸收犯、犯罪所得之物、故意伤害罪和虚拟财产刑法保护等问题进行了刑法的学理解释。[①]

参照法理学意义上的法律解释学与部门法解释学的理论体系,刑法解释学的理论体系可以依次安排为绪论、本体论、实证论三大部分,分别设置为三编。

(一)绪论

“绪论”编里安排有“刑法解释源流与学术史”“刑法解释学的研究对象与理论体系”“刑法解释学与相关学科的关系”“刑法解释学的研究方法”等内容。

刑法解释学,是以研究刑法解释的规律与方法为对象的一门学问,具体是指在刑法原理和刑事政策的指导下,运用诠释学方法,创设、确立对刑法规范进行解释适用所应当遵循的原理、原则、规则和方法等刑法理论知识体系的一门学问。从这一概念出发,可以抽象出刑法解释学的研究对象与理论体系。

刑法解释学的研究对象,是刑法解释的规律与方法。刑法解释学的理论体系主要包括以下基本内容:刑法解释学概述(绪论),刑法解释的基本内涵(概念、特性、功能、类型),刑法解释的基本原则(合法性、合理性、合目的性),刑法解释的方法(文义解释、体系解释、历史解释、目的解释、当然解释、反对解释、扩张解释、限缩解释、法社会学解释、软法解释、合宪性解释),刑法解释方法体系化,刑法解释过程,刑法解释史与学术史。

刑法解释学与相关学科的关系,应主要厘清刑法解释学与刑法教义学、刑事政策学、刑法社科法学、诠释学、法理学之间的关系。

刑法解释学在相当意义上是一门方法论,因此必须重视刑法解释学的研究方法。根据刑法解释学的学科特点,应注意运用诠释学方法、逻辑学方法、比较法学方法、历史学方法、系统思维方法、实证分析方法等。

(二)本体论

“本体论”是刑法解释学研究成果的主体内容,系统阐释了刑法解释、刑法解释价值(原则)、刑法解释功能(任务)、刑法解释类型、刑法解释立场、刑法解释限度、刑法解释主体、刑法解释权、刑法解释对象、刑法解释方法、刑法解释结论11个基本范畴,并通过刑法解释学11个范畴体系的系统阐释来构建刑法解释学的基本原理。

作为刑法解释学的本体论,必须全方位地、体系化地解决好刑法解释学的重要基础理论问题,尤其是刑法解释学基本范畴的具体内涵、历史发展、未来走向等问题,努

① 参见徐岱:《刑法解释学基础理论建构》,法律出版社2010年版,“目录”第1~2页。

力实现刑法解释教义学化,体系化地提出能够有效解决刑法解释问题的理论答案。

(三)实证论

“实证论”是运用刑法解释原理对刑法总则和分则进行实证研究并得出解释结论。例如,针对作为刑法总则规定的刑法基本原则、共同犯罪、刑罚制度等进行解释适用研究,针对作为刑法分则规定的具体罪名进行解释适用研究,均可以归属于刑法解释学“实证论”研究。

作为刑法解释学的实证论,在本质上应当说是进一步融会贯通地运用刑法解释教义学原理和刑法教义学原理以解决刑法实践问题的综合论,理论价值和实践意义十分重大。有关刑法规定的解释结论出现争议,许多场合不但是刑法解释教义学原理尚未真正形成所致,更是刑法教义学原理内在矛盾的深刻反映,因而,实证论研究应当成为当下和将来刑法解释学予以充分重视和尽力展开的重要方面。

# 刑法学的法理诠释与学术路径

陈忠林　袁　林　胡启忠　唐稷尧[*]

2019年11月29日下午，四川大学法学院刑法学科盛情邀请了重庆大学法学院陈忠林教授、西南政法大学袁林教授、西南财经大学法学院胡启忠教授、四川师范大学法学院唐稷尧教授等四位刑法学者莅临四川大学讲学，共同围绕"关于刑法研究的学术思考"这一主题发表高见。重庆邮电大学网络空间安全与信息法学院王志刚教授、上海政法学院金翼翔博士、西南石油大学法学院陈自强副教授和田维讲师、西南民族大学法学院廖瑜副教授、西华大学文法学院洛桑东洲博士、四川大学法学院刑法学科全体教师同人和部分博士/硕士研究生，以及成都市人民检察院田馨睿副处长、德阳市中江县人民法院张战涛院长、四川蜀鼎律师事务所合伙人李红律师（博士）和何为律师等法律事务部门专家，共计120余人现场聆听了四位知名刑法学者的学术演讲。四川大学法学院向朝阳教授和魏东教授共同主持了本场学术演讲会，王志刚教授、金翼翔讲师（博士）、陈自强副教授、廖瑜副教授、悦洋副书记（博士）、郑莉芳副教授、李侠讲师（博士）、田维讲师（博士）、洛桑东洲讲师（博士）、田馨睿副处长（博士）、张战涛院长等十余名到会专家学者作为与谈人进行了点评和讨论，多名老师和学生进行了现场提问。学术演讲和互动讨论持续了四个多小时，现场气氛十分热烈。这里特将四名刑法学者的演讲发言录音整理稿发布出来，以飨读者。

## 专题一　刑法的研究方法

陈忠林

今天本来只打算和大家讨论几个问题，但看到现场有这么多来自法院、检察院的实务专家，我觉得还是谈谈我自己的一些真实看法吧。因为"实践出真知"，在这里汇报一点自己的体会，真心希望实务界的老师们指正。

---

* 陈忠林，重庆大学法学院原院长、教授、博士研究生导师；袁林，法学博士，西南政法大学法学院教授、博士研究生导师；胡启忠，西南财经大学法学院刑法学科带头人、教授、博士研究生导师；唐稷尧，四川师范大学法学院党委书记、教授、硕士研究生导师。

什么是研究？在汉语中，“研究”的“研”原意是指把东西磨成粉，“究”则是在地上打个洞。因此，真正的刑法学研究就意味着不仅要把现有的刑法知识“打碎”，而且还在现有刑法理论的殿堂上“打个洞”，或者说，要发现、解决现有理论中存在的问题。上个星期，在西安召开了一个海峡两岸中青年刑法学者专题研讨会。会上我认为，从根本上说，到目前为止的刑法基本理论都是“错的”。因为这些理论不能解释刑法学的一些最根本的问题。例如，什么是作为法之本质的人民意志；究竟应该如何划分刑法与其他部门法之间的界限；犯罪是行为，但现有的刑法理论根本无法说清楚什么是行为。我请与会者举一个例子来说明，现有基本理论在逻辑上是能自圆其说的，在实践中是经得起事实检验的。我问了这个问题后，没有听到一个与会者的回应。

## 一、唯物论与严格依照法律理解法律

为什么现有刑法理论中会有这些荒谬的现象？我个人的看法是：因为现有刑法学研究的根本方法“错了”。我最近写了篇文章叫《如何让法学变为科学》，里面讲辩证唯物主义和历史唯物主义是让法学成为科学的根本方法。我认为这也应是刑法学研究的根本方法。正确运用这个方法则不仅可能解决现有刑法基本理论中的问题，而且也能为司法和立法实践提供更简单、合理学、更符合法律规定的理论指导。

这里的“事实”，首先是指为刑法所调整的现实生活中的事实。所谓“以事实为根据”，首先是指我们的刑法理论应该是现实中的事实抽象的结果。例如，犯罪是行为，只有了解什么行为，才可能正确界定犯罪的性质和表现形态。但是，由于现有刑法理论说不清楚什么是行为，于是，所有涉及行为的刑法基本理论就是“一团糟”。例如，不作为为什么也是行为的问题，犯罪构成即犯罪行为的结构问题、犯罪行为的着手问题、共同犯罪问题……没有一个不是众说纷纭、没有定论的。因为只要稍微仔细观察一下现实生活就可能发现，任何行为总是体现为具有一定能力的人，在一定心理状态支配下，通过一定客观条件引起某种人或物的存在状态发生变化的过程。例如，我现在喝咖啡这个行为，就是我这个主体在希望这杯咖啡送到我口中喝掉的心理状态支配下，通过运用我的手这个客观条件将这个杯子里的咖啡送到我口里咽下，从而引起杯子里的咖啡被我咽下的过程。运用这个从日常的事实中抽象出的行为概念来进行刑法研究，刑法理论中那些与行为相关的难题可能就迎刃而解了。例如，不作为为什么也是行为的问题，被称为“刑法理论的皇冠”；但不作为不也是行为人控制的客观条件引起对象状态变化的过程吗？一名铁路扳道工希望制造列车相撞事故而不扳道，难道不是一名扳道工控制列车运行轨道而造成列车相撞的过程吗？西原春夫说，共犯的刑事责任问题是刑法理论中最“令人窒息的一章”。但共犯的行为，不也是一种行为人像利用工具一样，利用、控制他人行为来实现自己目的的行为方式吗？如果以“以事实为根据”来构建犯罪构成理论，任何行为的构成不都是只可能分解为行为人、行为方式、行为对象以及行为原因等四个方面的要素吗?从事实角度分析,犯罪行为的概念难道不是都可以概括为由符合刑法规定条件的行为人,在刑法规定的心态支配下,通过具有一定的客观条件引起刑法保护对象发生刑法不允许发生的结果的过程吗?

刑法学以刑法为研究对象。对于刑法研究者来说,刑法同样是一种客观存在的事实。由于刑法规范是一种行为标准,所以,它不仅是刑法研究的对象,更是刑法研究的指导和判断刑法研究结论是否正确的最终标准。换言之,刑法研究应该"以法律为准绳",是唯物主义对刑法研究的基本要求。我认为,只要在理论和实践中,坚持这个唯物主义的基本要求,就"只有不懂法的人,没有不讲理的法",一切认为存在违情悖理的法律的观点都是在错误的刑法理论指导下对刑法规定的内容进行了错误理解的结果。因为只要严格按照宪法的规定理解法律的本质与表现形式,严格依照法律规定理解宪法、刑法原则、总则和分则之间的关系,我们的法律体系中就根本没有违情悖理的法律的立足之地。例如,根据《刑法》第5条和第101条的规定,正确地根据案件事实选择决定是否适用《刑法》第13条、第37条、第63条第2款,可能出现定罪处刑不当的情况吗?又如,如果罪刑法定原则真的意味着刑法的内容应以其文字可能含义为限,那么,刑法文字当然的含义当然是刑法规范文字的可能含义。例如,禁止摘公园的花,当然意味着禁止砍公园的树。如果严格依照罪刑法定原则的这一要求来理解刑法的含义规范,还会有什么明显应受刑罚处罚犯罪行为可能不在行为时刑法规定的文字可能含义之内呢?这个问题,我近30年来一直在向从事司法实务工作和刑法理论研究的专家学者请教,今天我也希望在座各位帮忙找一个与此相反的例子。

## 二、辩证法与犯罪主观方面的决定作用

马克思在《费尔巴哈论纲》中讲,辩证法的关键在于要从主体,从主体的感性活动,即从精神在一定条件下决定物质的能动作用出发,才可能真正地认识世界。所以,将唯物辩证法作为刑法研究的方法,就是意味着刑法研究应该坚持从主体出发,即在主体的认识能力和控制能力的范围内,承认行为主观方面的内容对于行为客观方面的性质及其形态的决定作用能动来理解认定犯罪和适用刑罚的标准。这里的"从主体出发",指的是从主体的刑事责任能力出发,以主体刑事责任能力作为决定犯罪是否成立和刑罚轻重有无的基本前提。这里以"行为主观方面的内容对行为客观方面的性质及其形态的决定作用为根据",意味着我们认定犯罪时,应该以刑法规定的主观要件内容及其实现程度作为认定犯罪性质及其形态的根据;在裁量刑罚时,应该以支配行为人实施具体犯罪行为的主观罪过内容及其实现程度作为裁量刑罚轻重有无的根据。

这里的"主观要件",是指刑法规定的犯罪必须具备的故意或过失的内容。所谓以主观要件的内容为认定行为性质的根据,意味着只能根据犯罪主观方面故意或过失

的内容来确定犯罪的性质。例如,只要能够证明行为人是在明知自己的行为在客观上确实会引起他人死亡的危害结果,并且希望或者放任这种结果发生的杀人故意支配下实施的行为,就可以认定这种行为具有故意杀人的性质;即使行为在客观上并没有杀死人,不可能杀死人,甚至杀的不是人,行为的客观性质也应该认定为故意杀人。如果主观要件的内容完全实现了,即当故意犯罪中行为人希望或放任的,过失犯罪中行为人应该预见或轻信可以避免的危害结果已经转化为现实,行为就进入了既遂形态;如果行为的直接目的还不是直接追求危害结果的发生,而是还停留在"制造工具、准备条件"时,行为就处于预备阶段;如果能证明行为人已经开始用直接追求危害结果发生为目的,行为就进入了着手实行犯罪的阶段。在这一阶段,如果因行为人意志以外的原因,行为人追求危害结果发生的"希望"未得逞,行为即构成未遂;如果在犯罪过程中,行为人是在自动中止犯罪或者主动防止危害结果发生的心理状态支配下停止了犯罪的实施,或者有效地防止了危害结果的发生,行为就是中止;如果行为人明知自己是在与他人共同故意实施犯罪,行为就是共同犯罪。以上这些事实说明,主观要件内容的"实现程度"应当是认定各种犯罪形态的根据。

主观罪过是支配行为人实施具体犯罪行为时具体的心理状态,以行为人在行为时关于自己是在何时、何地、与何人、因何故、用何方式、针对何对象、引起何结果等具体的案件事实的认识和控制为内容。由于行为人只该对自己应该认识、控制行为及其后果负责,而主观罪过的内容包含了案件事实中行为人应该认识、控制的全部情节,所以,在刑罚裁量时应该以主观罪过的内容及其实现程度作为根据。

### 三、历史唯物论与法的本质

历史唯物主义认为人民群众是历史的主体。这似乎是一个已经被全世界所普遍接受的观点,因为"主权在民"是普遍载入各国宪法的原则。只要承认主权在民,恐怕就不能不承认法律的本质是人民意志的体现。承认法律是人民意志的体现,就不能不承认刑法的理解与适用要以人民的意志指导、灵魂为最终判断标准。

什么是人民意志?人民是指一国公民的共性,意志以控制人们行为方式的认识为基本内容,法律是一种以是非标准为实质内容的行为规范。所以,法律中的人民意志就是一国人民关于人们应该如何行为的是非标准的基本共识。在现实社会中,这种基本共识就是为一国民众长期所普遍认同的常识常理常情。因为在日常生活中,任何人都只能将为一个社会的民众长期所普遍认同的那些基本生活经验、基本是非标准、基本情感倾向,即为一个社会民众长期普遍认同的常识、常理、常情,作为规范自己行为、判断是非的标准。所以,常识常理常情就是一国人民关于如何规范自己行为的最大共识,就是一国人民意志最基本的反映。所以,刑法研究必须以常识常理常情为指导、为最终判断标准,凡是认为法律可以违背常识、常情、常理的法学研究成果,凡是坚持法律可以明显违情悖理的司法实践,都会产生与法律本质相对立,与人民意志相对立的结果。反常识常理常情的法学理论和实践,不仅在逻辑上不可能系统全面地理解法律,在实践中也不可能正确根据具体的案件事实,正确理解选择适用应该适用于该案的法律,故在社会上就不可能让广大人民群众在每一个司法案件中都感受到公平正义。最近,最高人民法院第七次全国刑事审判工作会议纪要强调法律的理解适用决不能明显违背人之常情,世之常理,这应该是我国司法界终于不得不开始正面回应历史唯物主义中所包含的人类社会发展规律的反映。

## 专题二　刑法学位论文的写作方法

袁　林

各位同学大家下午好,我作为陈老师的学生,也是胡老师的师妹,就陈老师和胡老师所讲的刑法的研究、学习方法,我也借此机会谈点儿感想。陈老师强调法律解释与适用要符合常识常理常情,我觉得这应是解释与适用刑法最基本的要求。桑德罗·斯奇巴尼在《正义与法》一书中精辟地指出:法律是善良与公正的艺术。我们每个法律人都要牢记这一点。胡老师讲,学习法律要有大局观,这虽然很宏观,但确实是学好法律的基础。但如何树立大局观?法律是调整社会关系的规范,我们必须了解社会,心中装着整个社会,而不能只知道法律。法律只是调整社会的规则,且仅是众多类型规则中的一类规则而已,不是全部规则(其他众多规则指宗教、道德、纪律、习俗等)。因此,要树立大局观,必须了解社会,要了解政治、经济、文化等社会方方面面,了解社会的基本构成与运行,了解风土人情,把整个天下装在心里。刑法学研究的目的就是寻找合理解释与适用刑法规范的理论与方法,指导刑法适用的学习与实践。而要合理地理解与适用刑法,必须用社会学的观点和视野即大局观来解释与适用刑法。我国台湾地区学者杨仁寿在《法学方法论》中说:"倘涉及社会效果的预测或目的的考量,法官即应为社会学的解释,苟不对此项解释,即难辞其咎。"我们有的法官仅仅就法条用法条,确实违背法律本心。学习刑法学的另一个重要问题,也是我长期教学的体会,那就是学习法律一定要熟悉法律条文。本科生、研究生学习法律的最大问题是基本不看法条,都是抱着教材或著作,看这个老师说、那个老师说,但却不知道各种分析与学说围绕什么在说。为了引导同学养成看法条、学会分析法条的习惯,我给学生上刑法,就会把条文展示出来,让同学们不看教材也不看我准备的教案 PPT,而是围绕法律条文来分析。有学生讲,通过这种学习,感觉到学习法律才入门了。这是我想与大家分享的刑法学学习与研究方法。接下来我和唐老师介绍论文写作,我讲方法,他讲技巧,我觉得这个安排很好。给我的题目是刑法学学位论文的写作方法,说实话,对这一主题我没有多少研究,但是多年指导学生论文写作,有深刻的体会。在此与大家交流。

论文写作需要弄清三个问题:一是我们为什么要写?二是我们写什么?三是怎么写?

首先,是为什么要写的问题,或者说我们要求写论文最根本的目的是什么。我认为撰写学位论文的目的就是把你研究的东西完整地清晰地呈现出来,因此,我们学位论文写作过程的实质就是完成一个研究。很多同学不知道写学位论文最基本的目的与要求,可能大家都知道学位论文的字数要求是多少,博士论文 15 万字,硕士论文 3 万字,但这只是形式的东西,实质的东西大家却忘记了或不清楚。我认为实质的东西就是你必须通过你的研究,为人类的知识做出实质性贡献,即你必须要有创新的东西。有人认为社会科学的东西没有创新,这种观点有失偏颇。创新,有革命性的、有革新性的,创新一个新理论、创建一种新方法、构建一个新范式等是重大创新,是革命性的创新。在社会科学中,这种创新很难也较少,更多的是在现有理论与制度框架内,运用恰当的研究方法,发现真问题并提出解决问题的方案,为推进社会进步做出贡献。现实社会中总是会出现各种各样的问题,研究生属于作为国家培训的专门理论与实务人才,肩负有发现问题并将找出解决办法的使命,而写作论文就是将你发现的问题及解决办法用文字呈现出来,供大家参考、采用,这就是我们的贡献,也是研究生们应有的社会责任。

其次,是写什么的问题。在写作之前,令人头痛的问题是写什么,也就是通常所说的选题。其实写什么就是我们要研究什么,因为写论文的实质就是将你的研究成果用文字呈现出来。思考写什么的实质就是思考研究什么。研究什么,首先就是找问题,找不到问题,何来解决问题。因此,找问题是写论文或做研究的一个关键的、前提性的工作。同学们在哪找问题,如何找问题呢?我发现同学们找问题的方法主要是去看别人写了啥文章,在争论什么,跟着拟个题目,将别人写的几点理由分析一下,综合起来写几个方面,文章就成了。这是不对的。

选题目或找问题,最好的方法是向实践学习,从实践中找问题。通过理论研究发现一个问题方向,但理论研究是为实践服务的,理论研究的问题也应该从实践中来。即使从理论学习与研究中发现的理论争议问题,也必须回到实践中去验证是否是未得到解决的问题。理论研究也必须以实践为基础,研究才有生命力。没有调查就没有发言权即是此意。目前不少理论文章实际上是脱离实际的,因而常有理论脱离实践的说法,这就是因为我们的一些理论研究并不是从实际中找出来的问题,而是关在书斋想出来的,或者即使是一个问题但实践中可能已经解决或其研究提出的结论也不一定符合实际。具体的方法可以是在实践中调研,也可以是通过查阅判例或有关实践中统计调研等问题的资料。如去年中国政法大学举办有关单位犯罪的学术会议,邀请我参会,因为我十年前写了篇单位犯罪的文章,因而我打算进一步修改作为参会论文。为了解最新研究动态,我查阅了知网上所有相关文章,发现理论上讨论的问题基本上仍是十年前讨论的问题,我感觉修改这篇文章没什么意义,于是与在法检工作的学生电话交流,了解实践中单位犯罪的检察审判中遇到什么问题,最后我总结了五个目前在理论上较缺乏研究的问题,这让我感触很深,也出乎我的意料。当然,通过课堂老师讲课时介绍的问题,也是找问题的一个捷径。

在初步找到问题后还需要进一步研究找到真问题。大多数同学往往仅找到了研究大方向或初步的问题,要找到真问题,还需要进一步研究,最终发现真问题。总结起来,找问题有几个阶段:第一,初步查阅资料或调查,初步确定问题或问题方向。我们先在实践中调研,文献中查阅,这是第一个阶段。如通过查看资料,发现单位犯罪中的不少的争议点或某一个问题争议较大,说明这里面还有问题,没有完全解决,也可能找到问题,理论当中还没有人写,这就更好了。没人写就要大胆地写,这就可以创新。有同学一看没有人写就不写,说是资料少,其实是因没有抄袭或参照的资料,不愿意自己深入调研查找资料。第二,进一步调查研究,找出真问题。比如,发现单位犯罪有争议问题,那单位犯罪中有什么问题呢?单位犯罪罚金刑适用有问题,就到此为止了吗?也不行。还要往前走,就这个问题,还要找资料,再去调研,如罚金刑适用是一个问题,是什么问题,是什么原因导致的等。所以第二个阶段还要进一步去涉猎。也就是说,第一个阶段要凭初步掌握了解的问题,大致觉得我要写哪个方面,第二个阶段要查阅资料,进一步挖掘问题,找真问题,进一步深入研究理论与实践资料,挖掘出一个最根本的问题。第三,提炼出问题。找到真问题后,还要分析导致问题的原因或原有解决这些问题的理论与实践方案存在的问题等,并提炼出一个问题。以洛桑东洲博士的论文为例,他博士论文题目是《刑法立法扩张化的中国道路研究》,他的基本思路是中国的刑法犯罪圈在扩大,但不够科学,应讲求科学立法,恰当地扩大或限缩。我觉得他选题方向好,也找到了问题,但如果再进一步将问题提炼得更精准明确一些就更好。也就是说,找到了问题,还需要进一步将问题明确化,根据解决思路等凝练一个题目,这就是最终要研究的问题,也就是确定论文的题目。在这里还要注意一个问题,法学学位论文选题,要注意选题的层面,理论、立法、司法?是研究一个理论问题、刑事立法问题还是刑事司法问题?是刑法学问题还是犯罪学问题?选题时要特别注意,不同方向不同层面其问题不同,解决问题的思路与方法也不同,有的同学将几个方面的问题揉在一起写是不恰当的。

最后,是怎么写的问题。具体的写作技巧等问题唐老师会讲,我在此仅结合选题问题与同学们交流。在此我主要谈谈选题确定以后,要写好论文需要注意以下几点方法:

第一,确定研究的类型。研究的类型是什么?是案例研究、比较研究、描述性的研究、探索性的研究还是解释性的研究?描述性研究,就是你对一些问题、事物或人物进行详尽的描述,比如,醉驾现在的状况怎么样,危险驾驶行为有哪些?其中哪些类型行为入罪,哪些类型行为没有入罪,其现实情况如何等,其研究就是描述事实状况。探索性研究,则是“去验证最初的可实行的假说,检验相关数据的可获得性和获得途径,探求研究的要互动变量,评估案例对于更进一步的更拓展性的研究的适用性”。[①] 如有学者认为醉驾入刑不合理,那么为什么不合理?这就需要证明醉驾入刑的治理是无效的,无效就要拿资料、数据来说明醉驾入刑为什么不管用,需要证明用刑法治理醉驾没有对症下药。解释性研究则是用逻辑推理的方式来说明,用某一个原理理论来阐释某事物、人物等或通过一般解释特殊或通过特殊概化为一般等,如运用学习理论解释暴力影视作品对未成年人的不良影响等。写作时必须明确研究类型,才能确定研究方法与研究框架,也才能知道在哪个问题上发力,在哪个层面上发力。

第二,寻找支撑研究的理论。用一个基本理论来解释支撑论文,可以让你的文章提一个档次,但要注意的是,引入一个理论,不是先把理论摆在前面,而其后论文的写作与此似乎没有关系。以一个理论支撑论文,理论贯穿文章始终,它是文章的魂,一根“顶梁柱”,抽掉就不成立。

第三,定性研究与定量研究结合。我们传统法学研究论文更多是解释性的,主要属于定性研究。目前研究方法逐渐转为两者并用,我看到一些期刊文章越来越多地刊用定性与定量并用的文章,尤其是许多问题的研究仅用分析推理难以有效解决。比如,我国理论界关于 14 ~ 16 周岁未成年人毒品犯罪问题,目前形成两种观点:一种观点认为,14 ~ 16周岁对贩毒不应承担刑事责任,应当废除刑法规定 14 ~ 16 周岁未成年人对贩卖毒品承担刑事责任的规定,因为贩卖毒品是非暴力犯罪,规定 14 ~ 16 周岁未成年人承担刑事责任的 8 种行为中其他都是严重暴力犯罪;另一种观点则认为,14 ~ 16 周岁未成年人不仅贩毒应当负刑事责任,走私、运输、制造毒品的,也应当承担刑事责任。两方的观点似乎都有道理,但都难以说服对方。这种情况仅用说理难以解决,还需要进行实证研究,用数据与事实说话,我调研的结果是:就已满 16 周岁不满 18 周岁的未成年人毒品犯罪情况看,97% 的属于贩卖毒品犯罪,另有少量的容留他人吸毒与运输毒品等,制造毒品、走私毒品几乎没有,而贩卖毒品主要是被利用而实施的,因此,没有事实根据的争论 14 ~ 16 周岁未成年人对贩卖毒品以外的其他行为是否应承担刑事责任没有多大意义。

第四,类型化研究是很好的研究方法。类型化研究可以很深很透彻,因为任何一个东西都包含很多内容,如果将其根据不同的标准类型化,再根据不同的同类分析,可以更具体地总结出特点,提出更具针对性的解决方案,那样文章将更具体、更丰富、更

---

① [美]乔纳森·格里斯:《研究方法的第一本书》,孙冰洁、王亮译,东北财经大学出版社 2014 年版,第 38 页。

有针对性。在许多研究中都可以进行类型化研究,如非法集资有哪些行为类型,各类行为的特点与危害是什么,各类型行为发生的原因是什么。可能主体不一样、行为方式不一样、结果不一样、影响不一样,如果笼而统之地写,深入不下去,定出来的东西将很空洞,没有实用价值。类型化是一个很好的研究手段,要运用起来。以上就是我的体会。欢迎大家批评交流。

## 专题三　刑法的学习方法

胡启忠

今天我想讲一下学习刑法、学习法律的大局观问题,学习刑法更需要关注大局观问题。

前段时间有一个段子,一个记者问领导:“我们现在伪劣产品充斥市场,食品、蔬菜、水果都不能吃,因为这些食物上面沾满了农药,对此您怎么看?”领导回答:“既然伪劣产品充斥市场,你认为农药还有真的吗?”我发现,领导就是不同,高明之处在于他有大局观。其实我们搞学问、学习法律的人也需要大局观,我们目前的刑法教材还是存在很多问题的,刑法知识还有很多遗漏点,这些遗漏点长期存在并延续下去。很多知识遗漏点都需要依赖于大局观。我在教学中的体会是,学生觉得老师的讲课不重要,司法考试才重要。我们几位老师今天还进行了交流,我们发现其实老师有很多知识想讲,但是学生无需求,学生只想要考试得到高分。

我们学习中有很多疑难问题,看起来是小问题,但是涉及大问题,也就是大局观的问题,即在纵横交错中看问题,只知道平面或单向的东西都不算大局。我记得重庆市的文强被捕的当天,我正在给研究生上课。我当时并不清楚文强的具体犯罪事实,但是我认为文强会被判处死刑。理由是其中涉及政治问题,不是个单纯的法律问题,我是基于大局观得出了这个结论。大局观就是我们首先要懂政治,关于我们现在法学院的取名问题,我认为“政法学院”还是很科学的。前任首席大法官讲到法律适用效果时,首先提到了政治效果,其次是法律效果,最后是社会效果。这里面是有深刻道理的。因此,我们同学在学习的过程中,要在学习法学的同时兼顾学习政治学和社会学。现实中有很多案子,如果从大局观的角度看,就不难理解了。单从任何一方面谈起,可能都有问题。

我在2014年课题调研的时候去过山西省的平遥古城,到县城衙门里面去,看到衙门的上方就挂了一个牌匾,上面写着“天理国法人情”。当时我联想到西方的三大法学流派:自然法、规范法、社会法,而这个“天理国法人情”与西方的三大法学流派有某种暗合,天理即自然法,国法即规范法,人情即社会法。回归到我们目前的一些争议案件,大家总是给出很多说法,其中不乏一些西方的理论。但是我认为我们中国的法学思想领先于西方,他们法学思想的完善还有待时日。虽然我不清楚"天理国法人情"这一表述具体在何时形成,但是可以知道这些思想至少在宋朝的时候就已经产生了。"天理国法人情"让我们知道对于法律适用至少要考虑三个方面,注重三者的统一。同时我们注意到这个顺序排列也很讲究,它将"国法"放在了中间,两边才是"天理"和"人情",这要按照中国文化理解这个排序。西方法学思想现在基本上仍然在"单相思",博登海默发现有问题,在他的法理学著作中提到了三大法学思想融合的问题,可惜他只是提了一下却没有具体阐述。现在博登海默去世了,他的想法何时实现还是未知数。如果认为"天理国法人情"的多元统合思维方式的起源可以追溯到汉武帝时期,那我认为我们的法学思想领先西方 2000 多年。所以我们要看得起自己本土的法学思想,正如习近平总书记说的,我们要有文化自信,不要把自己的东西搞丢了。

大局就意味着该考虑的东西,都要把它纳进去。很经典的"于欢案""张扣扣案"就可以与民国时期的"施剑翘案"作一个对比。张扣扣被执行了死刑,但施剑翘被政府特赦,在思考这些问题时都需要大局观。大局观随时需要,比如,凌晨 2 点以后,大路上很开阔,是否可以闯红灯?我认为不可以闯,另有老师说可以闯,我们得出结论的差异体现出我们二人思想的差异,这都需要用大局观来解释。再如,现在车辆的限号问题是行政权限制了民事权利。还有高利贷的问题,在 2004 ~ 2012 年,以非法经营罪进行处理;后在 2013 年至 2019 年 10 月做无罪处理;现在从 10 月 21 日以后,高利贷问题又开始入刑。其实在 2004 年至 2019 年,涉及高利贷的法律框架并没有改变。在同样的法律框架下,却产生了不同的解决办法。最高人民法院在 2011 年有专门规定,"违反行政规章不能认定为违反国家规定",而构成非法经营罪的前提条件是违反国家规定。但是,对于禁止高利贷问题没有明确的国家规定,只是行政规章有明确规定,这涉及违反行政规章与违反国家规定的关系问题,最高人民法院在此问题上的态度似乎前后不同,这些问题的解决都需要大局观。目前关于刑法解释的著作或者文章,如果你多看几本、几篇,就会发现刑法解释问题是十分混乱的。又如,今天有老师谈到的"陆勇假药案",依药品管理办法认定为假药,那么刑法要不要认定为假药呢?还有天津"赵春华持枪案",其中的"枪",刑法要不要认定为非法持有枪支罪中的枪支呢?我一直跟我的研究生强调,你们选择刑法,实际上是找到了一门最难的学问,刑法涉及的问题是方方面面的。2003 年武汉市的"非法放贷"一案,当时公安机关很棘手,有两条路径求证:一条是马克昌老师为首的专家团认证;另一条是公安系统逐级汇报,最后定性为非法经营罪,但是社会效果并不好,反对声音很多。我认为这也是一个大局观的问题,要通过大局观来解决法际关系。

行政法与刑法之间的法际关系问题很重要,前面的假药问题、枪支问题、高利贷问题都属于这一问题,只是涉及的问题点不尽相同。但是问题点不只是这些,比如,2000

年左右江西省的“章俊礼案”,章俊礼通过非法的手段获取了合法的行医证,后在行医过程中致人死亡,那么应该定性为非法行医罪还是医疗事故罪呢?当时争议很大。内蒙古自治区的“王力军案”也是个很好的说明,落后的条例没有废止,新的政策又出台了,内蒙古自治区的法院依据法律规定判案不能说这是个错案,最高人民法院之后虽然以模棱两可的理由发回重审,最后定性为无罪,但其中的关系仍然没有搞清楚。这些说明现行行政法和刑法的关系十分混乱,需要大局观才能解决。

最后我提出两个涉及民事法与刑法之间法际关系的案子,希望大家结合大局观进行思考。一个是四川省的“帅英案”,另一个是浙江省的“陈晓富案”。前者,同一行为,民事法上合法有效,刑法上构成犯罪;后者,民事法上分开评价合法有效,刑法上合起来评价就是犯罪。这是什么逻辑?

综上,我的结论是大局观很重要。谢谢!

## 专题四　刑法学术论文的写作技巧

唐稷尧

谈刑法学论文的写作技巧,首先要把作文的写作技巧搞清楚。从文体上看,所有的刑法论文本质上就是议论文,议论文的写作有三要素:论点、论据、论证。刑法学论文的写作技巧其实就是议论文本身的写作技巧,将这三点搞清楚并展示出来,这篇文章就写好了。

一是论点,论点应当是清晰的、明确的。当然,如果这个论点转化成刑法学的术语,那就是,一篇文章应该有一个基本的立场。张明楷老师写了本书叫《刑法的基本立场》,也是讲的立场,如果立场都不清楚,这篇文章绝对不是好文章。无论你是什么立场,首先你要有,这是其一。“论点”就是要有清晰的立场、明确的观点。

二是论据。论据就是证明你论点的证据。也就是说,当你的论点亮出来,有了立场,你就需要证明。从这个意义上讲,一份判决书也是一篇议论文,它必须要展示成立或不成立犯罪的论据是什么。从刑法的角度来说,有哪些东西可以作为论据而使用呢。其一,规则(中外法律规范、解释性规范等)。具体而言,就是基于文章的“立场”,存在许多规则都与我的立场一致,或者从诸多规则中都能抽象出基本立场、基本观点,这就是一个论据。其二,事实。这里主要是指社会生活的客观事实或自然事实,如“常识”就可以作为论据。其三,数据。如论文提出的基本立场,有诸多的裁判数据、司法数据可以证明。其四,专家观点。这也可以作为证据,不过,专家说的话无论是否权威,都只能算论据的一个类型,而不是论据的全部。因为专家的观点应该也是从我说起的前面三种类型的论据推断出来的,从这个意义上讲,它只是一种印证或是一种

"英雄所见略同"。所以真正的论据应该是前面我说的前三种:规则、事实、数据。

三是论证。论证的意思就是说你要把论点证明出来,证明题大家都做过,小学初中都开始做证明题了吧。因为A等于B,B等于C,所以A等于C,这就是一个论证的过程。写作议论文时,运用各种论据展示、证明论点(立场)也是需要一个逻辑过程的,这个过程就是论证。为什么要有一个过程呢?有了这个逻辑过程,首先可以使别人读你的文章读得懂,其次能够证明你的论点的正确性、科学性、有说服力。那么论证一般需要一些什么样的基本规则呢?第一个规则,论证的内容不要跑题,不偏离自己的中心论点,要围绕论点展开;第二个规则,原则上应当有一个一以贯之的线索,能够把论点、论据像珍珠一样连起来,如果没有线索就会是零散的,论文不能是散打,即使是散文都是有线索的,散文要形散而神不散,神就是它的线索,所以说,要有一以贯之的线索;第三个规则,论证要有清晰的层次,先说什么后说什么,应当有个科学合理的次序。如果倒起来说,也许可以,但是会给人阅读产生难题,说得再直接点,会影响发表,编辑也不愿看到说理次序乱七八糟的文章,所以文章一定要有层次。一般的论证层次都有些套路或模式。比如,"总一分"方式,先说一个基本内容,再分成几点说;"两分法",从正面角度论证一遍,再从反面角度论证一遍;还有所谓的"三分法"的层次,就是说将主要观点论据都总结成三点展开。你读议论文就会发现,说四个观点你就很不舒服,但写三个观点就很舒服,首先、其次、最后,层次很清晰。两个观点也还可以,正面阐述完再反面阐述,但你如果弄成四五点,听起来就不太舒服,这里面包含了一点是中国的传统文化特征,就是"三分法",即把你的那些观点弄成三个层次来写。有一个通俗的说法,叫"三三不见九",一篇文章写三大问题,三大问题中,每个大问题再写三个小问题,三个小问题再写三个小点,这对于编辑、阅读者来说都比较清晰,你写上七八个东西又没有层次,编辑和读者都会看糊涂,这就是所谓论证一定要有清晰的层次。

论点、论据、论证,就是所有的议论文都必须包括的三要素。当然,除此之外,一篇文章是由语言文字构成的,那就要求没有语病和错别字。有语病和错别字是很麻烦的事情,我们老师改论文的时候都头疼这个问题,说起都是血泪史,要给同学改错别字和语病。没有语病、错别字有三种境界:第一种境界叫文从字顺;第二种境界叫行文流畅,读起来比较舒服;第三种境界叫文笔优美。一般来说,文笔优美是很少有人能够达到的,但是至少应该达到文从字顺。

以上是我们所说的刑法论文的写作技巧首先要符合议论文本身的写作规范,如果是具体到刑法学这门学科论文的写作,也有一些特殊的写作技巧。以我个人的经验来说,要注意这几点。

第一,要重视既有的法律规则(法律、法规、解释性规范)。应该是从规则和事实中得出结论,而不是从观念当中得出结论。我们很多同学写文章都是先把帽子扣上,我是什么观念、我符合某个观念。这种思路是不妥当的。因为那些观念,按马克思主义观点,都不源于人的头脑,而源于客观事实。从这个意义上讲,刑法学的论文写作要重视对既有规则的使用,也就是说刑法的规则是什么,我的这个观点是不是符合这个刑法规则。也许现行刑法规范与我的观点不一致,那么是不是规则有问题,需要修改,总之要和规则联系在一起,要从规则和事实出发,而不是从某一个观念和某一个人的权威说法出发,这是错误的。顺便说一句,从刑法学的学习来说,本科的学习应该重视理解、发现法律规则背后的根据,理解为什么是这样一个规则,为什么这个规则要这样建立。但是研究生和博士生的学习要反起来,研究生、博士生通常觉得自己了不起了,经常关注很多理论,从理论出发研究问题,但其实反过来说,研究生、博士生则更要重视对规则的把握,而不是生搬硬套某个理论。我们的司法实践更是这样,现在有些法官啊,年轻的法官,从大学出来的,跟他们讨论问题,他就找某某人的理论来论证自己的观点,我说你这个说的不对,因为现行的中国刑法都不是这个规则,没有这种规范。总之,刑法的学习与研究、论文的写作,首要的是重视对法律规则的把握,否则的话就是没有任何意义,不会有人看,当然给你布置这个作业老师会看一下,他会很难受。

第二,要科学、有效利用域外规则。论文中用专门一章来写域外规定的这种写法是很错误,而且是很愚蠢的写法。其实,域外规则主要是作为论据来使用的,用以证明文章的观点,应该在具体观点的论证中来使用,而不是专门集中成一章。有些同学写了一章域外规则之后连评述都没有,这就是脱节的。博士、硕士论文都有这个现象,和你自己写的东西完全脱节了。应当尽量少用单独一章、单独一节写域外的法律介绍。此外,这样也会使论文查重过不了关。

第三,要重视司法裁判,特别是司法判决,要善于用司法裁判。司法裁判在刑法学的论文写作中有两个作用。第一个作用是帮你发现问题,你要写什么论题,你要找问题,到哪里找?司法裁判,特别是重要的司法裁判,要善于运用司法裁判找到有价值的问题。比如,“赵春华非法持有枪支案”(“天津大妈气枪案”),判决书写得很有意思,同学们可以好好去看一看,也可以发现判决书适用法律的错误。第二个作用是可以拿来作为证明你的观点的论据,无论是正面还是反面的,因为刑法学中所讲的对法律条文的理解和对法律条文的适用的各种观点与看法,还是要回到司法实践中来检验,从这个意义上讲,这也是刑法论文的一个写作技巧。

# 刑法目的解释的关系论考察

田　维*

【内容摘要】刑法目的解释与诸多重要范畴紧密关联，直接影响了其自身的认定与适用，需要从关系论的角度进行梳理。刑法机能与刑法目的的认定相关，刑法目的解释应当兼顾法益保护与人权保障，以人权为基本价值立场不会限制刑法的法益保护机能，反而符合法益的现代精神，能够遏制工具主义刑法观对刑法解释的不利影响。刑法目的解释的适用必然涉及其与立法者目的、法条目的的关系，应当兼顾二者的重要特性，将其作为刑法目的的重要维度进行考量。囿于刑法解释的特殊性与罪刑法定的原则要求，立法者目的论应当作为刑法目的解释的基本原则，法条目的论在确有必要时应当谨慎适用。此外，刑法目的解释须考量其与其他解释方法的关系，尤其应当正视文义解释、体系解释、历史解释、合宪性解释对其的规制作用，以实现合理适用。

【关键词】刑法目的解释　关系论　刑法机能　立法者目的　法条目的　解释方法

刑法目的解释关涉刑法解释论中的诸多重要范畴，也由此辐射出诸多问题。当前学界对刑法目的解释相关问题的研究主要集中于以下几个方面：(1)刑法目的解释的适用与罪刑法定原则；(2)刑法目的解释的方法位阶、运用规则及界限；(3)刑法目的解释与刑事政策；(4)法益的刑法解释机能；(5)刑法目的解释的立场；(6)刑法目的与刑法目的解释的"目的"因素；(7)刑法目的解释在刑法基础理论中的适用，如量刑公正、教唆未遂、中止犯、单位犯罪、刑法与其他部门法之间的目的关系等。其中，刑法目的解释的适用与罪刑法定原则、刑事政策的关系，以及刑法目的解释的立场、方法论位阶和适用规则最受学界关注，已形成了较为主流的观点。[①] 可见，已有的学术成果已关注到刑法目的解释与其他重要命题的关系。因笔者已对其中的部分问题另文进行

---

* 田维，法学博士，西南石油大学法学院讲师、硕士研究生导师，四川省能源法学研究会副秘书长，四川大学刑事政策研究中心研究员。本文系教育部人文社会科学研究青年基金项目刑法目的解释研究(18YJC820057)的阶段性成果；系2012年度国家社科基金项目重点课题"刑法解释原理与实证问题研究"(12AFX009)的阶段性成果；并系西南石油大学"过学术关"计划资助成果。

① 笔者曾在本人2015年的博士学位论文中作过类似的总结。

过专门探讨,故本文谨对与刑法目的解释密切相关的重要关系进行再次考察,从关系论的角度对相关重要命题进行梳理。

## 一、刑法目的解释与刑法机能

刑法目的解释的适用当然需要参照刑法目的,然而我国学者多将目光聚焦于刑罚目的,对刑法目的的认识并不深入,多从刑法机能、价值等方面对刑法目的加以辅助性论述。刑法目的是系统的整合性体系,涵盖了多种目的因素,比如,就客观的存在形式而言,刑法目的的表现形式可以分为两类:一类是明确规定于刑法条文之中的刑法目的;另一类是没有规定于刑法规范条文中,隐藏于刑法规范的条文、体系和理论中的需要解释者自行发现的刑法目的。其中,第二类才是刑法目的常见的表现形式,这使刑法目的解释处于不明确、不安定的潜在危险之中。

从不同视角出发,刑法目的可以划分为不同的种类,主要包括:(1)刑法典的一般目的和具体法条的特殊目的,亦即刑法规范的整体目的与具体目的;(2)从刑法运作的角度出发,则可划分成立法意义、司法意义和执法意义等不同阶段的刑法目的;(3)刑法的直接目的和最终目的,其中,刑法的直接目的是预防犯罪,最终目的则是维护现存社会的生存条件;①(4)刑法的原则目的,即罪刑法定、谦抑性等刑法基本原则所蕴含之目的;(5)刑法所蕴含的秩序、安全、自由等理念、价值目的;②"法的目的和理念包括正义、共同幸福、法的安定性三方面的内容,因此,这里所谓的刑法的目的和理念,就是指刑法的正义、共同幸福以及法的安定性";③(6)刑法的机能目的——规制、秩序维持、自由保障等。④ 以上对刑法目的的种类划分,均系刑法目的理论体系中的目的因素,共同构成了刑法的目的体系,彼此也滋生了诸多关联性。

刑法机能,是指刑法客观之效用,是刑法目的在刑法适用中的客观展现。刑法的本质机能可以下分为两类四种机能——为了国家派生的机能,又分为抑止犯罪的机能和维持秩序的机能;为了国民派生的机能,又分为保护的机能和保障的机能。⑤ 此外,刑法机能可以被视为一种社会控制机能,可以进一步细化为第一次社会控制机能与第二次社会控制机能。其中,第一次社会控制机能是指刑法的法益保护机能;第二次社会控制机能是指人权保障机能,即通过制约国家刑罚权的行使,保障罪犯不受国家权

---

① 参见张智辉:《刑法理性论》,北京大学出版社 2006 年版,第 43 页。

② 参见张智辉:《刑法理性论》,北京大学出版社 2006 年版,第 53 ~ 62 页。

③ 黎宏:《刑法的机能和我国刑法的任务》,载《现代法学》2003 年第 4 期。

④ 参见[日]大塚仁:《刑法概说(总论)》,冯军译,中国人民大学出版社 2003 年版,第 22 ~ 23 页。

⑤ 在此观点中,法益保护与人权保障即为国民而派生的两种机能。参见[日]西原春夫:《刑法总论》(改订版)(上卷),成文堂 1995 年版,第 8 ~ 11 页。转引自马克昌:《比较刑法原理——外国刑法总论》,武汉大学出版社 2002 年版,第 11 页。

力滥用的侵害,进而保障一般国民的权利和自由。[①] 刑法的价值与功能紧密相连,难言二者在理论体系中的优位性,二者都体现在刑法解释的正当性中。“刑法目的之说似乎较之刑法机能更具主观色彩,但实际上,刑法目的与刑法机能并无实质区分。……无论采用何种措辞,刑法的机能(功能、目的、任务)都是对刑法存在的实际功用的考察,这也是刑法的正当性问题,它在很大程度上决定着刑法的性质。”[②]

“刑法的机能、目的不仅在于通过预告刑罚这种制裁而保护法益,还在于通过将应受处罚的行为事先明确地预告给国民,从而达到保护国民自由的目的。”[③]刑法目的解释不仅要考虑“狭义的法益保护目的”,还要同时考虑“人权保障目的”,类推解释都是以保护被害人法益为借口,相应地,禁止扩大解释的观点则是以保障行为人的自由不受刑罚权恣意干涉为理由,在进行刑法目的解释时,不能仅以某一目的作为决定性要素,而应以保护法益与保障人权的目的作为决定性要素。[④] 法益保护与人权保障既是现代刑法目的的应有之义,又是刑法机能的核心内容,其背后蕴含了不同的基本价值,对刑法解释具有重大意义。

(一)法益保护

刑法的根基在于国民的欲求,而该欲求“是以危害他人利益的不良行为作为前提的”,[⑤]因而对法益的保护便成了刑法产生的根基。作为刑法之特殊机能(以刑罚为保护手段),学界多将法益保护居于刑法机能的核心地位。刑法并非像其他法律一样仅仅保护社会伦理的、道德的、宗教的秩序,它对公民作为独立人格者进行社会生活和参与社会活动所不可缺少的重要生活利益也予以保护(刑法规范的法益保护机能)。[⑥]

1. 法益的流变

法益概念的提出与人权保障理念密不可分,但狭义的法益保护仅指对被害人的法益保护,而未将对犯罪人的人权保障纳入其中。德国学者宾丁最先正式提出了法益与规范违反的概念,他认为,犯罪的本质并非违背刑罚法规,而是违背了刑罚法规之前所规定的行为规范,而国家制定这种行为规范,旨在禁止行为可能造成的状态与法的利益相矛盾,而通过实定的行为规范所维护的不应变更的“状态”即法益,因此任何犯罪都是侵害了法益的行为。[⑦] 将法益保护作为刑法目的将深刻影响刑法理论体系的构

---

① 参见[日]曾根威彦:《刑法学基础》,黎宏译,法律出版社2005年版,第5~7页。

② 陈兴良:《刑法机能的话语转换——刑法目的论的一种探讨路径》,载《环球法律评论》2008年第1期。

③ [日]西田典之:《日本刑法总论》,刘明祥、王昭武译,法律出版社2013年版,第40页。

④ 参见张明楷:《刑法目的论纲》,载《环球法律评论》2008年第1期。张明楷教授在其多部著作中支持日本刑法理论中将法益保护作为刑法目的的观点,但在刑法解释中仍然强调将人权保障作为决定目的论解释的目的要素,以此使刑法目的与罪刑法定原则协调一致。

⑤ [日]西原春夫:《刑法的根基与哲学》,顾肖荣、陆庆胜、谈春兰、陆一心译,法律出版社2004年版,第125页。

⑥ 参见[日]野村稔:《刑法总论》,全理其、何力译,法律出版社2001年版,第39~40页。

⑦ 参见张明楷:《法益初论》,中国政法大学出版社2000年版,第28~33页。

建,尤其是对犯罪论。例如,在三阶层犯罪论的违法性理论中,结果无价值论的支持者就多以"刑法目的是法益保护"为依据,认为违法性的实质理解应源于对刑法目的的理解,因此违法性的实质应是引起了法益侵害或者危险的结果无价值,并以此反对主观的违法要素,反对行为无价值的观点。

"二战"之后,法益的含义被再改造,使其实际上成为一种"宪法性法益",无论是支持法益保护为刑法目的的结果无价值论者,还是仍然坚持将破坏"社会规范的基本价值"、"法秩序"抑或"社会伦理"作为犯罪本质的行为无价值论者,都承认《德国基本法》的自由、民主、人权价值。在将上述抽象概念具体化的过程中,行为无价值论者又都借助"法益"对其进行描述,战后学者们对刑法目的是否涉及社会伦理仍有异议,但是其反对国家威权、强调保护人权的价值立场是一致的。"法益是在以个人及其自由发展为目标进行建设的社会整体制度范围之内,有益于个人及其自由发展的,或者是有益于这个制度本身功能的一种现实或者目标设定。"①战后的日本虽长期存在行为无价值与结果无价值的激烈争论,但总体上亦根据宪法规定,将单纯的社会伦理观念排除出法益范畴,强调宪法蕴含的人权价值对刑法目的的限制。在此背景下,目前德国、日本两国均形成了将保护法益作为刑法目的的共识,但是此时的"法益"已被赋予了新的内涵。

2. 法益解释论机能的反思

"法益的解释论机能,是指法益具有作为犯罪构成要件解释目标的机能。即对犯罪构成要件的解释结论,必须使符合这种犯罪构成要件的行为确实侵犯了刑法规定该犯罪所要保护的法益,从而使刑法规定该犯罪、设立该条文的目的得以实现。"②"法益"概念涉及价值评价,对法益的保护是刑法正当性的体现。作为刑法分则条文的具体目的,对不同法益的考量使刑法的目的解释天然地倾向于实质解释,而容易忽视刑法目的中的人权保障。特别是在社会转型加剧的当下,新鲜事物与新的社会关系层出不穷,风险社会成色日渐浓厚,国民的安全感日益减弱,更加要求加强对国民合法权益的保护。在司法实践中,对具体法条进行解释必然会涉及该法条的具体目的,因而对具体法益的保护会优先进入司法的视野,但法益本身所蕴含的人权等价值却容易被有意或无意地屏蔽,乃至出现冲击罪刑法定原则的情形。"目的论解释……质言之,是根据保护法益及其内容解释刑法",③但是,刑法解释仍须明示法益所蕴含的人权价值,这需要将刑法的人权保障机能纳入刑法目的的考量。

---

① 参见[德]克劳斯·罗克辛:《德国刑法学总论》(第1卷),王世洲译,法律出版社2005年版,第15页。
② 张明楷:《法益初论》,中国政法大学出版社2000年版,第216页。
③ 张明楷:《法益初论》,中国政法大学出版社2000年版,第216页。

(二)人权保障

1. 人权的价值优位

刑法目的与犯罪的本质是同一问题的两个方面:“有关刑法目的的学说,也同时在揭示犯罪的本质;关于犯罪本质是什么的学说,必然也是在回答刑法的目的是什么。”因而,刑法目的与犯罪的本质密不可分,从“法益侵害说”和“规范违反说”的表面对立中,引申出时代价值对刑法目的的重大意义。[①] 当前,最突出的时代价值是人权,有学者直接将当前时代定义为“权利的时代”,“人权是我们时代的观念,是已经得到普遍接受的唯一的政治与道德观念”。[②]

将人权作为法律目的的优位价值,符合当前的时代要求。法治国家强调人权至上,要求保护公民个人自由,以“人”作为根本的出发点,因为“自由民主的国家观,则个人皆有其固有的权利(基本权利与人权),这种权利,先于国家而存在(国家应予保护),同时其‘本质内容’不容侵害”。[③] 在人文社会科学的视域下,作为个人行为原因的“目的”与行为主体自身的“自由”密不可分:“人的真正目的——不是变换无定的喜好,而是永恒不变的理智为他规定的目的——是把他的力量最充分地和最均匀地培养为一个整体。为进行这种培养,自由是首要的和不可或缺的条件。”[④]囿于我国发展过程中的经验教训,我国学者亦发出了人本法律观的呼声,即将人作为法律之源、法律主体,更要将人作为法律的目的和关键,法律的内容和发展要受人的社会物质生活条件决定,而人的社会实践是检验法律的唯一标准,并提出了“合乎人性、尊重人格、体现人道、体恤人情、保障人权”的基本要求。[⑤]

2. 人权保障的刑法意义

“人的欲求”是刑法产生的基本点,刑法以人针对不良行为的欲求为契机而产生,如没有要求制定刑法的国民欲求,刑法就不会出现。[⑥] 在民权主义刑法观的立场下,以人为本、保障人权成为刑法理念的核心,并在价值层面成为刑法之最终目的。广义上看,人权保障的对象针对所有自然人,一国的法律应当保护所有公民的人权,刑法应既是善良人的大宪章又是犯罪人的大宪章。但仅就刑事法治而言,人权保障的意义更侧重于对犯罪人的人权保障,强调对刑罚权的限制,这也是罪刑法定原则之初衷。“正是由于与罪刑法定主义的原则联系在一起,使刑法典不只是具有保护法益的机

---

① 参见丁慧敏:《刑法目的观转变简史——以德国、日本刑法的祛伦理化为视角》,载《环球法律评论》2011年第2期。

② [美]路易斯·亨金:《权利的时代》,信春鹰、吴玉章、李林译,知识出版社1997年版,第1页。

③ [德]阿图尔·考夫曼:《法律哲学》,刘幸义等译,法律出版社2004年版,第158页。

④ [德]威廉·冯·洪堡:《论国家的作用》,林荣远、冯兴元译,中国社会科学出版社1998年版,第30页。

⑤ 参见王新生、车英:《李龙法理学思想研究》,载《武汉大学学报(哲学社会科学版)》2009年第3期。

⑥ 参见[日]西原春夫:《刑法的根基与哲学》,顾肖荣、陆庆胜、谈春兰、陆 心译,法律出版社2004年版,第126~127页。

能,而且具有保障自由的机能,即保护包含犯罪人在内的国民免受国家恣意的行使刑罚权。"①

存在论与规范论的方法论争辩在20世纪成为刑法学方法论的首要检讨课题,其所有争辩是一个"物理体系与解释体系的蛋生鸡或鸡生蛋"问题,其最核心的课题是人,所有刑法的归责与处理问题,完全取决于刑法如何看待人类图像(Menschenbild),这将决定刑事政策的取向。② 如何定位"人"在刑法中的地位,将直接影响刑法及其解释适用的价值立场。人权保障是罪刑法定原则的核心价值和现代刑法的灵魂,在我国已得到了宪法确认。将人权保障置于优位是刑法文明和正当性的体现,现代刑法的首要任务是维护个人自由,如果不把个人自由放在首位,那么刑法的现代文明特点将大打折扣,因此,虽然刑罚的根本目的在于保护社会秩序,但这只是刑法目的之一,而限制和控制刑罚以保障人权才是刑法赖以存在之目的。③

刑法的目的在于保护法益和保障人权,保护机能在于防止一般人民所加之侵害,因此有处罚犯罪人之必要;保障机能在于防止国家对公民所加之侵害,因此有限制国家权力之必要。刑法的目的并非完全在于抑制犯罪,即刑法除抑制犯罪的目的之外还具有保护国民权利的目的,因此在解释刑法时必须防止那种只注重前者而轻视后者的倾向。④

3. 二元冲突下的刑法目的解释

法益保护与人权保障的冲突是刑法解释的突出矛盾,这已上升为价值层面的二律背反,将刑法解释置于二元的矛盾冲突中,理性看待二者关系,已经成为解决刑法解释理论争议的命脉所在。在立法越发完善、法制相对健全之当下,我国刑法的解释适用越发关注人权保障对法益保护的价值规制。将宪法的人权价值作为刑法的优位价值现已成为各国通例,这在"二战"之后的大陆法系国家体现得最为明显。"认为宪法所规定的基本人权是刑法的最高价值,现行刑法典的一切规定(如罪刑法定原则)都必须根据宪法的规定赋予新的含义,一切不符合宪法确认的基本人权不可侵犯的刑法规定,都必须根据宪法的精神予以废除或修正,目前这已成为意大利刑法学界的基本理念。"⑤现代刑法目的的生成根基中,宪法性根基居于首位,其所蕴含的宪法目的和价值指导影响刑法目的的发展。当前刑法的目的,即遵循宪法原则、规范,并追随宪法平等、人权等目的和价值,实现宪法对刑法的目的导向和最高约制,特别是2004年我国

① [日]西田典之:《日本刑法总论》,刘明祥、王昭武译,法律出版社2013年版,第30页。

② 参见许玉秀:《当代刑法思潮》,中国民主法制出版社2005年版,第7~8页。

③ 参见曲新久:《个人自由与社会秩序的对立统一以及刑法的优先选择》,载《法学研究》2000年第2期。

④ 参见刘艳红:《实质刑法观》,中国人民大学出版社2009年版,第238页。

⑤ [意]杜里奥·帕多瓦尼:《意大利刑法学原理》(评注版),陈忠林译,法律出版社1998年版,"译者序"第34页。

的《宪法》修订将人权入宪，尊重和保障人权成为宪法原则，“它标志着我国迈向法治时代的一大历史性进步，而且这也为立法和司法机关在面对不同利益的权衡时能够作出有利于保护人权和公民权利的解释和推理提供了宪法依据”。[①]

然而，现代刑法的最高价值是实现社会正义，这要求刑法实现维护秩序和保障自由的平衡。[②] 对人权保障的充分重视并非忽视法益保护，有论者曾尖锐指出，目前对人权保障的提倡有矫枉过正之嫌，刑法的直接目的本是法益保护，不应将人权保障从宪法规范中植入刑法的目的，更不应将保护犯罪人的权利作为刑法之目的，这与刑法的生成机理与实践路径格格不入，这种观点虽有工具主义之嫌，却也具有一定的合理性。与其他部门法相比，刑法最突出的特点便是其强大的法益保护机能，如无法实现对法益的有效保护，社会秩序将难以维持，事关公民生存与发展的许多重要权利会处于被犯罪侵害的风险之中，刑法的存在价值也会大打折扣。因此，在强调人权保障价值的同时，我们仍要重视法益保护的效果，如何在刑法解释中实现二者的有效结合便成为重中之重。

因此，刑法解释——尤其是刑法目的解释——也应当兼顾二者，以人权保障作为基本的价值立场不仅没有限制刑法的法益保护机能，反而使其回归真义，并使国权主义、工具主义的刑法观念在刑法解释中得以遏制，使刑法目的的二元冲突趋向统一。

## 二、刑法目的解释与立法者目的

刑法目的解释的“目的”存在立法者目的、起草者目的、法条客观目的（规范文本目的）、解释者目的、人民目的、统治阶级目的等不同的解读。其中，立法者目的与法条目的的冲突最为直接而激烈，二者在刑法解释的地位与关系决定了刑法解释的立场，并进而成了刑法目的解释基础理论和方法论都无法回避的重要命题，刑法目的解释当然需要在“目的”的维度考量其与立法者目的、法条目的的关系。

立法者目的，是指立法者在制定法律时主观所持有的意图，抑或立法者意图通过该法的实施所要达成的结果，是立法者体现在法条中的立法意蕴。[③] 立法者目的常与立法目的、立法原意等概念混用。具体来说，立法原意有广义和狭义之分，广义的立法原意，指对于立法所欲调整的社会关系的所有立法者意识，包括关于此种社会关系的认识、判断、立法的目的、规律的认识、存在的评价、将来的期望、所设计的目标、改变现

---

① 曾明生：《宪法发展与刑法目的的生成》，载《法学杂志》2004 年第 3 期。

② 参见梁根林：《“刀把子”、“大宪章”抑或“天平”？——刑法价值的追问、批判与重塑》，载《中外法学》2002 年第 3 期。

③ 法律解释无非是对立法原意、立法目的的阐释，只有立法者目的是客观的，是立法者体现在法条中的立法意蕴，刑法解释才可能立足于社会客观需求，基于立法者的价值观念，揭示法条文字背后蕴藏的法理，只有这样，刑法解释学才能具有科学性。参见陈兴良主编：《刑法知识论研究》，清华大学出版社 2009 年版，第 23 页。

状的意志、对风险的考虑甚至对该社会关系的情感等;狭义的立法原意,指条文字面意思所隐含的立法者的意思表示,通常表现为立法目的。① 法律解释的最终目标是探求法律在今日法秩序的标准意义,只有同时考虑历史上的立法者的规定意向及其具体的规范想法,才能确定法律在法秩序上的标准意义。②

(一)立法者目的论的理论依据

就其理论溯源而言,立法者目的理论的哲学依据源于方法论解释学,其早期代表人物施莱尔马赫认为,文本的意义是作者的原意,文本解释就是要重构作者的意图,主张运用语法解释和心理解释的方法,立足于客观、共同的语言特性,通过主观想象和心理角色转换,使解释者跨越时空界限,进入作者创作文本时的时空环境,进入作者的角色和精神世界,从作者的角度出发重构其当时的意图,进而获取作者的目的。方法论解释学的其他代表性学者在探寻文本原意上基本持相同的观点,狄尔泰提出了"客观精神"和"移情"的概念,同样要求解释者从作品出发,通过想象将解释者自身消融在作者当时的环境中,进入作者的个性,在作者的角色中找到自己,进而向解释自己的意图一样解释作者的意图,得到作者的真实目的。方法论解释学理论极大地影响了法律解释理论,拉伦茨认为:"法律是立法者的意思表示……法律背后隐含了参与立法之人的规定意向、其价值、追求以及对于事物的考量。"③

立法者目的论具有坚实的政治学支撑,这主要体现在人民民主理论、社会契约理论及三权分立理论之中。根据民主理论和社会契约理论,公民是国家的主人,国家权力应当为权利服务,"公意"是国家权威的唯一来源,公权力来自公民权利的让与。现代民主政治主张自由、平等、人权,认为每个人都有参与公共事务和自由主张个人意愿的权利,而民主国家的法律就是"公意"的集中体现,公民通过代议制度选举能够表达自己意愿的人作为其代表行使立法权。因此,立法者的目的代表广大公民的目的,法律实际蕴含的是高度集中的公民意志,而对立法者目的的探寻实际上是将法律含义重归"公意"的过程,如果在解释中不重视立法者目的,就是对"公意"的亵渎和对民主的侵犯。此外,三权分立理论将权力划分为立法权、司法权和行政权。权力应当分立和制衡,其中,立法权是最高的权力,其他的权力都应当从属于立法权。立法权是制定、公布法律的权力,是司法权的前提,只有立法权被行使,制定出了法律,司法权才有机会出动,对法律进行适用。从此角度出发,法官只是"宣布法律之语词的喉舌",不能变动法律的效力,否则就成了造法。因此,法官在司法活动中解释法律应当尊重立法

---

① 参见疏义红:《法律解释学实验教程——裁判解释原理与实验操作》,北京大学出版社2008年版,第139页。"立法意图"最狭义的含义就是"立法目的",但按法学的通常用法,立法意图还包括了立法目的以外的立法者意志。

② 参见[德]卡尔·拉伦茨:《法学方法论》,陈爱娥译,商务印书馆2003年版,第199页。

③ [德]卡尔·拉伦茨:《法学方法论》,陈爱娥译,商务印书馆2003年版,第198页。

者目的，不能擅自变动立法者赋予法律条文的含义。

刑法的安定性和谦抑性要求刑法解释必须尊重立法原意和立法者的目的。法律的规范性与其他社会规范相比更为特殊，其内容要求具有高度的明确性；同时，法治要求法律具有安定性，使人们可以根据已经生效的法律评价、指引来预测法律关系中的行为。刑法是法制体系中的保障法，具有严厉性和谦抑性的特征，其明确性和安定性对于保障人权、维护社会秩序、惩罚犯罪尤其关键，同时也保证了刑法的正当性。正如拉德布鲁赫所言，法律制度的安定比它的正义更为重要，正义是法的第二大使命，其第一项使命是法的安定性，即和平。① 刑法比其他法的领域更需要法的安定性，因此每一部现代刑法典都将刑法完全“浇筑”为成文法形式，②而以立法者目的为标准进行刑法解释可以保障刑法的明确性与安定性。由于立法者目的存在于刑法条文制定时，因而这种历史的事实是客观的，而并非变幻莫测、不可捉摸的，虽然其价值性、真实性和可识别性受到了普遍的责难，但是其规范意义与逻辑地位不容辩驳，完全脱离立法者目的的刑法解释既不具有现实性和正当性，也不具有逻辑自洽性和话语周延性。

（二）立法者目的论的质疑与回应

随着刑法理论的发展，特别是实质刑法观的蓬勃兴起，立法者目的论遭受了前所未有的责难。本体论解释学的蓬勃兴起，使得现代解释学理论将解释作为人存在的基本方式，而现代的语言学更是直接提出，文本的解释适用无法摆脱特定的客观语境，再结合语言自身的多义性、结构空缺性等诸多障碍，立法者的目的不仅根本无法准确获得，而且即使能够获取也并无实际意义，这使得立法者目的论在刑法解释中的必要性与可操作性广受质疑。由于以上问题涉及各自学科的理论对立，本文不作展开论述，需要我们特别关注的是以下两种观点：

1. 立法者没有统一的目的

法律是由立法机关制定的，而非个人意志的体现。作为群体的立法者，其成员会囿于各自的特殊背景在立法过程中持有不同的观点和目的。立法活动极为复杂，每一个立法成员的心理意思会出现交叉、融合和对抗的情形，探求每个立法成员具体的目的进而把握立法者的统一的、整体的目的是难以实现的。首先，理性地从集合的个人意思得出一个统一的集体意思存有巨大困难，“只要我们认为立法意图是某人心之所思而用投票方式来传送的问题，我们就必须把一些具体的人的心理状态视为首要，因为立法机关本身并无思想，于是我们必然要为如何把个别的意图合成为一个集体的、虚幻的意图而发愁”。③ 有学者鲜明指出，法律是由众多作者逐渐完成的，我国刑法亦

① 参见［德］古斯塔夫·拉德布鲁赫：《法律智慧警句集》，舒国滢译，中国法制出版社2016年版，第16～17页。

② 参见［德］古斯塔夫·拉德布鲁赫：《法律智慧警句集》，舒国滢译，中国法制出版社2016年版，第38页。

③ ［美］罗纳德·德沃金：《法律帝国》，李常青译，中国大百科全书出版社1996年版，第299页。

是如此,经历了多次修订和完善,这些作者人数众多且不生活在同一时代,面临的问题亦有所不同,不可能分享共同的价值,也许法律解释中统一的作者原意不过是解释时实施法律者对所争议文本的一个构造,司法中所谓的"解释"根本不是一个解释问题,而在于判定什么样的决定比较好,是社会可以接受的。[①] 其次,如何对待对法条通过持否定意见的立法成员的意思和对法条具有个人不同理解的成员的意思也是一个现实难题,这些非主流的意思肯定或多或少影响了立法者目的。一方面,最终的立法者目的是在这些意思的复杂的交融、对抗中形成的,立法者目的是否应当考量这些意思;另一方面,完全、综合的考量这些意思是否可行,在相互冲突的意思中应当倾向于哪种意思,这些疑问都难以得到合理的解答。

但是,从刑法解释的角度出发,立法者目的首先展现在解释者面前的是整合性的根本价值意向,即立法主体中所有成员基本无异议、一致达成的目的。至于每个成员的具体想法,在通过查阅立法文件等途径可以知晓的情况下,可以适当予以考量,即使难以探知成员的具体想法,也不会影响统一的立法者目的。因为立法者目的随着法条的生效已经成了一个历史的客观存在,解释刑法时首先面对的必然是一个统一的、整体的立法原意,这是解释规律所决定的。纠结于每个立法成员的具体意思不仅违背了法律解释的初衷,也不符合解释学规律,更无益于法条的实际适用。因此,立法者目的即法条所表现出的立法者根本的价值意向没必要本末倒置,通过立法主体成员的具体意思来探究立法目的应是立法学所要考量的命题。

2. 立法者目的不一定具有现实合理性

假设立法者有一个明确的、能够被感知的立法目的,经过复杂的解释活动,解释者确实找到了真实的立法目的,但是立法目的毕竟是历史的,会出现与解释时的社会客观情况相左的情形,不符合现实的需要,此时如果按照立法者目的进行法律解释会得出实际不合理的结果,这是最为刑法客观主义解释论的支持者所诟病的。

在我国当前的刑法实践中,尤其是在近年来刑法修正案出台频率较高的背景下,以上忧虑并不应成为反对追寻立法目的的理由。法律是立法者意志的具体化,其中既有主观的意志目标,也包含立法者立法时不可能认识到的客观目标及事物的必然要求。两者应当兼顾,每个立法者都不能与其时代的法律观和当时的表述方式相分离,同时也要面对源自时代脉络的法律问题,因而法律解释的最终目标应为:"探求法律在今日法律秩序在今日的标准意义时,必须同时考虑历史上的立法者的规定意向及其具体的规范想法。"[②]当立法目的确实不符合解释时的客观需要时,解释者可以在不违反罪刑法定原则的前提下,从客观解释、实质解释的立场出发,综合运用扩张解释、限

---

① 参见苏力:《解释的难题:对几种法律文本解释方法的追问》,载《中国社会科学》1997 年第 4 期。

② 参见徐岱:《刑法解释学基础理论建构》,法律出版社 2010 年版,第 139 页。

缩解释等具体解释方法，作出合法的、具有合理性的解释。[①] 尤其是在个别特殊情形下，立法者目的在刑法解释中的形式意义大于实质意义，但是并不能因此就否定立法者目的，否则会损害罪刑法定原则，导致人权风险。法的安定性要求在争论中总要得出一个最终结论，哪怕这一结论是不切实际的。[②] 在社会发展确实需要的情况下，立法者须通过立法活动对不合理的法条进行修改，不能以司法取代立法。动辄对立法进行怀疑并要求修改立法的态度不仅不利于刑法学的发展，也会扼杀刑法教义学和刑法解释理论的生命力。[③]

需要警惕的是，完全摒弃了立法者目的而片面追求刑法条文在解释时的客观意思，有在用解释者的主观价值选择替代刑法条文含义之虞，将真理认识的情景性代替了真理的客观性，使刑法含义的客观性与其主观效用混为一谈，具有司法实用主义的嫌疑。"我们在适用法律时所说的'受法律约束'，不仅指受法律文字的约束，也包含受立法者之评价及意向的约束。"[④]在司法过程中，实用主义的目的解释倾向于摒弃立法者目的，以需求为导向对不同的价值及其社会效果进行比较权衡，以立法策略代替司法策略，以利益本位的工具理性代替权利本位的价值理性，这在刑法解释中将造成难以估量的人权风险。因此，我们更需要正确认识立法者目的与刑法目的解释的关系，以罪刑法定为底线，在刑法目的解释中合理考量立法者目的论。

## 三、刑法目的解释与法条目的

刑法目的解释天然地倾向于刑法的实质解释，其适用与以法益保护为核心内容的法条的具体目的有更为直接的关联。但是，我们不能当然地将法条目的论的观点完全适用于刑法目的解释，而应当充分考量其在刑法解释中的重大意义和潜在风险，否则将使刑法目的解释丧失其独立性，直接流变为实质解释的克隆体。受客观解释论的影响，主流的法条目的论将刑法目的解释中的"目的"解读为客观的刑法规范所承载的目的，即解释者根据解释时的客观需要所得出的法条在该具体的历史情境下所应当承载的目的，也有学者将其称为法条的"社会目的"。[⑤] 法条目的论突出彰显了对法律客

---

① 从人权保障的价值立场出发，此种做法原则上仅适用于对行为出罪时的解释，对行为入罪时必须严格遵循主观解释和形式解释。

② 参见[德]古斯塔夫·拉德布鲁赫：《法律智慧警句集》，舒国滢译，中国法制出版社2016年版，第17页。

③ 即使赋予了司法者极大解释自由的英美法系亦强调立法原意的重要性，其法律解释的黄金规则（又称不列颠规则）明确要求法官的自由裁量必须依据法条的字面原意作出，但是当字面原意会导致与立法原意相违背或者引起显而易见的荒谬结论时，法官可以根据立法原意突破字面意义作出变通解释，以避免出现不公正、不合理的司法结果。

④ 徐岱：《刑法解释学基础理论建构》，法律出版社2010年版，第139～140页。

⑤ "社会目的论"，是指在解释刑法规范的过程中，从现实需要出发进行考察，然后对刑法规范作出适合社会目的的阐释，这与本文所指称的"法条目的"一致。参见赵运锋：《刑法目的解释的作用、边界及规制》，载《北方法学》2011年第6期。

观目的的追求,维持和平、正当裁判、均衡规整等是其具体体现,法条目的论要求对利益的规整应适合事理,该规整既要考量客观的“被规整之事物领域的结构”,又要探寻隐含于规整之中的“法伦理性原则”,在其他解释方法和标准无法得到合理解释结果时,这种观点对具体个案的解释具有决定性作用。[①]

(一)法条目的论的理论依据

法律解释的法条目的论受本体论解释学理论的影响非常深远,这也直接使刑法解释的客观解释、实质解释获得了坚实的哲学基础,法律解释不再严格依附于法条的语言文字和其所蕴含的立法者的意思,而转向于其所存在的客观情境与解释者的主观理解。正因如此,法律解释也不再是一种在解释者理解之后附加的行为,而直接成为理解的表现形式,进行法律解释的语言和概念同样也要被认为理解的一种内在构成要素,因而法律解释中语言的问题就从偶然边缘位置进入了哲学的中心。[②] 本体论解释学的现代代表人物保罗·利科尔认为,文本具有与作者意图、作者情境以及读者(解释者)相对应的独立性,文本的解释以此独立性为前提。文本、作者以及解释者之间的时空距离是达到真正解释的源泉和前提。利科尔还将解释的本质理解为文本——作者的“自得”,即文本的解释过程同时也是文本与作者自我更新的过程,文本与作者在阅读中各自需要对方来达成自身的实现,文本需要作者来激活、实现它在书写文字中被悬搁起来的非形式化的生活的、生命的、历史的和文化的世界,而读者则需要文本并通过文本的激活来找到自身,丰富自身,甚至改变自身。[③] 法条目的论沿承了利科尔的“文本中心主义”,强调法条规范文本的客观独立性,在此基础上承认解释者与法条文本在解释过程中的主客一体性,要求解释者以自己前在的知识和经验来探寻解释时法条所承载的社会目的。同理,在进行刑法解释时,解释者应根据该法条规范在具体历史情境下所具有的客观目的进行解释,而不应拘泥于立法者目的,积极激活刑法规范文本的生命力。

法条目的论的法理依据体现了法学理论的二律背反。成文刑法的滞后性与模糊性呼吁司法者在解释时以法条目的进行补充,在更好地实现刑法法益保护的机能的同时,避免将已不符合客观社会需要的行为入罪,实现法益与人权的兼顾。客观上看,法条也具有一定的独立性,囿于立法者的主体性并不明确,其作为一个利益群体的代表而存在,并非法律起草者。更准确地说,立法者的意志也不是立法参与者的集体意志,而高度抽象为国家意志,国家不会主张参与法律制定的人的个人意志,而只会主张法律本身,所谓的立法者意志必须与法律意志统一,这意味着全部立法内容的人格化,法

① 参见[德]卡尔·拉伦茨:《法学方法论》,陈爱娥译,商务印书馆2003年版,第211页。

② 参见[德]汉斯-格奥尔格·伽达默尔:《诠释学-1-真理与方法》,商务印书馆2007年版,第401~402页。

③ 参见王庆节:《解释学、海德格尔与儒道今释》,中国人民大学出版社2004年版,第21页。

律内容只是反映在一种虚构的整体意识之中,而立法者目的也只是存在于法律文本自身之中。[①] 这样一来,立法者目的便消解于法条之中,而承载了法律意志的法条目的则成了法律解释的关键。

(二)法条目的论的批判与回应

1.法条目的的本体批判与回应

虽然法条目的论当前拥有诸多拥趸,但是其自身存在的争议不容忽视。首先,法条作为一种客观的文本形式,其最初承载的仍然是立法者在立法时所具有的意思,在法条作为一种客观存在正式产生之时,立法者立法时的目的也同时被固定下来,虽然需要通过技术性的解释进行探寻,但立法者目的与法条的这种本源性关系不会随着历史的演变而完全消逝。其次,法条所谓的客观"目的",仍然来自立法者的目的,并不具备完全的独立性。法条的文字语言形式及其内部的语词逻辑结构都是为了表达立法者的目的而进行使用的,虽然法条的语词会随着时间变迁而出现与立法时不同的含义,但这种变化可以借由语言学的规则和规律而有迹可循,并不能因此认定法条具有了完全不同于立法目的的客观意义。此外,法条作为客观的存在,在历史变迁中会与立法时的立法者意思出现偏差,受限于立法者的历史性、法律的滞后性、法律文本语言的模糊性和结构空缺性,在解释时有时会被赋予与立法者目的不同的意义,但是,不能因此认为法条目的完全独立于立法者目的。明文规定的目的因立法而明确,但法律本身并不具有"独立意志",其所表达的仍是立法者意志,法律颁布的直接目的就是实现立法者的目的,"法律的意志"这种说法具有误导性和神秘性。即使经历了法律规范生效后的陈旧化过程,进行现实分析的也不是那些可能甚或必定比立法者更聪明的法律文本本身,而是法官,法律包含的信息不过是立法者希望怎样调整他们认为需要调整的具体情况;能够解释的不过是什么内容作为立法者的价值判断进入了("添加进")规范文本,其中必定体现了评价的意志行为、立法机构的调整意志。[②]

但是,法条目的的相对独立性却不应被盲目否定,这对刑法目的解释的适用具有重大意义。实践中,刑法法条的立法者目的与其适用时的法条目的在多数情况下是基本一致的,其矛盾主要出现于涉及对社会高速发展和转型时期所产生的新事物、新关系以及个别特殊案件的解释之中。此时由于立法漏洞或社会情境发生了重大变化,立法者目的出现了缺失或者不具有现实合理性的情形,在法条语义与罪刑法定原则的限定前提下,法条目的此时就彰显了其生命力与价值,因而法条目的的相对独立性与价值不应被掩盖于立法者目的的光环之下。

---

① 参见[德]古斯塔夫·拉德布鲁赫:《法哲学》,王朴译,法律出版社2005年版,第114~115页。

② 参见[德]伯恩·魏德士:《法理学》,丁晓春、吴越译,法律出版社2005年版,第310~312页。

2. 法条目的论的法理批判与回应

对法条目的论法理层面的批判主要集中于其对刑法安定性、可预测性的冲击及其巨大的人权风险。法的安定性和可预测性是其规范性和正当性的基础,是法治发展的前提。中世纪刑事审判的罪刑擅断、恣意性和残酷性使人的自由与安全在近代以降受到了最大的珍视,司法专横等历史教训也迫切要求在近代的法治发展进程中最大限度地保证刑法的安定性及可预测性,否则刑法的正义性价值也会因此被削弱。"我们必须追求正义,但同时也必须重视法的安定性,因为它本身是正义的一部分,而要重建法治国,即必须尽可能考量这两种思想。"①

虽然有学者强调法条目的论同样可以限制入罪,从而实质地保障人权,但是当前学者所主张的以法条目的论为核心理论特征的实质解释大体上仍是一种入罪的扩张性解释而非出罪的限制性解释,在现实中出现了理论主张与实践效果的背离,解释理念与解释方法的社会化考量客观上往往会导致实践中对社会整体性与社会秩序维护效果的过度追求。② 法条目的论侧重于实质法治观,这使其在刑法解释中承担了过多的政治判断、社会判断和后果裁量的负担,不仅无法完成,还影响了刑法解释的可预期性、处断一致性和稳定性,最终损害法治。③ 此外,虽然罪刑法定原则随着历史的演进由绝对的罪刑法定走向了相对的罪刑法定,但是其基本价值并未改变,特别是对形式理性与人权保障的坚守。法条目的论冲击了刑法规范的安定性与可预测性,将法条的意义诉诸未来的解释实践,消解了成文刑法的规范意义,极大地破坏了形式理性价值,对罪刑法定原则形成了巨大冲击,容易导致人权风险。

在刑法解释中,法条目的论的法理根源在于刑法的正义价值与法益保护机能。正义价值与安定价值、法益保护机能与人权保障机能的矛盾难以完全避免,但法条目的论与罪刑法定原则、刑法的安定性并非必然对立,从实质正义的角度来看,不完善的刑法应当尽可能立即改善,但是正义也绝不能忍受任何经常变更的立法,④这可能导致刑法适用的不平等而违背正义,因而法条目的论甚至在实践中也有利于保障刑法的安定性。虽然刑法价值的选择具有历史性的特点,但近代以来刑法解释对形式理性与实质理性的追求却从未改变,而法条目的论正蕴含了实质理性价值。当出现立法者目的缺失、不明或者不具有现实合理性的情况时,法条目的便会大放异彩,此时运用法条目的论展开刑法目的解释,可以得出满足社会实际需要的解释结果。只要设定了严格、合理的形式底线,法条目的论将不会对罪刑法定原则产生过度冲击,并赋予刑法目的解释强大的生命力。

---

① [德]古斯塔夫·拉德布鲁赫:《法律智慧警句集》,舒国滢译,中国法制出版社2016年版,第18页。

② 参见王昭振:《刑法知识转型与实质刑法解释的反形式主义》,载《法学评论》2013年第5期。

③ 参见魏治勋:《法的"规范性稀薄化"及其历史谱系》,载《法学评论》2012年第2期。

④ 参见[德]阿图尔·考夫曼:《法律哲学》,刘幸义等译,法律出版社2004年版,第276页。

## 四、刑法目的解释与其他刑法解释方法

作为实质解释论的核心方法，目的解释的适用应当警惕其“双刃剑”之效果，以实现其在刑法解释中的良好效用，尤其应当警惕其弱化罪刑法定之制约，严重威胁与侵蚀刑法适用的统一性与客观性的消极效果。[①] 刑法目的解释的开放性使得案件结论出现多种可能性，甚至会突破刑法条文文字含义的边界，不当地挤压公民的权利空间，产生重大的法治风险。因此，无论是发展精致的刑法解释理论抑或防控法治建设的社会风险，刑法目的解释的合理适用都是不可回避的命题，这当然需要合理把握其与其他刑法解释方法的关系，以对其适用进行合理规制。

对刑法目的解释的规制，需要借助刑法教义学的内部控制和合宪性的外部控制，教义学的内部控制又包括借助解释方法进行的控制与借助对目的本身的控制。[②] 解释方法是否有适用上的位阶关系尚存理论争议，萨维尼就曾明确表示不同的解释方法应当综合运用，不可由解释者的喜好加以选择，各解释方法之间也不存在位阶关系。拉伦茨则继承了这种观点，认为各种解释方法不存在固定的位阶，在法律解释中处于相互关系之中，应当根据具体案件的不同加以灵活地运用。但尽管如此，他还是强调文义解释应优先适用，在文义解释的语言存有疑义时，应当作出维持体系一致性的解释；而当运用上述两种方法仍未得到确定结论时，则应优先适用符合立法者原意的解释（立法者目的论）；依照前述规则仍不能得到确切结果，则应适用客观的目的论解释（法条目的论）；当依照文义解释得出多种结论时，应当优先选择符合宪法的结论。[③] 当前，有观点认为，解释是一种结果，通常在结论确定后再选择解释方法，各解释方法都具有自身缺陷，在刑法解释商谈、试错的过程中，方法的采用取决于对处罚必要性的判断，刑法的适用必须兼顾解释方法难以涵括的各种复杂因素，因而刑法解释方法位阶性的意义和可行性应当被质疑。[④] 从法律解释的形式与实质出发，文义解释和目的解释就已经基本可以涵盖其要义，其他解释方法原则上是上述两者之辅助。将文义解释作为法律解释的逻辑起点，以目的解释作为论证解释结论合理性的逻辑终点，似乎就已经可以满足法律解释的需要，没有必要再纠结于解释方法的适用位阶。

但就刑法解释而言，有意识地明确解释方法的位阶关系具有重要的方法论意义。“在解释活动中在使用不同解释方法时保持一定的次序，如此可以保障解释活动的论证完整、逻辑清晰。”[⑤]承认刑法解释方法位阶关系的存在，有利于解决刑法解释的争

---

① 参见劳东燕：《刑法中目的解释的方法论反思》，载《政法论坛》2014 年第 3 期。

② 参见劳东燕：《刑法中目的解释的方法论反思》，载《政法论坛》2014 年第 3 期。

③ 参见［德］卡尔·拉伦茨：《法学方法论》，陈爱娥译，商务印书馆 2003 年版，第 21～22 页。

④ 参见周光权：《刑法解释方法位阶性的质疑》，载《法学研究》2014 年第 5 期。

⑤ 时延安：《刑法规范的合宪性解释》，载《国家检察官学院学报》2015 年第 1 期。

端、保证刑法解释的客观性,并与人思维过程的条理性特点相吻合。[①] 以人权为价值基础的现代刑法要求刑法解释应当构建相对客观的方法位阶,以从方法层面保障刑法的安定性和公民的预测可能性。因此,在刑法目的解释的适用中,有必要对其与其他刑法解释方法的关系进行探索,并力争寻求其适用的合理位阶。

(一)文义解释

文义解释,是指从法条规定的文字、语法来理解法律含义,需要注意一般用语与法律专业用语之区别。文义解释具有最为严格的形式要求,即以法律条文的字面含义为依据进行解释,因而也被称为狭义解释或者严格解释(strict interpretation)。[②]

文义解释立足于刑法条文的字面含义,是最符合形式理性的解释方法,与立法者目的论的旨趣相一致。任何法律解释都不可能脱离条文文字,都必须以条文的字面含义作为逻辑发起点。无论解释方法的种类多么繁杂,文义解释永远最先出动的解释方法,其为其他解释方法提供了适用的平台,并设置了条文语义的边界,目的解释也概莫能外。刑法的目的性解释应当在"法律文本可能的口语化词义"的框架内进行,要求以此限定刑法目的解释的基本边界,而在此框架之外进行的解释则被视为"不再被刑法条文可能的文字意思所包含的解释",是一种不能被允许的类推。[③] "解释的实质的容许范围,与实质的正当性(处罚的必要性)成正比,与法文通常语义的距离成反比",因此有学者将刑法用语"可能具有的含义"分为三种情形:一般人都能够预想到的含义(语义的核心内部)、一般人都难以想到的语义边缘部分以及上述两者的中间部分。如果解释结果属于一般人都难以想到的语义边缘部分,则原则上应否定行为的构成要件符合性;如果解释结果属于核心含义和边缘含义的中间部分,则应当出于法益保护的目的,考察其处罚的必要性。[④] 原则上,文义解释在刑法解释中应优先适用,为其他解释方法的适用——尤其是刑法目的解释——设立文义边界,避免违反罪刑法定的情形出现。

(二)体系解释

体系解释,是指根据刑法条文在整个刑法中的体系地位,联系与其相关的法条含义,阐明其规范意旨的方法,其目的在于避免对法条断章取义,使刑法整体协调。[⑤] 体系解释对目的解释具有重要的规制作用,应当在进行目的解释之前进行考量。理论正确的唯一认知标准是其体系的逻辑一致性,因此法律解释应当关注其体系的知识融贯

① 参见苏彩霞:《刑法解释方法的位阶与运用》,载《中国法学》2008年第5期。

② 参见沈宗灵主编:《法理学》,高等教育出版社1994年版,第428页。

③ 参见[德]克劳斯·罗克辛:《德国刑法学总论》(第1卷),王世洲译,法律出版社2005年版,第85页。

④ 参见张明楷:《刑法分则的解释原理》,中国人民大学出版社2004年版,第18~19页。

⑤ 参见张明楷:《刑法分则的解释原理》,中国人民大学出版社2004年版,第28页。

性，这涉及解释的同一性、适恰性和合理性。[①] 广义的体系解释要求刑法解释不仅要考量刑法体系内部法条之间的关系，也需要依据刑法在法制体系当中的地位，考量刑法与宪法以及刑法与其他部门法之间的体系关系。法律规范都被共同地规定于特定的法领域中，并形成了一个共同的体系，因而体系性的解释应具有以下出发点——法律不自相矛盾、法律不说多余的话、法律不允许存在规定漏洞以及法律的编排都是有意义的。[②] 因此，体系解释的适用应当注重宪法的指导，保证刑法条文间的协调，考量与具体刑法条文相关的其他部门法规定。

体系解释与目的解释的适用密不可分：体系解释需要考量刑法体系的整体目的、价值以及刑法规范的具体目的；而目的解释也需要区分刑法体系的整体目的与不同层次的具体目的。刑法目的解释的适用应考量刑法体系的系统性联系，鉴于体系解释是论理解释中形式理性程度最高的解释方法，体系解释能够在进行刑法目的的价值考量之前，为解释者进一步限定解释结论的范围，将不符合刑法体系自洽要求的解释结果排除在外。而且，刑法目的解释需要运用体系协调的方法，对法条的具体目的加以辨别，以保证具体目的的合理性。

（三）历史解释

历史解释，指根据刑法制定时的历史背景及其发展历程来阐明条文含义的方法。“在利益法学看来，历史的解释方法才是真谛，因为只有历史解释才能确保制定法的命中性和共同体利益。”[③]历史解释涉及对立法时立法者意图的探寻，因而在主观解释论中尤为受到重视。基于对刑法解释历史解释的适用应当在目的解释适用之前，即在考量了文义和法条体系联系的同时参考立法者立法时的意图，故在此前提下开展刑法的目的性解释。[④]

“法律是特定时期赋予特定民族的，为了解释法律所蕴含的思想，必须了解这些历史规定性。只有通过对制定法律的那个时期进行历史考察才能阐述法律的历史规定性。”[⑤]历史解释符合立法者目的论的要求，与方法论解释中“原意重构”“移情”等解释学理论相契合，主要是通过对刑法文本之外的、与刑法文本的形成有关的立法材料进行考量，了解刑法条文制定的历史背景，从而探知刑法文本制定时立法者的价值判断和其他意思，这对于刑法目的解释的适用具有重大意义。[⑥] 罪刑法定原则下的刑法目的解释应以立法者目的为原则，以维护刑法的安定性，彰显形式理性价值，在立法

---

① 参见［美］安德瑞·马默：《解释与法律理论》，程朝阳译，中国政法大学出版社 2012 年版，第 70～73 页。

② 参见［德］英格博格·普珀：《法律思维小学堂》，蔡圣伟译，北京大学出版社 2011 年版，第 56～64 页。

③ 王海桥、马渊杰：《我国刑法解释理论变迁中的利益衡量思考》，载《中国刑事法杂志》2012 年第 5 期。

④ 参见［德］克劳斯·罗克辛：《德国刑法学总论》（第 1 卷），王世洲译，法律出版社 2005 年版，第 85 页。

⑤ ［德］弗里德里希·卡尔·冯·萨维尼、雅各布·格林：《萨维尼法学方法论讲义与格林笔记》，杨代雄译，法律出版社 2008 年版，第 8 页。

⑥ 参见田维：《论立法原意》，载《刑法论丛》2014 年第 3 期。

者目的无法实现刑法机能的情况下,再运用法条目的来实现刑法的正义价值。因此,以历史解释来规制目的解释,是保守的实质解释立场之下刑法解释的必然要求;也是刑法目的解释论内部原则上优先考量立法者目的论的必然要求。

(四)合宪性解释

合宪性解释,是指以宪法规范和原则为依据,对刑法条文的含义进行解释。合宪性解释与其说是一种解释方法,更是一种解释原则或解释理念。"以宪法规则、原则作为解释刑法规范的根据,尤其是指示和限制刑法规范的目的解释,则属于解释问题,即在解释中,应该保证通过解释得出的结论与宪法的规范含义相一致的要求,避免与宪法规范相矛盾,这就是合宪性解释。"①在根据刑法目的作出解释时,法官总将宪法价值判断放在首位,以期作出符合宪法的解释。法官不得任意改变刑法规定的意思,但必须尝试使刑法的目的解释在法律规定的范围内与宪法保持一致。②

合宪性解释体现了法治精神及罪刑法定原则的要求,在刑法解释中突出地表现为对人权保障的价值倾向。宪法有关法治国原则包含法律优位、权力分立、依法行政、平等、目的性等原则。其中,目的性原则,是指宪法所规定的"为防止妨害他人自由、避免紧急危难、维持社会秩序或增进公共利益",事关人权保障的"防止妨害他人自由"是宪法目的性原则的首要要义。人权是宪法的基本价值,宪法中有很多权利规范能够对刑法解释进行限制,尤其是平等权、财产权和言论自由的规定,对限制刑罚权的适用具有积极意义。③ 当前,刑法的法益概念实质上转变为一种宪法性法益,以人权为根本价值的法益保护成为刑法目的之通说。在刑法目的解释的适用中,人权保障应当成为优位价值,这既是当前刑法目的的应有之义,亦表现为合宪性解释对其适用之规制。在实际操作中,合宪性解释即表现为一种人权解释,即以人权价值作为衡量刑法目的解释结论正当性的标准。

## 五、结语

刑法目的解释所涉及的重要关系并不止上述几组,其与刑法教义中的违法性理论、刑事政策、解释立场等宏大的关系问题没有在本文进行专门论述。由于诸多宏观的理论问题在其中汇合,刑法目的解释理论已不单纯是一种刑法解释的方法论,而是紧密地与刑法解释基础理论乃至刑法学基础理论相关联,如刑法解释立场、刑法价值、犯罪本质、刑事政策等都会影响刑法目的解释的认定与适用。因此,我们应当充分重

① [韩]金日秀、徐辅鹤:《韩国刑法总论》,郑军男译,武汉大学出版社2008年版,第34页。转引自时延安:《刑法规范的合宪性解释》,载《国家检察官学院学报》2015年第1期。

② 参见[德]汉斯·海因里希·耶赛克、托马斯·魏根特:《德国刑法教科书》,徐久生译,中国法制出版社2001年版,第191~193页。

③ 参见时延安:《刑法规范的合宪性解释》,载《国家检察官学院学报》2015年第1期。

视刑法目的解释在刑法解释论中的重要性，有意识地厘清其与相关理论的关系，进一步深化其理论基础，完善其方法适用，使“解释方法的桂冠”能够真正在刑法的适用中实现其应有的功能。

当前，刑法目的解释应当注重调和立法者目的与法条规范目的、法益保护与人权保障机能、结果无价值与行为无价值的关系，在研究中进一步注重其与刑法学基础理论的关联，将其与刑法教义学充分结合；在实践中秉持相对保守的解释立场，以罪刑法定为底线，充分发挥其强大的解释功能。

# 法教义学语境下的刑法解释理念

刘　浩*

【内容摘要】刑法解释的理念对于刑法解释是重要的。在刑法教义学的语境下，风险刑法观并不是我国刑法解释的理念。由于我国当前形式法治优先的教义学立场倾向，以及法教义学被赋予的法治构建的功能期待等，应当将谦抑性作为我国刑法解释的基本理念，并在此基础上倡导谦抑性理念的具体功能导向，以切实地发挥谦抑性理念在刑法解释的过程中的作用。以谦抑性作为刑法解释的理念符合刑法人文关怀走向的趋势与社会治理的体系化与现代化的治理诉求。将谦抑性作为刑法解释的理念有利于防止因不适当地解释适用刑法而出现侵犯人权，损害刑法权威的不利后果，也有利于刑法教义学合理地发挥其批判现行立法的功能，从而进一步地改善刑法结构，促进刑法教义学知识与方法论的进一步发展和完善。

【关键词】刑法教义学　解释理念　刑法谦抑性

目前学界对刑法解释基本理念的定位并不十分明确。但在教义学的语境下，有必要对解释的基本理念有一个相对确信的理论定位。这不仅有利于更好地解释刑法，也符合刑法教义学的体系与功能诉求。理念不同于基本理念，比如，公平正义等既可以说是刑法解释的一种观念，也可以说是刑法解释的一种理念。刑法解释的基本理念应当有利于对刑法解释基本原则的贯彻，体现其对刑法解释的一般宏观指导作用。公平正义当然也是刑法解释的理念，但其不具有必要的抽象性与具体化的特征，而且公平正义等也会因主体性的差异而不可予以一般化的概念表述，故难以说是方法论意义上的基本理念。此外，风险刑法观等也不宜作为我国刑法解释的基本理念，至少立足于目前我国的法治构建现状以及刑法教义学的功能和特征等，即使在未来可预见的一段时间内，其不仅不是刑事立法的主导理念，也更不可能是刑法解释的基本理念。考虑我国目前的刑法教义学语境，刑法学知识转型与变革的背景以法治构建的形式倾向性等原因，刑法解释的基本理念应当被定位为谦抑性的理念。

---

* 刘浩，东南大学法学院2019级刑法学专业博士研究生。

## 一、风险刑法观不是刑法解释的基本理念

一般认为,风险社会的理论主要来自德国学者乌尔里希·贝克,以贝克、安东尼·吉登斯等为代表,他们是风险社会理论的首倡者和构建者。风险社会,是指在全球化的大背景下,人类的实践活动导致的全球性风险占据了主要部分,各种全球性的风险对人类的生存和发展构成了严重的威胁。现代性是其突出的特点之一。风险刑法理论与传统刑法理论之间存在根本性的矛盾。但是,风险刑法理论在刑法教义学的阵地上对传统刑法理论的挑战是不可能获得成功的,因为其存在颠倒逻辑的根本性的形式错误。在对相应的理论进行反思与总结后,刑法理论应当回归传统的刑法观念,坚决捍卫罪刑法定这一根本的刑事法治基本原则,但风险刑法理论没有及时进行反思就以一种积极的姿态去对传统刑法进行批判。

对此,有些学者担忧刑法的扩张会侵犯到个人正在被压缩的自由。例如,刘艳红教授认为,风险刑法理论主张大幅压缩公民自由的空间以求得社会的安全,在"风险刑法"理论倡导者高举的安全旗帜之下,人权被悄悄地搁置一边。[①] 风险刑法理论对于刑法解释会产生一定的影响,并且这种影响已经近乎无处不在。刑法在有些方面其实本没有什么传统与现代的区别,罪刑法定原则之下,控制国家权力,保障国民自由与安全是刑法的根本价值。在逻辑上,并不是立法论与解释论需要风险刑法理论的问世,而是风险刑法理论莫名地为刑法扩张随时蓄势。从当前我国仍应遵循形式法治与形式逻辑观念优先的刑法教义学的立场出发,风险刑法存在教义学逻辑上的根本矛盾。在中国,法教义学并非如某些批评者说的那样已经是法学的主流,相反,自觉的法教义学反思只是正在发生,距离概念清晰、逻辑严谨、体系完整的目标还甚为遥远,其与法律实践的良好互动也未形成。尚未形成的体系,还远未到被批评为封闭僵化的程度。[②] 对犯罪行为进行规制本来就是刑法的任务,即使需要扩张刑法的规制范围,那也是在立足现实、符合理性的时候,适时地进行扩张即可,而不需要一些堂而皇之的理由,更没有必要向传统刑法和自由刑法"亮剑"。如山口厚教授所说,将何种行为作为犯罪而成为处罚的对象,将何种行为作为犯罪而处罚被认为是正当的,这在任何时代、在一切社会中都不会是完全相同的。在规定犯罪的刑法的基础之上,有选择地存在一定的政策原理。可以说,刑法就是在这样的政策原理上所构筑的法律体系,从而必须依照这些政策原理加以理解和解释刑法的诸种规定、诸多原则。[③] 刑法的发展是一个自然的过程,没有必要加入风险刑法理论这种不可预知的"催化剂"。一个主要以社

---

① 参见刘艳红:《风险刑法理论不能动摇刑法谦抑主义》,载《法商研究》2011 年第 4 期。

② 参见张翔:《形式法治与法教义学》,载《法学研究》2012 年第 6 期。

③ 参见[日]山口厚:《刑法总论》(第 2 版),付立庆译,中国人民大学出版社 2011 年版,第 3 页。

会学为启示的刑法理论与经历数百年发展之久的传统刑法理论在当前的刑法教义学的阵地上展开决斗,结果可想而知。

风险刑法理论对于刑法解释必然会产生影响,但这只是应当促使刑法理论适时地进行体系反思而已。我国刑法教义学的语境实际上是一种刑法学知识的转型与变革的语境,也正因为如此,无论刑法解释学与刑法教义学在国外是否指同一个概念,至少在我国目前的刑法知识体系下,二者是不同的。我国的法治建设仍然需要以形式法治为基础,将形式优先的观念放在一个重要的位置。刑法解释的基本理念应当有利于正确地解释刑法,并符合刑法教义学的一般特征与功能诉求。我国形式优先的刑法教义学立场并不适合将风险刑法观作为刑法解释的基本理念,这不仅不符合我国目前的法教义学语境,而且存在突破罪刑法定原则的危险。更为重要的是,风险刑法观本身也存在一些难以解释的理论矛盾。

(一)风险刑法与传统刑法的价值对立

风险刑法理论来自社会学理论,或者至少说是受到了社会学理论的启发。但其自身无论是在方法论上,还是在刑法理论内部均是存在一些问题的。风险刑法理论与传统刑法理论无法调和。风险刑法理论在对刑法例证的论证中,过于大而化之而没有细致推敲,结果导致大胆假设有余、小心求证不足。所有这些都使风险刑法理论只能获得一时之观点喧嚣,而难以取得长久之学术积淀。这是令人遗憾的。对风险刑法理论进行法教义学的批判,并不是否认刑法理论的创新,而是指出这种创新必须要以刑法教义学为依托,对刑法教义学的理论体系进行知识补充与思想升华。① 风险刑法观在目前我国的刑法教义学语境下难以展开,更不可能作为刑法解释的基本理念。

1. 风险刑法的概念与特点

风险刑法属于功能主义刑法的一种体现,如京特·雅各布斯的规范主义刑法理论亦属于功能主义刑法。对此,魏东教授认为,雅各布斯的功能罪责论将罪责与社会预防的充分条件判定为刑事不法,这无疑在理论上对风险刑法理论提供了强有力的支撑,对危险犯,尤其是抽象危险犯的正当性进行了有力的论证。抽象危险犯实质上是以刑法上的不法为内核构建的,即将刑法上的不法与罪责并列,以规范取代法益成为刑法上唯一评价标准。克劳斯·罗克辛是把预防必要性作为一种刑事可罚性的额外条件加以考虑的,刑事处罚的前提仍是罪责,预防必要性在此只具有出罪的功能。②强调刑法的能动性是其显著的特点之一。但能动性的本质是人的能动性,是人的能动性在刑法中的规范性的体现。劳东燕教授认为,与传统刑法相比,现代风险表现出独

① 参见陈兴良、周光权:《刑法学的现代展开Ⅱ》,中国人民大学出版社2015年版,第83页。

② 参见魏东、何为:《风险刑法理论检讨》,载赵秉志主编:《刑法论丛》(第35卷),法律出版社2013年版,第1~52页。

特的性质：一是风险人为化；二是风险兼具积极与消极意义；三是风险影响后果的延展性；四是风险影响途径不确定；五是风险的建构本性。作为风险控制机制中的组成部分，刑法不再为报应与谴责而惩罚，主要是为控制风险进行威慑；威慑成为施加刑事制裁的首要理由。[①] 而这些风险刑法的特征看似具有社会现实的依据，但也暴露出风险刑法自身的诸多矛盾与不足，并且这种矛盾是风险刑法自身所无法解释的。

第一，风险作为一种事物，具有客观性。人为的和自然的风险在总量上是呈一定比例的。而学过地理的人可能会知道，灾害本来就分为人为灾害与自然灾害，并且均具有一定可以解释的原因。康德认为，一切发生的事情都有原因，这是先天因素的判断，也是自然科学得以可能的条件之一。风险究竟具有人为性，还是自然性，以及具有多大的自然性与人为性本身是难以衡量的。随着科学技术的进步，人们对风险的认知与理解也会产生不同，风险刑法以此为由对人的自由进行合理论限制恐怕难以达到逻辑上的自洽。

第二，风险兼具积极与消极意义的说法本身就是风险刑法理论自我矛盾的一种直接体现。风险的消极意义为人们所抵制，但人们又不得不承认风险具有积极的意义。于是，对于消极的意义，由刑法予以规制；而对于积极的意义，则由其他部门法予以鼓励。但为什么不能是倒置的呢？因为刑法只能是制裁而无法予以鼓励吗？那刑法作为保障法的意义又何在呢？无论是风险的积极意义还是消极意义，由于风险具有相对性和多因果性的特征，因此，倘若以此为由对风险刑法理论予以蓄势的话恐怕是难以成立的。

第三，风险影响后果的延展性与风险的不确定性具有一定的重合性，但延展性概念本身与因果性的特点本身亦是存在些许重合之处的。风险具有全球性和延展性，导致人们对于风险的态度也产生了变化。许多原本未曾关注的风险被过分地予以了强调，但就结果这一刑法中的构成要件要素而言，其本身也具有延展性的特征。延展性并不是风险的独有特征，它具有一定程度的普遍性。

第四，就风险影响途径的不确定性而言，刑法无法对不确定性本身进行规制，因为因果性本身就是必然性与不确定性的交织。而影响途径的不确定性是客观规律本身，人给不确定性概念下了一个定义，但人本身就具有不确定性。风险是需要加以具体分析与识别的，这并不应当作为刑法随时可能扩张的一个理由。也许有的观点会认为刑法不是消灭风险的，而只是为了规制不必要的风险。但这种来回辗转式的话语反驳毫无解释力可言。比如，什么是消灭，什么是规制，规制的预期目标又是什么呢？目标尽管是预设的却是必不可少的。什么是不必要的呢？在这一点上，恐怕连经济学也难以作出一个清晰的界定。

---

① 参见劳东燕：《公共政策与风险社会的刑法》，载《中国社会科学》2007 年第 3 期。

第五,风险的建构本性认为,风险既具有客观实在性,也是社会建构的产物。这本身还是对风险予以了一定的承认。既然风险是社会建构的产物,而刑法只是社会治理体系中的一部分,那么风险刑法在逻辑上并不是能够做到逻辑自洽的,也没有足够充分的现实与规范根据。风险刑法理论中风险概念的外延过宽,在一定程度上消解了风险概念的特定性,并使风险社会的理论失去其必要的解释力,而在此基础上建立起来的风险刑法理论,就可能丧失其现实基础。风险社会的风险即后工业社会的风险与工业社会的风险的混淆、风险概念被泛化,从而导致风险刑法的理论丧失现实基础,也使风险刑法理论与风险社会理论难以对接。[①] 风险刑法理论属于主观构建起的一套刑法理论体系,其积极地从现实中寻找能与之相契合的地方。风险社会理论到风险刑法理论的变迁存在逻辑上的矛盾,故难免具有如同中国近代工业一样的先天不足、后天畸形的特征。

2. 传统刑法立场的坚守

风险刑法究竟是什么样的概念呢?刑法解释中,作为宏观指导性概念本身的不明确性是刑事法治中潜在的巨大危险。刑法的主要机能是打击犯罪,但在没有刑法的时候也可以打击犯罪。于是,现代刑法的主要目的当然是限制国家公权力,保障公民权利,保证公民自由自在地发展。而将自由主义的原理运用到刑法领域,大概是约翰·密尔的功劳。他所写的《论自由》一直为后代自由主义者所引用,并作为分析犯罪和刑罚的理论基础。[②] 而就自由而言,除了刑法原理的分析层面,更多的是刑法本身的价值问题,还包括从法的一般原理出发而得出的法的自由的根本价值以及人的本性与道德伦理等哲学方面的根本考量。除了自由的价值外,风险刑法对于刑事法治的潜在威胁就是对风险刑法进行坚决抵制的最主要理由。并且,从风险刑法的纵向与横向的发展逻辑来看,也存在难以自洽的逻辑矛盾。现代刑法是以古典学派的客观主义刑法为基础,之后,客观主义刑法内部产生了结果无价值论和行为无价值论的分立。结果无价值与前期旧派接近,而行为无价值论具有旧派和新派的因素。行为无价值论之后继续发展出风险刑法和敌人刑法。[③] 风险刑法观只是西方后法治时代的一种自然反应。但是,我们知道,我国当然不是后法治阶段,因为是不是法治完备的阶段还不好说。对于我国这样一个处于法治初创的阶段,冲击形式法治、有损法治权威的理论应当引起我们足够的警惕。风险刑法的提出,意味着近代责任主义原则的危机及修正的需求;风险刑法不仅主要以风险来定位责任在现代刑法中的角色,而且是功能主义刑法取代本体主义刑法、规范主义取代自然主义的产物,因此,在不法与归责基础上有别

---

① 参见陈兴良、周光权:《刑法学的现代展开Ⅱ》,中国人民大学出版社2015年版,第73页。

② 参见徐爱国:《西方刑法思想史》,中国民主法制出版社2016年版,第126页。

③ 参见李勇:《风险社会,须警惕风险刑法观冲击法治》,载《检察日报》2012年3月14日,第3版。

于正统刑法。姜涛教授认为，客观归责理论为风险刑法体系化的初步尝试，该理论尝试以客观构成要件的解释来处理刑法归责的议题。客观归责理论并非因风险刑法而形成，却可以解释风险刑法的归责基础。行为、风险和归责构成了风险刑法的主题词。① 但风险与刑法中的危险概念存在区别，很多学者也意识到这一点。例如，风险更接近于一个中性词，而危险则具有较为明显的否定性的含义。

因此，在法所允许的含义上使用风险一词更为贴近，在法所不允许的含义上使用危险一词也是合适的。② 于此，暂且不论二者之间的具体区别，不妨将二者予以概念上的等置。传统刑法从来就没有忽视过危险的规制，即使不提出风险刑法的概念，刑法对危险也会予以关注。一些学者认为，风险刑法在我国的逻辑展开在刑事立法上有所体现。比如，抽象危险犯的增加。但是，抽象危险犯并非因风险刑法理论而产生。早在 19 世纪《德国刑法典》《法国刑法典》《日本 1907 刑法》等都规定了不少的抽象危险犯。并且，风险具有不同的阶段性，也难以成为风险刑法挑战传统刑法的立论根据。劳东燕教授提到，危险犯以危险存在为基础，传统社会的危险与现代社会的风险有明显不同。传统刑法其危险的有限性、危险范围的特定性，以及危害结果的可预测性，决定了传统刑法危险的相对可控。抽象危险犯针对风险特质，降低了入罪门槛。由于风险的模糊性及损害结果的潜伏性，大大提高了对因果关系的证明难度。抽象危险犯大大减轻了追诉机关的证明责任，有利于节约诉讼成本，③但这对于风险概念的区分本身并无多大助益，其更多的是出于程序上的一种考虑。况且，不排除一味地为了追求程序的价值而忽视实体价值的可能性。问题的关键是我们在追求程序价值时的立场。

第一，抽象危险犯既然是为了解决证明责任的问题，说明其并非风险刑法的起因。罪责刑法无疑是现代刑法的核心构成之一，这是贯彻责任主义的一个重要体现。抽象危险犯具有严格责任的意蕴，但严格责任在风险社会的概念提出之前就已经存在于英美刑法中了，其更多的是为了解决刑事诉讼中的举证责任问题。而就因果关系而言，何为因果关系？山口厚教授认为，因果关系是实行行为的客观危险性向构成要件结果现实化的过程，④而对因果关系的刑事诉讼证明起于实行行为。那什么是实行行为呢？抽象危险犯具有实行行为吗？对没有实行行为的行为进行刑法规制，本身就是一种主观推定。于是，此处的自由和安全是存在一定的紧张关系的。

第二，对于风险的阶段性特征是否明显的问题，很难说对此是作出了一个客观理性的判断。并且，为什么这种新发现的风险就需要交由刑法来规制，其他部门法呢？正如姜涛教授所说，抽象危险犯意味着牺牲一部分人的自由来追求可能并不存在的不

---

① 参见姜涛：《风险刑法的理论逻辑——兼及转型中国的路径选择》，载《当代法学》2014 年第 1 期。

② 参见陈兴良、周光权：《刑法学的现代展开Ⅱ》，中国人民大学出版社 2015 年版，第 64 页。

③ 参见劳东燕：《公共政策与风险社会的刑法》，载《中国社会科学》2007 年第 3 期。

④ 参见［日］山口厚：《刑法总论》（第 2 版），付立庆译，中国人民大学出版社 2011 年版，第 50 页。

自由。所以,哪些犯罪可以设定抽象危险犯就是现代刑法必须慎重思考的问题。姜涛教授进而指出,以刑法手段控制风险在于为大多数人谋取幸福,因而能够取得大多数人的同意。但是又不得不指出,基于这种同意而作出的公共选择本身依然充满风险,一种基于多数人意志把他人作为手段,以实现某种目的(甚至是不确定目的)的风险。① 诚然,风险中的多数人意志恐怕也是推定的。大多数的民众从来都没有说,觉得社会变得不安全了,于是,刑法应当进一步地保护社会的安全。一个国家的民众安全主要依赖于刑法,这未免太过于有违一般人的常识。

对传统刑法的立场仍应当予以坚守,而刑法理论的发展顺其自然就好,在扩张之际也不需要以风险理论来予以蓄势,进而为以后可能的随时扩张埋下伏笔。就预防犯罪的目的而言,传统刑法的首要任务就是预防犯罪。近年来,刑法也有侧重于一般预防,体现了刑法技能化的倾向。树立法治的权威不能随意地批判现行的刑事立法,但也不能随意地用一些昙花一现的理论来抨击传统刑法,冲击自由秩序,威胁刑事法治。在自由主义的理论下,刑法也体现了限制国家权力的强烈意愿,其直接的结果就是公民权利得到维护,国家权力是一种被捆绑的弱化权力。② 尤其就我国目前的法治现状而言,对自由、权利与法治的捍卫我们难道一点都不感到紧迫吗?当然,这可能会涉及诸多方面的理论问题,暂时不作讨论。正如何荣功教授所说,对于社会治理的参与,刑法必须固守其维护矫正正义的精神气质和保护公民自由的根本价值。刑法的制定和实施,不仅要起到预防犯罪、保护法益、维护社会秩序之效用,也要在根本上有助于维护国民的自由,这是现代刑法仍需坚守的根本立场。③ 应当立足于刑法的谦抑性以及社会治理体系化,综合衡量法秩序的规范意旨,对传统刑法的理念与价值予以坚守。在法当中,大量的价值都发挥作用,如安全、自由或者完整性。法的价值总和可能会再度被归入一个统一的秩序之中。德国刑法教义学认为,犯罪的特殊实质违法性的根据在于它所包含的法益侵害性。在此,法益指的是人、物和制度所具有的某种性质,该性质与宪法的价值相一致,其功能在于促进个人在国家和社会中获得自由发展。④ 传统刑法本身就会考虑安全问题,并且会将这种安全考虑与自由等法的价值进行权衡。我们提到刑法时首先想到的应是自由和人权,而不是风险和安全。尽管倡导理论创新,但不能以这种存在毁灭刑事法治可能性的方式予以创新。那样的话,创新的目的又是什么呢?

(二)刑法解释理念上的反思

风险刑法理论在立法论层面应当充分考虑自由的问题,而不只是优先考虑安全和

---

① 参见姜涛:《风险刑法的理论逻辑——兼及转型中国的路径选择》,载《当代法学》2014年第1期。

② 参见孙万怀:《刑事法治的人道主义路径》,北京大学出版社2006年版,第83页。

③ 参见何荣功:《社会治理"过度刑法化"的法哲学批判》,载《中外法学》2015年第2期。

④ 参见[德]乌尔斯·金德霍伊泽尔:《法益保护与规范效力的保障——论刑法的目的》,陈璇译,载《中外法学》2015年第2期。

秩序。立法应当秉承刑法的谦抑性,切不可盲目地扩大犯罪圈,加重法定刑,无形之中侵犯国民的人权与自由,而风险刑法理论对于刑法解释也会产生一定的影响。刑法解释不能以风险和安全之名而随意扩大解释,甚至类推解释构成要件,随意地抽象剪裁与建构形成案件事实。

我们应当理性地看待风险刑法观,及时地在刑法教义学的语境下反思刑法解释。汉密尔顿认为,在三权当中,司法权的危害性最小,而道义性最大。[①] 对于刑法适用者,道义性亦是民众的一种内心确信。无论案件事实如何新奇,也必须为构成要件所规定,为规范所涵摄。刑法解释的客观基础必然具有客观性。客观性具有一定时空范围下发展的连续性,而这并无力打破现有的解释理论体系。此外,解释是立足于客观基础之上,从客观事实出发,往返于事实与规范之间的。因此,解释的客观基础必须被解释者所确定,这是解释的逻辑起点。

传统的刑法解释理论始终把罪刑法定原则放在首位,无论在解释的过程中如何举步维艰。这正是刑法解释者所应当承受之重,并且这种负重也并非难以承受。科学性与规范性是刑法解释行为的最好彰显。任何解释结论,都必须最终落实到刑法条文具体用语的解释之中,只有能够为现存刑法用语的规范范围所涵盖,才可能得到认可。[②] 风险刑法观促使刑法解释层面反思的首要问题就是罪刑法定与刑事法治。

风险刑法理论在产生的逻辑上存在的根本矛盾。正如有的学者所说,与西方不同,我国并没有经历严格法制主义阶段,而是过早地进入后现代社会。于是,在整个社会层面对形式主义法学还未习惯的时候,在整个司法层面还未形成克制理念的时候,新的司法哲学,即司法能动主义又开始进入民众的视野,并开始冲击传统的司法克制理念。刚刚在我国建立起来的法治雏形在司法能动主义理念下逐渐被消解,法治主义观也在司法能动理念下逐渐被放逐。[③] 在我国目前的刑法教义学语境下,必然是优先强调个人权利的保障。并且由于刑法教义学是我国刑法学知识转型的一个标志,在刑事法治层面也被赋予了更多的功能性期待。风险刑法观对于传统刑法观的挑战是难以成功的,也是根本不可能成功的。但是,理论创新对于理论的发展具有十分重要的意义,而无论这种创新是出于偶然,还是出于某种必然。虽然法治并不拒绝自由、民主、人权等实质价值,虽然法学并不根本排斥各种伦理、政治和社会因素的考量,但在一个政治和道德话语泛滥的国家,如果不能在最低限度的形式法治层面获得共识,不能在法学研究领域确立至少是理解法教义学的视角,中国未来的法治将很难让人有乐观的期待。[④] 风险刑法理论,或者说是一种风险刑法观念应当至少能够引起这些层面

---

① 参见季卫东:《论法制的权威》,载《中国法学》2013 年第 1 期。

② 参见付立庆:《刑法规范的供给不足及其应对》,载《中国人民大学学报》2014 年第 2 期。

③ 参见赵运锋:《刑法解释前沿问题》,中国法制出版社 2014 年版,第 119 页。

④ 参见张翔:《形式法治与法教义学》,载《法学研究》2012 年第 6 期。

的反思。而反思之后,刑法的谦抑性、形式法治、刑法权威、善法之治、自由人权、法益保护等概念则将再次浮现于脑海之中。在我国刑法教义学的语境下,尤其是在一个仍然需要将形式优先的观念放在一个重要位置的刑法教义学语境下,刑法解释的理念不是风险刑法观,而仍然应当是刑法谦抑性,并在刑法解释的过程中切实地发挥刑法谦抑性理念的功能导向作用。

## 二、刑法解释的理念:谦抑性

一直以来,围绕着刑法谦抑性的问题存在诸多的阐述,而针对刑法谦抑性的实质内涵也是众说纷纭。为什么会提出刑法的谦抑性,什么是刑法谦抑性,刑法谦抑性是否存在纵向上的演进等问题固然重要,但在刑法教义学的语境下,将刑法解释的理念定位为谦抑性,就需要进一步明确,在刑法解释的过程中应如何实现刑法谦抑性的功能导向,也就是刑法解释理念的具体化。在谦抑性的理念下,从刑法谦抑性的被动符合到主动规制可以对刑法谦抑性本身以及与之相关的一系列问题有一个更为深刻的认识,也会对刑法解释有一个更为有效的指导作用。具体而言,谦抑性理念的功能导向主要包括以下几个方面:平衡实现刑法目的,逐步完善刑法结构,促进法秩序的统一,切实加强权利保障,明确彰显自由精神,不断体现人文关怀,努力提高社会治理能力。在具体的刑法解释过程中,应当严格遵循刑法教义学的基本逻辑,主动用谦抑性的基本理念审视和指导刑法解释的整个过程。

### (一)刑法谦抑性的概念特征与立论根基

刑法谦抑性作为一个概念,已为我们所广泛熟知。“谦抑”二字当然不可能简单地分解为“谦虚”和“抑制”两个语词,尽管在视觉上可能会产生这样一种冲动。事实上,刑法的谦抑性概念本身并不是重要的,而围绕着刑法的谦抑性概念也存在很多定义。但更为重要的无疑是其背后的立论根基,即为什么会提出刑法的谦抑性以及谦抑性理念的具体意义何在。启蒙思想家孟德斯鸠从体现人类理性的自然法精神出发指出,过于严酷的法律反而会阻碍法律的实施,酷刑能够有效制止一般邪恶的一些后果,但是它不能惩罚这种邪恶本身,主张治理人类不应该用极端的方法。[①] 当然,这可以为谦抑性的概念理解提供一个具体的视角,但究竟什么是刑法的谦抑性呢?

我国刑法中的谦抑性理念一般认为是来自日本刑法的谦抑主义。无论是刑法谦抑理念,还是刑法谦抑主义或者原则,其所想要表达的无非都是一个意思,那就是刑法应当谦抑。在这里,暂时将其统称为刑法的谦抑性。那究竟什么是刑法的谦抑性呢?围绕着刑法谦抑性的概念,存在很多观点,但各种观点都具有大致相当的类似性,或者说其概念的内涵是趋于同一性的,这也是为什么说就谦抑性概念本身来说是不重要的

---

① 参见张明楷:《刑法格言的展开》(第2版),法律出版社2003年版,第98页。

原因所在。但其作为基础性的要素还是有必要先予以明晰的,而对同一概念定义的不同说法所围绕的内涵是趋同的,刑法谦抑性的概念尽管在表述上存在些许的差异性,但在评价性的层面上,最终仍然趋向一致。刑法的谦抑思想可以追溯到贝卡利亚的《论犯罪与刑罚》,这是在罪刑均衡层面上而言的,其主要是刑法谦抑性的理念首先萌芽于刑罚论的一个体现。

在日本,据说最早明确提出刑法谦抑性概念的是宫本英修教授。平野龙一教授也对刑法的谦抑性做了系统性地研究。泷川幸辰教授认为,刑法的谦抑性是刑法的补充性、第二次性和制裁性。曾根威彦教授认为,刑法的谦抑性体现在刑法是控制社会的最后手段,只有在使用其他社会控制手段难以实现预防犯罪的目标时,才能加以使用。[①] 西田典之教授认为,刑罚这种制裁具有强制力,由于它同药效大的药物一样伴有副作用,故判断以什么作为刑法的对象时,必须慎重考察对某种行为是否有必要动用刑罚来抑止,这就是所谓的刑法谦抑性。[②] 川端博教授认为,谦抑性是刑法的根本原则,刑法谦抑性原则主要指刑法的补充性、片段性和宽容性。此外,日本仍有许多学者也对刑法谦抑性的概念作出了定义,但核心意义大致相当。例如,刑法的保护领域也就是犯罪化的领域,并非包罗万象的,而必然是片段性的。[③]

在德国,刑法谦抑性的概念并未像日本那样被如此明确地提及,但存在类似的一些概念体现。例如,何者是“刑法不完整的本质”,正是补助性原则的观点。就此是指,刑法仅能在保护社会必要时能介入,这是指唯一保护人之生命在于其他人共存时所不可或缺以及其他方式不能以刑法为有效保护之法益。雅各布斯教授也提到,人们在法益保护中注意刑法的任务,并不是说各种对法益的侵害都是必须在不考虑其行为样式的情况下受到的刑事处罚。更准确地说,人们应当记住,刑法仅仅是辅助性地保护法益。罗克辛教授认为,刑法是最为严厉的国家制裁,只有更为缓和的国家手段无力维护和平和自由的时候,才允许刑法的介入。如果我们要准确地表达刑法的任务,则必须说是,辅助性的法益保护才是刑法的任务。[④] 此外,罗克辛教授认为,刑法具有“零碎”的性质。对刑法的这种限制产生于符合比例原则,这个原则从依法治国的原则中派生出来。刑法在国家对公民权的所有干涉中是最严厉的一种,只有在比较轻缓的手段不能充分保证效果的情况下,才允许适用刑法。[⑤]

我国刑法学者对刑法谦抑性的概念也存在不同的认识。例如,陈兴良教授在其

---

① 参见[日]曾根威彦:《刑法学基础》,黎宏译,法律出版社2005年版,第31页。

② 参见[日]西田典之:《日本刑法总论》,刘明祥、王昭武译,中国人民大学出版社2007年版,第23页。

③ 参见[日]山口厚:《刑法总论》(第2版),付立庆译,中国人民大学出版社2011年版,第5页。

④ 参见[德]克劳斯·罗克辛:《刑事政策与刑法体系》(第2版),蔡桂生译,中国人民大学出版社2011年版,第71页。

⑤ 参见[德]克劳斯·罗克辛:《德国刑法学总论》(第1卷),王世洲译,法律出版社2005年版,第23页。

《本体刑法学》中指出,刑法的谦抑性表现为刑法的紧缩性、补充性和经济性三个方面。在其《走向哲学的刑法学》一书的论刑法哲学的价值内容与范畴体系一章中,提到刑法谦抑性时,陈兴良首先提到了在甘雨沛和何鹏所著的《外国刑法学》中对"谦抑"二字的定义,即缩减或者压缩。陈兴良教授指出,刑法的谦抑性又称为刑法的经济性或者节俭性,是指立法者应当力求以最小的支出——少用甚至不用刑罚(而用其他替代措施),获取最大的社会效益——有效地预防和抗制犯罪。犯罪不可能通过刑法予以消灭,而只能尽可能地将其控制在不危及社会的根本生存条件这一社会可以容忍的限度之内。张明楷教授认为,刑法谦抑性,是指刑法应依据一定的规则控制处罚范围与处罚程度,即凡是适用其他法律足以抑制某种违法行为、足以保护合法权益时,就不要将其规定为犯罪;凡是适用较轻的制裁方法足以抑制某种犯罪行为、足以保护合法权益时,就不要规定较重的制裁方法。[①] 当然,也有的学者从法理学的视角进行了一些分析。例如,刑法谦抑性原则是经济学成本效益原理的要求,是部门法律之间合理分工的必要,是法律作用有限性的必然。[②]

通过对谦抑性概念的不同定义,我们可以暂时重复性地将刑法谦抑性概括为具有如下若干个特征:补充性、第一性、片段性、宽容性、迫不得已性、不完整性、辅助性、合比例性、附属性、紧缩性、经济性或节俭性等。这些特征中存在一些同义反复性的语词,如片段性和不完整性,补充性和辅助性等。那么,到底什么是刑法的谦抑性呢?刑法谦抑性最本质的一些特征包括哪些呢?以往对刑法谦抑性的概念定义并未体现刑法谦抑性的精神理性,而更多的是从外在特征或者客观行为要求上对刑法谦抑性作出的定义。这种对概念的定义方式,更多的是在展示概念的外延,而概念的内涵以及更深刻的精神层面则难以揭示,或者即使主观上想予以揭示,仍难以被人理解。刑法谦抑性的概念定义应当包括两个层面,分别是主观内在和客观外在。主观内在是指从精神理性层面对刑法谦抑性所作出的定义,这间接地也是刑法教义学者的价值观念的组成部分。客观外在则主要是对刑法谦抑性的客观外在特征的阐述,或者说是一种客观外在行为的要求,这也会体现谦抑性作为刑法解释的理念所具有的抽象化与具体化特征。目前,即使单在客观外在层面所作的一些概念定义也存在一些值得商榷的地方。

第一,就刑法的补充性而言,刑罚当然是具有补充性的,整个法规范体系都是待补充的。无论是主张法与道德不可分离的自然法学派,还是法与道德相分离的实证法学派,都不得不承认存在其他非法律规范的调整领域,那到底是谁补充谁呢?刑法的补充性还存在一个逻辑上的问题,即它作为一个部门法,尽管更多的是作为保障法的属性而存在,但刑法当然也有其自身相对独立的存在价值。而第二性、辅助性与附属性

① 参见张明楷:《论刑法的谦抑性》,载《法商研究》1995年第4期。

② 参见刘树德:《实践刑法学讲义——刑法关键词》,北京大学出版社2014年版,第197、198页。

等语词无法体现刑法谦抑性理念的本质特征。

第二,就刑法的片段性与不完整性而言,刑法当然不是完整的。面对纷繁复杂,不断发展变化着的现实生活世界,刑法如何得以实现完整性呢?或者更进一步地说,连生活本身都是片段的与不完整的,我们每个人也是不完整的。法律不是万能的,刑法是法律,刑法当然也不是万能的,当然,上帝可能是万能的,但我们所说的是人世间的客观事实。于是,继这样一个三段论的推论,并紧接着对大前提予以逻辑强化之后,我们发现,刑法当然是片段性的与不完整的,而这与刑法谦抑性本身并无太多关联性可言。无论是从法秩序整体出发,还是单就刑法规范体系本身而言,这种片段性与不完整性都是客观存在的,也具有一定的必然性。

第三,就刑法的紧缩性而言,也不是必然的。每次出台刑法修正案的时候,我们会发现刑法既有一些膨胀的表现,如刑法的构成要件化,也有紧缩的表现,如死刑个数的削减。我们也听到一些诸如刑事立法活性化、法益精神化等说法。但活性化一般在化学中运用得较多,其多指旧键的断裂与新键的生成等。刑事立法活性化给人一种构成要件发生断裂并有新的构成要件生成的错觉。

第四,刑法的经济性或节俭性并不是刑法谦抑性的体现。因为当我们用经济学的视角与思维去分析法学的时候,必然会引入成本与收益的分析方式。而我们说尽量节约成本指的是从立法到执法、司法、守法、法律监督等一系列现实的法制运转活动。用法经济学分析方法,这也符合法律所具有的一些功利主义的特征,但法经济学与刑法谦抑性本身并无太多的本质性的关联,经济性考量也难以与谦抑性取得联系。

第五,就合比例性原则而言,罪刑法定与罪刑均衡的基本原则本身也蕴含着一些合比例性的因素。认为刑法谦抑性包含合比例性原则的观点其实更多地是体现刑法尽量需要轻缓化的一面,但在刑法谦抑性中是否包含合比例性仍是存在争议的。什么是刑法中的合比例性原则呢?有的学者就认为,刑法的谦抑性与合比例原则是不同的。例如,姜涛教授认为,比例原则对克服刑法积极主义的意义重大,不仅有利于避免刑法过剩,弥补刑法的谦抑性不足,而且有利于合理配置罪刑规范,正确处理其与行政法等法律之间的关系,坚持法律体系调整对象的内在规律,不可以把应当由其他法律调整的对象直接规定为犯罪。① 这说明刑法中的比例原则是对刑法谦抑性的必要补充。比例原则从国家权力与公民权利的辩证关系出发,主张国家权力的行使应以对公民权利侵害最小的方式为之,当行政法、经济法对某种行为的干预也可以取得相同或更好效果时,刑法就没有必要再介入。② 诚然,刑法谦抑性与比例原则具有相似之处,二者都主张能够用其他法律手段调整的违法行为尽量不用刑罚手段调整。但两者也

① 参见姜涛:《比例原则与刑罚积极主义的克制》,载《学术界》2016 年第 8 期。

② 参见姜涛:《比例原则与刑罚积极主义的克制》,载《学术界》2016 年第 8 期。

有不同之处,例如,比例原则是立足于宪法意义上的公民基本权利对刑法意义上犯罪与刑法设定的制约作用,反对不符合比例原则的犯罪设定与刑罚种类。

相比于刑法的谦抑性理念,比例原则是一个更具有制度性的宪法原则,对刑法解释具有更强的约束力。而且,刑法谦抑性与比例原则也确实存在一些极为相似的地方,但二者的立论根基存在着显著的不同。前者更多体现的是精神理性与人文关怀,而后者更多体现的是一种规范理性与宪法价值。刑法谦抑性与比例原则在哲学上的立论根基也是不同的。刑法谦抑性更多是用法哲学的思维与视角去看待刑法,而比例原则更多地是用政治哲学的思维与视角去看待刑法。在这一层面上而言,二者也是存在本质性的差异的。从哲学的视角观察二者的不同之处,可以清楚地认识有关刑法谦抑性与比例原则理论本身。这正如哈贝马斯所说,哲学可以使人们意识这种畸形的生活世界,但它只能发挥批判力量,因为它已不再拥有一种关于好的生活的肯定理论。形而上学之后,具体的生活世界只是作为背景而存在,其非对象性的整体性避免了被理论作为对象加以把握。[①] 刑法谦抑性与比例原则在哲学立论上当然是不同的。刑法谦抑性的概念构成与立论根基决定了其可以作为刑法解释的基本理念,也符合教义学的特征。

(二)刑法谦抑性的概念构成特征与立论根基

刑法谦抑性更多的是作为一种刑法精神而存在的。刑法谦抑性的概念定义包括主观内在和客观外在两个方面,或者说,这也是刑法谦抑性的一个基本概念构成。而刑法谦抑性的概念构成包括外在特征与立论根基,其分别对应刑法谦抑性的客观外在与主观内在两个部分。

1. 刑法谦抑性的概念构成特征

刑法谦抑性的客观外在主要是指迫不得已性。也就是说,如果单纯地按照传统的定义模式,对刑法谦抑性的概念进行定义的话,刑法的谦抑性就是指刑法的迫不得已性。但刑法谦抑性的内容可能是发展的,也就是说,刑法谦抑性不是一成不变的,而是具有一定维度的调整延展性。能用其他社会规范解决的问题不动用刑法是刑法谦抑性的当然体现;与此同时,原本由其他规范调整、动用大量资源仍无法有效解决且有蔓延趋势的问题,改由刑法调整也是刑法谦抑性的延展。[②] 当然,迫不得已性也会引申出多重含义。但需要注意的是,谦抑性的内容是变化的,但其作为一种理念则是相对稳定的。内容仍然需要上升为理念来对刑法解释予以指导,刑法谦抑性所体现的迫不得已性的原因则是刑法谦抑性的主观内在,其也更倾向于理念的特征。这种主观内在作为一种主要源于哲学、伦理等层面的立论根基是刑法谦抑性的必然构成部分,具体

① 参见[德]于尔根·哈贝马斯:《后形而上学思想》,曹卫东、付德根译,译林出版社2012年版,第49页。

② 参见郎胜:《我国刑法的新发展》,载《中国法学》2017年第5期。

内容主要包括天赋人权、善良普世与人文关怀三个方面。刑法谦抑性就是指出于天赋人权、善良普世与人文关怀的基本价值观念而在对某个行为迫不得已性地解释为犯罪化时所必须体现出得刑法宽容性的一面。这也是我们的刑法教义学所应当具有的一种价值体系，唯此，刑法也才会朝着人文关怀的方向前行。

2. 刑法谦抑性的立论根基

刑法谦抑性的立论根基主要包括天赋人权、善良普世与人文关怀，分别从权利、人性和人文三个方面对刑法谦抑性理念的精神层面予以证成，而这正是刑法谦抑性的主观内在，也是刑法教义学主观价值体系的组成部分。在涉及有关刑法谦抑性的问题时，这是最为重要的实质考量依据。就天赋人权而言，由于刑法本身就存在侵害权利、限制自由的可能性，刑法是通过预设行为规范与制裁规范的方式，确保限制权利的正当性，因为限制权利本身是不必要的，对此可以反推，刑法本身也是在侵犯人权、损害权利，故刑法的发动必须极为慎重，刑法教义学也需要拥有这种限制与约束功能。就天赋人权而言，其也被称为自然权利不受任何无端干涉。最早指出天赋人权理论的是荷兰的格劳秀斯，之后，英国的霍布斯和弥尔顿、荷兰的斯宾诺莎进一步发展了该学说，英国的洛克则全面系统性地论证了自然权利说，后来，法国的孟德斯鸠、卢梭、狄德罗、爱尔维修和霍尔巴赫以及美国的潘恩、杰斐逊等人进一步发展了天赋人权理论，这在哲学领域，被称为理性主义，在法学领域则被称为古典自然法学。①

天赋人权当然不仅仅是指一种政治学说，它深刻地体现着人作为人所具有的精神与人格的独立、作为人所应当享有的基本权利。而刑法的谦抑性当然会对此予以慎重考虑。对一个行为定罪科刑必然会对行为人的人权造成损害，只是这种损害基于法秩序的权威以及利益衡量等一系列理由而被予以正当化了。无论是对不该被犯罪化的行为予以刑事立法，还是非迫不得已地入罪或者轻罪重判均是对基本权利的侵犯，也是对人所享有的自然权利的侵犯。也许有人会反对片面而孤立地强调天赋人权，甚至认为这有些过时，但天赋人权理论从来都不会过时，它是在某些情况下，个人作为人所可能进行的对于一切人，包括国家的正当防卫的理由。此外，围绕不同的概念所构建的体系可能具有不同的属性。其中，围绕权利所构建的体系往往具有启蒙性质，而我们这个社会其实从来都不排斥启蒙，相反地，现在以及未来一段时间仍然需要启蒙。“善良普适”其实是一个倒装语序，也可以说是普适性的善良之心，这也是刑法教义学者应当具有的道德品质。在这里，笔者无意争论人性本善还是人性本恶这样的问题。应当说善良是人的一种本性。有的人或许认为，趋利避害、自私自利也是人的本性，否则费尔巴哈的心理强制说又何以可能呢？但笔者一直坚信，善良是人的一种本能、一种本性，人类社会还是存在善恶标准的，而毫无疑问的是，人还是普遍趋向善良本性

① 参见范进学：《法理学问题》，上海三联书店2013年版，第14页。

的,这也就是人作为人的道德与理性之所在。谦抑性作为刑法解释的理念也是要求解释者具有一种普遍的善良之心。

此外,存在这样一种说法,即刑法本身是不必要的恶。诚然,这是一种功利主义的态度。先不说这句话本身是否可资商榷,单就刑法的严厉谴责性而言,很难说将一个人投进监狱是一个善良的举止。而刑法一旦在不当扩张的情况下将一个人解释为定罪科刑时,所谓的善良也就瞬间幻作泡沫而后破碎,只留下一种空旷与凄凉之感。善良普适是刑法谦抑性的立论根基之一。而就人文关怀而言,这不仅是人类文明进步的必然体现,也是人作为人这种群体而理应遵循的道德法则。正如冯亚东教授所说,人类的生活经验通过理性告诫我们,人类绝不允许以动物的方式而生活,人类有自身的生存法则;支配动物弱肉强食的自然法则与人类生存保护弱者的道德法则之间是根本冲突、水火不容的。[①] 这也就是冯亚东教授所说的反自然法则的自然法。就刑法中的谦抑性而言,其也是出于人文关怀的一种视角。于是,我们强调,对不应定罪科刑的行为坚决不予以定罪科刑,可以定罪科刑的行为存在任何可替代性措施时,应以其他措施处之。在一定程度上,不仅在立法层面,在解释的过程中也应当秉持刑法谦抑性的理念而尽量缩小犯罪圈,并积极寻求提高社会整体治理能力的方法。出于各种人文关怀的考虑,它也是刑法谦抑性强有力的立论根基之一。故刑法谦抑性理念从来都不是一个空洞而盲目的概念,它背后蕴含着太多人性的因素。

## 三、刑法谦抑性的理念之于刑法解释

刑法谦抑性在实践中往往也会遇到各种困境,有的观点认为谦抑性只适合于立法而不是司法中的观念。比如,有的学者认为,刑法谦抑性主要体现在刑法的立法选择上。在刑法适用上应用刑法谦抑性原则是对它的重大误解,在刑法适用上要按照罪刑法定原则来执行,刑法没有规定为犯罪的就不是犯罪,按照无罪处理。[②] 但笔者认为这种观点有待商榷。因为在刑法适用上,由于以相对确定的法定刑为主,故刑法适用者还是有一定的自由裁量权的,以及在是否入罪上确实存在可入罪可不入罪的状态时,刑法谦抑性的理念无疑是十分必要的。笔者认为,刑法谦抑性作为刑法解释的理念是合理的。

对一个行为予以定罪科刑是需要具有充分依据的,因为刑法是不是恶不好说,但至少不是一种善。正如美国学者乔治·弗莱彻所说,使惩罚正当的,不是可能随之而来的对社会的善,而是它对犯罪的实行所作的适当的社会反应。[③] 不存在说立法中关

---

① 参见冯亚东:《平等、自由与中西文明》,法律出版社2002年版,第99页。

② 参见包雯:《慎刑论》,中国检察出版社2009年版,第89~90页。

③ 参见[美]乔治·弗莱彻:《反思刑法》,邓子滨译,华夏出版社2008年版,第303页。

注罪的谦抑、司法中关注刑的谦抑,而是刑法的谦抑性作为一个整体贯穿于刑事立法与刑事司法的始终,罪和刑二者不可偏颇。刑法谦抑性在刑事司法中的主要问题是如何在恪守罪刑法定原则的前提下,最大限度地实现罪刑均衡,这也是刑法谦抑性的理念对于解释者遵循刑法解释基本原则的必要协调。而尽量倾向于出罪化的先行判断与尽可能轻刑化的量刑趋向无疑也是刑法谦抑性理念在刑事司法中的一个重要体现。我们理应用刑法谦抑性理念去主动指导刑法解释。

强调刑法谦抑性的理念,并不是这个语词本身是多么地引人注目,而是其背后的善良、关怀等普适性的价值。朴素的正义直觉,我们每一个人都有,而法律本身的公正与善良必须与个案中具体的解释者的公正与善良品质等相聚并予以一定的客观化。刑法谦抑性的理念善良、人文关怀等实质内涵理应在刑事解释过程中切实地起到理念性的指导作用,而不单单是一个想起来时才被喊出来的口号。因此,认清刑法谦抑性理念的外在与内在、形式与实质之后,它应当由被动变为主动,即应当切实地发挥刑法谦抑性理念的功能导向作用。

刑法谦抑性理念的主动性主要体现在,其在发挥功能导向的作用时,与刑法教义学的实践导向是相一致的,并且,在刑法教义学的实践导向过程中,这种谦抑性理念在解释层面的功能导向具有十分重要的作用。

第一,平衡实现刑法目的。刑法的目的一般被认为是保护法益和保障人权,而如何在二者之间保持平衡也一直是刑法制定与实施过程中时常会出现的矛盾问题。应当说,法益保护是刑法的一个目的,但法益本身就是对刑罚权的制约。比恩鲍姆在19世纪建立起了法益这个概念,侵犯法益的行为本身就初步拥有了可罚性的界限。而从宪法中导出的概念则如罗克辛教授所说,法益是在以个人及其自由发展为目标进行建设的社会整体制度范围之内,有益于个人及其自由发展的,或者是有益于这个制度本身功能的一种现实或者目标设定。[①] 那什么是法益呢?刑法所保护的利益就是刑法上的法益,而刑法对哪些利益予以保护、如何保护、保护的程度如何则又是一个问题。于是,刑法还有一个目的就是保障人权,通过保护法益与保障人权的相互制约与相互促进,以尽可能地实现刑法目的。

我们有的时候会发现,刑法中经常会出现二元的对立,各种理论时常是一整套的二元对立体系延续下来,以至于也会出现那么多的折中论。这是为什么呢?或许这是一个政治哲学上的问题,刑法始终是权利和权力的二元对立结构,这在刑法解释立场对立的本质中也可以看出这种权利与权力的共生关系。故无论二元中的哪一个理论总是会有一个倾向,即要么稍微倾向于权利,要么稍微倾向于权力。尽管有的时候双方彼此都会对此予以否认,但客观上还是存在这样一些体现的。于是,刑法的目的必

---

① 参见[德]克劳斯·罗克辛:《德国刑法学总论》(第1卷),王世洲译,法律出版社2005年版,第23页。

然是二元的,那刑法谦抑性理念站在哪一边呢?其毫无悬念地应当站在权利这一边,它的精神理性要求尽可能地保护人权,这是保护法益的前提。连人权都保护不了又何谈保护法益呢?结合我国刑法教义学的语境以及形式法治优先的教义学功能,其在逻辑上也并不是矛盾的。

第二,逐步完善刑法结构。是否犯罪化、是否轻刑化以及整部刑法在整体上是否是真正的市民刑法等问题与刑法的结构存在密切的联系。这里的刑法结构并不仅仅指顺序结构,而主要是指功能性结构的完善。在整个结构的完善中,刑法的谦抑性理念无疑具有十分重要的作用。我国目前的刑法结构仍然需要继续予以完善,而且仍有很长的路要走。在立法上,犯罪化与非犯罪化仍是未来刑法时常会遇到的问题。刑法不能只是犯罪化,适时地也应当注意非犯罪化,而在犯罪化的过程中则应慎重考虑是否犯罪化的必要,而这无不需要刑法谦抑性的理念指导。在法定刑方面,诸如死刑罪名的继续减少甚至废除、终身监禁的体系性位置、有期徒刑的幅度适当缩减等亦属于刑法结构的完善,这也离不开刑法谦抑性理念的指导。在轻刑化的方向上,如同储槐植教授等所说,刑法结构的调整以及在事实上落实刑法谦抑性原则,需要中国的刑事法在刑罚处罚的程度上继续朝着轻刑化的方向发展,从而形成"严而不厉"的刑法结构。① 的确,刑法的权威性从来都不是靠重刑主义来获得的。贝卡利亚早在两百多年前就由心地说道,为了不使刑罚成为某人或某些人对其他公民施加的暴行,从本质上说,刑罚应该是公开的、及时的、必需的,在既定条件下尽量是轻微的、同犯罪相对称的并由法律规定的。② 罪与刑在整体上不断朝着轻缓的方向发展当然需要进一步地加深对刑法的谦抑性理念的理解。由于刑法教义学的功能包括在遵循制定法的前提下批判现行立法,而解释又是刑法教义学的一项重要工作,故秉持刑法谦抑性的解释理念有利于适时地对立法予以合理批判。

第三,逐渐促进法秩序的统一。作为法秩序的一个组成部分,刑法所规定的是:人们利用刑罚或保安措施、矫正措施来进行威胁的那些举止方式,需具备哪些条件,会造成哪些后果。这样,围绕着(刑罚等)这些制裁方式,人们便得到了刑法的定义。③ 就刑法内部而言,时常会提到到底是违法多元论,还是违法一元论的问题。刑事违法性与违法性是存在区别的,应当区分犯罪成立的违法性判断与单纯的违法性判断。刑法的谦抑性理念最终会使刑法朝着违法一元论的方向前行。当然,这也是一个相对不可预知的图景,在整个法秩序体系中则是有利于法秩序的统一的。法秩序的统一性可以

---

① 参见储槐植、何群:《刑法谦抑性实践理性辨析》,载《苏州大学学报(哲学社会科学版)》2016年第3期。

② 参见[意]切萨雷·贝卡利亚:《论犯罪与刑罚》,黄风译,北京大学出版社2008年版,第112页。

③ 参见[德]乌尔斯·金德霍伊泽尔:《刑法总论教科书》(第6版),蔡桂生译,北京大学出版社2015年版,第13页。

从三个层次理解:逻辑的统一性、体系的统一性和目的的统一性。[①] 对此,尤其是目的的统一性,其本身就包含刑法谦抑性理念的抽象化与具体化,解释在这样的一个过程中需要以刑法的谦抑性理念来促进法秩序的统一与完善。

第四,切实加强权利保障,明确彰显自由精神。权利与自由是一个老生常谈的问题。刑法本身就是在保障权利和自由的同时侵犯一些权利与自由,只是这种侵犯出于利益以及一般经验衡量而被认为是合理的,甚至是必不可少的。于是,刑法在侵犯权利与自由的时候往往不是那么的明显,但时常也会给民众无形的压迫感。在什么情况下才可以有必要地对权利与自由进行限制呢?用美国学者范伯格的话来说,主要包括以下10种定义:(1)损害原则;(2)冒犯原则;(3)自由主义的立场;(4)法律家长主义;(5)狭义的法律道德主义;(6)说教式法律家长主义;(7)广义的法律道德主义;(8)利他原则;(9)获益的法律家长主义;(10)完美主义。[②] 例如,第8种和第9种情况一般认为对受侵害者或者侵害者一方是有益的,而对权利与自由予以限制的情况在实践中不也是时常存在吗?刑法的制定与适用不能只是一味地想当然。当没有一个相对确定标准的预期时,秉持刑法的谦抑性理念解释刑法对于社会整体而言无疑更能切实地保护权利、彰显自由,进而保障国民的行动自由与创造活力。

第五,体现人文关怀,提高社会治理能力。刑法谦抑性的解释理念有利于促使刑法朝着人文关怀的方向前进,进而提高社会治理能力的现代化与体系化。同时,刑法谦抑性的本身也具有一种人文关怀的属性。人文关怀是市民刑法的生命,虽然我国刑法现在是不是市民刑法或者至少是朝着市民刑法的方向发展还不好确定,但去政治化因素的同时也随着人文关怀因素的增加,在这个过程中,刑法教义学当然也承载了这样的任务与期待。社会治理现代化能力的提高也需要刑法发挥其谦抑性,对一些事态尽可能地寻找其他社会治理手段予以规制与引导。刑罚的轻缓化其实是社会治理能力提高、社会治理手段多元化的结果。因此,应当把刑法放在社会治理的体系中去考虑。对于犯罪,我们不能只依赖刑法,更应当寄期望于社会治理能力的提高。刑法的作用是有限的,这是将刑法谦抑理念摆在一个重要的位置上,强调刑法谦抑理念主要就是要破除对刑罚的迷信。[③] 刑法不是一种善,但刑法又是需要存在的,于是,刑法谦抑性的理念不能使刑法变"无",否则谦抑性理念也无法与刑法相结合作为刑法谦抑性这样一个结合性的概念而被郑重地提出,刑法解释也当然是不存在的。刑法谦抑性既是刑法的自我克制的内因,也是刑法外在存在样态的体现。刑法谦抑性在客观外在上表现为一种迫不得已性,而在主观内在上则是一种理念的具体化,包含善良与人文

① 参见王昭武:《法秩序统一性视野下违法判断的相对性》,载《中外法学》2015年第1期。
② 参见[美]乔尔·范伯格:《刑法的道德界限》(第1卷),方泉译,商务印书馆2013年版,第28~29页。
③ 参见陈兴良:《刑法的格致》,法律出版社2008年版,第13页。

关怀等实质因素,是一种精神理性。也就是说,应当由被动地看某些行为是否符合刑法的谦抑性转变为积极地用刑法谦抑性理念指导刑法解释活动,而这一个过程也是体现刑法谦抑性理念的功能导向,即理念切实地指导解释活动。谦抑性不只是一个概念,而是一种刑法解释的理念。

## 四、结论

风险刑法理论容易为刑法的扩张提供理由,刑法解释应当坚守传统自由刑法的阵地。风险刑法观不是刑法解释的理念。尤其在我国刑法教义学的语境下,出于形式法治优先的教义学倾向,以及法教义学被赋予的法治构建的功能期待等,仍应当将谦抑性作为我国刑法解释的根本理念,并倡导刑法谦抑性理念的具体功能导向,即切实发挥其在刑法解释的过程中以及刑法教义学体系完善中的作用。以谦抑性作为刑法解释的理念也是对风险刑法观的一种当然回应,符合刑法人文关怀走向的趋势与社会治理体系化与现代化的治理诉求。谦抑性的理念也与人的善良普世相契合,具有理念的一些必要特征。此外,刑法谦抑性并不只是一个刑事立法的理念。由于在罪与非罪以及刑的轻重等方面,解释者均有着相对的自由裁量权,故谦抑性作为刑法解释的理念,有利于防止因不适当地解释适用刑法而出现侵犯人权、损害刑法权威的不利后果。将谦抑性作为刑法解释的理念也有利于刑法教义学合理地发挥其批判现行刑事立法的功能,从而进一步地改善刑法结构,促进刑法教义学知识与方法论的进一步发展和完善。

# 刑法的实质解释论与形式解释论之溯源

张光云*

## 一、考察的视点

围绕刑法的解释方法，我国刑法界所展开的实质解释论与形式解释论之争备受瞩目。① 这一论争是近年我国刑法学界的一个热点问题，陈兴良教授甚至认为，实质解释论的阵营与形式解释论的阵营有形成各自的学派之势，该论争是“我国刑法学派之争的一个方面”。② 与之相对应，杨兴培教授却提出，“实质解释与形式解释作为一个对立的理论问题本身就是一个伪命题”，对该论争意义提出了颠覆性的质疑。③ 在此，希望通过对此论争的源流进行探究，以解明其意义之所在。

实质解释论与形式解释论之争，源自日本刑法学界实质犯罪论与形式犯罪论之争。可以说，实质解释论与形式解释论这一论争其实是日本刑法学界实质犯罪论与形式犯罪论之争内在的论争之一，实质犯罪论与形式犯罪论之争主要也是围绕刑法解释问题展开的。法律解释是法律适用所必需的。所有的法律适用，或多或少都是以将抽象的法律的意思通过解释进行具体化这一操作过程为前提的。换言之，要将抽象的法律规定适用到具体的事件中就必须对其进行具体化的解释。在刑法解释中，即便是记述构成要件要素在很多情况下也是需要进行进一步的价值判断的，如像“人”这样的记述的构成要件要素，也需要确定“脑死”是否为死亡的问题。在这一解释过程中往往伴随着解释者的价值判断，从某种意义上说，法解释掺杂解释者的价值取向是无法

---

* 张光云，法学博士，四川师范大学法学院教授、硕士研究生导师。

① 实质解释论者以张明楷教授为代表，形式解释论者以陈兴良教授为代表。支持前者立场的有刘艳红、苏彩霞、周详、吴学斌等学者，而支持后者立场的有邓子滨、劳东燕等学者。另外，主张保守的实质刑法观的魏东教授应可归入前者阵营，而主张形式解释制约下的实质解释的唐稷尧教授，实际上与形式解释论并无本质的差异，可归入后者的阵营。就传统刑法理论的支持者而言，因为犯罪概念（社会危害性）这一实质判断往往先行，所以均应归入实质犯罪论之列。

② 参见陈兴良：《形式解释论的再宣示》，载《中国法学》2010 年第 4 期；陈兴良：《走向学派之争的刑法学》，载《法学研究》2010 年第 1 期。

③ 参见杨兴培：《刑法实质解释论与形式解释论的透析和批评》，载《法学家》2013 年第 1 期。然而，从杨兴培教授进一步所提出的“实质解释论在司法实践中也是十分有害的”这一主张以及之后的论述上看，他并非对这一论争全盘否定，应该说只是对实质解释论抱有强烈的戒心而发出的感慨之言。

避免的。[①]

基于上述问题意识,本稿首先对日本刑法学界的实质犯罪论与形式犯罪论之争的"经纬"、双方的基本观点以及相关的社会背景、理论背景做了一个简单梳理,并加以一些探讨;其次对二者立场的渊源性思想背景予以分析,进而讨论与之相关联的法解释客观性问题,探讨凯尔森博士的"框架"理论与长尾龙一教授的"富士山"理论。

## 二、形式犯罪论与实质犯罪论之争

形式犯罪论与实质犯罪论之争就其背景而言,源自日本刑法学者前田雅英教授于20世纪90年代所提出的一对概念。[②] 前田教授先是把"二战"后的日本代表性的刑法学理论,尤其是团藤重光博士的定型刑法(Typenstrafrecht)理论贴上了"形式犯罪论"标签,[③]并对此加以批判,提出作为形式犯罪论的反命题的"实质犯罪论"这一主张。[④]针对前田教授这一主张,团藤刑法理论的支持者大谷实教授则给予了有力的回击。为此,就形式犯罪论与实质犯罪论问题,双方展开了一场规模并不算大的学术论争。[⑤]而实质犯罪论与形式犯罪论的论争,主要是围绕构成要件的解释是否容许实质化这一法解释方法论,即围绕形式解释论与实质解释论这一论争。[⑥] 以下就团藤博士、大谷教授以及前田教授的一些主张及其理论背景和社会背景做一个简要介绍,并对各方的理论做一些探析。

### (一)团藤博士及大谷教授的见解

大谷教授的形式犯罪论源自团藤重光博士的定型刑法理论,[⑦]特别是构成要件定型说。团藤博士定型刑法理论是在对日本"二战"前刑法解释及刑事司法体系所造成

---

① 如日本著名宪法学者宫泽俊义指出,"决定学说内容,并不是什么科学的东西,而都是些彻头彻尾的出自自我(解释者——译者注)的价值观"[宮沢俊義『法律学にはる学説』(有斐閣,1968 年)90 頁],解释学说"并不是理论认识的作用而是实践意欲的作用"。如此一来,法学作为"法之科学"(Rechtswissenschaft)在其所应当具备的客观性方面则处于岌岌可危的状态,大有因得不到科学客观性的基本要求而失去学问性的危险。当然,在此需注意的是,法解释必然掺杂解释者的价值判断这一命题与法解释是价值判断这一命题,或许还需要加以区别。

② 就论争的系谱而言,形式犯罪论的确立应以贝林格的构成要件理论为标志,而实质犯罪论则应以费尔巴哈基于权利侵害说展开的实质犯罪概念为标志,为此,实质犯罪论发展应早于形式犯罪论。

③ 團藤重光『刑法綱要総論』(創文社,1988 年)39 – 40 頁。

④ 前田雅英『現代社会と実質的犯罪論』(東京大学出版会,1992 年)23、183 頁。

⑤ 大谷實 = 前田雅英『エキサィング刑法総論』(有斐閣,1999 年)12 頁。关于这场论争,黎宏教授认为其是日本刑法学界新的学派之争(参见黎宏:《日本刑法精义》,中国检察出版社 2004 年版,第 53 页)。然而,这场论争除了大谷教授与前田教授以外,旗帜鲜明地参与其中的学者并不多见(主张形式性合理性的犯罪论体系而对前田教授的实质犯罪论持明显的批判态度的有山中敬一教授[参见山中敬一『刑法総論』(成文堂,2009 年)121 – 122、406 頁]。

⑥ 实质的犯罪论的主张除实质解释论之外,还有一个主要适用场面就是故意的实质化,即主张实质故意论,以及在不能犯论中主张修正的客观危险说[前田雅英『刑法総論講義』(東京大学出版会,1988 年)155 頁以下、226 頁]。

⑦ 大谷實「実質的犯罪論と形式的犯罪論——実質的犯罪論批判」法学教室 158 号(1993 年)11 頁以下;大谷實『刑法講義総論』(成文堂,2009 年)97 頁。

的弊害的反省这一社会背景及思想背景下而提出来的,因为“二战”前的日本刑事司法的运作具有恣意性的特征。换言之,该理论是在对司法权的行使抱有极大戒心的前提下提出的。

定型刑法理论试图通过严谨的理论体系的构筑,将罪刑法定主义彻底地贯彻到犯罪论体系中,因而该说更强调构成要件的罪刑法定主义机能。团藤博士在其初版发行的刑法教科书卷头序言中即动情地指出,“为了不使刑罚权这一国家权力的行使成为荒唐无稽之物,就必须对任何的恣意都予以封锁。罪刑法定主义虽是其立法上的表现,但可以说,与之相对应也要求要有巍然不动且正确的理论构成”。①

构成要件的定型是刑法定型理论目标的核心,构成要件定型说表现在刑法解释方法上即是强调刑法解释的形式性,即使有充分的处罚理由,只要其不在法条所预想的定型范围之内的话,就不得处罚。团藤博士指出,“关于与犯罪以及刑罚相关的规定是不容许对行为者施加不利益的类推解释。尤其是,关于构成要件的规定,不能认可超越各条文所预想的法定犯罪定型范围的类推。即使该行为从刑事政策上看施加处罚是如何之恰当,但那也仅是立法上的问题”。②

然而团藤博士在解释的方法论上,虽然更重视刑法解释的形式性,但定型说也并不就是一种纯粹的形式主义或者说是机械主义,也并不支持立法原意主义。③ 团藤博士认为,构成要件,是指刑罚法规所规定的、所预想的定型。从文理上看,某一行为虽然符合了有关的构成要件,但若不符合该构成要件所预想的定型,就必须解读为欠缺构成要件该当性。④ 团藤博士列举了这么一个情形:针对国家法益的一些诈骗、恐吓行为,从文理解释上虽然符合了诈骗罪、恐吓罪的构成要件,但这并不具有诈骗罪、恐吓罪的定型性的行为,所以不能认定为构成诈骗罪或恐吓罪。⑤ 应该说,这样的主张是一种限定解释,或者说是基于文理解释基础之上的限定处罚的解释。⑥

可是,是否作为构成要件分水岭的“刑罚法规所预想的定型”到底为何物,团藤博士也仅仅列举了上述的例子,以及在不能犯问题上所指出的“构成要件定型性一般是指具有社会心理基础的事物”,⑦除此之外并未作进一步的具体详细说明,内容尚缺乏明晰性。这也是定型说的一个难点问题。“在构成要件该当的判断之时重要的是,该构成要件的定型性从哪里找出。这也就是构成要件规定的解释问题,而保护法益是什

---

① 團藤重光『刑法綱要総論』(創文社,1988 年)1 頁。

② 團藤重光『刑法綱要総論』(創文社,1988 年)58 頁。

③ 團藤重光『刑法綱要総論』(創文社,1988 年)58 頁参照。團藤重光『法学の基礎』(有斐閣,2007 年)347 頁参照。

④ 團藤重光『刑法綱要総論』(創文社,1988 年)122 頁参照。

⑤ 團藤重光『刑法綱要各論』(創文社,1990 年)606 頁参照。

⑥ 團藤重光『刑法綱要総論』(創文社,1988 年)61 頁参照。

⑦ 團藤重光『刑法綱要総論』(創文社,1988 年)171 頁、176 頁参照。

么则成为一个重要的基准。"[①]

对于团藤博士的定型说的内容,大谷教授也认为这是比较难以理解的,有必要予以进一步充实。为此,大谷教授提出具体化的理解,将构成要件定型性内容进一步解释为"社会通念"的"框架"或定型。其主张刑法解释必须基于"社会通念"框架或定型这个基准来加以判断,"因为刑罚法规是基于社会观念或者说是基于社会通念制定的,所以如果不符合社会通念上这一'框架'也就是说定型的话,即便具备刑罚法规的要件,或者具有处罚的必要性,也都是不符合构成要件的"。[②] 再有,"构成要件必须是以社会通念为基础制定的,为此在解释之时也必须以社会通念为基准来确定应予以处罚行为的框架"。[③]

在刑法解释中,大谷教授对于刑事政策以及实质判断并不是不予考量,但他认为这种考量是不能放在构成要件的层面,而应当放在违法性以及有责性的层面来进行。大谷教授指出,"因为是否值得处罚的实质性判断有混入判断者的恣意的危险,在构成要件的阶段是不应当被容许的",[④]"虽然刑事政策性的考虑是当然应当实行的,但是那应当放在违法性以及责任的场面,进行具体个别实施就足以"。[⑤]

另外,大谷教授或多或少认为实质犯罪论与法益侵害说之间具有某种内在的关联性。[⑥]

(二)前田教授的见解

对于上述的团藤博士及大谷教授的形式犯罪论或形式解释论将构成要件的解释与刑事政策保持距离的立场,前田雅英教授则明确主张应当将刑事政策融入于犯罪论之中,[⑦]"包括构成要件在内,如果不对刑事政策加以考虑,是无法对其进行解释的",[⑧]并指出对构成要件的解释应直接地进行处罚必要性、刑事政策的考量。这一见解应该就是实质犯罪论或实质解释论所追求的核心目标。

而对于上述团藤博士及大谷教授所担心的因构成要件实质化而可能引发的司法权滥用问题,前田雅英教授亦不以为然。其认为在现今的日本即便实行这样的实质犯罪论也不会造成不当的人权侵害,"二战"后的日本的刑事司法实务从总体上看是值得信赖的,而他的实质化理论正是以此认识为前提的。前田教授指出,"昭和40年代(1965~1974年——译者注)为止,从对二战前的刑事体系的恣意运作的反省,刑法解

---

① 團藤重光『刑法綱要総論』(創文社,1988年)122頁参照。
② 大谷實=前田雅英『エキサイティング刑法総論』(有斐閣,1999年)14頁。
③ 大谷實=前田雅英『エキサイティング刑法総論』(有斐閣,1999年)19頁。
④ 大谷實「実質的犯罪論について」研修563号(1995年)7頁。
⑤ 大谷實「実質的犯罪論について」研修563号(1995年)10頁。
⑥ 大谷實「実質的犯罪論について」研修563号(1995年)5頁。
⑦ 前田雅英『現代社会と実質的犯罪論』(東京大学出版会,1992年)4頁。
⑧ 大谷實=前田雅英『エキサイティング刑法総論』(有斐閣,1999年)24頁。

释的形式性被重视，且那也是应当需要被重视的时期”。① 然而，“最近(20 世纪 90 年代——译者注)终于从正面上逐渐开始认可犯罪论的实质化……在这一背景里存在有，即使实行这样的解释论，我国的刑事司法已经从国民那里得到了这样的信赖感，即不会像二战前那样产生不当的人权侵害”。② 并指出，“我信赖我国的判例实务，并强烈期待今后坚持这一谦抑主义精神”。③ 所以，前田教授主张，现在的日本司法有必要“从‘限定的处罚’向‘妥当的处罚’转变”，④“结论的合理性必须优先于论理耦合性”。⑤

当然，对于前田教授来说，处罚的必要性、刑事政策的考量也不可能是无限制的，因为刑法毕竟是要遵守罪刑法定主义的，刑法解释必须要在遵循罪刑法定主义的框架内进行。在“类推解释是不被容许的，而扩张解释是可以被容许的”这个命题下，前田教授作为所能容许的扩大解释的界限，提出了“所能容许的解释界限是，与实质的正当性(处罚的必要性)成正比，与词语的核心(本来)意思的距离成反比”这一公式来作为实质解释的基准：⑥

$$解释容许范围=\frac{处罚的必要性}{离核心意思的距离}$$

关于实质解释的基准，前田教授提出，为了对实质的正当性加以客观化则需要把握：犯罪论的体系化、保护法益的分析、社会必要性的探讨等。并且，为方便判断，可将词语分为：(1)谁都能从这概念中设想到的内容(核心部分)；(2)这一概念加进这些内容，一般人很难设想到的边缘部分；(3)二者的中间部分的三类。关于第二点，否定其构成要件该当性；关于第一点，原则上，承认其构成要件该当性，然后作为例外斟酌考虑必须限定处罚的情形(包含限定的合宪解释等)；关于第三点，应该从正面上讨论保护法益来判断处罚的必要性。在与罪刑法定主义关系上，特别重要的是对第二点的判断。⑦ 至于第三点这个部分，应该就是前田教授所指的刑罚法规的灰色领域，即可以容许扩大解释的部分。

---

① 前田雅英『現代社会と実質的犯罪論』(東京大学出版会，1992 年)23 頁。

② 前田雅英『現代社会と実質的犯罪論』(東京大学出版会，1992 年)24 頁。

③ 前田雅英『可罰的違法性論の研究』(東京大学出版会，1982 年)559 頁；但对于前田教授的这一认识，大谷教授指出其对现状的认识太过于乐观了，因为大谷教授认为裁判所的判断与国民的意识之间还存在着鸿沟。大谷實「実質的犯罪論について」研修 563 号(1995 年)9 頁。

④ 前田雅英『刑法総論講義』(東京大学出版会，2011 年)5 頁。

⑤ 前田雅英『刑法総論講義』(東京大学出版会，2011 年)32 頁。

⑥ 前田雅英『現代社会と実質的犯罪論』(東京大学出版会，1992 年)30 頁；前田雅英『刑法総論講義』(東京大学出版会，2011 年)74 頁。

⑦ 前田雅英『刑法総論講義』(東京大学出版会，2011 年)73－74 頁。

前田教授的实质犯罪论主要源于平野龙一博士、藤木英雄博士的实质刑法学的影响,[①]将刑事政策导入到犯罪论之中。前田教授的实质犯罪论有一个重要理论目标在于运用构成要件实质化解释来解消可罚的违法性理论。或许也可以说,前田教授的理论是继承和发展了藤木博士的可罚的违法性理论。在可罚的违法性的体系位置的理论对立中,藤木博士主张可罚的违法性的判断可以在构成要件层面中进行,即认为对于构成要件可以进行实质化理解,对不具有可罚的违法性行为应当直接作出不符合构成要件该当性的评价。[②] 前田教授将这一理论进行了彻底化的推进,先把违法判断分为绝对的轻微性类型与相对的轻微性类型,既然可罚的违法性可以在构成要件中进行判断,对绝对轻微性类型的行为,就可以通过实质的构成要件来消解,而对于相对的轻微性类型的行为,则可以通过实质的违法性阻却事由来消解。这样可罚的违法性理论就不再需要,而是可以予以解消。

此外,关于前田教授在实质正当性的客观化中所使用的公式,虽然前田教授并没有明说这一公式来源,但应该说,该公式与如下所述的长尾龙一教授的"富士山理论"极具相似性是很显然的。[③] 长尾教授正是运用"富士山理论"来说明法解释客观性问题的。

(三)探讨

上面对形式犯罪论、形式解释论和实质犯罪论、实质解释论的基本立场予以了介绍,下面对双方的立场加以探讨。

1. 大谷教授理论

第一,大谷教授认为形式解释应以社会观念为基准。但是,刑罚法规是否就如大谷教授所认为的是基于社会观念(或社会通念)制定的这一命题本身就存在诸多疑点,[④]同样,构成要件必须是基于社会通念制定这一提法也存在疑点。一般人的观念是否就一定是天然正确的观念应该也是个疑问,且这是否还会造成特定集团的价值观伪装成社会整体的价值观这样的弊害呢?

第二,作为解释的基准的社会通念看上去是很形式化,然而应该基于社会通念进行解释的原则,只是将问题定式化了而已,而并没有解决任何问题。而且社会通念这

---

① 大谷實=前田雅英『エキサイテング刑法総論』(有斐閣,1999年)15頁。前田雅英『現代社会と實質的犯罪論』(東京大学出版会,1992年)24頁。

② 藤木英雄『可罰的違法性の理論』(有信堂,1967年)33頁以下、50頁;藤木英雄『刑法講義総論』(弘文堂,1975年)116頁以下。

③ 张光云『中国刑法における犯罪概念と犯罪の構成—日本刑法との比較を交えて—』(专修大学出版局,2013年)175頁参照。

④ 在民主主义社会里法律的正当性依据来自民众的意思,在这个意义上,刑罚法规是基于社会观念制定的这一说法应该说并无不妥,但是立法过程乃至法律内容往往只是各方妥协的结果。同样,其论争的对手前田雅英教授也是以"为了国民的利益"为标榜的。前田雅英『刑法総論講義』(東京大学出版会,2011年)28頁。

一基准本身是否可以成为一个客观的、不需要介入价值判断就能实现的因素也是个问题。如何确定社会通念的内容,同样需要解释者的实质性和价值性的判断介入。还有会不会出现解释者的价值与社会通念不同的情形,如果出现这种情形将如何解决也是个问题。在此,是否会有隐藏自己的价值判断而以社会通念的形式表现出来的,或者认为自己就是一般民众的一员,自己的想法与社会通念是相通的这样的情形呢?

第三,形式犯罪论与实质犯罪论的论争与违法性本质之间并无必然联系。正如大谷教授所指出的,藤木英雄博士及板仓宏博士也是实质犯罪论的提倡者,但是违法性本质论中二人都是以行为反价值论为基础的,都主张刑罚法规的第一要义是行为规范,第二要义才是裁判规范。[①]

2. 前田教授理论

第一,前田教授实质解释论的实质是目的论解释论。[②] 根据前田教授的论述,刑法解释的特征"虽然带有'谦抑性''严格'这样的偏向,但基本上与民法等相同,'目的(论)解释'是必要的"。[③] 法律往往是各方利益妥协的产物,其背后的目的自然是多元而复杂的。所谓的目的论解释,通常伴随着目的到底为何物、多个目的之间谁更具有优越性等问题,这使目的往往不过是法解释者自身所追求的目的而已。其所主张的处罚的必要性或者刑事政策的目的考量已远非可以从刑罚法规中所能认识到的内容。前田教授所主张的实质正当性的客观化内容,并不见得有多少客观化的内容,而其最终还是抛出了"国民所能接受"这么一个标准,与大谷教授的标准并没有什么太大的不同。如果是有害的行为、应受处罚的行为,那么国民其实很容易就接受解释的结论了。实施极端的"目的论解释"作为法益侵害行为的犯罪印象容易突破文理性拘束。[④] 并且,对目的论扩大解释与类推解释是无法予以区分的,[⑤]而主张与罪刑法定主义不冲突的可被容许的类推解释的见解也是以合目的性为标准的。[⑥]

第二,前田教授的实质犯罪论虽来自可罚的违法性论,特别是受藤木博士的可罚的违法性论的影响,但与其可罚的违法性还是有所不同。可罚的违法性理论主张的是阻却不值得科处刑罚的行为构成要件的该当性,是向着阻却犯罪的方向的,而实质的犯罪论则双方向的,即既有向着阻却犯罪(出罪)的方向的,也有朝向处罚(入罪)的方向的。

---

① 藤木英雄『可罰的違法性の理論』(有信堂,1967 年)76 頁以下;板倉宏『刑法総論』(勁草書房,2004 年)165 頁以下。

② 阿部純二「刑法の解釈」中山研一編『現代刑法講座(第一巻)刑法の基礎理論』(成文堂,1977 年)101 頁以下。

③ 前田雅英『刑法総論講義』(東京大学出版会,2011 年)28 頁。

④ 町野朔『犯罪論の展開Ⅰ』(有斐閣,1989 年)84 頁。

⑤ 植松正「罪刑法定主義」日本刑法學會編『刑事法講座』(有斐閣,1958 年)38 頁。

⑥ 日高义博『刑法総論講義ノート』(勁草書房,2005 年)13 頁。

3. 解析

从以上所述的形式犯罪论与实质犯罪论的见解看,二者存在诸多差异,但理论上所宣扬的差异其实与实际结论并没有太大的关联。其实正如大谷教授所承认的,他们的结论绝大多数都是一样的。① 而且从二者的理论正当化依据上看,一个是"社会通念",另一个是"国民所能够接纳",都是以民主为依托,在这方面也具有相通性,②双方都或多或少容许了实质化,这与日本刑事立法相对滞后这一社会背景有关。在刑罚消极主义的影响下,日本刑事立法相对滞后,很少进行刑法修改,这或许也是造成容许刑事司法实务在原有的刑罚法规的基础上扩大处罚范围的一个主要现实因素。③

实质犯罪论与形式犯罪论的不同点或许更多地表现在理念或者态度这种问题上。具体而言,需要明确刑法与刑事政策的关系问题、构成要件与违法性的关系问题,即构成要件实质化问题。

第一,在刑法解释的理念上,存在限定处罚与必要的合理的处罚以及对刑事政策是否应当加以考虑的对立。这一点上,形式解释论主张处罚的限定性,解释时对刑事政策的考量持消极的立场,而实质解释论主张处罚的必要性和合理性,对刑事政策的考量持积极的立场。

第二,对司法机关的态度不同。形式解释论立场表现出来的是对司法机关的不信任感,对恣意司法抱有强烈的戒心,而实质解释论立场则是充分信任司法机关,认为即便实施实质解释也不会造成人权侵害这一负面效果。与之相应,也可以看出,在对于刑法机能的述说上,形式犯罪论更强调自由(人权)保障机能,而实质犯罪论强调自由保障机能与法益保护机能要相协调。

第三,在对法文框架的态度(在刑法上则主要表现为对构成要件拘束力的态度)上,形式解释论强调法文轮廓的制约作用,实质解释论则相对并不是特别强调这种作用,更强调结论的合理性。例如,大谷教授多次强调"框架""定型""类型"等,而前田教授则极少言及。

以下为解明形式解释论与实质解释论之争的内涵,有必要挖掘其思想源流,即凯尔森博士和长尾龙一教授的相关理论。

## 三、法条语义的"框架论"

### (一)汉斯·凯尔森博士的"框架论"

论及法学的形式性问题,不得不提及的是近代法实证主义代表性人物、纯粹法学

---

① 大谷實「実質的犯罪論と形式的犯罪論——実質的犯罪論批判」法学教室158号(1993年)24頁。

② 张明楷教授也认为,"受解释时人民群众意志的约束"。参见张明楷:《刑法格言的展开》(第3版),北京大学出版社2013年版,第17页。

③ 21世纪以来,日本刑事立法呈现积极化趋势。参见[日]井田良:《走向自主与本土化:日本刑法与刑法学的现状》,陈璇译,载《刑事法评论》2017年第1期。

创始人、意识形态评判者凯尔森博士。法学的形式化、方法纯粹化是其理论所欲追求的目标,在法学解释方面上,凯尔森博士提出了法条语义的"框架(Rahmen)论"。

在法学如何才能实现科学客观性这个问题上,凯尔森博士提出了这一框架理论。凯尔森博士受韦伯的社会科学客观性论的影响,在法学中将"认识作用"与"价值判断"严格地区别开来,把法学的任务仅限定为"认识",而认识的对象即是实定法本身,以实现法学的客观性这一目标。[①] 凯尔森博士认为,法规范是一个框架,作为法科学者的法学家,其任务是仅仅在于对法规范这个框架以及框架内的诸多可能性进行认识,而在框架之内的诸多可能性中选择哪一个可能性,则是法实践者,即实务界人员的任务。应当将法科学者与法实践者加以区别,前者只进行认识作用。与许许多多法学家所不同的是,凯尔森博士并没有把自身融入于司法者之中,[②]而是以法科学者自居。

凯尔森博士把法规范描述为是一个"框架",而刑法理论中的构成要件正是刑法的"框架"。"若'解释'之要务在于发现待适应规范之意义,则其结果便只能是确定解释对象所代表之框架,并认知框架内之多种可能。"[③]如果法解释是对存在的实定法"框架"的认识的话,那么构成要件论正是与"框架"论相一致。可以说,构成要件的罪刑法定主义机能也正是体现在这里。

凯尔森博士还进一步指出框架内存在诸多解释可能性,且各个解释可能性是平等的,不存在唯一正确的解释这样的东西,这也正是价值相对主义的必然归结。"自实在法之立场观之,认为框架中之某种可能优于其他可能实在毫无道理。就实在法而言,显然并无任何方法可令诸多解释之一因其'唯一正确'而有别于其他解释——当然,若依制定法或法律秩序之其他规范而确有多种解释可选的话。"[④]"诸多可能之中哪个'正确'之问题已超越对实现法之认知,其并非法律理论而系法律政策问题。自制定法中作出唯一正确之司法裁判或行政行为的风险以如同在宪法框架内进行唯一正确之立法。"[⑤]

但是,这一看似非常之明了的"框架",似乎并不像框架那样的棱角分明,因为法规范是由语言所组成的,而语言又往往是模棱两可并具有多义性。而且,还有"框架内的诸解释可能性中当真就没有优劣之分吗"这样的疑问。

(二)长尾龙一教授的"富士山理论"

为此,作为对凯尔森博士"框架论"的质疑,长尾龙一教授达观地提出了"富士山

---

① See Hans Kelsen, Hauptprobleme der Staatsrechtslehre: entwickelt aus der Lehre vom Rechtssatze, Tübingen, J. C. B. MOHR (Paul Siebeck) 1911. p. 6.

② 其实,凯尔森也曾做过法律实务家,其在1921~1929年担任由他自己创建的奥地利宪法法院的法官。

③ [奥]凯尔森:《纯粹法理论》,张书友译,中国法制出版社2008年版,第99页。

④ [奥]凯尔森:《纯粹法理论》,张书友译,中国法制出版社2008年版,第100页。

⑤ [奥]凯尔森:《纯粹法理论》,张书友译,中国法制出版社2008年版,第101页。

理论”,即词语里有核心意思和周边意思,形成像富士山那样的构造,即离词语核心的意思越远,则所要求的实质正当性就越多。[①]

$$\text{解释的界限} = \frac{\text{实质正当性}}{\text{离核心语义的距离}}$$

比照该公式,从形式解释论与实质解释论的主张内容上看,或许可以说形式解释注重条文的字面意思,注重的是条文语义的核心意思,而实质解释则在考虑形式合理性的同时更注重实质正当性,这一实质正当性正是实质解释论支持者所指的处罚的必要性和合理性。

然而,这个公式看似很明晰,但对于实质正当性的正当性根据又来自何处长尾教授并没有加以更多的论述。正如长尾教授自己所承认的那样,“实质正当性”是否具有客观性本身就是一个根本性问题,这有任由解释者各取所需之嫌。而与刑法解释关系来看,富士山理论似乎并不是以刑法解释为典型模式的,[②]同时长尾教授承认刑法解释具有其特殊性,指出“刑法等其容许点高,即便具有实质正当性也很难容许离开核心意思”。[③]

虽然长尾教授未对实质正当性的内容作出说明,但对于目的论解释显然并不持有好感,且不仅仅如此,对所谓的目的论本身也是抱有强烈的质疑。他还将目的论解释作为与类推解释同列的存在来看待:“如果容许了‘类推解释’‘目的论解释’等的话,那么界限可能就荡然无存了。”[④]

长尾教授的上述主张与他所认为的法解释客观性是极其相对的观点有关,所以他认为在法解释中应该摒弃“学说”这个说法而应当用“解释可能性”来代替:“正如韦伯所言,将自己的主张乔装成客观的学问是有违知识的廉直的,凯尔森博士对某一可能的解释乔装成唯一可能的学理的批判,正在于此。关于法解释应该放弃‘学说’这一词语在以前我就思考过,‘甲乙丙说的列举’不应用‘学说’这一称谓,而应当以‘解释可能性’称之,在这其中主张自己见解时应当用‘私见’等来称之。”

(三)探讨

在法学客观性这一问题上,凯尔森博士的纯粹法学是否能得以成功或许并不乐观,但在认识对象的纯粹形式性方面,从方法论上应该可以做到。反映到刑法学上,认识对象仅以刑事实定法为对象,不得含有刑事政策内容。如若把处罚必要性融入刑法解释中,则是把当罚性与可罚性相混淆。

在刑法解释与其他法律解释相比是否具有特殊性问题上,前田雅英教授认为刑法

---

① 長尾龍一『法哲学批判』(信山社,1999 年)343 頁。

② 从长尾教授的有关实定法著作多是宪法相关方面的论著来看,可以推测此公式是以宪法解释为模式的。

③ 長尾龍一『法哲学批判』(信山社,1999 年)345 頁。

④ 長尾龍一「ゲルゼンの“実定法学”」日本法学 71 巻 3 号(2007 年)30 頁以下。

解释并不具有特殊性，而长尾教授则认为刑法解释的容许度需要更高的限制。

长尾教授的“富士山理论”是对法实务家和法解释学者（在长尾教授眼里其也是价值判断者）的法解释予以了再构成，是为了说明“他们所做的就是这样”而制作的图式。然而，富士山理论却无意中成了目的论解释论的说明依据，[①]这对于长尾教授来说或许是无心之举。

## 四、结语

形式解释论与实质解释论之争大有在日本“开花”、在中国“结果”之势，二者的论争在日本仅为小范围的学术论争，传到中国却有学派之争的势头。这或许与我国所处的刑法知识转型期有关，即与主观主义向客观主义、实质判断向形式判断、平面式向阶层式等的转变所带来的紧迫感有关。

法学是否具有客观性这一问题基本上已经令人绝望，而如果还让其成为某种实践或者是为了追求某种效果的附庸品，则法学的学问之名或许更将荡然无存。强调构成要件的实质化、目的论解释，则自然而然将违法性与构成要件紧密联系在一起，构成要件渐渐被违法性所侵蚀吞没，同时也意味着构成要件逐渐丧失独立性。刑法理论的第一道大门构成要件理论便对刑事政策大开方便之门，罪刑法定主义的贯彻将危如累卵。新中国成立后第一部刑法的制定实施才过了 40 余年，废除类推解释导入罪刑法定主义更是才有 20 余年，应该说我国还处在对恣意的刑事司法实务运作的反省途中，罪刑法定主义在我国还远未达到生根发芽的状态，如何将罪刑法定主义深化到刑法理论当中是当务之急，轻视构成要件理论态度将是得不偿失的。

---

① 井田良『講義刑法学・総論』（有斐閣，2008 年）58 頁。

# 刑罚导向主义的刑法解释方法

刘　秀*

【内容摘要】刑法具有确定性和不确定性的双重属性，对于具有不确定性的刑法问题，实际上是没有标准答案和唯一结论的。因此在解释刑法时，可以在罪刑法定原则的框架范围内，以刑罚为导向解释刑法和适用刑法，即可以由刑及罪，由刑罚倒推罪名，以满足罪责刑相适应的要求和达到最好的社会效果，实现实质正义。

【关键词】刑法的不确定性　刑法解释　刑罚导向主义　罪刑法定

20世纪以后，语言分析哲学推动了后现代主义思潮的兴起，法律的不确定性（legal indeterminacy）问题得以成为法律理论的一个重要命题。法律的不确定性和语言的不确定性及语义理论密切联系，是指法律不能总是或者大多数时候为法律纠纷提供一个正确答案。正是因为刑法的不确定性，导致对一个犯罪事实的判定在很多情形下并没有数学公式般的标准答案，这就要求我们在遇到疑难问题需要解释刑法时，不应单单采取传统的三段论式的形式解释方法，而需要考虑其他更具有实质合理性的解释方法，笔者认为其中之一就是刑罚导向主义的刑法解释方法。

## 一、观念的嬗变：从法律的确定性到法律的不确定性

文艺复兴以来，西方法律经历了从法的神圣化到理性化再到世俗化的转变，法的渊源从上帝的旨意转向人类理性，而理性最终又被经验取而代之。与此紧密相连而又令人困惑的一个问题就是：法律是否具有不确定性？

在启蒙思想家的眼里，法律的确定性根本不能成为一个问题。孟德斯鸠认为，法官只是宣布法律的喉舌，法官一定要遵守法律的文字，如果允许法官行使裁量权，就是使人民暴露在威胁面前。① 贝卡利亚在《论犯罪与刑罚》中指出：“法官对每一个刑事案件都应进行一种完整的三段论式逻辑推理。大前提是一般法律，小前提是行为是否符合法律，结论是自由或者刑罚。一旦法官被迫或自愿作哪怕只是两种三段论推理的

---

* 刘秀，法学博士，成都理工大学副教授。

① 参见［英］M. J. C. 维尔：《宪政与分权》，苏力译，生活·读书·新知三联书店1997年版，第82页。

话，就会出现捉摸不透的前景。”[①]因此，他认为法官只能机械地适用刑法，而没有解释刑事法律的权力。在马克思·韦伯眼中，古典时期的法官犹如一部自动售货机，塞进去的是诉讼要求和诉讼费，吐出来的是严格依据法典所推演出的判决，法官没有任何自由裁量权的发挥。[②] 正是在这些启蒙思想家的影响下，“法典万能主义”观念曾在相当长的一段时期盛行于西方，成文法主导一切。后来出现的“概念法学”更是极端地认为：(1)国家制定的成文法是唯一的法律渊源；(2)法律体系是逻辑自足的，法律不存在漏洞；(3)法官严格按照逻辑演绎的方法判案，甚至认为社会上可能发生的各种问题，只需将各种法律概念演算一番即可推出正确的答案；(4)严格禁止法官造法，法官审判不能有任何的目的考量或利益衡量。[③] 在这样的观念主导之下，法律必然是确定的，这毫无疑问。

然而，现实破灭理想。事实证明，僵化的成文法并不能适应复杂多变的、包罗万象的社会现实，这无疑是给了“法典万能主义”当头一击。随着历史法学、目的法学和自由法运动的兴起，原来不成为问题的问题逐渐成了问题，法律的确定性理念得以动摇。历史法学派的代表人物萨维尼就明确反对大规模的法典化运动，他认为，法律应该反映一个社会的发展阶段，把法则制定为僵化的成文法冒着把法律带进超前发展阶段的风险，这种超前阶段并不适合当下社会的现状。[④] 法国法学家弗朗索瓦·惹尼认为，法律一定存在某些不能被形式逻辑覆盖的漏洞，因此，在法律的发展中有实质性的司法创造。[⑤] 德国法学家哈贝马斯曾专门论述过法律的不确定性问题，他认为，“法律判决如果可以被同化为赤裸裸的权力过程，那么坚持认为基于足够确定的规范系统的自恰判决有可能确保法律确定性，就不再有任何意义。过去产生的法律对现行判决失去了支配意义，因为这些判决完全属于法官自由裁量的范围”。[⑥]

20 世纪二三十年代在美国兴起的法律现实主义更是高高扛起了法律不确定性的大旗。现实主义法学的先驱霍姆斯大法官对当初在美国占据统治地位的“将法律视为适用于一切情况的永恒的、明确的规则”的“机械法学”或“形式主义法学”提出了尖锐批评，攻击的矛头直指法律规范的明确性，并提出了令后人耳熟能详的著名论断：“法律的生命不是逻辑，而是经验。”这几乎成为法律现实主义的口号和宣言。法律现实主义另一代表人物卢埃林是一个规则怀疑论者，他将规则分为“纸面规则”(paper

---

① [意]切萨雷·贝卡里亚：《论犯罪与刑罚》，黄风译，中国方正出版社 2004 年版，第 12 页。

② 参见[德]马克斯·韦伯：《论经济与社会中的法律》，张乃根译，中国大百科全书出版社 1998 年版，第 355 页。

③ 参见杨仁寿：《法学方法论》，中国政法大学出版社 1999 年版，第 68 ~ 72 页。

④ 参见[美]布赖恩·比克斯：《法理学：理论与语境》，邱昭继译，法律出版社 2008 年版，第 306 ~ 307 页。

⑤ 参见杨仁寿：《法学方法论》，中国政法大学出版社 1999 年版，第 82 ~ 83 页。

⑥ [德]哈贝马斯：《在事实与规范之间——关于法律和民主法治国的商谈理论》，童世骏译，生活·读书·新知三联书店 2003 年版，第 248 页。

rule)和“实在规则”(real rule),认为后者才是对具体案件起决定作用的“真正规则”。他认为纸面规则的存在仅意味着它们有适用可能性,这种可能性也是重要的,但有决定意义的是实际适用。他指出,法律是不断变化的规则,是法官或其他官员处理案件的行为或对这种行为的预测,因而是不确定的。[①] 杰罗米·弗兰克更是毫不留情地批判了人们关于法律确定性传统观念的幻想性:第一,在一个动态社会里,人们永远不可能制定包罗万象、永恒不变的规则;第二,导致法律不确定的还有一些长期被掩盖的暗藏因素,这就是法官的个性因素,法律的适用往往因人、因时而异而不可能具有确定性;第三,不仅法律规则是不确定的,而且确定事实的过程也是不确定的。他下结论说:“人们只能极为有限地获得法律的确定性。对法律的准确性和可预测性的要求总是不能获得满足,因为,这类对法律最终性的追求,超越了实际可欲可得的现实……这是说,认为法律是或可以是稳定的、确定的这一观念并非理性的观念,而是应该归入虚幻或神话范畴的观念。”[②]他讽刺地把法律确定性的追求看作一个“基本的法律神话”和儿童“恋父情节”的残余,[③]并予以否定。但是他并没有悲观,他说,人们无须为法律的这种不确定性哀叹,并认为法的不确定性里面隐含着巨大的社会价值。[④]

古典法学派对法的确定性的追求是一种对形式主义法治的尊重,这种尊重在为罪刑擅断所遮蔽的时代背景下是具有积极进步意义的,但是在形式主义法治发展路程中,对理想中正义的极致追求模糊了形式的理性主义者的双眼,使他们与无情的现实渐行渐远,从而为人们建构了“法律是确定的”这样的完美观念,描绘了“法典万能主义”这样的虚幻图景。当自由法学派等实质的理性主义者用怀疑的眼光拿着放大镜来审慎检视法典和现实时,这种理想图景即刻幻灭,形式主义法治顿时从理想云端跌落尘世,而法的不确定性观念则得到普遍性认同。从肯定论到怀疑论,从法的确定性到法的不确定性,这种历史嬗变直接在英美法系的立法上得以淋漓展现:司法中心主义逐渐取代了立法中心主义。而值得一提的是,这种巨大的转变并没有带来大规模的司法腐败和法治理想的崩溃,反而使英美国家在法治的发展路程上似乎走得更稳、更好、更远。

## 二、刑法不确定性的表现

如何看待法律的不确定性问题呢?笔者认为,我们既不能简单地认同“法律是确

---

① 参见王晨光:《法律运行中的不确定性与“错案追究制”的误区》,载《法学》1997年第3期。

② 转引自白建军:《论法的确定性与公正的可检验性》,载《中国法学》2008年第2期。

③ 弗兰克认为,人们之所以要在法律中寻求无法实现的确定性,是因为“他们还没有根除那种孩子似的对一个权威性的父亲的需要,并无意识地试图在法律中发现其童年时代认为父亲所具有的稳定性、可靠性、确定性和万无一失性的替代物”。参见[美]E.博登海默:《法理学——法律哲学与法律方法》,邓正来译,中国政法大学出版社2004年版,第165页。

④ 参见[美]E.博登海默:《法理学——法律哲学与法律方法》,邓正来译,中国政法大学出版社2004年版,第165页。

定的”，也不能简单地下结论“法律是不确定的”，但可以肯定地说“法律具有不确定性”。毕竟，“法律是不确定的”和“法律具有不确定性”是两个内涵迥异的命题。前者意味着彻底否定法律的确定性，这会不可避免地带来法治合理性的危机，因为近代以来的法治实践是建立在法律可以明确限制权力，公民可以获得确定法律预期的信念之上的，如果法律不具有确定性品格，那就等于消解了传统法治的整个价值，使社会永远也不能超越那个“刑不可知，则威不可测”的罪刑擅断的年代，这种结论是任何人也不愿意接受的。而后者意味着可以采取二元论的立场，既承认法律有确定的一面，也认为法律具有不确定的一面。

应当说，人类所面对的客观世界就是已知和未知并有、确定性和不确定性并存的。虽然随着人类智识的提高、概念的增长、逻辑的建构，人类思维可以在一定程度上认识和把握客观世界，总结出确定性的、规律性的东西。但实际上，混沌无处不在，在所有的自然科学和社会科学领域，总是会看到不稳定性、多种选择性和有限可预测性。休谟曾言：“确定普遍的政治准则，应当慎之又慎；在精神领域和物质世界中经常可以发现无规律的和异常的现象。”[①]他提出的对认识真理性的怀疑论表明，人类获得的知识永远存在某种程度的不确定性，因为知识归根结底都是通过经验的归纳推理得来的，而归纳推理得来的知识永远不必然性存在。因此，如果只是单纯强调客观世界的确定性，或单纯强调客观世界的不确定性，都是片面的，只有“第 3 种科学”才能完整地描述客观世界。[②]“事实上，我们努力要走的是一条窄道，它介于皆导致异化的两个概念之间：一个是确定性定律所支配的世界，它没有给新奇性留有位置；另一个则是由掷骰子的上帝所支配的世界，在这个世界里，一切都是荒诞的、非因果的、无法理喻的。”[③]

刑法也是如此。一方面，立法者可以通过理性建构概念、逻辑和规则，组建一套内部有着高度的逻辑一致性的规范体系，并且采用物化的形态，使其具有公开性和客观性，从而作为一种公共信息存在，让人们可以预期自己的实然行为在法律上的后果，使法官可以依法裁判。从这个角度来说，刑法是具有确定性的。另一方面，刑法又是具有不确定性的，这是不可避免的。笔者认为，刑法的不确定性主要表现在以下几个方面：

(一)刑法规则本身的不确定性

首先，语言的开放结构导致刑法规则不确定性。刑法是一种语言制度，一切刑法规范都必须以语言表达出来，“语言之外不存在法，只有通过语言，才能表达、记载、解

---

① [英]休谟：《关于某些异常惯例》，载《休谟政治论文选》，张若衡译，商务印书馆 1993 年版，第 109 页。

② 参见孙万鹏：《第三种科学》，山东人民出版社 1998 年版，第 37 页。

③ [比]普里高津：《确定性的终结——时间、混沌与新自然法则》，湛敏译，上海科技教育出版社 1998 年版，第 150 页。

释和发展法"。[①] 因此,语言的特性必然影响刑法的特性,当语言具有不确定性时,刑法就必然会具有不确定性。一般来说,语言是清晰的,但在有些情况下是不清晰的,必然会在适用时出现边界模糊现象,这就是语言的开放结构。哈特是第一位系统地从语言性质角度探讨刑法不确定性问题的法哲学家,他指出:"当我们把特殊情况纳入一般规则时,任何东西都不能消除具有确实性的中心和值得怀疑的阴影。这使所有规则都伴有模糊的边缘(a fringe of vagueness)或'开放结构'。"[②]他认为语词必定有一个确定的意义中心(core of meaning)和有争议的阴影地带(penumbra of cases),概念的意义中心与阴影地带对应刑法中的"中心案件"(core case)与"阴影案件"(penumbral cases)。[③] 处于一个概念意义中心的案件是简易案件,理性人不会否认刑法规则能够适用于此类案件。处于一个概念阴影地带的案件是疑难案件,刑法人将对刑法规则能够适用于这类案件产生理论的分歧,刑法规则无法提供唯一正确的答案,阴影案件中的司法判决不是由规则指导的,法官实际上是在行使自由裁量权。关于语言的开放性,在刑法中,这种情形无处不在,几乎任何概念都会产生有争议的阴影地带,即使是众所周知的常识性概念。例如,对于拐卖妇女罪中的"妇女",有一个确定的意义中心,即年满14周岁的具备女性特征的人,而两性人或变性人则属于该概念的阴影地带,无法从规则中直接推导出结果,需要法官发挥主观能动性进行价值判断。再如,对于故意杀人罪中的"人",在一般情况下都不会对该概念有争议,但是对于已经脑死亡但心脏还在跳动的,或者心脏已经停止跳动但还没有脑死亡的,能否算是"人",这就有争议了。

其次,立法者理性能力的有限性决定了刑法规则具有不确定性,"人类的深谋远虑程度和文字论理能力不足以替一个广大社会的错综复杂情形作详尽的规定"。[④] 一方面,人类的理性只能把握有限的事实,"谁又可能完全预见全部的构成事实,它们藏身于无尽多变的生活海洋中,何曾有一次被全部冲上沙滩"。[⑤] "很明显,立法者难以预见到社会生活中涌现出来的大量错综复杂的、各种各样的情况"。[⑥] "刑法所应付的是人类关系的最为复杂的方面,人们不可能创造出能预料到一切可能的纠纷并预先加以解决的、包罗万象的、永恒不移的规则,因而,刑法在很大程度上曾经是、现在是、而且将来永远是含混的和有变化的"。[⑦] 因此,标示行为边界的规则不可能全面、及时地

---

① [德]魏德士:《法理学》,丁晓春、吴越译,法律出版社2005年版,第71页。

② [英]H. L. A. 哈特:《法律的概念》,张文显等译,中国大百科全书出版社1996年版,第124页。

③ 参见[英]H. L. A. 哈特:《实证主义和法律与道德的分离》(上),翟小波译,强世功校,载《环球法律评论》2001年第2期。

④ [美]哈罗德·伯曼编:《美国法律讲话》,陈若恒译,三联书店1988年版,第20页。

⑤ [德]拉德布鲁赫:《法学导论》,米健、朱林译,中国大百科全书出版社1997年版,第106页。

⑥ [法]亨利·莱维·布律尔:《法律社会学》,许钧译,上海人民出版社1987年版,第63页。

⑦ 沈宗灵:《现代西方法理学》,北京大学出版社1992年版,第330页。

反映社会生活，难免会存在疏漏，甚至出现规则的互相抵触，从而导致刑法的不确定性。另一方面，“人类使用的语言也没有完善到可以绝对明确地表达一切立法意图的境界”。[①] 人类发明语言用以表现想法和描述事物，但人类的语言表现力是有限的，语言分析哲学发现人类所使用的语言与语言所描述的事物是分离的，语言是有限的符号体系，现实世界却有无限的可能结构。正如海德格尔所言：世界的存在是不可表述的，语言永远也不能表达世界的本来面目。因此，即使立法者有明确的意志指向，但无法用有限的语言去表达无限的世界，就会导致刑法规则的不确定性。

再次，“次优选择”式的立法技巧导致刑法规则具有不确定性。“情无穷，法有限”，刑法对于社会关系的调整不是随机的、个别的、静态的，而是普遍的、一般的、发展的。面对生活中千姿百态的现象以及未来可能出现的情形，立法者不可能全部预知到，因此，在设计刑法规则时，不可能太过具体，使规则和现实情况一一对号入座。刑法越具体、越刚性，漏洞则可能越多，滞后性也就越明显。因此，在立法上必须追求一种次优选择的方案：让刑法规则具有一定的概括性和不确定性。这样，刑法就具有了一定的灵活性和伸缩力，可以最大限度地将现实生活涵括进来，最大限度地调整各方面的社会关系，而且可以因法官自由裁量权的发挥而与时俱进，不至于社会情势一发生变化，规则即陷于无能为力的境地。

最后，刑法规则的不确定性可能是立法者之间妥协的产物。“一切刑法制度都是无数力量综合作用的结果，‘大的、小的，相反的或一致的’。”[②]立法本质上其实是利益的平衡和调和，在刑法的起草和审议过程中，社会各阶层、各种力量都会尽力争取自己的利益，因此难免会在某些问题上意见分歧很大。但为了使主要问题得到及时解决并保证刑法的顺利通过，立法者不得不在某些有争议的问题上作出妥协，在条文上使用弹性很大的语言，以留待法官日后根据时代背景和正义理念来灵活处理。

（二）构成司法判决基础的法律事实的不确定性引起的刑法的不确定性

刑事诉讼法的基本原则之一就是“以事实为依据，以法律为准绳”。那么，何为“事实”？在以往通常的观念中，事实就是客观真实。但是，随着对法律理解的深入和哲学思维的变迁，时下已提出了在事实认定上与以往完全不同的一种反思性和批判性的命题：法律真实。它认为，司法裁判中的事实认定是通过举证、质证和认证的过程来实现的，通过证据所揭示的案件事实，就真实性而言，只可能是“法律真实”，而不可能是以往所说的“客观真实”，因此，对于案件事实的认定，应该要求做到的是“法律真实”而非“客观真实”。但是，与任何反思性的新观点一样，目前它也遭遇了强有力的

---

① ［英］彼德·斯坦、约翰·香德：《西方社会的法律价值》，王献平译，中国人民公安大学出版社 1990 年版，第 4 页。

② 吴经熊：《法律哲学研究》，清华大学出版社 2005 年版，第 282 页。

质疑:在案件事实认定及其真实性的评价上,法律因素的介入会不会导致对“案件真实情况”的扭曲、甚至歪曲?“法律真实”是不是一个虚假概念?

从经验基础出发,事实上,作为陈述的案件事实与作为生活事件的案件事实是不同的,案件事实非经陈述不能进入法律适用的阶段。在传统的司法裁判过程中,案件的真实情况往往是历史的、待证意义上的事实存在,对于这种存在的认定,只能通过各种证据即它遗留下来的种种“痕迹”以及它与其他事物的联系来实现。控方和辩方须经历烦琐复杂的举证、质证、辩驳等流程,法官需要对大量证据进行筛选、甄别、确认。传统流程虽然复杂冗长,且慎微细致,却并不能保证最终所认定的事实一定完全符合客观真实。

美国现实主义法学的代表人物杰罗姆·弗兰克对审判程序是否能发现事实真像的可靠性表示怀疑,他认为,虽然许多法律规则是确定的,先例制度也有很多价值,但是,由于在司法调查中存在大量的非理性的、偶然性的、推测性的因素,所以,人们无法对诉讼结果作出预测。他通过对初审法院裁定事实中的无数的错误来源进行研究后发现,“作伪证者、受人指使的证人、有偏见的证人、在陈述所举证的事实时发生误解的证人或回忆其观察时发生误解的证人;有证人失踪或死亡、物证灭失或被毁的情形;有为非做歹和愚蠢的律师、带偏见的和心不在焉的陪审官,也有愚蠢、‘固执’或对证词有偏见或漫不经心的初审法官”。所有上述因素,特别是法官的不可预测的独特个性都会导致对案件的处理带有很大的主观性,使人们无法预测其结果。由于这些主观因素的影响,法律规则往往是无效的,他要求案件更加个殊化,并希望给所有或绝大部分规则注入大量的司法自由裁量权的因素,以实现“看得见的正义”。①

(三)法律推理过程中的不确定性

如前所述,在很多案件中,法律推理的大前提法律规则和小前提法律事实都是不确定的,适用哪些规则、规则如何理解、认定哪些事实,在很大程度上取决于法官或陪审官的主观选择。

同时,法律适用不是一个标准的三段论的推理过程。“所谓的法律三段论只能描述法律适用的(最简单的)基本结构。它并非可计算地(‘逻辑地’)发现裁决的可靠模式。”不同于只能得出唯一正确结论的数学公式的推演过程,法律适用过程中的推演存在很多不确定的因素,同时会深受价值观、个人社会经验、思维习惯、政策、社会形势等的影响,因此每个人的推演所得出的结论可能并不相同,而这种不同可能并不存在错误和正确之分,仅是角度和观点不同,每个人都有自己的逻辑和理由。正是因为很多疑难案件的法律适用过程是没有标准答案的,对很多案件的定性,不同法官或法

---

① 转引自[美]E. 博登海默:《法理学——法哲学及其方法》,邓正来译,中国政法大学出版社2004年版,第167页。

学专家都是各执一词,谁也无法说服谁。

著名法学家罗斯科·庞德也持同样的观点,他说"一般法学家误认法学为一个专用逻辑方法的科学,他们以为裁判案件只要以现成的法律为大前提,以当前事实为小前提,我们就能演绎出一个一定不易的结论。这样看来法律就可比一部磨米粉的机器,只要将米粒从一边不尽地灌进去,那米粉就会从另一边磨出来了。司法者就是司机的工人,毫无创造的机会。殊不知法律是一个应付社会生活的科学。那社会生活上的需要是无时不在变化和扩张当中,所以裁判之大前提也有随时修正之必要。书面上的法律和实际上的法律是不同的,而我们所应注重的是实际上的法律"。[①]

综上可见,刑法本质上是具有不确定性的。但事实上,刑法的不确定性并不必然构成对法治的威胁,两者是并行不悖的。刑法具有不确定性并不意味着刑法不可预测,刑法的不确定性只是表示刑法材料无法决定刑法问题的结果。但是,法官可以根据道德、政策、习惯等非刑法因素决定刑法问题的结果,律师和公民可以根据有关审判的社会科学理论来预测法官的判决。只要不确定的司法判决是可以预测的、是客观的、是符合正义理念的,不确定性就不会成为法治的缺陷。

### 三、刑罚导向主义的刑法解释方法的适用

按照惯常的理解以及形式解释论的观点,在面对一个案件事实时,法官首先应对犯罪构成要件进行形式的解释,然后再对应法律事实,从而得出犯罪性质和罪名。但是这种"向后看"的法律解释方法,"把法治国的概念框架转变为形式解释的前提,有其不利的方面,那就是使司法实践同它扎根于其中的文化的生活形式和政治的生活秩序脱离了联系,无法处理始料不及的疑难案件"。[②]

刑法的不确定性既然是必然存在的,刑法问题就不一定有标准答案,我们也就不可能要求法官像自动售货机那样处理案件,即先输入大前提法律规则和小前提法律事实,然后就可以得出所谓正确的结论。刑法的不确定性导致结论可能不具有唯一性,也不存在考试中的标准答案,因此自动售货机般的法律适用并不能得出可靠合理的结论,也可能并不能实现刑法目的和公平正义。

笔者认为,在解释刑法时,尤其是在面对疑难案件时,可以在罪刑法定原则的框架范围内采取三段论的倒置的方法适用法律,即法官通过对案件事实的综合判断,先得出临时性的结论,后寻找大前提,并且使大小前提得以对应。法国的雅克·盖斯旦教授、吉勒·古博教授以及我国张明楷教授等也持此种观点。[③] 这种法律解释方法符合

---

① 吴经熊:《法律哲学研究》,清华大学出版社 2005 年版,第 224 ~ 225 页。

② 姜涛:《后果考察与刑法目的解释》,载《政法论坛》2014 年第 4 期。

③ 参见张明楷:《实质解释论的再提倡》,载《中国法学》2010 年第 4 期。

人类的思维习惯和心理现象,也和刑法的不确定性特点相呼应。

那么,这种"临时性的结论"到底指什么,是罪名还是刑罚,以及如何得出?对于这些问题,张明楷等教授并未作深入探讨。笔者认为,这种"临时性的结论"应当是刑罚,而非罪名。

无论我们是在教学过程中,还是在学习和研究刑法的过程中,相当一部分人都已经形成一种思维习惯,即仅在法律适用过程中,重点关注和论证行为人的行为是否构成犯罪和构成什么罪名,而忽略了对行为人判处什么样的刑罚,对刑罚运行机制尤其是刑罚效益的实现及其程度缺乏终极意义上的关怀。而现实恰恰相反,被告人、被害人及其家属、社会上的民众等最关注的问题是对被告人究竟可以判处多重的刑罚,如果刑罚是可以接受的,怎么定罪似乎并不是那么重要(当然定罪的结果影响量刑的除外)。沙俄时期的刑法学家基斯特雅考夫斯基曾言:"在刑法中,第一把交椅无疑属于刑罚。"或许基斯特雅考夫斯基的言论是出于对刑罚论的偏好,但并非言过其实。定罪最终要落实到刑罚上,其终极目的仍是适用刑罚,对犯罪进行惩罚,对犯罪人动用刑罚权,是实现报应这种基本正义的最典型示范。

因此,笔者认为,解释刑法时,可以在罪刑法定原则的框架范围内,以刑罚为导向解释刑法和适用刑法,即可以由刑及罪,由刑罚倒推罪名。具体而言,当面对疑难案件且争议较大时,法官应首先基于社会上的平均价值观念、公平正义的理念、生活及审判经验等,初步判断对犯罪人应大致判处多重的刑罚才能满足罪责刑相适应的要求和达到最好的社会效果,进而确定对犯罪人判处什么样的罪名。笔者将这种刑法解释和适用方法姑且归纳为"刑罚导向主义的刑法解释方法"。

以笔者曾亲历的一个案子为例:王某酒后驾车,路上刮倒某骑车人,致其轻微伤。王某被众人拦下车后,掏出车上携带的一把水果刀,威胁拦车者让路,随后驾车逃跑,路上又蹭倒一行人(轻微伤),并擦刮了一辆汽车。在讨论该案时,各法官的观点并不一致,争论激烈。一种观点认为,王某应构成以危险方法危害公共安全罪,理由是王某刮倒行人后驾车逃跑,又刮倒行人,对社会公共安全造成了极大危险性,而且下车后还掏出水果刀威胁路人,性质非常恶劣。另一种观点认为,王某应构成危险驾驶罪,理由是王某虽系醉酒驾车,并导致多人轻微伤,但并未造成严重的后果,其危险性也未达到和爆炸、放水、决水等危险方法相当的程度。这两种观点都有自己的逻辑和论据,都有一定的道理,无论采取哪种观点,都不能说这个判决是错误的。因此,笔者认为,对于该案,实际上是没有标准答案的,通过传统的三段论的推演方法,先寻找法律规则,再对应案件事实,是无法得出唯一的结论的,这将可能导致这样一种结果:该案在不同的法官手中,可能最后定性是不同的,并直接导致量刑的巨大差别,而这种不确定性似乎取决于被告人的运气和法官的主观选择。

笔者认为,就本案而言,如果采用刑罚导向主义的刑法解释方法,解决起来就显得没有那么困难和随意了:既然我们无法对案件进行无争议的定性,那么我们何不用刑罚进行倒推?即首先我们基于社会上的平均价值观念、公平正义的理念、生活及审判经验等,综合整个案件事实,凭直觉初步判断应对王某判处多重的刑罚,才能满足罪责刑相适应的要求,带来更为积极的社会效果与法律效果。然后我们再对比以危险方法危害公共安全罪和危险驾驶罪的法定刑,并分析它们的构成要件是否能和案件事实相对应,从而确定最终的罪名。就本案而言,以危险方法危害公共安全罪的最低法定刑是三年,危险驾驶罪的法定刑为拘役,王某虽系醉酒驾车,并导致多人轻微伤,但并未造成严重的后果,如果以危险方法危害公共安全罪定罪并判处三年以上有期徒刑,从情理上而言,显然处罚过重。同时,假设王某醉酒驾车将路人撞死了,则只能定交通肇事罪,处罚反而还轻一些,这显然是有失正义的。因此,通过以刑罚为导向对案件进行分析,我们认为将王某定性为危险驾驶罪并判处拘役,应该更合适一些。

通过该案可见,刑罚导向主义的刑法解释方法实际上是一个"价值判断"通过利弊衡量融入"刑法规范"并决定其理解与适用的方法,是超越规范体系上逻辑推演的效果,依据价值观、社会经验等所评估与判断可能的后果来决定解释结论是否可接受。该种解释方法强调刑法解释的灵活性,不仅在理论上具有一定的正当性和合理性,符合社会民众的心理预期和价值判断,而且也能满足法官处理现实案件的需求。

## 四、刑罚导向主义的刑法解释方法的限制

虽然刑罚导向主义的刑法解释方法具有合理性,但其本质上是一种典型的功利主义刑法解释观或实质解释论,若不加限制肆意滥用,则可能会如洪水猛兽般对法治造成严重破坏,导致案件结果完全取决于法官的恣意解释。"刑法的实质取向如果一旦出现走极端的偏向,也有可能滑向一切取决于法官解释的事态。"因此,如何对该种解释方法进行限制,在法的稳定性与灵活性、法的安全性与合理性之间找到一个平衡点,成为一个重要的问题。笔者认为,在运用刑罚导向主义的刑法解释方法时,应当受到至少以下几个方面的限制:

其一,刑罚导向主义的刑法解释方法应该受到罪刑法定原则的钳制。

首先需要指出的是,"刑罚导向主义的刑法解释方法"采取的是三段论的倒置的方式,但这种方式并不必然违反罪刑法定原则。正如有学者所言:"法学家或者法官面对案件时,即使先临时性地得出有罪结论(也可谓一种假设),再寻找适用的刑法条文,并且使案件事实与刑法条文规定的构成要件相对应,也完全符合罪刑法定原

则。"[①]这是因为,"三段论的大前提和小前提往往不表现为既定的因素,而是需要人们去认真探索、发现的。在探索的过程中,法学家们从事实出发来寻找恰当的规则,然后又回到案件的具体情况中来检验是否一致"。"在探求的过程中,法学家也经常会从答案出发。这就是推理的倒置"。"在实践中,一旦事实得到确证,法律规则的适用通常是差不多自动的"。"当事实和法律因素不确定时,法官就常常会从他直觉地认为公平的解决方案出发,只是到了司法决定的形式起草阶段才使用三段论推理。我们可以称之为倒置的三段论,'上升式的'或'逆退式的'三段论。此时法官就会运用其选择前提的自由,以使制作出能够证明已定结论的三段论"。[②]

但是,"刑罚导向主义的刑法解释方法"这种功利主义的实质解释方法,天生就有突破罪刑法定原则的内在属性,故我们在运用该种解释方法时,应时刻保持警惕,不得为追求结论的合理性而突破罪刑法定原则的刚性要求。在如何把握解释是否违反罪刑法定原则时,通常认为,最主要的是判断解释是否超出国民预测可能性和刑法文义本身可能具有的含义。笔者也赞同该种标准,如果采用刑罚导向主义的刑法解释方法得出的结论明显超出国民预测可能性和刑法文义本身可能具有的含义,应当是严格禁止的。例如,许霆案,若采用刑罚导向主义的刑法解释方法来分析,其行为明显不应当被判处无期徒刑,从而得出的结论就是不应当构成盗窃罪,定侵占罪显得更合适些。但由于许霆的行为完全符合"盗窃"的含义,而难以将其解释在"侵占"的文义本身可能具有含义范围之内,故该种解释超出了刑法文义本身可能具有的含义,是不符合罪刑法定原则的。

需要进一步明确的是,不同的词语或不同的罪名,其文义的射程范围可能具有交叉或重合之处,如果我们所要解释的问题在这种交叉或重合的范围之内,笔者认为该问题是一个具有不确定性的问题,即无标准答案,无论作出哪种解释,均是符合罪刑法定原则的。这种交叉或重合关系并非法条之间的竞合关系,而是当某些案件发生后,既可以将其行为解释为A罪,也可以解释为B罪,无论哪种解释都是可以接受的,但我们一旦作出结论,不能认为其行为既构成A罪,又构成B罪。例如,在司法实践中,大部分奸淫幼女的行为都随着一定程度的金钱交易,对这种情形到底该定嫖宿幼女罪还是强奸罪,以前在理论上和司法实践中争议非常激烈。[③] 笔者认为,该种情形居于两罪交叉或重合的范围之内,无论将其行为解释为嫖宿幼女罪,还是强奸罪,都是在其各自的文义的射程范围之内,都不违反罪刑法定原则。同时,被害人和社会民众可能

---

① 张明楷:《实质解释论的再提倡》,载《中国法学》2010年第4期。

② [法]雅克·盖斯旦、吉勒·古博:《法国民法总论》,陈鹏等译,法律出版社2004年版,第40~41页。

③ 2013年最高人民法院、最高人民检察院、公安部、司法部《关于依法惩治性侵害未成年人犯罪的意见》第20条规定:"以金钱财物等方式引诱幼女与自己发生性关系的;知道或者应当知道幼女被他人强迫卖淫而仍与其发生性关系的,均以强奸罪论处。"普遍认为该条规定实际上已经将嫖宿幼女罪架空。

并不太关注对被告人到底定强奸罪还是嫖宿幼女罪，而关注的是到底对被告人判多重的刑罚。因此，对于这类案件，如果要得到合理的结论和作出合适的处罚，需要采用刑罚导向主义的刑法解释方法，即先综合案件情况及其他类似案件的判例，初步判断应判处被告人多重的刑罚，再选择对应的罪名。

其二，只有当案件有争议，难以得出唯一结论时才能适用刑罚导向主义的刑法解释方法。

如前所述，刑法既是具有确定性的，又是具有不确定性的。刑罚导向主义的刑法解释方法的正当性的基础在于刑法的不确定性，因而，该种解释方法并不是可以适用于任何案件和场合。

正如有学者所言："并非任何词语都有一定弹性的意义域。某些词语具有多义性，或者具有较为宽阔的意义域，对此可以在可能的语义范围内进行价值选择。因此，存在通常语义与可能语义之区分，但在绝大多数情况下，语词的含义是较为确定的，因而不存在通常语义与可能语义之区分。对此也就只能采用语义解释而不能进行实质解释。"①刑罚导向主义的刑法解释方法本质上是一种实质解释方法，如果案件事实是确定的，且处于刑法条文确定的含义范围之内的，两者完全或高度契合时，自然在案件定性上不存在争议或争议很小，这种刑法问题就是确定的、有标准答案的，当然不能适用刑罚导向主义的刑法解释方法，而只能采用语义解释。只有当案件有很大争议，刑法问题处于刑法语词的模糊地带时，即刑法问题具有不确定性、没有标准答案时，才能适用刑罚导向主义的刑法解释方法。

① 陈兴良：《形式解释论的再宣示》，载《中国法学》2010 年第 4 期。

# 论法官的刑法解释

肖　敏*

## 一、刑法解释的必要性及特殊性解读

### （一）法律解释（含刑法解释）的必要性：从否定到肯定的历程及其理据

近代以来，三权分立的政治理论逐渐兴起及欧洲大陆大规模法典编纂运动的展开，共同导致了对法官释法的排斥与否定，代表者主要有法国的注释法学派、德国的概念法学派及古典刑事学派。法国的注释法学派认为，法律规范以法典的形式构成明确的体系，这个体系是普遍的不可侵犯的自然法原则的表现，对于法学家来说，法典之外不再有法源。对于法官来说，就是对法典所宣示的实在法规范进行操作，有关法外的政治、经济、社会、道德因素都应排除，必要时可以探求立法者的意思。① 而在德国的概念法学派看来，社会生活的进步与发展似与法律无多大关系。概念法学的主要特征是：排斥习惯法和判例，以国家的制定法为唯一的法源；不承认法律缺陷，认为法律秩序具有逻辑的完整性，任何案件，都可以用逻辑方法从现存法律体系中获得解决；用形式逻辑的操作方法对法律进行解释，只强调用文义解释和体系解释方法，排除释法者对具体案件的衡平考虑；否定司法活动的创造性功能，将法官视为适用法律的机器；认为法学是纯粹的理论认识活动，不具有实践的性质，无须进行价值判断。② 古典刑事法学派基于中世纪时期司法擅断及残酷，极力推崇制定成文法典，反对法官解释法律，如贝卡里亚主张："刑事法官根本没有解释刑事法律的权利，因为他们不是立法者。……法官对任何案件都应进行三段论式的逻辑推理。大前提是一般法律，小前提是行为是否符合法律，结论是自由或者刑罚。一旦法官被迫或自愿做哪怕只是两种三段论推理的话，就会出现捉摸不定的前景。"③在这种推崇成文法、蔑视法官能动性的历史环境下，再加上实证科学逐步渗入社会科学领域，立法者普遍膨胀一种理性万能

* 肖敏，法学博士，西南政法大学副教授、硕士生导师。

① 参见董皞：《司法解释论》，中国政法大学出版社 1999 年版，第 153 页。

② 参见董皞：《司法解释论》，中国政法大学出版社 1999 年版，第 156 页。

③ ［意］切萨雷·贝卡里亚：《论犯罪与刑罚》，黄风译，中国法制出版社 2002 年版，第 13 页。

的自信,他们毫无根据地认为,理性能够设计出普遍有效的法律制度的全部细节。[①]在他们看来,所有的要求都可由理性独立完成,似乎过去从未有过立法。唯一需要做的就是调动起国内最有力的理性,通过运用这一理性获取一部完美的法典,并使那些具有较弱理性的人臣服于法典的内容。[②] 而"法官的制定法适用应该像自动机一样运转,它带有的唯一特点是,运转的装置不是机械式的,而是逻辑式的自动控制"。[③] 这种理性万能的立法思想也曾付诸实践,如1794年的《普鲁士普通邦法》就是依据这种理论制定的,它共有一万多条,立法者试图设想对每个可能出现的情况都适用的法律解决办法和必须为法官在审理案件时能直接找到的法律条款,借以防止法官可能对法律的解释以至对立法权的侵害。法律解释必须由国家立法机关进行,禁止法官对法律作出解释。但是,尽管这部法典十分缜密,新问题仍然层出不穷。法制史学家认为,由于普鲁士法典扼杀了法官的法律解释职能,即使法典牺牲了简洁性与概括性,仍然未能逃脱失败的厄运。[④] 后将法官视为自动售货机的司法尝试最终落空,人们觉得法官严格受制定法约束这一要求不可实现,因为要精确地理解制定法,如此具体地和竭尽全力地执行官方评注对制定法的解释,以至于一切适用的疑惑全都被排除掉,不可能成功。人们也感到那个持续地受制定法约束的要求不再是理想的。[⑤] 时至今日,法官必须解释已成为理论界与实务界无可异议的共识,从宏观上主要归因于以下几个理由:

首先,法律规范具有普遍性与抽象性之特点。"法既然是由国家制定或认可的,它就必然具有国家意志的属性,因此具有高度的统一性、普遍适用性。"[⑥]法律是一种抽象、概括的规定,其主要表现在三个方面:从立法者的角度看,它适用的对象是一般的人而非特定的人;法律在生效期间反复适用而非仅适用一次;意味着同样情况应受同样的对待。如此,法律只能是对普遍的问题作出规定,而不可能关注事物的方方面面。[⑦] 正是这种针对一般类型行为普遍适用的特点,决定了法律不可能事无巨细都予以详细规定。而现实生活又是如此丰富多彩、纷繁复杂,高度概括抽象的法律无法一一对应,法律与现实之间的褶皱须由法官解释予以抚平。对此,古希腊哲学家亚里士多德曾指出:"对于若干事例,法律可能规定得并不周详,无法作断,但遇到这些事例,个人的智虑是否一定能够作出判断,也是未能肯定的。法律训练执法者根据届时并应

① 参见[美]E. 博登海默:《法理学:法律哲学与法律方法》,邓正来译,中国政法大学出版社1999年版,第63页。

② 参见[美]罗斯科·庞德:《法律史解释》,曹玉堂等译,华夏出版社1989年版,第13页。

③ 参见转引自[德]卡尔·恩吉施:《法律思维导论》,郑永流译,法律出版社2004年版,第130页。

④ 郭华成:《法律解释比较研究》,中国人民大学出版社1993年版,第25页。

⑤ 参见[德]卡尔·恩吉施:《法律思维导论》,郑永流译,法律出版社2004年版,第130~131页。

⑥ 张文显.《法理学》,高等教育出版社2003年版,第63页。

⑦ 参见李荣:《刑法适用中的法官解释》,知识产权出版社2007年版,第76页。

用一切条例,对于法律所没有周详的地方,让他们遵从法律原来的精神,公正地加以处理和裁决。"[①]

其次,作为法律载体的语言文字具有模糊性。现代社会法律多以成文法形式出现,尤其刑法,因牵涉公民基本人权的剥夺,更需明文规定,而罪刑法定原则基本已成为世界绝大多数国家的立法选择。众所周知,成文法均以语言文字为载体,故其表述必然受制于语言文字本身的性质,"语言的核心部分,其意义固甚明确,但愈趋边缘则愈为模糊,语言边缘之处的'边缘意义'一片朦胧,极易引起争执,而其究属该语言'外延'之领域内或其外,亦难确定。法律条文亦复如是,总有 borderline case 濒临法律边缘,究竟是否属于该法律条文规范的范围,亦费斟酌",[②]"就立法而言,我们把空缺结构作为人类语言的一般特征提出来了;边界上的不确定性是在有关事实问题的任何传递形式中使用一般分类词语都需付出的代价"。[③] 语言文字的内涵不仅具有核心性与边缘性,还具有多义性和情境性,"法律文字是以日常语言或借助日常语言而发展出来的术语写成的,这些用语除了数字、姓名及特定技术性用语外都具有意义的选择空间,因此有多种不同的说明可能。正因为有此种多样的说明可能性,语言才具有丰富的表达力及配合各该情势的适应力。假使以为,只有在法律文字特别模糊、不明确或相互矛盾时,才需要解释,那就是一种误解,全部的法律文字原则上都可以,并且也需要解释"。[④] 由于语言文字自身属性所导致的模糊性,使法官必须根据个案情境进行具体化解释。

再次,有限理性的立法者无法充分预见变动的社会生活。人类社会生活永远处于不断变化发展的状态,而法律又具有相对稳定性,作为有限理性的立法者立足于当下的社会认知,无法充分预判社会未来发展。诚如哈特所言,"人类立法者根本不可能有关于未来可能产生的各种情况的所有结合方式的知识","因为我们是人,不是神。无论何时,我们试图用不给官员留下特殊情况下的自由裁量权的一般标准,去清晰地、预先地调解某些行为领域,都会遇到两种不利条件,这是人类、也是立法所不能摆脱的困境。一是我们对事实的相对无知;二是我们对目的的相对模糊"。[⑤] 德国学者普珀也主张,"这种认为立法者能够通过规范对于每个按键都预先定出完整、终局之决定的想法,已被证实是一种错觉、幻想。再加上,应该被规范的现实世界也会产生变动,这些变动往往是立法者在公布法律规范时所没有料想到,甚至在大部分的情形根本不

---

① [古希腊]亚里士多德:《政治学》,吴寿彭译,商务印书馆1965年版,第168页。
② 杨仁寿:《法学方法论》,中国政法大学出版社1999年版,第75页。
③ [英]哈特:《法律的概念》,张文显等译,中国大百科全书出版社1996年版,第127页。
④ [德]卡尔·拉伦茨:《法学方法论》,陈爱娥译,商务印书馆2003年版,第85~86页。
⑤ [英]哈特:《法律的概念》,张文显等译,中国大百科全书出版社1996年版,第128页。

可能预想到”。[①] 德国学者拉德布鲁赫更是旗帜鲜明的否定了立法者全能全知的观点,“我们的时代不再有人相信这一点。谁在起草法律时就能够避免与某个无法估计的、已生效的法规相抵触?谁又可能完全预见全部的构成事实,它们藏身于无尽多变的生活海洋之中,何曾又一次被全部冲上沙滩?尽管如此,我们的时代曾相信法官拥有神力,可以无须自身创造性补充而从立法人充满漏洞、不明确和矛盾的条文中,找到处理所有按键得清楚的、无可争议的裁决。……因为,我们要打破这种假象,对于法官而言,并未赋予他任何权利,如果他目前未占有这种权力——承认法官是法律创制人,并不会中断法官在司法活动所受的严格约束——而带给他的不过是他对一种自己一直无意识且不间断行使的权力的意识。法官进行创造性活动范围的大小,因不同的法律领域而异”。[②] 由此可见,理性万能观念惨遭破产,时移势迁,法律无法应对现实之崭新状况,而重新立法又亟须程序及时间,远水不能救近火,社会纠纷必须及时解决,达到定分止争之目的。因此,最佳解决之道是法官在既有法律框架下结合具体情形对现有法律进行解释。

最后,法官职责决定了法官不得拒绝审判案件,必须解释法律。无论法律是否有明确规定,无论案件是否复杂棘手,法官基于职责不能保持沉默,必须及时作出裁判。学者李岱认为,“若有争讼内容为制定法所未规定,或为往昔判例所未曾有,法官即得以此为理由而拒绝审判。在理论上固然讲不通。事实上争议未曾解决,正义不能伸张,当然防害社会安全。故虽然法律并无规定、判决亦无前例。只要当事人合法提请审判,司法官即不得拒绝审判。若为民事,法律无规定时,即许司法官依习惯或法理而为裁判,并许类推解释。外国立法例,亦多有类似之规定。若为刑事,法律无规定时,依罪刑法定主义,即应宣告被告为无罪”。[③] 学者朱采真也提出了自己的看法,“裁判者不得借口法律有缺陷就拒绝适用。什么叫作法律有缺陷呢?法律有缺陷就是法律上有了遗漏,有了不明白的条文。大概立法的错误本是不能完全免除,等到法律已经成为法律,再发觉出来它的错误,或者是不明了,或者是不完备,还有什么补救方法呢?裁判者是可以解释法律的,所谓文理的解释、论理的解释一齐运用起来,难道不能把不明了的法律解释得明了么?至于法律上遗漏的缺陷,这是在民事方面尽可适用无法律、从习惯;无习惯,从条理的原则解决一切。刑事呢,那就律无正条不为罪,法律不完备时适用上也没有什么不方便。裁判者对于自己的职务是要曲尽其适用法律的义务和能事,只要公的告诉,私的请求,就绝无拒绝适用法律的余地”。[④] 在学者们看来,无

---

① [德]英格博格·普珀:《法学思维小课堂:法律人的6堂思维训练课》,蔡圣伟译,北京大学出版社2011年版,第66页。

② [德]拉德布鲁赫:《法学导论》,米健、朱林译,中国大百科全书出版社1997年版,第106~107页。

③ 李岱:《法学绪论》,台北,台湾中华书局1966年版,第59页。

④ 朱采真:《现代法学通论》,世界书局1931年版,第94页。

论在民事抑或刑事司法领域,法官均无权以法律无规定或法律有缺陷而拒绝审判。民法主要涉及平等主体之私权关系,即使法律无法跟上日新月异的社会发展,法官还能回溯到习惯和学理寻求判案依据,如《瑞士民法典》第1条规定:“(1)凡依本法文字或释义有相应规定的任何法律问题,一律适用本法。(2)无法从本法得出相应规定时,法官应根据习惯法裁判;如无习惯法,依据自己如作为立法者应提出的规则裁判。(3)在前一款的情况下,法官应依据公认的学理和惯例。”①《法国民法典》第4条甚至规定:“法官如借口法律缺项、法律不明确或不完备而拒绝审理,得按拒绝审判罪予以追究。”②刑事司法领域属国家公权力(刑罚权)之运用范围,具有强制性与剥夺性,近代罪刑法定原则之确立,尤其强调公民个体权利的保护,因此,罪刑法定原则“法无明文规定不为罪,法无明文规定不处罚”成为法官审判的基本指导准则,而“在法律有疑问的情况下,法院并不能因此而免于适用法律”。③ 即当法律语义模糊、明昧未定时,法官也须作出相应之理解与解释。

(二)刑法解释的特殊性:目的解释之提倡

刑法作为法律群中的一分子,理应符合法律需要解释的一般情形,但与其他法律解释相比而言,又有其特殊性,因刑法具有剥夺性与强制性,为防止法官滥用解释权,侵害无辜公民的基本人权,世界上绝大多数国家刑法学界都力倡刑法应该严格解释。作为大陆法系法典代表的《法国刑法典》通则第111-4条明确规定:“刑法典应严格解释之。”④英美法系同样坚持“刑事法律必须被严格地加以解释,以排除刑事法律适用上的不公正”。⑤ 至于刑法究竟该如何严格解释,刑法学者们歧见纷呈:有的认为刑法解释应该局限于文理解释,如贝卡利亚提出,当一部法典业已厘定,就应该逐字遵守,严格遵守文字所遇到的麻烦,不能与解释法律所造成的混乱相提并论。⑥ 也有学者认为应该限制解释,“对刑法而言,扩充解释是不允许的,而限制则是允许的”,⑦还有观点认为可以进行限制或扩大解释,如法国刑法学者提出,“刑法严格解释规则并不强制刑事法官仅限于对立法者有规定的各种可能的情形适用刑法。只要所发生的情形属于法定形式范围之内,法官均可将立法者有规定的情形扩张至法律并无规定的情形”。⑧ 甚至有学者提出,不仅可以扩大解释,还可以类推解释。如日本植松正教授

---

① 《瑞士民法典》,殷生根、王燕译,中国政法大学出版社1999年版,第3页。

② 《法国民法典》,马育民译,北京大学出版社1982年版,第2页。

③ [法]卡斯东·斯特法尼等:《法国刑法总论精义》,罗结珍译,中国政法大学出版社1998年版,第140页。

④ 《法国刑法典》,罗结珍译,中国人民公安大学出版社1995年版,第2页。

⑤ 储槐植:《美国刑法》(第3版),北京大学出版社2005年版,第30页。

⑥ 参见[意]切萨雷·贝卡利亚:《论犯罪与刑罚》,黄风译,中国大百科全书出版社1996年版,第13页。

⑦ [德]汉斯·海因里希·耶赛克、托马斯·魏根特:《德国刑法教科书》,徐久生译,中国法制出版社2001年版,第196页。

⑧ [法]卡斯东·斯特法尼等:《法国刑法总论精义》,罗结珍译,中国政法大学出版社1998年版,第143页。

曾说过:“不允许类推,容许扩张解释不外是语言魔术。”[①]发展至今,目的论解释得到越来越多的肯认,“自目的——利益法学胜利进军以来,目的的方法可能越来越替代字面解释出尽风头”。[②] 如德国联邦最高法院多次明确主张在原文界限的框架中进行目的性解释:“在语言可能的界限中……各种概念都应当根据其所适用的条文将要建立的含义和目的来解释。”[③]并且“目的解释仍是欧盟法院最常用的方法”。[④] 目的论解释甚至被誉为刑法解释方法之桂冠,因为只有目的论解释方法直接追求所有解释之本来目的,寻找出目的观点和价值观点,从中最终得出有约束力的重要的法律意思……在根据法律目的进行解释时,法官总是将宪法的价值判断放在首位(符合宪法的解释)。[⑤] 在耶塞克教授等看来,合宪性解释就是一种目的论解释。我国张明楷教授主张:“任何解释方法都或多或少包含了目的论解释;当不同的解释方法得出多种结论或者不能得出妥当结论时,就要以目的论解释为最高原则。”[⑥]冯亚东教授也提出类似观点,即刑法解释应以目的论解释为准,“刑法是涉及公民自由甚至生命的法律,对刑法的解释应当力求一种合理的唯一性;而取得唯一性结论的最重要途径就是讨论各方应当首先建立起一个共识性的讨论平台,各家在一个共识前提下展开具体问题的讨论,而所谓的共识性的讨论平台,则更多便是指法的目的,或称法的精神”。[⑦] 但即使是目的论解释的拥护者,对类推解释与扩张解释的理解也是有分歧的。如日本学者福田平等认为,依据目的论解释,才不至于使刑法法规局限在法律条文的文理解释,根据情况把在规定中能够包括的范围作扩张解释,或者作限制解释,据此调和现实的社会生活。但类推解释因为违反了罪刑法定原则,因而是不允许的。[⑧] 木村龟二教授却认为,“以指导法律规定和全部法律秩序为目的必须是正确的基石,所以,目的论解释是有必要的”。[⑨] 同时,他也提出,“超过刑法规定条文语言意思界限的,就是类推解释”。[⑩] 而日本学者阿部纯二则主张,目的论的扩张解释和类推解释在本质上具有相同性。[⑪] 我国刑法教授陈忠林提出,刑法解释及其界限的焦点不再是刑法规范可能的含义与字面含义之间是否具有类推关系,而是刑法解释的结果是否符合刑法规范的目

① 转引自马克昌:《比较刑法原理》,武汉大学出版社 2002 年版,第 71 页。

② [德]卡尔·恩吉施:《法律思维导论》,郑永流译,法律出版社 2004 年版,第 97 页。

③ [德]克劳斯·罗克辛:《德国刑法学总论》(第 1 卷),王世洲译,法律出版社 2005 年版,第 86 页。

④ [比]马科·范·胡克:《法律的沟通之维》,孙国东译,法律出版社 2008 年版,第 196 页。

⑤ 参见[德]汉斯·海因里希·耶塞克、托马斯·魏根特:《德国刑法教科书》,徐久生译,中国法制出版社 2001 年版,第 193 页。

⑥ 张明楷:《刑法的基础观念》,中国检察出版社 1995 年版,第 232 页。

⑦ 冯亚东:《法学方法论再议》,载梁根林主编:《刑法方法论》,北京大学出版社 2006 年版,第 98 页。

⑧ 参见[日]福田平、大塚仁编:《日本刑法总论讲义》,李乔等译,辽宁人民出版社 1986 年版,第 24 页。

⑨ [日]木村龟二:《刑法学词典》,顾肖荣等译,上海翻译出版公司 1991 年版,第 82 页。

⑩ [日]木村龟二:《刑法学词典》,顾肖荣等译,上海翻译出版公司 1991 年版,第 83 页。

⑪ 转引自王海桥:《刑法解释的基本原理——理念、方法及其运作规则》,法律出版社 2012 年版,第 58 页。

的,或有利于刑法规范所维护的价值。[①] 反对类推解释的学者是基于罪刑法定原则,认为类推解释将突破罪刑法定原则,破坏法的安定性,而赞成类推解释的学者与之针锋相对地提出了一个有力的论据,在解释和类推之间并不存在逻辑上的区别,因为各种解释都要进行相似性的比较,这在事实上是正确的。[②] 与此同时,在目的论解释上也有两种不同基本立场:一种是主观主义的刑法解释论,认为刑法解释的目的是探寻立法者的原意,另一种是客观主义的刑法解释论,主张应该根据社会发展的客观情形进行刑法解释。主观主义解释论中的立法者原意是难以把握的,立法者是一种抽象的存在而不是一个具体的个人,根本不存在重现立法者思维过程的可能性。[③] 而且时移境迁,客观情形发生了巨大变化,若再去追寻立法者原意,恐无法回应现实,如按照美国宪法,国会有权建立陆军和海军,而没有提到空军(当时的人们无法想象空军);但今天,所有的美国法官和律师都将这一条款理解为包括有权建立空军和其他必需的武装力量。[④] 由此可知,客观主义解释论不拘泥于既往,与时俱进,根据客观情形与现实发展需要来理解与解释刑法,更利于实现刑法目的,但其也可能导致法解释的任意性。故有学者走折中路线,提倡两者的综合,如张骐认为目的解释是指从制定某一法律的目的来解释法律。这里讲的目的不仅是指原先制定该法律时的目的,也可以指探求该法律在当前条件下的需要。葛洪义则认为目的解释是指从法律的目的出发对法律所作的说明。任何法律都具有一定的立法目的。根据立法意图解答法律疑问,是法律解释的应有之意。目的解释的目的,不仅是整个法律的目的,而且也包括各法律规范的目的;可能是法律明确规定的,更多的则藏于法律规定之后;有的是立法当时的目的,有的则是后来赋予的。[⑤] 总体而言,刑法严格解释一方面固然要恪守罪刑法定原则,但因罪刑法定原则已从绝对的罪刑法定发展到相对罪刑法定,具有较大的开放性与伸缩性,刑法严格解释的空间也因之扩张,扩张解释与类推解释难以区分开来,或换言之,凡是突破了文理解释的都可以视为类推解释。另外,无论是文理解释、扩张解释、限制解释或类推解释都需要考虑刑法目的(无论是主观目的抑或客观目甚或两者兼顾),刑法目的成为法官解释首要考量因素,必须以此为限度进行解释。

---

① 参见赵秉志、张军主编:《刑法解释问题研究》,载中国法学会刑法学研究会编:《中国刑法学年会文集》(第1卷)(2003年度),中国人民公安大学出版社2003年版,第47~57页。

② 参见[德]克劳斯·罗克辛:《德国刑法学总论》(第1卷),王世洲译,法律出版社2005年版,第88页。

③ 参见陈忠林:《刑法散得集》,法律出版社2003年版,第141页。

④ 参见苏力:《解释的难题:对几种法律文本解释方法的追问》,载《中国社会科学》1997年第4期。

⑤ 参见宋飞:《试论法律解释方法的种类》,网址:http://www.chinalawedu.com/news/16900/170/2008/7/wy987628502171780O216472-0.htm,2008年7月1日访问。

## 二、刑法解释的主体界定:法官地位之确证

### (一)法律解释(含刑法解释)的主体辨析:法院抑或法官

如前所述,法律的抽象性、模糊性、立法者的有限理性及社会生活变迁和法官职责要求,使法律(含刑法)必须解释已经成为当代法学界不争的共识。至于法律文本的解释主体是谁,我国学界与西方理论界的看法还是有所分歧的。在西方的法律解释理论中,法律解释主体毋庸置疑的是法官本人,"无论是方法论意义上的法律解释理论还是本体论意义上的法律解释理论,都认为有一个有面目的法官,作为法律的解释者。正是通过这一个人的法律解释才在文本与判决之间建立起内部逻辑一致的因果联系"。[①] 在国外的法学著作中,在我国香港特别行政区和台湾地区的法学著作中讲法律解释,并不讲我们所谓的立法解释,也不讲我们所谓的司法解释,它讲的仅仅是法官在审理案件过程中所作的解释。……在他们看来,最为重要的是,有必要作为一门专门的法律学科进行研究、进行讲授的,是法官裁判案件当中所作的解释。[②] 当今西方学界普遍认为,没有法官解释就没有法律适用,主要理由是:法律是抽象的、案件是具体的,要将抽象的法律适用于具体的案件、获得判决结果就离不开法官解释。[③] 司法解释就是法官对制定法的解释,这已经是一个不言自明的命题。特别是在英美法系国家,法官不仅可以对成文法律进行解释,而且可以创制法律规则,即所谓"法官造法"。[④] 在大陆法系,尽管出现过否认、禁止法官对法律的解释,但最终还是走上了承认、重视法官对法律的解释这条道路。[⑤] 由此可见,西方社会,无论是大陆法系抑或是英美法系,法律解释的主体均当仁不让的是法官本人。而在我国,1981 年全国人大常委会《关于加强法律解释工作的决议》、现行《宪法》、2000 年《立法法》及 2006 年《各级人民代表大会常务委员会监督法》共同构成了我国法律解释权基本法律框架,由此构成了立法解释、司法解释、行政解释共存的有权解释体系。其中,司法解释特指司法机关对法律规范的解释,而法官是否具有法律解释权,并无明确规定,在制度上并未正式承认法官的法律解释权,主要基于"对法律的自由解释,尤其是法学家对法律的不同解释,会导致在法律理解和适用上的混乱,削弱法律的权威,就使统治者对法律解释活动往往采取戒备或控制的态度。控制的思路和做法:一是推行宏大的法典编纂计划,

---

① 强世功、赵晓力:《双重结构化下的法律解释》,载梁治平主编:《法律解释问题》,法律出版社 1998 年版,第 237 页。

② 参见梁慧星:《裁判的方法》,法律出版社 2003 年版,第 62 页。

③ 参见李荣:《西方法官解释的历史与学派之争》,载《环球法律评论》2007 年第 3 期。

④ 即使成文法典能够在英国得到成功实施,也无法改变法官在法律解释方面的作用和地位。参见袁益波:《英国刑法的犯罪论纲》,知识产权出版社 2007 年版,第 68 页。

⑤ 参见赵秉志、张军主编:《刑法解释问题研究》,载中国法学会刑法学研究会编:《中国刑法学年会文集》(第 1 卷)(2003 年度),中国人民公安大学出版社 2003 年版,第 582 页。

二是建立官方的法律解释权制度”。[①] 但现今也有不少学者认为法官应该成为法律解释的主体,具体而言,主要有三类观点:第一类观点认为,法官解释权是和法官审判权紧密联系在一起的。“在司法的裁判过程中,对于任何一个裁判者来说,法律解释都是实现其裁判的一种基本需要。”[②]法官解释权是《宪法》第131条规定法院独立行使审判权中内含的法律解释权,是按照合理的权力分工原则随审判权由宪法授予法院的个案解释权。[③] 就审判活动的结果而言,审判权是判断权;就审判活动整个过程而言,法律解释贯穿审判活动始终,法官总是依据法律规则切割案件事实而成为据以作出裁判的法律事实,法官也总是在变动不居的客观事实中不断阐发法律规则的含义,释放法律规则的意义,因而审判权就是一种法律解释权。[④] “法院的基本职能决定了法律解释的应然主体是法官个人,而不是法院或其他机关及个人,从而刑法解释的应然主体也只能是法官个人。”[⑤]第二类观点认为,法官解释权虽缺乏明文规定却是普遍存在的事实。法官解释法律,作为另一种法律未明确授权的司法解释是真实的存在的,即普通审判人员(法官)将一般法律规定和法院规范解释适用于具体案件时所作的解释。[⑥] “法官个案解释本来就存在着,任何法官在适用刑法处理案件时都不可能不对法律文本进行解释,只有通过法官理解、解释和适用刑法的活动,刑事法治才能实现。”[⑦]第三类观点认为,法律解释与法律适用是密不可分的,“至今为止的刑法学说史表明,刑法理论中关于刑法解释的探讨,从根本上说,都是围绕着法官应该如何正确理解、适用刑法规范,而不是学者应该怎样说明刑法规范的含义问题而进行的”。[⑧] “适用法律和解释法律这两种活动或过程是关系密切、不可分割的,甚至可理解为同一事情。”[⑨]法律解释与法律适用是合一的,应当从理论上反思法官释法的性质,充分认识法律适用与法律解释的不可分性,明确承认法官对法律的解释权。[⑩] 所谓法官解释,是指直接受理案件的法官在具体适用刑法时所作出的解释,其内容是对所面临的案件如何适用刑法规范;其特点具有具体性、个别性;其目的是通过解释把刑法规范适用于

---

① 张志铭:《法律解释原理》(上),载《国家检察官学院学报》2007年第6期。

② 张志铭:《中国的法律解释体制》,载梁治平主编:《法律解释问题》,法律出版社1998年版,第195页。

③ 参见张立刚:《法律解释体制重构研究》,光明日报出版社2014年版,第229页。

④ 参见张立刚:《法律解释体制重构研究》,光明日报出版社2014年版,第231页。

⑤ 刘晓莉:《刑法解释的主体》,载《吉林大学社会科学学报》2003年第2期。

⑥ 参见刘守芬、房树新:《论法官为刑法解释的应然主体》,载《河南大学学报》(社会科学版)2005年第3期。

⑦ 王政勋:《刑法解释问题研究现状述评》,载《法商研究》2008年第4期。

⑧ 赵秉志、张军主编:《刑法解释问题研究》,载中国法学会刑法学研究会编:《中国刑法学年会文集》(第1卷)(2003年度),中国人民公安大学出版社2003年版,第7页。

⑨ 陈弘毅:《当代西方法律解释学初探》,载《中国法学》1997年第3期。

⑩ 参见董皞:《法官释法的困惑与出路》,载《法商研究》2004年第2期。

具体的个案。[①] 刑事司法解释在严格意义上,应当是以法院特别是法官主导下结合个案审理的司法裁判和刑法适用的具体解释和适用解释。[②] 上述三种观点中,第一种观点认为法官作为解释法律的主体具有宪法依据,《宪法》第 131 条赋予法院依法独立审判的权力,其中也包含了法官行使审判权。但笔者认为,《宪法》第 131 条法院独立行使审判权并不能自然推导出法官独立行使审判权,就普通个案而言,通常是由法官组成独任庭或合议庭进行审判的,一旦遇到重大疑难案件,法官不愿承担审判的责任,为规避错案追究风险,宁可交由本院审判委员会讨论通过甚或报请上级法院指示,因此法官独立审判权在制度建构上已被剥夺了一部分。但这种模式会对程序正义造成致命损害,"如果负责审判的法官不能解释法律,而不负责审判的审判委员会或最高人民法院却享有法律解释的权力,那么当事人在审判中的辩论、辩护等企图影响法官裁判的手段将几乎全部无效,开庭将只是一种形式,将彻底丧失程序上的正义性,当事人的程序参与就仅仅是一种形式上的参与,而不能对裁判结论的形成起到决定性的作用。而且如果禁止负责案件审理的法官作为解释法律的主体,就会造成其为了求得法律解释结论而频繁报请上级或有权机关解释现象的发生,而实际上导致一审、二审程序合一和上诉审流于形式的后果,既不符合司法程序正义精神,也会造成诉讼资源的极大浪费"。[③] 第二种观点和第三种观点颇具合理性,虽然我国法官的法律解释权被制度性地否认或剥夺,但法官解释法律确实是一种事实的普遍存在,虽在重大疑难案件中,法官被剥夺了部分甚至全部解释权,但毕竟普通案件居多数,而在普通案件中仍然需要由法官将抽象法律适用于具体事案。不过值得注意的是,仅仅肯定法官具有法律解释权是不够的,还需进一步提升法官职业素养,完善相关配套机制,其中,裁判书公开上网以及裁判必须说理将成为司法改革大势所趋。"公开判例是一个开放社会、开放司法的必然要求,关系到中国法学发展的根本,是解决法学发展的活水之源头",[④]而"裁判理由是法律适用和法律解释的重要载体,法律适用和法律解释的过程和结果往往都是通过裁判理由展现出来。因此,法律解释与裁判理由关系密切。特别是,法院在裁判案件中对适用于案件的法律规范的具体应用解释,集中展现于裁判理由之中"。[⑤] 可见,公开判决及其理由也是法官独立行使个案解释权必须承担的义务与责任,能有效防范法官滥用解释权,让正义以公众看得见的方式得以实现。

---

① 参见赵秉志、张军主编:《刑法解释问题研究》,载中国法学会刑法学研究会编:《中国刑法学年会文集》(第 1 卷)(2003 年度),中国人民公安大学出版社 2003 年版,第 8 页。

② 参见梁根林:《罪刑法定视域中的刑法解释论》,载梁根林主编:《刑法方法论》,北京大学出版社 2006 年版,第 159 页。

③ 李伟:《法官解释确定性的研究》,法律出版社 2017 年版,第 145 页。

④ 张卫平:《无源之水——对中国民事诉讼法学贫困化的思考之一》,载徐昕主编:《司法》(第 3 辑),厦门大学出版社 2008 年版,第 180 页。

⑤ 孔祥俊:《法律解释方法与判解研究》,人民法院出版社 2004 年版,第 37 页。

(二)法官刑法解释的内涵界定

至于何为法官刑法解释,学者们也是观点迥异,有的学者提出,“法官刑法解释也称为刑法适用中的法官解释,是指法官在将抽象的刑法规定运用于具体案件以获得判决的过程中对刑法规定的理解、分析与说明”。① 有的学者认为,“法官刑法解释,是指法官在办案过程中,一方面对法律规范进行理解、选择,明确刑法规范的含义,另一方面对案件材料进行剪裁,确定相关事实,将抽象的法律规范应用于具体案件的过程”。② 也有学者主张,“法官的刑法解释,即法官对刑法的个案解释,是法官在审判刑事案件过程中,就具体的刑事案件如何适用刑法所作的理解和说明”。③ 还有学者提倡,“刑法解释是以法官为主体的对刑法文本及其语词含义、规范结构的分析、阐释与重构,是将刑法文本类型化的规定适用于具体案件的必要前提”。④ 由此看来,学者们观点虽异,但殊途同路,都认为刑法解释主体应当是法官,解释对象是以法律文本为载体形式的刑法规范,解释方法是将抽象刑法适用于具体案件过程。而且在笔者看来,法官刑法解释属于有权解释,一纸判决就是法官刑法解释的当然结果。因此,法官刑法解释是指法官在审理刑事案件过程中将抽象的刑法规范适用于具体案件的有权解释。

## 三、法官刑法解释的价值理念:常识、常情、常理

法官刑法解释经由目的解释必然进入法的价值领域,即法官进行刑法解释时必然遵循某种价值取向或受某种价值理念的牵引,“解释必须受一系列原则和理念的限制,否则很容易误入歧途,为某一种邪恶的价值观服务,成为它的帮凶”。⑤ 毋庸置疑,法官刑法解释所追求的最高价值理念是司法正义,但正义犹如普洛透斯的脸一般变幻莫测,正义的内涵随着时代、地点、国度、环境变化而有不同的解读,可谓一千人心中有一千个哈姆雷特,一千个法学家心中有一千种正义的观念。纵览法哲学史,古往今来的许多法学流派无不对正义之追寻倾注极大的热情,也“提出了各种各样的不尽一致的‘真正’的正义观”,上述法学流派所提出的“这种种观点往往都声称自己是绝对有效的”,⑥即各法学派都认为自己的理论才是判断正义的终极标准。但不无遗憾的是,

---

① 李荣:《刑法适用中的法官解释》,知识产权出版社2007年版,第25页。

② 赵运锋:《论法官刑法解释》,载《山东警察学院学报》2011年第2期。

③ 王瑞君:《罪刑法定原则下的法官角色及刑法解释》,载《法律方法》2003年第1期。

④ 赵秉志、张军主编:《刑法解释问题研究》,载中国法学会刑法学研究会编:《中国刑法学年会文集》(第1卷)(2003年度),中国人民公安大学出版社2003年版,第327页。

⑤ 陈瑞华:《论法学研究方法》,北京大学出版社2009年版,第64页。

⑥ [美]E. 博登海默:《法理学——法律哲学与法律方法》,邓正来译,中国政法大学出版社1999年版,第252页。

古往今来的哲学家和法律思想家不过是提出了种种令人颇感混乱的正义理论。① 这些正义观脱离群众与现实，推之于极端，容易导致专制与独裁，以己为是，排除异己，历史上有人曾恰逢其会地将自己的正义观付诸实践，“结果播下的是龙种，收获的是跳蚤”，凡是希望将人间变成天堂的最终都会将人间变成地狱。事实上，正义及其判断的标准应当只能是由古至今的普通民众普遍认同的至今没有被证明是错误的那些知识、经验、基本道理、是非标准、作为正常人在正常情况下都会发生的感情，即“常识、常理、常情”。② “常识、常理、常情”对每一个正常的人来说，都不纯粹是一种外在的认识对象，而是一种通过社会生活的濡染融入了每一个正常人潜意识深处的是非观、价值观，是一种基于人的本性而对自己生存和发展必需的外在条件的认识，是一个人要生存、要发展的本性与自然规律、社会价值的有机融合，是人的本性在特定社会条件下自然的体现。③ 常识、常理、常情内化于每个正常的社会人心中就是我们通常所说的良知或良心，而良心或良知作为默会知识，指引着人们的判断与选择。一个人在行动时——而不仅仅是在自己的精神中思考事情时——即便是怀疑论者的行动，也仿佛存在自然法或客观主义这样的东西，他总是默默地信奉着普通的男男女女的常识。④ 在刑事司法领域，如前所述，法官刑法解释有其特殊性，其特殊性源于刑法特有的制裁措施——刑罚，具有无以复加的严厉性，是和平时期国家动用全部暴力资源剥夺或限制公民的最基本人权，这是因为国家发动刑罚的目的在于保护全体公民的基本人权（包含犯罪人合法权利在内），而国家唯有迫不得已才能动用刑罚，否则将对公民的基本人权构成侵犯。因此，司法正义涉及了全体公民的利益，不仅仅是法官或少数法学家们的个人臆断，如美国著名大法官卡多佐所言：“法院的标准必须是一种客观的标准。在这些问题上，真正作数的并不是那些我认为是正确的东西，而是那些我有理由认为其他有正常智力和良心的人都可能会合乎情理地认为是正确的东西。”⑤而司法过程中情理法的有机统一不仅仅取决于法官的能力，更取决于法官的良知或良心。“同样的法律，在不同的法官手中常常有不同的效果，起作用的是法官的良知与能力。切莫相信‘什么情理是情理，法律是法律’之类的虚言，仿佛是因为严格执法才造成结果的不合情理。情理与法律，其实一脉相通，真正冲突到水火不容地步的，极为罕见，绝大多数情况下，问题只在于法官有无足够的良知与能力把握法律的旨意和与情理之间的

① 参见［美］E. 博登海默：《法理学——法律哲学与法律方法》，邓正来译，中国政法大学出版社 1999 年版，第 257 页。

② 参见陈忠林：《刑法散得集》，法律出版社 2003 年版，第 37 ~ 41 页。

③ 参见《良心之治是司法独立的核心——专访西南政法大学法学院院长陈忠林》，载《南风窗》2006 年第 20 期。

④ 参见［德］海因里希·罗门：《自然法的观念史和哲学》，姚中秋译，上海三联书店 2007 年版，第 121 页。

⑤ ［美］本杰明·卡多佐：《司法过程的性质》，苏力译，商务印书馆 1998 年版，第 54 页。

内在联系。”①法官判案过程必须以社会普通观念即常识、常情、常理为基本指导思想，凡是背离或曲解了常识、常情、常理，所作出的法律解释或得出的法律裁判必然难以取得令人满意的法律效果与社会效果。因此，法官解释与适用刑法，欲达到犯罪人的基本人权与全体公民基本人权两种对立关系的平衡，既不能放纵罪犯，又不得冤枉无辜，实现无罪不罚、有罪必罚、罚当其罪，要想所判之个案均能符合常识、常理、常情，就必须坚持法官的良心之治，如陈忠林教授一针见血地指出，现代法治归根结底应该是人性之治、良心之治，而绝对不应该归结为机械的规则之治；我们要实行法治，要坚持罪刑法定原则，但绝不能将法与理对立起来，绝不能显失公平、绝不能违背常理、绝不能不顾人情；我们的法律是人民的法律，绝不应该对其作出根本背离老百姓所认同的常识、常理、常情的解释。② 具体途径就是法官在个案解释刑法时应遵循刑法分则服从刑法总则中的基本原则(罪刑法定原则、罪刑相适应原则、刑法面前人人平等原则)，刑法服从宪法(合宪性解释)，而宪法又服从于常识、常情、常理的层层递进的目的性解释方法，从而彰显刑法解释的终极价值即常识、常情、常理。只有在具体状况中，通过人类妥当衡量与行动所完成的裁判才真正呈现了正义。不是一般性之抽象规则，而是在对具体个案各个分殊差异的精致、充分而妥当的比较考量后所作出的裁判，这才是真正符合个案本性之自然法。③ 正是法官在个案中基于刑法最高价值理念的指引，根据案件的特殊情况与实质特点，历经了从一般正义到个别正义的践履过程，最终形成了具体化裁判，才能真正彻底实现刑事司法的正义。

## 四、结语

综上所述，刑法需要解释，但刑法的强制性与严厉性导致其解释的严格性，而严格解释与罪刑法定原则也是息息相关的，发展至今，目的解释论已成为刑法严格解释的基本准则，而法官解释的主体地位在我国法律体系中一直未能得到确证。但无可否认的是，法官解释确实是一个普遍存在的事实，制度性剥夺或否认法官解释权直接损害了司法正义，故应明确我国法官刑法解释的地位，同时，为规制和防范法官滥用解释权，常识、常情、常理应成为法官刑法解释的终极指引。

---

① 孟勤国:《判决是法官良知与能力的镜子》，载《法学评论》2000年第5期。

② 参见陈忠林:《刑法散得集》，法律出版社2003年版，第37页。

③ 参见颜厥安:《法与实践理性》，台北，元照出版有限公司1995年版，第227页。

# 刑法教义学

## 法秩序统一性视野下违法判断的相对性

王昭武*

【内容摘要】不同法域之间的违法判断究竟是必须保持统一,还是应当具有相对性,甚至彼此独立,一直以来都是极具争议的理论问题。对该问题的回答将直接决定对涉及"民刑"交错以及"行刑"衔接问题的案件的判决结果。该问题的实质在于"违法判断相对性"与"违法判断多元性"这两种判断理念之间的对立,正确的方法是在法秩序统一性的视野下,以违法统一性为基础进行违法的相对性判断。因此,民法或行政法允许的行为,必然不具有刑事违法性;而民法或行政法禁止的行为,则未必具有刑事违法性;对民法或行政法认为并无保护之必要的利益,不能认定侵害行为具有刑事违法性。

【关键词】法秩序统一性　违法判断　一般违法性　相对性　多元性

### 一、问题的提出

为了调整多元化的利益诉求,国家基于不同目的制定了民事法律、行政法律以及刑事法律等部门法,并由此形成了国家的整体法秩序。这样势必会出现"民刑"交错与"行刑"衔接的问题。如何处理民事违法性、行政违法性与刑事违法性之间的关系,亦即,在法秩序统一性下,不同法域之间的违法判断究竟是必须保持统一(违法一元论),还是应当具有相对性(违法相对论),甚至彼此独立(违法多元论),就属于具有共性的问题。在将法视为行为规范、重视法规范的文化价值的德国,自卡尔·恩吉施提出"法秩序的统一性要求排除法规范之间的矛盾,排除法规范之间的矛盾要求违法判断的统一性"这一命题以来,违法一元论一直处于通说地位;①而在强调刑罚本身所固

---

* 王昭武,云南大学法学院教授。

① 井田良『刑法総論の理論構造』(成文堂,2005 年版)141 頁;京藤哲久「法秩序の統一性と違法判断の相対性」内藤謙[ほか]編『平野龍一先生古稀祝賀論文集』(上卷)(有斐閣 1990 年)141 頁。德国著名民法学者迪特尔·梅迈库斯亦指出,"在解释时,应当以下列原则作为出发点:法律制度必须是没有矛盾的。因此,如果法律禁止人们从事某项行为,那么,就不可能通过法律行为为人们设定从事该项行为的义务"。(参见耿林:《强制规范与合同效力》,中国民主法制出版社 2009 年版,第 175 页。)

有的实害因而更看重刑法的谦抑性与补充性的日本,则存在违法多元论、违法相对论、缓和的违法一元论之间的对立。这种对立可以归结为三个命题:(1)构成要件该当行为如果属于民法或者行政法允许的行为,该行为是否必然不具有刑事违法性?(2)构成要件该当行为如果属于民法或者行政法禁止的行为,该行为是否当然具有刑事违法性?(3)对于民法或行政法不予保护的利益,可否认定侵害该利益的构成要件该当行为具有刑事违法性?①

我国司法实务也面临不同法域之间违法判断的关系问题。例如,投保人帅英分别于1998年7月和2000年3月为其母亲张某向某保险公司投保了康宁终身保险,死亡保险金为27万元。根据保险条款的规定,凡70周岁以下、身体健康者均可作为被保险人。2003年3月15日,张某因病身故,保险公司向受益人帅英支付了身故保险金27万元。同年7月,保险公司接到被保险人年龄有假的举报,遂向公安机关报案。经查,帅英故意隐瞒其母亲张某出生于1921年1月7日的事实,并将户口本上的出生日期篡改为1944年11月7日,即将当时已经77岁的张某年龄改小为54岁,使其符合投保年龄,并找他人代为体检参保("帅英骗保案")。② 又如,1997年8月,被告人陈某向史某供货154公斤虫草,史某与陈某约定于同年10月25日付清货款人民币78万元,并出具了欠条。期满后,史某未给付货款且下落不明。1999年9月,陈某得知史某仍在经营虫草生意,即与其女婿李某商定,由李某假装卖主,通过中介人联系与史某进行交易。交易当日上午,被告人陈某等十余人到预定交易地点设伏等候,在史某等三人携带现金人民币55万元驾车到达交易地点后,陈某出示欠条要其归还欠款。史某声明所携货款是别人的,且得到了同行的朱某等二人的证实。陈某要求对方出示相应的凭证未果后,即以语言对史某进行威胁并打其两耳光,令司机打开车门,从汽车内拿出现金人民币55万元。让史某点数后,陈某给史某写了一张"收到55万元还款"的收条,又令史某写下"还欠陈某23万元货款"的欠条,尔后离开现场。陈某、史

① 德国学者克劳斯·罗克辛将违法判断理念之间的对立概括为前两个命题[参见[德]克劳斯·罗克辛:《德国刑法学总论》(第1卷),王世洲译,法律出版社2005年版,第397页],但本文以为,还应包括第三个命题,有关该命题的对立更多体现在对各论问题的解释上。

② 该案不仅引起了保险部门以及社会的广泛关注,在司法实务部门内部也引起巨大争议。在四川省渠县检察院作出不起诉决定之后,公安机关要求复议此案。达州市检察院经复议后,认为渠县检察院的法律适用不当,担忧如果不遏制这种骗保案,后果将不堪设想,遂另行指定大竹县检察院提起公诉。在大竹县人民法院一审宣判帅英无罪之后,检察机关向达州市中院提起抗诉。对此,达州市中院内部存在适用保险法、适用刑法这两种对立意见。此案随后上报至四川省高级人民法院,四川省高级人民法院同样出现这两种观点,最后上呈最高人民法院。检察院经两次公诉之后,最终决定不起诉。为此,帅英因涉嫌保险诈骗罪,两度被关进看守所228天。参见何海宁:《难倒法官的骗保案》,载《南方周末》2005年4月14日,A6版。

某随后各自向公安机关报案。次日,陈某被公安机关刑事拘留(陈某抢劫案)。[①] 这两个案件曾引起广泛争议。在"帅英骗保案"中,根据《保险法》第32条的规定,"投保人申报的被保险人年龄不真实,并且其真实年龄不符合合同约定年龄限制的,保险人可以解除合同,并按照合同约定退还保险单的现金价值……"因而,该案中的保险合同是依据《保险法》的生效合同,帅英的行为不存在《保险法》上的违法性。这里的问题就在于,能否以帅英出于骗保目的实施了隐瞒被保人年龄等欺诈行为而直接认定具有刑事违法性成立保险诈骗罪呢?同样,在"陈某抢劫案"中,陈某虽然是为了实现民法上的合法债权,但采取了暴力、胁迫手段,能否认定成立抢劫罪呢?

近年来,我国也有学者开始关注此问题,[②]但尚限于对日本既有学说的借鉴、评析,没有提出有效协调法秩序统一性与违法判断相对性之间的矛盾这一焦点问题的路径,甚至未能意识到问题的本质在于"违法判断相对性"与"违法判断多元性"这两种判断理念之间的对立。为了进一步明晰违法性判断之理论基础,切实指导我国司法实践中遇到的诸多问题,本文将从对不同法域之间违法性判断所呈现的不同理论形态及其争点的分析入手,强调违法性判断的本质对立乃是违法判断的多元性与违法判断的相对性之间的对立。这种对立源自对法秩序统一性的不同理解。基于法秩序统一性之要求,违法判断的相对性虽承认各自法域对于违法判断的自主性,但是强调整体法秩序自身所存在的正义理念能够统合各自法域的自主判断。因而,应在法秩序统一性的视野下,以违法统一性为基础进行违法的相对性判断。尤其是,刑法等各个法域均采用违法性概念,而我国传统犯罪论体系中的违法性仅指具有刑事可罚性的"刑事违法性",因而要在整体法秩序视野下讨论不同法域之间的违法性判断的关系问题,这里的违法性就不限于"刑事违法性",而是指违反法规范受到否定评价这一意义上的违法性。在这个意义上,一般违法性概念有其独立存在的价值。强调法秩序统一理念,有助于我们对于司法实践中的诸多疑难问题进行有效的分析,在刑法解释论上具有根本重要的价值。基于法秩序统一性的理念,我们可以从违法性认识的可能性、可罚的违法阻却事由、针对紧急避险的正当防卫、不法原因给付与财产犯罪、权利行使与

① 对于该案,成都市中级人民法院判定被告人陈某犯抢劫罪,判处有期徒刑10年,剥夺政治权利1年,并处罚金人民币10万元。一审宣判后,被告人陈某向四川省高级人民法院提起上诉。四川省高级人民法院经审理认为,陈某的行为仅针对欠其巨款的史某,目的是实现自己的合法债权,主观上没有非法占有公私财物的目的,因而陈某的索债方式虽有不当,但其行为不符合抢劫罪的构成要件,不构成抢劫罪;其行为虽客观上侵害了第三人的财产权利,但系基于民法意义上的重大误解所致,属民法调整的范畴,不应以犯罪论处;虽然陈某的暴力索债行为确有不妥,但情节显著轻微,亦不构成其他犯罪。最终判定撤销一审判决,宣判无罪。参见唐来源:《债权人非法讨债不应以侵犯财产罪定罪》,载《人民法院报》2004年2月11日,第4版。

② 参见童伟华:《日本刑法中违法性判断的一元论与相对论述评》,载《河北法学》2009年第11期;郑泽善:《法秩序的统一性与违法的相对性》,载《甘肃政法学院学报》2011年第7期;王骏:《违法性判断必须一元吗?——以刑民实体关系为视角》,载《法学家》2013年第5期;王容溥:《法秩序一致性与可罚的违法性》,载《东吴法律学报》第20卷第2期。

财产犯罪等五个方面对法秩序的统一性理念在解释论上加以落实。下文将就上述问题进行详细阐述,以求教于学界同人。

## 二、不同法域之间违法性判断的争点

法秩序的统一性,是指在由宪法、刑法、行政法、民法等多个法域所构成的整体法秩序中不存在矛盾,法域之间也不应作出相互矛盾、冲突的解释。[①] 法秩序的统一性已成为法解释学的当然前提。这不仅是因为法解释学本身要求具有体系上的统一性(外在体系),法规范这一认识对象本身也要求具有统一的秩序(内在体系)。正如K. Engisch所言,法官在适用某个法律条文时,同时也是在适用整体法规范,或者说,法官虽然是对个别案件进行判断,但仍须从整体法秩序的角度进行判断。[②] 亦即,法秩序的统一性作为一种要求(Postulat)或者一种公理(Axiom),适用于立法与法解释,在从规范的角度观察各个法规范之时,就要求法规范的集合体不应该是一种自我矛盾的统一体,因而法秩序的统一性就必然要求排除诸规范之间的矛盾,进而要求违法判断的统一性。的确,法规范作为国家意志的直接体现,是一种行为规范,对于同一法律事实,不得是既允许又禁止,自然要求在所有法域之间一元地、统一地进行违法判断,通常所谓"比照法秩序的整体精神"正是此意。在此意义上,违法判断的统一性无疑是立法者、司法者与解释者应该最大限度追求的理想状态。但是,现实社会必然蕴含各种矛盾,这种社会矛盾也当然会反映于作为规制社会矛盾的法规范之中,因而法规范之间存在某种矛盾或冲突,不仅有其社会存在论上的根据,更是法规范的宿命;而且,各个法规范的目的与法律效果各不相同,对违法性程度的要求也当然不同,因而违法判断的相对性不可避免。这样,就需要协调法秩序统一性与违法判断相对性之间的矛盾,寻求最佳的"调和点"。由此形成了学说之间的对立。

### (一)学说之间的对立点

针对不同法域之间违法判断的关系问题,现在主要有缓和的违法一元论、违法相

① 松宫孝明「法秩序の統一性と違法阻却」立命館法学238号(1952年)64頁。

② 京藤哲久「法秩序の統一性と違法判断の相对性」内藤謙[ほか]編『平野龍一先生古稀祝賀論文集』(上卷)(有斐閣1990年)196-202頁。

对论与违法多元论这三种学说。[①] 要确定不同法域之间的违法性判断的关系，首先需要明辨这三种学说各自的实质内涵以及相互之间的根本对立点。其中，缓和的违法一元论认为，法律为国民提供行为规范，对于同一法律事实，各个法域之间不应出现解释上的矛盾或冲突，因而应在整体法秩序视野下统一解释违法性，坚持违法判断的统一性；不过，由于违法性的表现形式存在各种类别与轻重阶段，各法域所要求的违法性程度各不相同，刑法上的违法性必须具有值得科处刑罚的"质"与"量"，具有可罚的违法性，因而也承认违法判断的相对性。[②] 违法相对论认为，违法性概念共通于公法、私法等所有法域，当然应坚持法秩序的统一性，从整体法秩序的视角进行违法性判断，不能完全否认违法的统一性，但由于各个法域的目的与法律效果不同，所要求的违法性程度也当然不同，因而正面承认违法判断的相对性要更为"明快"。违法多元论也认为，作为国家意思的"违法还是合法这种判断"，在整体法秩序内应尽可能避免矛盾，其也承认违法性判断在某种意义上是统一的，但强调由于法秩序总处于浮动状态，每个瞬间均包含各种层次的矛盾，对于"某行为被命令且同时未被命令，或者被禁止且同时未被禁止"这种矛盾，只能在"法秩序的目的所必要的范围之内"，尽可能消解而未必需要完全消解；而且，由于各个法域的目的与法律效果各不相同，导致该效果的"作为要件的违法性"的内容自然不同，因而直接主张不同法域之间的违法性判断是"相对"

---

① 日本学者前田雅英率先对学说之争进行了分类：主张在整体法秩序下一元地进行违法判断的，是违法一元论；主张违法判断可以在各个法域之间相对进行的，是违法相对论；违法一元论还可进一步分为严格的违法一元论与缓和的违法一元论，前者认为，违法性在整个法秩序中是"单一"的，没有违法相对性的存在余地，后者赞同违法性判断在整个法秩序中是"统一"的，但同时承认违法判断的相对性（前田雅英『可罰的違法性の研究』（東京大学出版会，1982 年）399－342 頁）。不过，按照严格的违法一元论的观点，例如，就只能认为紧急避险在民法与刑法中的违法性评价是完全相同的，这显然不符合刑法与民法的明文规定，因而该说已为学界彻底摒弃，现在所谓违法一元论就是指缓和的违法一元论。然而，这种分类将多数学者主张的违法相对论混同于前田雅英等个别学者主张的违法多元论，不仅无视违法相对论与违法多元论之间的本质区别，更抹杀了本来意义上的违法相对论这一学说的存在本身，实质上是将学说对立简单地等同于缓和的违法一元论与违法多元论之间的对立。受其影响，我国学者要么将违法相对论简单地等同于违法多元论［参见刘为波：《可罚的违法性论》，载陈兴良主编：《刑事法评论》（第 10 卷），北京大学出版社 2002 年版，第 74 页；郑泽善：《法秩序的统一性与违法的相对性》，载《甘肃政法学院学报》2011 年第 7 期；王容溥：《法秩序一致性与可罚的违法性》，载《东吴法律学报》第 20 卷第 2 期（2014 年）］，要么无视违法相对论的存在［参见陈子平：《刑法总论》（上），台北，元照出版有限公司 2005 年版，第 219 页以下］，要么不加甄别地直接接受这种分类方式（参见童伟华：《日本刑法中违法性判断的一元论与相对论述评》，载《河北法学》2009 年第 11 期；王骏：《违法性判断必须一元吗？》，载《法学家》2013 年第 5 期），均未能有意识地区分违法相对论与违法多元论。

② 佐伯千仞『刑法における違法性の理論』（有斐閣 1974 年）391 頁；曾根威彦『刑事違法論の研究』（成文堂 1998 年）73 頁、76 頁；井田良『刑法総論の理論構造』（成文堂，2005 年版）142 頁；松宮孝明「法秩序の統一性と違法阻却」立命館法学 238 号（1952 年）58 頁。另参见王政勋：《违法的一元论和刑事违法的独特性》，载贾宇主编：《刑事违法性理论研究》，北京大学出版社 2008 年版，第 136 页；陈子平：《刑法总论》（上），台北，元照出版有限公司 2005 年版，第 219 页以下，郑泽善：《法秩序的统一性与违法的相对性》，载《甘肃政法学院学报》2011 年第 7 期；童伟华：《日本刑法中违法性判断的一元论与相对论述评》，载《河北法学》2009 年第 11 期。

的,要更为明确且妥当。[①]

由此可见,尽管各说均不否认违法判断的"相对性",但各说对"相对性"内涵的理解却不尽一致甚至完全相左。这种区别集中体现于对可罚的违法性理论的态度上,并最终决定各说对刑事违法性的判断采取的是不同的判断结构。

可罚的违法性理论是由日本的刑事判例形成的一种限定处罚范围的司法理念。该理论认为,违法性观念存在于整个法领域,应从国家整体法秩序的视角统一判断,但由于各法域的立法目的、法律效果各不相同,因而各自所要求的违法性程度亦有不同。根据刑法的谦抑性与比例原则,作为犯罪成立要件之一的违法性只能是值得科处刑罚的违法性。因此,刑事违法性仅仅是指,在具有"一般违法性"(因违反了民法或者行政法等其他非刑法法规,被认定具有整体法秩序意义上的违法性)的情形之中,在"量"的方面侵犯法益达到一定程度、在"质"的方面违背社会相当性适于刑事制裁的情形。这种意义上的刑事违法性被称为"可罚的违法性",没有可罚的违法性就没有刑事违法性。[②] 围绕可罚的违法性理论,学界争议焦点有二:一是是否应承认该理论;二是若承认该理论,刑事违法性的判断是否需要采取"一般违法性 + 可罚的违法性"这种二重判断结构。

对此,缓和的违法一元论认为:(1)违法一元性并不必然意味着,其他法域的违法行为在刑法上也必须受到处罚,因而应支持可罚的违法性理论;(2)在适用可罚的违法性理论时,应采取"一般违法性 + 可罚的违法性"这种二重判断结构,亦即,要肯定具有刑法上的违法性,除了一般违法性之外,还必须同时具有可罚的违法性,因而一般违法性只是刑事处罚的必要条件,整体法秩序意义上的违法行为之中,存在可罚的行为与不可罚的行为;(3)通过采取二重判断结构,主张违法阻却事由既包括完全阻却违法性的"正当化事由",还包括"可罚的违法阻却事由",后者虽不能完全阻却违法性,但降低了违法性的"质"或者"量",使之未达到可罚程度,因而虽不构成犯罪,但仍属于刑法上的"违法"行为,可成为正当防卫的对象。

违法相对论也承认可罚的违法性理论,但认为即便在其他法域违法,只要不具有可罚的违法性的,就完全可以作为"正当化事由"来处理(在刑法上是合法的),没有必要特意区分"正当化事由"与"可罚的违法阻却事由";[③]而且,判断是否成立犯罪,只要直接讨论刑法上的违法性即可,在此之前无须进行是否存在"一般性违法"这种"第一

① 前田雅英「法秩序の統一性と違法の相対性」研修559号(2007年)42頁;前田雅英『可罰的違法性論の研究』(東京大学出版会,1982年)385頁;京藤哲久「法秩序の統一性杖違法判断の相対性」内藤謙[ほか] 編『平野龍一先生古稀祝賀論文集』(上巻)(有斐閣1990年)196-210頁。

② 关于可罚的违法性理论的内容、演变以及对我国刑法理论与实务的借鉴意义,参见王昭武:《犯罪的本质特征与但书的机能及其适用》,载《法学家》2014年第4期。

③ 例如,山口厚提出,"该行为被刑法之外的其他法域所禁止,这即便能成为该法域制裁该行为的基础,但在判断刑法上的违法阻却之际,这一点没有意义(毋宁说不得加以考虑)"。

次测试"，自然也无需特意采取"一般违法性"概念与二重判断结构。[①]

反之，违法多元论则反对可罚的违法性理论，[②]其主要观点在于：(1)刑法的违法性本来就是指作为犯罪成立要件、值得刑罚处罚的违法性，因而不必更不应该使用"可罚的违法性"概念，主张以刑事违法性概念（实质的违法性）取代此概念；(2)刑事违法性，就是指用于选定值得刑罚处罚之对象行为的要件，具有由刑罚这一效果规定其内容的一面，不应将是否值得刑罚处罚这一实质判断完全排除在违法性概念之外，因而只有"要件（违法性）与结论（处罚范围）之间的循环"才能推导出妥当的违法性内容，无需区分可罚性与违法性；(3)现实中并不存在违反所谓"一般违法性"的情况，在刑法解释论中，考虑这种"法秩序整体意义上的一般违法性"并无相应价值；(4)在完全阻却违法性的"正当化"事由之外，还承认可罚的违法阻却事由，只会将犯罪论过于复杂化，造成无益的混乱，因而根本无需区分违法阻却事由与可罚的违法阻却事由。

为此，学说之间的实质对立可以归纳为两点：第一，缓和的违法一元论与违法相对论均认为，违法判断的统一性并不必然意味着，其他法域的违法行为在刑法上也必须受到处罚，因而都承认违法判断具有"相对性"，也都赞同可罚的违法性理论，但其区别不仅仅在于是否正面肯定违法的相对性，更在于是否承认"一般违法性"概念是否采取二重判断结构。亦即，对于那些虽具有一般违法性但不具有可罚的违法性的行为，前者认为是"虽然在刑法上违法但不具有可罚的违法性"，而违法相对论则直接认为"在刑法上不违法"。这才是两说的根本对立点。[③] 第二，违法相对论与违法多元论虽然都正面肯定违法判断的"相对性"，但各自所理解的"相对性"的含义却存在本质区别：前者主张的是在维护法秩序统一性下的"相对性"，不完全排斥"违法的统一性"，而后者则基本排斥"违法的统一性"，实际上是在实质的违法性的名义下主张违法判断的"多元性"（各个法域的违法判断各司其职彼此独立），[④]因而两说对可罚的违法性理论分别持肯定与否定态度。

（二）形成学说对立的理论基础

各说都承认法秩序的统一性，也不反对违法判断的相对性，但对于如何协调法秩序统一性与违法判断相对性之间的矛盾，则态度不一。形成这种对立的直接原因在于，各说都是按照自己对法秩序统一性的理解而展开自己的违法相对性理论，因而对

① 内藤謙『刑法講義総論』（有斐閣，1986 年）694、701 頁。

② 尤其值得注意的是，前田雅英虽明确反对使用"可罚的违法性"概念，但实质上是主张通过违法的多元性、实质的构成要件解释以及实质的违法阻却事由这三点来维持、发展可罚的违法性理论的实质，因此，可称为"可罚的违法性理论的再构成论者"，或者可罚的违法性理论实质上的"最强烈支持者"。

③ 此前多认为，二说之间的区别仅在于，是否正面肯定违法的相对性。更有学者认为，两种学说"在实际结论上也几乎不会形成差异，因而强调二者的不同，是不合适的"。

④ 由于违法多元论实质上主张的是，完全独立于其他法域的"刑事违法性"概念，因而也有学者将其评价为"刑事违法性一元论"。

于法秩序统一性的不同理解,是形成学说对立的理论基础。

法秩序的统一性可以从三个层次来理解:逻辑的统一性、体系的统一性和目的的统一性。所谓逻辑的统一性,是指构成法秩序的诸规范之间在逻辑上没有矛盾,也即如果某一事项为某一个法规范所禁止,那么该事项就不得为另一个法规范所允许。在这个意义上,法秩序所呈现出的逻辑统一性表现为每一个法规范都可以用允许、禁止和命令这三个道义逻辑符号所标识。与此同时,由于允许、命令和禁止这三个道义逻辑符号之间存在相互转换的关系,因此,逻辑表达中的允许、禁止和命令任何一个逻辑形态都可以表征法秩序的统一性。①

与逻辑的统一性关注法规范之间的无矛盾性以及相互转换性不同,体系的统一性更多地关注法规范之意义与功能及其在整个法体系之中的地位问题。在这个意义上,体系统一性的思考则要求我们进一步考量各个规范所表征的价值、所实现的功能是否与整个法秩序所形成的客观价值秩序以及所构想的基本功能相契合,从而厘清整个法秩序所呈现的意义脉络。② 由此,体系的统一性需考量两个基本的要素:一是某一特定的法规范在法秩序整体中所呈现的意义、价值与功能是否与法秩序的整体旨趣相契合;二是当我们无法将某一社会生活事实涵摄到现行法规范时,是否可以从体系的统一性的视角去"宣谕"新的法规范。③

法秩序在目的层面的统一性,是建立在对于社会生活事实所造成的领域分化使体系的统一性不得不将原本铁板一块的法体系划分成诸多不同领域的诸多体系而加以应对的现实要求之上,而这一划分就必然会在诸具体的法律部门之间以及这些法律部门与体系之间产生"罅隙",从而产生所谓"部门法的真空性"问题。④ 为了解决这一问题,我们就必须考虑到各个部门法所追求的目的的多元性与法秩序整体所追求的目的的统一性之间的内在关联问题。就"部门法的真空性"问题产生的本质来看,其不过是由各自法域所追求的自主的目的之间产生的冲突所导致的,也就是说,各个部门法之间对合法与违法判断标准的不同导致了这种"真空性"的产生,由此,我们需要透过构想一个法秩序所追求的整体的与统一的目的来"调节"这种多元性的目的追求。而这个统一的目的即是所谓的"客观的真理与正义"之道德价值,这种对于统一性目的的追求构成了与法律产生必然关联的理想性面向。⑤

---

① Robert Alexy, *A Theory of Constitutional Rights*, translated by Julian Rivers, Oxford University Press, 2002, p. 128 – 131.

② 参见[德]卡尔·拉伦茨:《法学方法论》,陈爱娥译,商务印书馆2003年版,第317页。

③ 这也即是拉伦茨所言的"内部"的体系。参见[德]卡尔·拉伦茨:《法学方法论》,陈爱娥译,商务印书馆2003年版,第348页。

④ 青井秀夫『法理学概説』(有斐閣,2007年)24 – 26頁。

⑤ See Robert Alexy, *The Argument from Injustice: A Reply to Legal Positivism*, translated by Stanley L. Paulson and Bonnie Litschewski Paulson, Oxford University Press, 2002, p. 81.

从本文所关注的问题来看,笔者认为,严格的违法一元论(一法域合法则必然在其他法域合法、一法域违法则必然在其他法域违法)之理论基础乃在于法秩序的逻辑统一性,缓和的违法一元论和违法相对论的基础在于体系——目的的统一性。而违法多元论则拒绝在法域分化的基础上有一个理念性的正确目的,其坚守各个法域内所追求的目的的独立性与自主性。从法哲学的视角来看,缓和的违法一元论和违法相对论的理论基础最为合理。因为一方面,缓和的违法一元论和违法相对论从理念、价值和目的的视角坚持法秩序的统一性,有助于我们将民法、刑法和行政法等主要法域的相同或相似的概念放置在同一个理论基点上进行审视和评价,从而在立法、司法、执法和守法的层面形成统一性的尺度,有助于法律从整体上对于社会生活进行普遍化和统一化的调控;另一方面,缓和的违法一元论和违法相对论又基于社会分化和法律分化的基本要求,对不同法域在调整对象和调整方法上的独特性有所虑及,坚持各法域相关概念的存在及其所追求的目的自主性,也就是说,同样的概念或行为在不同法域中可能获得截然相反的评价,这就要求我们在法秩序的统一性和违法判断的相对性之间找到一个适中的平衡点,而缓和的违法一元论和违法相对论恰恰是通过这种平衡点的寻找中所建立起来的理论。其集中体现了法哲学提出的我们的目光应在社会生活事实多元性和法律规范的统一性之间往返流转的基本要求。①

因此,有关不同法域之间违法性判断的争点,本质上在于"违法判断相对性"与"违法判断多元性"这两种判断理念之间的对立。这种对立具体体现于对前述三个命题的不同态度上。亦即,采取"违法判断相对性"判断理念的缓和的违法一元论与违法相对论的结论基本一致,均主张民法或行政法允许的行为,必然不具有刑事违法性;而民法或行政法禁止的行为,则未必具有刑事违法性;对民法或行政法认为并无保护之必要的利益,不能认定侵害行为具有刑事违法性。反之,采取"违法判断多元性"判断理念的"违法多元论"则主张,为民法或行政法所允许或者禁止的行为,未必不具有刑事违法性;对于民法或行政法不予保护的利益,刑法也可以根据自主目的予以保护。

## 三、法秩序统一性的要求及其对违法判断相对性的限制

"违法判断相对性"与"违法判断多元性"这两种判断理念之间的对立,是为了协调法秩序统一性与违法判断相对性之间的矛盾而形成的,而且,同样采取"违法判断相对性"判断理念的缓和的违法一元论与违法相对论的根本区别在于是否承认一般违法性概念。因此,要找出一个适于我国现有犯罪论体系的违法性判断理念,有必要先明确法秩序统一性的要求、违法判断相对性的适用对象、一般违法性概念的存在价

① 这其中牵涉"二战"之后法哲学的方法论转向问题。青井秀夫『法理学概説』(有斐閣,2007 年)24 – 26 頁参照。

值等基本问题。

(一)法秩序统一性的要求

法秩序统一性与违法判断相对性之间的矛盾,实则体现的是整体法秩序的统一目的与诸具体法域之自主目的之间的冲突。所谓法秩序的统一性,就是指目的论上的统一,这种目的的统一性既容纳各个法域自身目的的自主性,也坚持诸目的之间的协同性和统一性,各法域的自主目的最终都服务于整体法秩序所追求的统一目的。因此,法秩序的统一性就对立法者和司法者提出了不同要求。就立法者而言,必须考虑各法域的目的在何种意义上会发生冲突,并且应当通过何种立法的制度安排而消解这些冲突,从而达到法秩序的统一性和各法域的自主性之间的圆融无碍。在这一意义上,"民刑"交错、"行刑"衔接的问题应成为立法者所关注的核心问题。对司法者而言,则需要在解释论上坚持以"正义"的思考方式统摄个案的多元与歧异,以"正义"为导向将原本冲突的多元目的融合起来,在考虑不同法域之间的竞争与冲突、追求整体法秩序的统一目的的同时,追求个案公正。

具体而言,法秩序统一性与违法判断相对性之间的矛盾涉及法解释论的根基,以体系性思考与问题性思考之间的矛盾的形式体现于法解释论。一方面,法秩序统一性设想的是规范之间不存在矛盾的状态,是体系性思考的基础;另一方面,违法判断相对性则缘于问题性思考,设想的是一种矛盾状态。如果法秩序统一性的要求与承认违法判断相对性无法两立,只要承认法秩序统一性,势必应排除违法判断的相对性;反之,如果违法判断的统一性反而成为实现法秩序统一性的障碍,则只要承认法秩序统一性,就势必要克服违法判断的统一性。① 因此,问题最终归结于如何理解违法判断的"相对性"。对此,可以从两个方面来考虑:

一方面,违法性观念存在于公法、私法等所有法领域,当然应从整体法秩序的视角进行判断,看该行为是否为整体法秩序所允许,这是法解释的大前提。但法秩序的统一性,是由正义思想推论而得,它不是逻辑上的,而是评价上的、公理式的一致性,②并不必然意味着"严格的违法一元论"。③ 具体就刑法而言,构成要件该当行为是否具有刑事违法性,就不能仅从刑法的角度,更应从"整体法秩序的角度"进行判断,其他法域认为违法而刑法上亦应认定为违法这一推论,既非推论上的必然,亦非刑事政策与刑罚目的的彰显,因而刑法不可能为了追求"逻辑的统一性",而将所有民事违法行为、行政违法行为均认定具有刑事违法性,只能将那些违法性达到值得科处刑罚程度的行为认定具有刑事违法性,这样就需要在一定程度上承认违法判断的"相对性"。

---

① 京藤哲久「法秩序の統一性と違法判断の相対性」内藤謙[ほか]編『平野龍一先生古稀祝賀論文集』(上卷)(有斐閣 1990 年)190 頁以下参照。

② 参见[德]卡尔·拉伦茨:《法学方法论》,陈爱娥译,商务印书馆 2003 年版,第 46 页。

③ 参见王容溥:《法秩序一致性与可罚的违法性》,载《东吴法律学报》2014 年第 20 卷第 2 期。

唯其如此,才符合构成要件的违法行为类型化机能,才能符合刑法的谦抑性与最后手段性,这也正是可罚的违法性理论的根本旨趣。因此,构成要件该当行为如果属于民法或者行政法禁止的行为,就既可能具有刑事违法性也可能不具有刑事违法性。

另一方面,法的合目的性理念自耶林以来就一直得到广泛承认,[①]属于与正义、法的稳定性相并列的法理念。[②] 法规范也是目的的实现手段,各个法域的目的最终仍需服务于法秩序的整体目的,因而法秩序的统一性,就是指从目的论的角度来看,法域之间的整合性、无矛盾性必然要求维持刑法与其他法域在整体目的上的统一性。倘若如违法多元论那样,在法秩序统一性之外强调各个具体法域的目的的自主性,主张各个法域可以各自独立地判断违法性,民法或者行政法允许的行为既可能在刑法上合法也可能在刑法上违法,就是对"法的合目的性理念"的片面的、错误的理解,不符合"正义"的思考与要求。这样不仅会使刑法在整体法秩序中陷入孤立,进而有碍于刑法与其他法域的协调联动,[③]还有扩大处罚范围之虞,[④]更可能招致刑法的伦理化、政策化。刑法原本就是政治性很强的法律规范,更应防止将政策化与政治化直接联系在一起。为此,对于刑法的自主目的,就必须回归至刑法在整体法秩序中的定位——"刑法在根本上与其说是一种特别的法律,还不如说是其他一切法律的制裁"[⑤]——进行重新考量。因此,基于法的合目的性理念以及对法正义的追求,违法判断的相对性必然要受到限制,绝不能是片面追求各个法域的自主目的的"多元性"(独立性),而必须是有助于实现法秩序的统一目的、受到法秩序统一性之限制的"相对性"。

(二)违法判断相对性的适用对象

要理解违法相对性的内涵,还需要明确违法判断相对性的适用对象,确定哪些情形下才会出现违法判断相对性的问题。在刑法学上,违法相对性概念往往在"不同法域之间的违法相对性""不同犯罪之间的违法相对性""不同主体之间的违法相对性"等意义上使用。其中,"不同主体之间的违法相对性"多出现在共同犯罪中,问题在于可否分别判断各个共同犯罪参与者的违法性,涉及共犯的违法性是否从属于正犯这种"违法的从属性"(亦称"违法的连带性")问题。"不同犯罪之间的违法相对性",是指在刑法领域内部,不同犯罪之间的违法内容各不相同,对各个犯罪的违法性的判断也完全是相对的,相互之间不存在从属性或者补充性。[⑥]

---

① 参见[德]鲁道夫·冯·耶林著、[德]奥科·贝伦茨编:《法律是一门科学吗?》,李君韬译,法律出版社2010年版,第155页。

② 参见[德]G. 拉德布鲁赫:《法哲学》,王朴译,法律出版社2005年版,第73~77页。

③ 松原芳博『刑法総论』(日本評論社,2013年)113頁参照。

④ 因为所谓违法判断的多元性(独立性),不仅包括消极主张(其他法域的违法行为可以在刑法上正当化),也包括积极主张(其他法域的正当行为可以认定为刑法上的违法行为)。

⑤ [法]卢梭:《社会契约论》,何兆武译,商务印书馆1980年版,第73页。

⑥ 山口厚『刑法総論』(有斐閣,2007年)177頁。

不过,“不同法域之间的违法相对性”才是犯罪论固有的违法论所要讨论的问题。这种违法相对性具体包括三种情形:(1)对于其他法域的违法行为,刑法并无相应规定(如通奸行为等);(2)对于刑法上的违法行为,其他法域并无相应规定或者不存在相应法律效果(如危险犯、未遂犯、贪污罪等);(3)某行为既属于其他法域的违法行为,同时也该当于某个具体犯罪的构成要件,但未必具有值得科处刑罚的“质”与“量”(如扒窃1.5元钱的行为,若其他法域的违法行为值得科处刑罚,则必然同时具有刑事违法性,不可能存在违法判断之间的冲突,亦无违法判断的相对性可言)。就第(1)种情形而言,国家是出于刑事政策的考虑对此类行为不予处罚,根据罪刑法定原则,根本不应该认定此类行为在刑法上违法;在第(2)种情形下,尽管杀人未遂等行为在民法上不会产生相应法律效果,仍然应该说,该行为在民法上、行政法上是违法的,否则就是混淆了违法性的问题与法律效果的问题。① 为此,这两种情形均不属于本文所要讨论的违法相对性的判断对象。

由于刑法不可能完全涵盖其他部门法的规制范围,更不可能取代其他部门法的职能,刑法与其他部门法之间既存在法域竞合也存在法域分化,唯有像第(3)种情形那样,存在法域竞合之时(一个行为同时触犯两个以上部门法,抑或一个行为同时该当于两个以上部门法的法律要件之时),才可能出现违法评价上的冲突,才有探讨违法相对性的余地,也才需要适用可罚的违法性理论。② 为此,刑法解释论中的违法相对性的判断对象是受到限制的,除了必须是针对同一行为进行违法性判断之外,更重要的是,对象行为必须是在其他法域违法,且该当于某个具体犯罪的构成要件的行为。

### (三)一般违法性概念的存在价值

如前所述,缓和的违法一元论与违法相对论、违法多元论之间的对立还体现在是否承认一般违法性概念,是否采取“一般违法性+可罚的违法性=刑事违法性”这种二重判断结构,而且,这种对立更是缓和的违法一元论与违法相对论的本质区别。那么,在违法性判断中,一般违法性概念是否有其存在价值呢?

是否承认一般违法性概念,首先关系到是否承认可罚的违法阻却事由。缓和的违法一元论的先导者宫本英脩认为,犯罪的本质在于违法性(违反“一般性规范”),但刑法不可能采取将所有违法行为均科以刑罚这种“不逊”态度,因而有必要另外加上“可罚性”要件,采取“违法性+可罚性=犯罪”这种犯罪论体系。③ 如前所述,在该观点看

---

① 井田良『刑法総論の理論構造』(成文堂,2005年)143頁。

② 我国有学者以“民法中违法性判断的暧昧不清使其难以为刑法所参照”作为批判缓和的违法一元论的主要论据(参见王骏:《违法性判断必须一元吗?》,载《法学家》2013年第5期),但这种观点无视法域之间存在分化即刑法与民法的规制对象并不完全竞合这一客观事实,未能明确“违法判断相对性的适用对象”这一前提性问题,属于没有针对性的批判。

③ 宮本英脩『刑法大綱』(弘文堂,1925年)68、120頁。

来,承认一般违法性概念,采取"一般违法性 + 可罚的违法性 = 刑事违法性"这种二重判断结构,可以区分正当行为与"虽不能积极地谓之为正当,但尚未达到刑罚处罚程度的行为",前者属于完全阻却违法性的"正当化事由",后者属于"可罚的违法阻却事由",但在刑法上仍属于"违法"行为,可成为正当防卫的对象,因而一般违法性概念对于解释论并非没有实际意义。[①] 这种一般违法性概念遭到了违法多元论的批判,也不为违法相对论所接受。违法多元论认为,唯有值得刑事处罚的违法性,才对刑法解释论上的违法性判断具有实质意义,现实中根本不存在与具体规范以及相应法律效果毫无关系的所谓"通用于整体法秩序的一般违法性",因而特意区分正当行为与"虽不能积极地谓之为正当,但尚未达到处罚程度的行为",在刑法解释论上鲜有实质意义,对可罚的违法阻却事由持否定态度。[②] 违法相对论也认为,所谓具有一般违法性但不具有可罚的违法性的行为,最终仍可评价为"可以做"的行为,完全可以作为"正当化事由"来处理(在刑法上是合法的),不必另外承认可罚的违法阻却事由。[③]

是否承认一般违法性概念,更涉及是否承认刑事违法性的判断从属于民事违法性、行政违法性的问题。缓和的违法一元论认为,通过设定一般违法性这一前置性概念,既可以把握刑法上的违法性与其他法域的违法性之间的差异,更可以明确前者从属于后者这种内在关系,[④]也即,"一般"合法性的判断,可以排除刑事违法性,而一般违法性不过是刑事违法性的必要条件而非充分条件。违法相对论虽反对采取一般违法性概念,但仍基于刑法的谦抑性与补充性,支持刑事违法性判断从属于民事违法性、行政违法性这一结论。[⑤] 反之,违法多元论则不承认这种从属关系,认为对于民法或行政法上的合法行为,也可以认定为刑法上的违法行为。

正如有学者所言,只要考虑刑法上的违法性即可,那就是刑法学者的怠慢。应当说,承认一般违法性概念,采取双重判断结构是有其积极意义的:

其一,可以明确违法性与可罚性之间的逻辑关系。在逻辑上,违法性是前提、可罚性是归结。我们是由可罚性而归纳性地认识违法性,但不是由可罚性演绎推理出违法性。因而违法性与可罚性是存在逻辑上的先后次序的不同法律概念,可罚性的根据在于违法性,而违法性的根据则不在于可罚性。行为不是因具有可罚性而违法,而是因为违法才受到处罚,因此,只要属于某个法域的违法行为,就必然属于整体法秩序意义

---

① 曽根威彦『刑事違法論の研究』(成文堂 1998 年)78 頁;井田良『刑法総論の理論構造』(成文堂,2005 年)142 頁。

② 前田雅英『刑法総論講義』(東京大学出版会,2006 年)299 頁;京藤哲久「法秩序の統一性と違法判断の相対性」内藤謙[ほか]編『平野龍一先生古稀祝賀論文集』(上巻)(有斐閣 1990 年)187 頁参照。

③ 山口厚『刑法総論』(有斐閣,2007 年)176 頁;今井猛嘉[ほか]『刑法総論』(有斐閣,2009 年)273 頁。

④ 曽根威彦『刑事違法論の研究』(成文堂 1998 年)78 頁;井田良『刑法総論の理論構造』(成文堂,2005 年)142 頁。

⑤ 平野龙一『刑法総論Ⅱ』(有斐閣,1975 年)219 頁。

上的违法行为,具有一般违法性;至于是否对该行为适用刑罚这一法律效果,取决于在一般违法性的基础上,是否还具有可罚的违法性。

其二,可以更为精细地确定行为性质。构成要件该当行为必须放在整体法秩序的天平来衡量,经过价值判断来认定该行为是否与整体法秩序相对立、冲突,只有经过这层违法性的检验之后,才能终局判断该行为是否是整体法秩序所允许的行为。① 一方面,只要行为不具有一般违法性,是为整体法秩序所允许的行为,就应属于刑法上的完全的违法阻却事由(正当行为),不可能成立犯罪;另一方面,某行为虽具有一般违法性,不属于刑法上的完全的违法阻却事由,但倘若不具有可罚的违法性,同样不可能构成犯罪。宣示这种因不具有可罚的违法性而不构成犯罪的行为具有一般违法性,可以向公民清晰地传达法律的态度,发挥法律的晓谕机能:虽不构成犯罪,但不为整体法秩序所允许,属于受到否定评价的行为,可以成为正当防卫的对象。因为只要将违法定义为法益侵害,将违法阻却定义为保全了同等以上的法益,就不得不承认,无论是因为法益侵害程度的"绝对轻微"还是"相对轻微"而不具有可罚性,均可定义为"违法"(一般违法性)。②

其三,可以明确刑事违法性与民事违法性、行政违法性之间的从属关系。犯罪是对法本身的不法,③刑事违法性的判断理应实质性地从属于民事违法性、行政违法性,后者是前者的必要条件。④ 在这一意义上,可以说,刑法属于"第二次违法规范形式"。⑤ 为此,不仅其他法域的违法行为未必能评价为刑法上的违法行为,更重要的还在于,其他法域的合法行为由于不具有一般违法性,当然不具有刑法上的违法性,这是谦抑性与补充性在刑法理论尤其是刑法实务中的现实化,有助于防止刑罚权的扩张,有利于实现刑法的保障机能。

其四,符合刑法在整体法秩序中的定位。现代法律体系的建立不是以义务为出发点而是以权利为基础,刑法的定位在于,以规定权利之产生、适用、消灭的私法等法规范的存在为前提,为了保护对该社会而言必须且不可或缺的基本权利,在明确且必要的限度之内,惩罚对权利的侵害或危险。这又被称为刑法的担保性或补充性。因而基于刑法的这种性质,在刑法解释论上采取一般违法性概念与双重判断结构,这不是单纯的"形式逻辑的问题",而属于"实体逻辑的问题"。

---

① 参见林钰雄:《新刑法总则》,台北,元照出版有限公司2009年版,第220页以下。

② 松原芳博『刑法総論』(日本評論社,2013年)113頁。平野龙一将此类行为命名为"狭义的可罚的违法性",即"尽管在刑法上也是违法的,但由于其违法性轻微,因而不属于可罚的违法性"[平野龙一『刑法総論Ⅱ』(有斐閣,1975年)219頁]。

③ 参见[德]黑格尔:《法哲学原理》,范扬等译,商务印书馆1961年版,第95页以下。

④ 参见时延安:《论刑事违法性判断与民事不法判断的关系》,载《法学杂志》2010年第1期。

⑤ 参见杨兴培:《刑民交叉案件中'先刑观念'的反思与批判》,载《法治研究》2014年第9期。

（四）对违法判断相对性的限制

下面的问题是，如何运用法秩序的统一性理念来限制不同法域之间违法判断的相对性。

法规范是国家意志的直接体现，是国民的行为规范，对于同一行为的违法性判断，应避免法规范之间的矛盾，因而应维持违法判断的统一性，在此意义上可以说，"法秩序的统一性就是指违法判断的统一性"；同时，违法行为会产生何种法律效果，取决于各个法域的性质、目的与政策性判断，违法性又会呈现不同类型与轻重阶段，各个法域所要求的违法性的内容及其程度亦不相同，因而需要承认违法判断的相对性，在此意义上又可以说，"法秩序的统一性并不必然排斥违法判断的相对性"。为此，违法判断的相对性与法秩序统一性乃至违法判断的统一性之间的矛盾并非不可调和：违法统一性并不是指，其他法域的违法行为必然在刑法上也是违法的（否则，就是严格的违法一元论）；违法相对性也不是说，其他法域的合法行为可以被认定为刑法上的违法行为（否则，就是违法多元论）。相反，违法判断的相对性应受到法秩序统一性的限制，除了对象行为必须是在其他法域违法且该当于某个具体犯罪的构成要件的同一行为之外：（1）构成要件该当行为如果属于民法或者行政法允许的行为，则必然不具有刑事违法性，任何时候都不得基于违法相对论或者违法多元论，判定此类行为具有刑事违法性；（2）构成要件该当行为如果属于民法或者行政法禁止的行为，则并非当然具有刑事违法性，是否具有刑事违法性，还进一步取决于是否具有可罚的违法性；（3）对于民法或行政法认为并无保护之必要的利益，也不得无视整体法秩序的统一目的，仅以刑法目的的自主性为根据，直接认定侵害该利益的构成要件该当行为具有刑事违法性。因此，对于不同法域之间的违法性判断，正确的做法是，在法秩序统一性的视野下，以违法统一性为基础进行违法的相对性判断。这样就必然要求，在法域竞合的情形下，刑事违法性的认定前提是，构成要件该当行为属于民法或者行政法等的违法行为，[①]只有在此基础上，才有必要也才可能判断行为是否具有可罚的违法性乃至刑事违法性。

强调法秩序统一性下的违法判断的相对性，是指在法域竞合的情形下，要认定某行为具有刑事违法性，该行为首先应具有一般违法性，民事违法性或者行政违法性是认定刑事违法性的前提。但是，对于具有一般违法性的"某个行为"，之所以需要且能够讨论其是否具有可罚的违法性，不是因为其具有一般违法性，而是因为刑法已经将"此类行为"纳入规制对象，该行为同时该当于某个具体犯罪的构成要件。这是罪刑法定原则的当然要求。对此，有学者提出，"犯罪行为的危害实质和违法本质，或者犯

① 参见杨兴培、许其勇：《论刑事立法中的刑事违法性——解读刑法具有的二次性规范属性》，载贾宇主编：《刑事违法性理论研究》，北京大学出版社2008年版，第116页。

罪行为性质的认定,取决于前置法而非刑事法的规定”。①按照这种观点,前置法与刑法的关系是,前置法“定性”、刑法“定量”,换言之,一般违法性与刑事违法性仅存在程度之别,一个行为能否成为刑事罚的对象,在“质”上取决于是否具有一般违法性,在“量”上取决于是否具有可罚的违法性。然而,首先,如上所述,在法域竞合的情形下,“前置法定性”仅仅意味着该行为是否具有整体法秩序意义上的“违法性”(一般违法性),是否存在认定刑事违法性的基础,但具有刑事违法性的根本前提还在于,该行为亦同时属于刑法的规制对象(行政犯亦不例外)。因此,刑事违法性的判断,是在具有一般违法性的行为之中,根据刑法的规定,甄别具有可罚性的行为,犯罪行为性质的确定,最终仍然取决于刑法的规定本身。其次,在法域分化的情形下,由于前置法的对象行为与刑法的对象行为并非一一对应,这种观点就未免偏颇。例如,尽管我们可以说,不能因为刑法上的受贿行为不受其他法规范的规制,就认为受贿行为在其他法域是合法的,但我们不能说,由于受贿行为不受其他法规范的规制,无法在前置法上确定其性质,因而无法成为刑事罚的对象。

## 四、解释论上的意义

在法律规范已经呈现多元化、多层次的表现形式的当下,妥善处理不同法域之间的违法性判断问题,对于重刑轻民观念根深蒂固的我国,意义尤其重大。“帅英骗保案”之所以引起巨大争议,不时发生的婚内强奸案件(尤其是发生在离婚诉讼期内的案件)之所以会出现“婚内无奸”与“婚内有奸”这两种决然对立的观点,②其根源正在于未能确立一个处理不同法域之间违法性判断的关系问题的明确理念。刑法是法律统制的最终手段,通过刑法的解释,将其他法域的合法行为评价为刑法上的违法行为,显然有悖于刑法的“补充性”。因此,既然《保险法》对帅英的虚构年龄的情况已经明确规定了两年的除斥期,则只要保险公司未在两年内解除合同,帅英的投保行为就已经产生法律效力,该合同就属于合法的保险合同,对此,就不能以行为人存在诈骗目的而排除《保险法》第54条的效力,而直接认定具有刑法上的诈骗罪的违法性;③同样,只要夫妻关系仍在延续或者离婚判决尚未生效,就仍属于原《婚姻法》上的合法夫妻,而原《婚姻法》对夫妻拥有同居的权利与义务已作了隐形规定,尽管手段行为是“强”,但没有作为强奸罪之核心内容的“奸”,④因而对于夫妻之间的强行性行为,就不能直

① 田宏杰:《行政犯的法律属性及其责任——兼及定罪机制的重构》,载《法学家》2013年第3期。

② 参见梁根林:《形势政策视野中的婚内强奸犯罪化》,载《法制与社会发展》2003年第4期。

③ 参见邓子滨:《斑马线上的中国》,法律出版社2013年版,第60~63页。

④ 参见杨兴培:《刑民交叉案件中“先刑观念”的反思与批判》,载《法治研究》2014年第9期。

接认定为具有强奸罪的违法性。[①]

事实上,在判断刑事违法性时,我国虽未必是有意识地在法秩序统一性的视野下,以违法统一性为基础进行违法的相对性判断,但立法论与解释论上已经体现了这种观念。例如,《刑法》第133条的交通肇事罪,就是以“违反交通运输管理法规”即违反相关行政法规为前提,若属于道路交通法上的合法行为,即便“发生重大事故”,也不得认定具有交通肇事罪的违法性。并且,2000年11月10日最高人民法院《关于审理交通肇事刑事案件具体应用法律若干问题的解释》规定,即便违反了交通运输管理法规属于行政法上的违法行为,若没有可罚的违法性(至少造成1人以上重伤或者重大财产损失的严重后果),亦不得认定具有交通肇事罪的违法性;在同样“发生严重后果”的情况下,违反行政法规的严重程度(是否应负事故全部或者主要责任、是不是无证驾驶等)不仅影响量刑轻重,更直接影响有无交通肇事罪的违法性。又如,强行限制他人人身自由的行为,一般属于非法拘禁罪的构成要件该当行为,倘若属于民法上自救行为,则应认为,该行为不具有刑事违法性,刑法不应处罚此类行为。[②] 再如,我国刑法虽没有明文规定“法令行为”,但无论是刑法理论还是司法实务均承认基于法令所实施的行为,属于刑法上的违法阻却事由(正当化事由),而这里的“法令”当然包括民法、行政法等部门法,因而不可能采取一方面承认法令行为属于正当化事由一方面又赞同“违法判断的多元性”这种自相矛盾的做法。因为,若刑法对于其他法令允许的行为,或者其他法令作为义务而规定的行为予以处罚的话,其结果就是,人们无法实施该行为,该法令的本来旨意也会湮没。

进一步而言,坚持在法秩序统一性视野下,以违法统一性为基础进行违法的相对性判断,其意义不仅体现于对违法性内容本身的理解,还直接影响司法实践中诸多问题的解决:在总论上,涉及如何理解违法性认识的可能性、是否承认可罚的违法阻却事由、可否对紧急避险行为实施正当防卫等问题;在各论上,不法原因给付与财产犯罪、权利行使与财产犯罪是该问题的集中体现。

(一)违法性认识的可能性

违法性认识,是指行为人对自己的行为是违法的这一点存在认识;违法性认识的可能性,是指行为人在实施符合构成要件的违法行为时,能够认识到自己的行为是违法的。无论是采取主张违法性认识属于故意要素的“严格故意说”,还是采取认为违法性认识只是责任要素的“责任说”,要成立犯罪,均必须存在违法性认识的可能性。

---

① 尽管社会发展到一定阶段,有可能会承认“婚内强奸”,但现在认定此类行为构成强奸罪,不仅不符合我国当下的社会状况,还会对家庭伦理造成冲击,带来诸多严重后果。例如,强奸罪是严重危及人身安全的暴力犯罪,根据《刑法》第20条第3款的规定,可以实行特殊正当防卫。如果妻子借此戕杀丈夫的,也要成立正当防卫,不仅完全背离了《刑法》第20条第3款之宗旨,更会给我国的社会伦理造成毁灭性打击。

② 参见林钰雄:《新刑法总则》,中国人民大学出版社2009年版,第221页。

但我国学界对违法性认识的内容即这里的“法”是指刑法还是指一般法规范尚存争议。[①]

在本文看来,是否具有可罚的违法性更多是一种法律价值评判,以对刑事违法性的认识作为构成犯罪故意的必要要件,显然是对公民法律素养的过高要求,在司法实践中不具有可行性(很多时候会出现由于无法证明行为人具有刑事违法性认识而不能确定其存在犯罪故意的情况)。因而,只要行为人对一般违法性——属于行政法或者民法等一般法规范所禁止的行为——存在认识可能性,就可以对行为人追究责任。亦即,违法性认识是对于“违反整体法秩序”或者“违反实定法”的认识。[②] 而且,对违法性认识可能性的判断,作为广义的期待可能性的一环,是以期待方即国家与被期待方即行为人之间的紧张关系为前提的,[③]倘若采取违法多元论,对于符合民法或行政法的规定、不具有一般违法性的行为亦可认定具有刑事违法性,这无异于是说,对于某种行为,国家一方面采取允许该行为的态度,另一方面又将此类行为作为犯罪予以处罚。当公民基于与自己的生活密切相关的民法的合法性确信而实施某种行为时,亦可能被认定具有违法性认识的可能性而构成犯罪,这无异于是让公民承担国家的“错误”,不仅行为人本人难以接受,不利于特殊预防,还会有损公民对于法律(国家)的信赖,更会限制公民对自己行为的预测可能性,有违罪刑法定原则之精神。因此,要认定具有违法性认识可能性,只要对整体法秩序意义上的“一般违法性”存在认识即可。

### (二)可罚的违法阻却事由

一般违法性概念的存在价值不限于阶层式犯罪论体系。在我国传统的犯罪论体系下,符合构成要件就必然具有刑事违法性,因而民法、行政法上的违法行为完全可能因不符合构成要件而在刑法上是“合法的”,似乎没有承认一般违法性概念、采取二重判断结构的余地,也没有可罚的违法阻却事由的存在空间。然而,我国所谓“在刑法上是合法的”,只是意味着不符合构成要件、不具有刑事违法性,但行为不具有刑事违法性,并不意味着该行为是整体法秩序所允许的行为,而仍然可能具有行政违法性或者民事违法性;而且,判断某行为是否具有刑事违法性,仍然应从整体法秩序的视角,通过“比照社会生活的秩序与社会正义的理念,从该行为是否有违整体法秩序的精神的角度来评价与决定”。[④] 毋宁说,因为刑事违法性之有无是一种实质性评价,可罚的违法性理念首先在立法阶段具有选定处罚对象行为的机能,在我国传统的犯罪论体系下,各个犯罪构成要件选定的只能是那些具有可罚的违法性、适于刑罚处罚的违法行

---

① 参见陈兴良、周光权:《刑法学的现代展开》,中国人民大学出版社2006年版,第204~238页。

② 参见贾宇:《罪与刑的思辨》,法律出版社2002年版,第170页;松原芳博『刑法総論』(日本評論社,2013年)243頁以下。

③ 松原芳博『刑法総論』(日本評論社,2013年)250頁。

④ “东京地判昭和31年5月14日判时76号”第2页。

为。我们不可能将所有构成要件该当行为(如正当防卫行为)均直接纳入刑事违法性的评价对象,而应以该行为具有一般违法性为前提,只有这样才符合刑法的谦抑性与经济性。

具体而言,我国的刑事违法性判断,实质上是对行为的社会危害性程度进行实质评价,取决于社会危害性是否非"情节显著轻微危害不大"、具有"应受刑罚处罚性"。所谓"情节显著轻微危害不大的,不认为是犯罪",就是指"行为人的危害行为尚未达到应当受刑罚处罚的程度,法律不认为是犯罪",[①]是在承认行为具有一定社会危害性的基础上,通过认定行为的社会危害性属于"情节显著轻微危害不大",而否定具有刑事违法性。符合第13条但书规定的行为之所以不构成犯罪,不是因为该行为不具有社会危害性、没有一般违法性,而是因为该行为的社会危害性尚未达到应受刑罚处罚的程度,不具有可罚的违法性;之所以需要探讨某行为是否具有刑事违法性,正是以该行为具有行政违法性或者民事违法性为前提。[②] 因此,第13条但书规定就是可罚的违法性理念的体现,甚至可以说是可罚的违法性理念的法律化,符合但书规定就属于可罚的违法阻却事由。进一步而言,在我国,正当防卫等不具有社会危害性的行为属于(完全的)违法阻却事由,是整体法秩序意义上的合法行为,原本就没有探讨是否具有可罚的违法性、是否符合第13条但书规定的余地。

司法实务中,我国更有必要接受可罚的违法性理念,承认可罚的违法阻却事由。自《刑法修正案(八)》将扒窃入罪以来,不仅学界观点聚讼质疑不断,实务部门也面临严重困惑,案件处理乱象丛生,有的地方机械地将扒窃一律入罪,甚至出现了扒窃1.5元以盗窃罪定罪并处6个月有期徒刑的"荒诞剧"。[③] 其根本原因正在于,迄今未能形成一个处理不同法域之间违法判断的统一观念。尽管我国规定了"扒窃型盗窃罪",不以"数额较大"或者"多次盗窃"为成立要件,但要将扒窃行为入罪,仍必须达到盗窃罪构成要件的类型化的违法性的最低标准,具有可罚的违法性。具体而言,首先,尽管"扒窃型盗窃罪"并无明确的数额限制,但绝非不存在罪量要求,仍然必须侵犯了值得刑法保护的、有发动刑罚权之必要的财物,这既是盗窃罪的财产犯罪属性所决定,更是刑事违法性在"量"上的必然要求,因而尚不能说,扒窃1.5元钱的行为在"量"的方面达到了必须以刑罚制裁来予以保护的法益侵害程度;其次,在一般民众的认识中,扒窃1.5元钱的行为属于小偷小摸行为,固然"可恶",但难以完全避免,民众的呼声应该是通过行政处罚"广泛打击",但未必是通过刑事处罚"严惩不贷",若扒窃1.5元钱也要入罪,不仅与民众一直以来认为触犯刑律的都是极其严重的犯罪行为这种传统意识不

① 参见胡康生、李福成主编:《中华人民共和国刑法释义》,法律出版社1997年版,第17页。
② 参见王昭武:《犯罪的本质特征与但书的机能及其适用》,载《法学家》2014年第4期。
③ 参见梁根林:《但书、罪量与扒窃入罪》,载《法学研究》2013年第2期。

相吻合,还会有损民众的行为预测可能性,因而该行为在“质”的方面违背了社会相当性程度,也不能谓之为达到了应受刑罚处罚的程度。因此,扒窃1.5元的行为虽属于《治安管理处罚法》上的违法行为,但尚不具有作为刑事罚之对象的不法内容,而是符合第13条但书规定,应阻却可罚的违法性,不能直接入罪。[①] 为此,要界分属于刑事罚对象的扒窃行为与行政罚对象的扒窃行为,就应以第13条但书规定作为法律根据,以可罚的违法性理念作为理论基础,协调整体法秩序的统一目的与刑法的自主目的之间的矛盾,使个案结论符合“法的合目的性理念”以及对法正义的追求。

(三)针对紧急避险的正当防卫

我国《刑法》第21条与《民法典》第182条分别就紧急避险做出了相应规定。紧急避险在我国一般被认为是违法阻却事由,只要满足了紧急避险的要件,即便造成一定损害也不具有刑事违法性。[②] 引起紧急避险的原因大致可以归为四类:(1)由他人的合法行为引起;(2)由他人的不法行为引起;(3)由他人之物引起;(4)由自然原因引起。对于前两者,《民法典》仅规定,因紧急避险造成损害的,由引起险情发生的人承担民事责任。受害人要求补偿的,可以责令受益人适当补偿。对于后者,最高人民法院《关于贯彻执行〈中华人民共和国民法通则〉若干问题的意见》第156条规定:“因紧急避险造成他人损失的,如果险情是由自然原因引起,行为人采取的措施又无不当,则行为人不承担民事责任。受害人要求补偿的,可以责令受益人适当补偿。”由此可见,《民法典》仅规定了避险行为人在何种情况下不承担民事责任,而没有在民法上明确避险行为的性质。

如果采取违法多元论,仅从是否值得处罚的角度来判断违法性,或者直接采取违法相对论,认为凡阻却可罚的违法性的,都属于刑法上的合法行为,那么,紧急避险似乎原本就应该是完全的违法阻却事由,属于合法行为,没有对紧急避险行为实施正当防卫的余地。诚然,针对由他人的不法行为引起的危险实施紧急避险的,只要满足刑法上的紧急避险要件,就既属于刑法上的合法行为也属于民法上的合法行为,即属于整体法秩序下的合法行为(不具有一般违法性),对被转嫁危险的第三者而言,由于该避险行为不属于“不法侵害”,不得实施正当防卫,由引起险情发生的人承担相应民事责任。

然而,针对他人的合法行为引起的危险、针对自然灾害引起的危险、针对他人之物引起的危险,为了避免本人权益遭受损失,而采取紧急避险行为,将此类危险转嫁给第三者的,虽满足了刑法上的紧急避险要件,属于刑法意义上的合法行为,但对原本与避

① 参见王昭武:《扒窃入罪:反思与限定》,载《法律科学》2014年第4期。

② 对于紧急避险的性质,国外刑法理论仍存在“责任阻却说”“违法阻却说”“可罚的违法阻却说”“二分说”之间的对立。松原芳博『刑法総論』(日本評論社,2013年)167-173頁参照。

险人所面临的危险毫无关系却被转嫁了危险的第三者而言，该紧急避险行为是否一定不属于“不法侵害”呢？因为该避险行为要满足刑法上的紧急避险要件，除了必须是“不得已”之外，还必须是经过法益衡量，没有“超过必要限度造成不应有的损害”，但法益衡量以当时存在法益冲突为前提，而在紧急避险中，（除了避险人与被避险人的利益当时均处于共同危险状态之下的所谓“危险共同体”的情形之外）受到“正在发生的危险”威胁的，仅仅是避险人的利益，而作为被避险人的第三者的利益原本是安全的，正是因为避险人的转嫁危险的行为才被置于危险状态之下，在此意义上，可以说，正是避险人的行为才创造出了法益冲突状况，该第三者为什么只能甘愿承受这种“无妄之灾”而寄望事后弥补损失（按照上述司法解释，即便是要求补偿，也只能是获得“适当补偿”），而不能采取防卫行为积极保护自己的权益呢？而且，为了保护国家、公共利益或者他人的利益，该第三者为什么必须牺牲自己个人的财产利益乃至人身利益（甚至是生命）呢？尤其是，在做出紧急避险行为时，该第三者基于自己的瞬间判断，为了保全自己的权益而对紧急避险人实施了防卫行为的，为什么一定不能构成正当防卫呢？因为即便认为只要满足刑法上的紧急避险要件的避险行为都属于整体法秩序意义上的合法行为，但要求该第三者在当时准确判断对方的行为究竟是不法侵害还是合法的避险行为，并迅速作出甘愿承受还是积极对抗的选择，不仅“勉为其难”，更是在没有切实正当理由的情形下，强迫其作出未必出自其本意的回避退让，可以说，有不当限制公民的自我保全的权利之嫌。因此，依据“尊重个人原则”，不能以谋求社会整体利益的最大化作为法的全部目的（“社会功利主义”），更不能将个人作为谋求他人利益或者社会整体利益的手段，此类避险行为虽属于刑法上的合法行为，但由于侵犯了合法的第三者的权益，就有将此类行为认定为“不可罚的违法行为”——虽属于民法上的违法行为，具有一般违法性，但不具有可罚的违法性——允许该第三者对避险人实施正当防卫的余地。① 这样，按照本文观点，对于紧急避险的法律性质，就有重新审视之必要。

（四）不法原因给付与财产犯罪

不同法域之间的违法判断的关系问题，在刑法各论的解释论上集中体现于财产犯罪。对于作为侵害对象的“财产”，存在“法律的财产说”与“经济的财产说”之间的对立，前说立足于严格的违法一元论，认为值得刑法保护的财产限于民法上的财产权，后说立足于违法多元论，主张即便是民法上不能称为财产的利益，只要具有财产性价值，在刑法上亦可作为财产来保护。“法律的财产说”将刑法上的财产限于形式意义上的合法的财产权，显然过于狭窄；但采取“经济的财产说”，则不仅会扩大财产罪的处罚

---

① 曽根威彦『刑事違法論の研究』（成文堂，1998 年）84 頁；生田勝義『行為原理と刑事違法論』（信山社，2002 年）283 頁。

范围,还会出现刑法保护的财产中,甚至包括民法上的非法利益等情况,因而现在多采取立足于缓和的违法一元论或者违法相对论的“法律的·经济的财产说”。[①] 与此相对应,对于夺取型财产犯罪的保护法益,严格的违法一元论与违法多元论分别持本权说与占有说,但现在多采取立足于缓和的违法一元论或者违法相对论的“折中说”,即财产犯罪是通过侵犯占有权而最终侵犯所有权。[②] 下面具体探讨“不法原因给付与财产犯罪”“权利行使与财产犯罪”等问题。

例如,乙委托甲向丙行贿,但甲将行贿款全部或者部分据为己有的,甲是否构成侵占罪呢?这就是所谓不法原因给付与财产犯罪的问题,涉及刑法是否有必要保护其他法域不予保护的权益的问题。因为若在刑法上承认保护被害人法益的必要性,在相反意义上,就意味着侵犯该法益的行为具有刑事违法性。

侵占罪的保护法益是财产所有权,甲是否成立侵占罪的关键在于,该行贿款的所有权是否仍属于乙。对于这种基于不法原因而给付的财物的所有权归属,日本最高裁判所的民事大法庭曾作出直接影响此后的刑事判决态度的重要判决。某男为了维持与某女之间的情人关系,向该女赠送了房屋,后又起诉要求该女归还房屋,对此,日本最高裁判所判定,即便赠与合同违反公序良俗归于无效,但该男所赠房屋属于《日本民法》第708条规定的“不法原因给付物”。[③] 这就表明,作为法秩序之整体,对于该物并不保护委托者,不仅不能以不当得利为由要求返还,也不得以自己拥有所有权为由要求返还,因而该房屋的所有权转移至受赠者。[④] 也就是说,不法原因给付物不再是“他人之物”,接受给付者有权处分财物。该结论亦为我国民法学界所接受。[⑤] 按照该判决的旨趣,一旦乙出于行贿目的将行贿款交给甲之后,乙便在民法上丧失了所有权。[⑥]

对此,刑法学界存在“侵占罪成立说”与“侵占罪否定说”之间的对立。“侵占罪成立说”基于违法多元论认为,即便乙没有返还请求权,但并未由此丧失所有权,对甲而言,行贿款仍属于他人之物,因而满足侵占罪的成立要件。其理由在于,民法与刑法的目的、法律效果不同,不能说,民法不予保护的,刑法也绝对不能保护;而且,民法主要

---

① 林幹人『財産犯の保護法益』(東京大学出版会,1984年)3-176頁;张明楷:《刑法学》,法律出版社2011年版,第834~841页。

② 参见[日]山口厚:《盗窃罪研究》,王昭武译,载《东方法学》2011年第6期。

③ 《日本民法》第708条(不法原因给付)规定:因不法原因实施给付的,不得请求返还。但是,若不法原因仅存在于受益人一方的,则不在此限。另外,我国台湾地区“刑法”第180条第4项也作了相同规定。

④ “最大判昭和45年10月21日民集24卷11号”第1560页。

⑤ 参见王泽鉴:《不当得利》,北京大学出版社2009年版,第272~280页;刘言浩:《不当得利法的形成与展开》,法律出版社2013年版,第373~384页。

⑥ 部分学者主张区分“给付”与“委托”,认为此类情形不属于转移所有权的“给付”而属于仅转移占有权的“委托”,因而不属于“不法原因给付”,甲应成立侵占罪。不过,这种分类并未得到民法学界的认同,也难以统一处理后述“逃避嫖资”的问题。

是调整个人之间的利益关系，而对象物的“他人性”是侵占罪的成立要件，在民法与刑法的解释中理应存在差别，毋宁说，“针对非法获取行为，委托人是否存在值得保护的利益”才是问题之所在，即便乙是出于行贿目的，甲将受托财物据为己有的行为，仍具有侵占罪的可罚性。①

但是，首先，“为了实现法所禁止的目的而实施的财产处分，处于法的保护之外”，②既然乙没有返还请求权，就应认为也不存在值得保护的财产性利益，以财产罪来直接保护那些民法不予保护的不法原因给付者，采取的是“经济的财产说”，会招致整体法秩序内的自我矛盾。③ 其次，按照“侵占罪成立说”的观点，在不法原因给付的场合，民法上的所有权已转移至甲，而“刑法上的所有权”却仍属于乙。然而，对于财物所有权的归属，法秩序必须作出统一判断。④ 若脱离法秩序统一性的限制，过度强调违法判断的相对性甚至独立性（多元性），就会出现不受民法规制的“刑法上的所有权概念”这种“奇妙”现象，势必会保护那些不受民事法律保护的不法利益，这无疑僭越了财产犯罪本身的任务，更会造成保护法益的形骸化、空洞化，使侵占罪丧失其作为财产犯罪的性质。最后，从司法实践来说，个人之间的财产关系首先是由民事法律来规制，财产罪是通过更严厉的制裁补强民事法的规制，判定甲成立侵占罪，这是“对于民法上并无返还义务者，通过刑罚制裁来强制其返还——至少是不得处分，会破坏法秩序整体的统一性”，⑤更无异于直接以刑事手段强行保护民法上不予保护的利益，既有悖刑法的谦抑性与补充性，更不无鼓励甲按照乙的要求完成行贿之虞，而这与法的精神是背道而驰的。总之，“判断是否成立侵占罪，不可或缺的是，应通过民法层面的综合判断，来个别地判断能否认定被害人具有返还请求权”。⑥ 因此，立足于维护法秩序统一性的视角，就应采取“侵占罪否定说”。⑦

将盗窃犯寄放的赃物或者代为销赃所得价款据为己有的，亦属于不法原因给付与财产犯罪的问题。例如，乙将从丙处盗得的赃物交给甲保管或者委托甲代为销赃，但

---

① 参见李希慧主编：《刑法各论》，武汉大学出版社 2009 年版，第 278 页；周光权：《刑法各论》，中国人民大学出版社 2011 年版，第 117 页。

② 我国的早期民事判例既已持此态度，例如，“以违背法令所禁止之规定为标的的法律行为，当然认为无效，其由此所生之权利义务，即属不能有效存在”（“民国 3 年上字第 6 号判例”要旨）。

③ 團藤重光『刑法綱要各論』（創文社，1990 年）637 頁；西原春夫『犯罪各論』（筑摩書房，1983 年）230 頁；林幹人『刑法各論』（東京大学出版会，2007 年）150 頁。

④ 平野龙一『刑法総論Ⅱ』（有斐閣，1975 年）219 頁。

⑤ 團藤重光『刑法綱要総論』（創文社，1988 年）193 頁。

⑥ 松宮孝明『刑法各論講義』（成文堂，2006 年）267 頁。

⑦ 参见何帆：《刑民交叉案件审理的基本思路》，中国法制出版社 2007 年版，第 106 页；张明楷：《刑法学》，法律出版社 2011 年版，第 902 页。不过，通过欺骗手段而使他人出于不法原因给付财物的，例如，甲知道乙正在四处求购摇头丸，谎称自己可以弄到，然后侵吞乙支付的货款的，则一般认为甲应成立侵占罪（参见［日］山口厚：《刑法各论》，王昭武译，中国人民大学出版社 2011 年版，第 319 页以下；［日］西田典之：《日本刑法各论》，王昭武、刘明祥译，法律出版社 2013 年版，第 221 页以下）。

甲将赃物或者销赃所得价款据为己有,甲是否成立侵占罪呢?对此,一般认为,应成立掩饰、隐瞒犯罪所得、犯罪所得收益罪(赃物犯罪),即便将目的物据为己有,也不会对所有权造成新的侵害,因而侵占行为作为共罚的事后行为,为赃物犯罪所吸收,不再成立侵占罪。[①] 不过,倘若认为赃物犯罪无法完全评价侵占行为,赃物犯罪与侵占罪属于想象竞合,[②]或者,在不能认定甲具有赃物犯罪之故意时,就需要讨论是否成立侵占罪。在违法多元论看来,尽管是出于不法原因而委托,但对甲而言,赃物或销赃所得价款仍属于"他人之物",甲成立针对委托物的侵占罪(我国《刑法》第270条第1款)。然而,在本文看来,乙的委托属于不法原因给付,乙不存在返还请求权;保管赃物或者代为销赃的行为,原本是应构成赃物犯罪的行为,不应以刑法的财产犯罪来保护甲与乙之间的这种委托信任关系;而且,赃物的所有权仍属于盗窃罪的被害人丙,但甲与丙之间根本不存在委托信任关系。因此,甲将赃物据为己有的,只能成立针对遗忘物的侵占罪(我国《刑法》第270条第2款)。[③] 不过,对于销赃所得价款,盗窃犯的被害人丙从未实际占有或者所有,不能认定侵犯了丙的所有权,因而甲将销赃所得价款据为己有的,若不能成立赃物犯罪,就只能是无罪。

另外,嫖娼后以欺骗手段或者暴力手段免付嫖资的案件,也集中体现了"违法判断相对性"与"违法判断多元性"之间的对立。这里的问题在于,是否应以财产罪来保护卖淫女对嫖资的债权。按照违法多元论,卖淫女的债权虽然是无效债权,但"是否成立刑法上的诈骗罪,应该独立于民事法上的效果进行判断",因而应成立诈骗罪或者抢劫罪。[④] 但是,债权之所以能认定为民法上的财产,是因为债务人有支付的意思与能力,或者债务人无意支付时可以通过民事诉讼确认债权,并借助强制执行而实现债权,[⑤]而这里所谓"债权"是由有违公序良俗的卖淫行为所得,但"违反法律或者社会公共利益的"行为属于无效民事行为;而且,"契约成立,以行为适法为要件,如以不当行为或其他有害于公安公益之行为为目的而缔结契约者,法律上当然认为无效,则此契约上之权利义务亦自不能发生",[⑥]事先约定的嫖资这种债权自始无效。因此,应当认为,卖淫女的所谓债权不存在值得法律保护的财产性利益,卖淫女没有遭受财产性

---

① [日]山口厚:《刑法各论》,王昭武译,中国人民大学出版社2011年版,第354页;[日]西田典之:《日本刑法各论》,王昭武、刘明祥译,法律出版社2013年版,第255页;张明楷:《刑法学》,法律出版社2011年版,第902页。

② 大谷実『刑法講義各論』(成文堂,1990年)311頁;王昭武:《日本刑法中侵占盗窃赃物或销赃所获价款的行为与侵占罪》,载《山东警察学院学报》2005年第4期。

③ 林幹人『刑法各論』(東京大学出版会,2007年)153頁;[日]山口厚:《刑法各论》,王昭武译,中国人民大学出版社2011年版,第354页;张明楷:《刑法学》,法律出版社2011年版,第902页。

④ 参见[日]前田雅英:《刑法各論講義》,东京大学出版会2008年版,第282页。

⑤ 林幹人『刑法各論』(東京大学出版会,2007年)156頁参照。

⑥ "民国3年上字第1035号判例"要旨。

损失,[①]也不能说嫖娼者取得了财产上的非法利益,因而不成立诈骗罪或者抢劫罪(当然,暴力行为可能构成侵犯人身的犯罪)。[②]

(五)权利行使与财产犯罪

权利行使与财产犯罪的问题,是指在民事法律上有权取得财物或者财产性利益者,通过威胁、骗取、窃取、抢夺甚至抢劫等非法手段实现该权利的,是否成立财产犯罪的问题。在司法实践中,此类问题多发生在权利行使人直接或者(通过所谓"讨债公司")间接地通过暴力、胁迫手段,使对方产生恐惧心理,从而不得不归还财物、偿还债务的情形。

广义的"权利行使与财产犯罪"包括两种情形:一是"所有权实现型",即所有权人采取威胁等手段,取回为对方所非法占有的自己之物的情形;二是"债权实现型",即债权人通过威胁等手段实现其合法债权的情形。"所有权实现型"虽可谓是权利行使的一种类型,但实质上是有关财产罪之保护法益的本权说与占有说之对立的直接反映,取决于对处于他人占有之下的"自己之物"的解释。[③] 只要不持违法多元论主张彻底的占有说,就应认为,既然行为人在民法上拥有所有权,就不可能发生侵害非法占有者之财产权的问题,根本不具备财产犯罪的本质,不成立财产犯罪,[④]仅可就其手段行为研究是否构成非法拘禁罪、故意伤害罪等其他性质的犯罪。

司法实践中的问题,更多体现于"债权实现型"。例如,甲借钱给乙,已过约定偿还期限,且屡经催讨仍不偿还,于是,甲通过胁迫等手段,威逼乙偿还了欠款。对于此类案件,日本的判例与学界态度的演变对我国具有借鉴意义。债权人虽拥有 300 日元存款,却欺骗误以为其有 3000 日元存款的银行职员,提取了 3000 日元。对于该案,日本大审院连合部就权利行使与财产犯罪的问题作出了"二战"之前最为重要的判决,判定仅就超额部分即 2700 日元成立诈骗罪,并提出了适用于诈骗罪、敲诈勒索罪的三点原则:(1)在权利范围之内取得财物的,即便使用了欺骗、威胁手段,也不成立诈骗罪(敲诈勒索罪);(2)超出权利范围的,如果目的物是可分的,则仅就超出部分,如果

---

① 曽根威彦『刑事違法論の研究』(成文堂,1998 年)89 頁参照。进一步而言,通过实施欺骗行为而逃避非法债务的,亦不能认定为造成了财产损失。张明楷:《刑法学》,法律出版社 2011 年版,第 841 页;[日]西田典之:《日本刑法各论》,王昭武、刘明祥译,法律出版社 2013 年版,第 222 页。

② 我国司法实务也有判例采取了这种观点。例如,被告人王某等三人到某酒店嫖娼,与"小姐"发生性关系后,以"小姐"没陪好为由拒付嫖资,并与酒店负责人侯某发生争执,用随身携带的匕首捅刺侯某右大腿等部位,致其因抢救无效死亡。对于该案,山东省东营市中级人民法院判定,王某犯故意伤害罪,判处有期徒刑 15 年[参见(2012)东刑一初字第 30 号]。未认定王某构成抢劫罪,这就表明,在一审法院看来,刑法不应保护"嫖资"这种民事法律关系上的无效债权。

③ 根据《日本刑法》第 242 条、第 251 条的规定,虽然是自己的财物,但由他人(合法)占有或者基于公务机关的命令由他人看守时,就盗窃、抢劫、诈骗、敲诈勒索等财产犯罪,视为他人的财物。我国学说与司法实务对此均持肯定态度,《刑法》第 91 条第 2 款也体现了该旨趣。

④ 参见刘明祥:《财产罪比较研究》,中国政法大学出版社 2001 年版,第 310 页。

目的物不可分,则就财物全额成立诈骗罪(敲诈勒索罪);(3)仅仅是以权利行使为借口,非出于行使债权之目的的,则就财物全额成立诈骗罪(敲诈勒索罪)。[①] 随后,就敲诈勒索案件,大审院又提出了第四点原则:(4)权利行使的手段超出了法律所允许的程度的,即便不成立敲诈勒索罪,也应成立胁迫罪,从而明确否定了"无罪说",转而采取"胁迫罪说"。[②] "二战"后,最高裁判所又作出了实质性改变此前判例态度的重要判决。被告人甲与乙一起开办公司,后因二人不和,甲决定退出公司,双方商定由乙向甲支付18万日元。乙支付了15万日元之后,再无意支付余款。为此,甲请丙等人帮忙讨债。于是,丙等人威胁乙说,不交钱就对他不客气。乙因畏惧又支付了6万日元。对于该案,最高裁判所认为,"对他人拥有权利者行使该权利的,只要是在权利的范围之内,并且,其方法没有超出社会一般观念所一般认可的程度,就不会发生任何违法性的问题,然而,超出上述程度的,就属于违法行为,认定成立敲诈勒索罪是妥当的。在本案中……无论被告人甲对乙拥有多少债权,也应就6万日元全额成立敲诈勒索罪"。[③] 该判决确立了"违法阻却型"的解决路径:即便存在权利,仍具有财产犯罪的构成要件该当性,若手段行为具有社会相当性,则阻却违法性。

与判例立场相对应,日本学界通说也历经了"无罪说→胁迫罪说→敲诈勒索罪说"的过程。现在,就超出债权范围的金额成立财产犯罪并无异议,但对债权范围之内的金额是否成立财产犯罪,学界态度迥异。"财产犯罪否定说"的实质性理由在于,债权人拥有正当债权,只要是在权利范围之内,行为人就没有非法取得他人财物的意思,且由于同时消灭了债务,债务人也无财产罪意义上的实质性财产损失(但手段行为可能成立胁迫罪)。[④] 反之,"财产犯罪成立说"(通说)则认为,即便是行使正当权利,但法律并不允许以违反公序良俗的方法来实施,如果其手段、方法不具有社会相当性,就丧失了权利行使的性质,而属于权力的滥用;而且,通过非法手段所转移的财产本身就是非法得利,应认定对方发生了财产损失;不过,考虑到行为人毕竟是在行使权利,如果手段行为具有社会相当性,就可以阻却财产犯罪的违法性。[⑤] 由此可见,"财产犯罪否定说"是将手段与目的分而论之,在认定取财行为属于合法行为的同时,仅以手段行为作为追责对象;而"财产犯罪成立说"是将诱发手段行为的民法上的权利义务关系置于考虑之外,仅以"被害人"一方的物理的、经济的"损失"作为考

---

① 参见"大连判大正2年12月23日刑录19辑"第1502页。

② 参见"大判大正11年11月7日刑集1卷"第642页;"大判昭和5年5月26日刑集9卷"第342页。由于我国并无胁迫罪,则要么无罪,要么成立寻衅滋事罪。

③ "最判昭和30年10月14日刑集9卷11号"第2173页。

④ 林幹人『刑法各論』(東京大学出版会,2007年)166頁参照;[日]西田典之:《日本刑法各论》,王昭武、刘明祥译,法律出版社2013年版,第238页。

⑤ 前田雅英『刑法各論講義』(東京大学出版会,2007年)301頁;大谷實『刑法講義各論』(成文堂,2013年)298頁。

察对象,将财物的交付本身视为财产损失,从而将手段行为与取财行为之整体视为不法。

此类情形下,一方面,债务人对自己的钱款存在所有权,且对自己钱款的占有也具有合法性(不能因为债务人负有债务,就认定其占有也由此变得不合法,尤其是就具有绝对的无因性的作为种类物的金钱而言);另一方面,尽管行为人的行为表面上符合财产犯罪的构成要件,但其实现的是自己的合法债权。这样,两种权利之间便存在冲突,法秩序必须就此作出价值取舍。这里的根本问题是,认定财产犯罪的违法性是否不以民事法律关系上债权的合法与否为前提。

按照违法多元论,由于刑法与民法的目的各不相同,刑事违法性的判断不从属于民事违法性,因而会采取"财产犯罪成立说"。但是,第一,行为人行使债权的手段、方法是否具有社会相当性,并不影响行使合法债权这一行为性质。因为,既然行为人意图实现的是合法债权,就不具有非法占有他人财物的意思,而且,手段行为是否具有社会相当性与是否侵犯了财产权、是否构成财产犯罪原本属于不同性质的问题。与保护法益相对应,各个犯罪均有其固有的违法性,研究某个犯罪的违法性之有无或者程度之际,不能因为同一行为使该法益之外的其他法益受到侵害或威胁,实现了其他犯罪的违法性,就肯定具有该犯罪的违法性或者据此提升该犯罪的违法性程度。[①] 只要认为违法性的实质在于法益侵害及其危险,各个犯罪的违法性内容当然各不相同,就不同犯罪而言,违法性判断完全是相对的(独立的)(前述"不同犯罪之间的违法相对性")。因此,不能以手段行为具有侵犯人身权利犯罪的违法性为根据,而认定该行为也具有财产犯罪的违法性。第二,要认定成立财产犯罪,必须侵犯了财产罪的保护法益。即便债权人是通过非法手段逼迫债务人偿还债务,由于属于有效偿还,被害人不再承担相应债务,在采取整体财产说的民法上,就不能认定被害人遭受了财产损失,既然在民法上不存在财产损失,又何来财产罪意义上的财产损失呢?因为如果认为只要存在财物交付就必然存在财产损失,只会使"财产损失"这一概念有形无实、流于形式。[②] 第三,相对于民事法律偏重于确定财产秩序,刑法的谦抑性、补充性决定了刑法不应主动介入民事纷争,其机能不在于"积极地"创建新的财产秩序,而在于"消极地"维持现有财产状态,要求人们在现有秩序的框架之内开展活动,因而行为人的行为是否具有财产犯罪的违法性,应以行为人是否具有民法上的合法债权为前提,看行为人的行为是否具有值得科处敲诈勒索罪、抢劫罪等的可罚的违法性。为此,以刑法目的的自主性、独立性为根据,将行使民法上合法债权的行为(在行使债权这一意义上的合法行为)直接认定为刑法上的违法行为,认定行为人构成财产犯罪,实质上是以刑

---

① 林幹人『刑法の基礎理論』(東京大学出版会,1995 年)51 頁参照。

② 参见[日]西田典之:《日本刑法各论》,王昭武、刘明祥译,法律出版社 2013 年版,第 238 页。

法来确立不同于民法判断的“财产损失”,是以刑法来调整私人间的财产关系,不仅有悖刑法的谦抑性与补充性,更会引起法秩序内部违法性判断上的矛盾,有损法秩序的统一性。鉴于此,就应在违法统一性的基础上进行违法的相对性判断,认为刑事违法性的判断从属于民事违法性,行为人有无合法的债权、“被害人”有无实质性财产损失,才是判断是否成立财产犯罪的本质要素,因此,若行为人在行使债权的目的之下实现了民法上的合法债权,就不能认定行为人的行为具有财产犯罪的违法性。

此类行为之所以容易被认定为财产犯罪,债权人没有采取民事诉讼等法定程序也是重要原因之一。诚然,禁止私力救济是近代法的重要原则,取而代之的是,任何人都有向集中掌握了强制力的国家机关寻求法律救济的权利。原则上,法治国家当然应禁止私力救济,避免出现强者仰仗个人强力而只有弱者才依靠法律救济的现象。但问题在于,任何一个法治国家都不可能完全贯彻作为占有说之基础的禁止私力救济的思想,更无法以刑法之力完全禁止私力救济。因为,第一,冀望公民任何时候都借助公力救济,不过是一种理想状态,当下更不具有可行性;第二,如果彻底贯彻该原则,甚至将不值得刑法保护的占有也一律纳入财产罪的保护对象,就超出了保护个人财产这一刑法的本来任务,存在助长禁止私力救济、强制民事诉讼这种极度法治国家思想之虞;[①]第三,只有私力救济行为侵犯了刑法所保护的法益,才有以刑法规制该私力救济行为的必要。为此,是否属于应予禁止的私力救济,(除了紧迫性要件之外)往往取决于行为人的手段行为是否具有社会相当性。[②] 正因为手段行为不具有社会相当性,行为人才可能构成非法拘禁罪、故意伤害罪等人身犯罪。但如前所述,财产犯罪与人身犯罪的违法性内容各不相同,不能以行为人实现债权的行为同时具有侵犯人身权利犯罪的违法性,就直接推定行为人的行为亦具有财产犯罪的违法性。因此,对“权利行使与财产犯罪”的问题,应采取“财产犯罪否定说”。

在我国,如何理解《刑法》第238条第3款的规定,是有关权利行使与财产犯罪问题的适例。按照该款规定,“为索取债务非法扣押、拘禁他人的”,不构成绑架罪。2000年7月13日最高人民法院《关于对为索取法律不予保护的债务非法拘禁他人行为如何定罪问题的解释》认为,这里的债务包括“高利贷、赌债等法律不予保护的债务”。司法解释的这一观点在我国处于主导地位。显然,所谓“法律不予保护的债务”,是指不受民事法律保护的债务,为了索取这些不受民事法律保护的债务而非法拘禁他人的不构成绑架罪就意味着没有侵犯对方的财产权。因此,当然不能就此断言司法解释是在肯定这种非法债权,但对实现这种非法债权的行为的定性,却至少是将

---

① 参见[日]西田典之:《日本刑法各论》,王昭武、刘明祥译,法律出版社2013年版,第155页。

② 私力救济作为一种“紧急行为”,若满足以下要件,可得以正当化:(1)权利遭受了不法侵害;(2)无暇等待国家机关的救济;(3)若不立即行使私力,权利的事后恢复将变得不可能或者显著困难;(4)属于为了恢复权利的必要且相当的行为。松原芳博『刑法総论』(日本評論社,2013年)190頁参照。

行为人是否具有民事法律上的合法权利置于考虑之外，实质上采取的是违法多元论。然而，以财产罪来保护（至少是认可）这种民法上的无效债权，不仅不符合法秩序统一性的要求，也难言真正符合财产罪的立法目的以及对法正义的追求。为此，该款的旨趣就应该理解为：为了维持法秩序的统一性，基于刑法的谦抑性，对于受到民事法律保护的债权，在刑法上，应认定没有侵犯债务人的财产权利，没有侵犯财产罪的保护法益，为索取合法债务而非法拘禁他人，甚至由此"致人重伤的"或者"使用暴力致人伤残、死亡的"，都属于以非法手段实现合法债权的行为，手段行为虽然可能构成非法拘禁罪、故意伤害罪或者故意杀人罪，但不能构成绑架罪。因此，这里债务应限于"合法债务"，即受到民事法律保护的债务。[①]

在前述"陈某抢劫案"中，陈某是否成立抢劫罪的实质正在于如何处理权利行使与财产犯罪的问题。按照本文观点，在该案中，陈某作为债权人，在债务人史某不履行还债义务的情况下强行索债，虽然采取了欺骗与暴力、胁迫手段，但当场书写"收到55万元还款"的收条并强迫史某写下"还欠陈某23万元货款"欠条的行为，就表明其目的仅在于实现其合法债权，主观上没有非法占有他人财物的目的；并且，史某也相应地消除了55万元的债务，不能认定其遭受了55万元的财产损失；尤其是，陈某的行为虽然客观上侵害了第三人的财产权利，但系基于民法意义上的重大误解所致，应属于民法调整的范畴，而不应以刑法直接规制。因此，二审依法撤销一审判决判定陈某不构成抢劫罪的结论是正确的。

## 五、结语

在涉及"民刑"交错、"行刑"衔接的案件层出不穷的当下乃至往后，如何处理不同法域之间的违法性判断的关系问题，是法解释论上的重要课题，涉及法解释的基本理念，更关系到如何理解"社会相当性""社会一般观念""预测可能性"等刑法的基础概念。既然国家是通过法规范来向国民宣示并要求一定的态度，就同一事态统一地显示国家意思、避免出现相互矛盾，就属于国家的任务；如果国家设定的是一种无法发挥行为选择机能的规范系统，就会使规范丧失评价机能，法的规制机能也无从运行，进而会否定规范本身的存在理由。因此，应在法秩序统一性视野下，以违法统一性为基础进行违法的相对性判断：民法或行政法允许的行为，必然不具有刑事违法性；而民法或行政法禁止的行为，则未必具有刑事违法性；对民法或行政法认为并无保护之必要的利益，不能认定侵害行为具有刑事违法性。

本文立足于刑法解释论的视角，论证了不同法域之间违法性判断的关系问题，强

---

① 参见李希慧主编：《刑法各论》，武汉大学出版社2009年版，第225页；张明楷：《刑法学》，法律出版社2011年版，第795页。

调在法域竞合的情形下,刑事违法性判断从属于民事违法性或者行政违法性。那么,接下来的问题是,刑事违法性的认定对于民事违法性或者行政违法性的判断有何意义呢?亦即,能否以刑事违法性为根据而直接认定行为具有民事违法性或者行政违法性呢?或者,能否以合同标的、合同目的或者履约行为等具有刑事违法性而直接判定民事合同无效呢?这些都属于仍需进一步研究的重要课题。

# 网络时代刑法术语的现代考察

付玉明　孔臻臻*

【内容摘要】词语本身的含义具有流变性，在网络时代下有了更多的解释可能性，尤其网络新兴术语扩张了刑法适用领域，给传统构成要件要素的解释范围带来了冲击。“财产”“赌场”“淫秽物品”所具有的规范内涵与外延具有明显的时代性和显著的动态发展性。刑法解释的对象是文本，但文本的实施离不开社会载体，只有在准确把握词语含义的基础上赋予时代意义才能不断增强文义解释的信念感和说服度。从文义解释的方法论上来讲，无论词语的外延怎样进行扩张，传统文义解释的结论都根深蒂固。在网络时代，刑法既要做好守夜人又要具有时代进步性，刑法的语义解释向语用解释的转向，不仅提供了一个新的研究路径，又能够切实解决立法滞后性的难题。

【关键词】网络时代　流行用语　刑法术语　刑法解释

网络语言的发展路径已经很清晰：从虚拟空间进入口语表达，再进入书面语，最终有可能沉淀到语言应用的各个方面。最早涉足该领域的当属于志刚教授，此后，以大数据时代背景为依托，对于网络时代与传统刑法二者的研究方兴未艾。但是，学者们大多关注热点案件多于理论本身，刑法的适用最终要服务于社会的发展，刑法适用乃至刑法解释都要有严明的时代性和动态发展性。不难发现，传统刑法的适用场域有了突出的特点，即由物理空间的适用到网络空间的规制，相对应地，对于词语含义的考察场域也应该有所侧重。

## 一、网络时代新兴术语的现象考察

在大数据的支持下，我们可以清晰地看到人们生活方式的转变以及以手机为主的电子通信设备对社会经济、生活方式等的影响。网络世界已经成为人们生活的另一场域，就传统刑法而言，其适用领域必然要发生扩张。

随着网络时代及人工智能的发展，手机成为人们生活中必不可少的一部分，当下，

---

* 付玉明，西北政法大学刑事法学院教授，法律科学信息研究所所长，早稻田大学社会安全政策研究所客座研究员；孔臻臻，西北政法大学刑事法学院研究生。基金项目：中国法学会部级法学研究课题“刑法诠释学：刑法解释的立法论序说”［项目编号：CLS（2016）D57］的阶段成果。

手机已从简单的通话工具衍化为移动多媒体终端,几乎所有媒体终端的功能都可以在手机上实现,手机的移动性和便携性优势强烈吸引了使用者,手机依赖现象在我国现实社会生活中相当突出,其在上网设备中占据绝对主导地位。以“双十一”为例:2018年天猫成交额达2135亿元,2017年总成交额超过1682亿元,2016年交易额超过1207亿元,2015年交易额超过912亿元。令人震惊的数字背后,“双十一”体现了中国商业的进步和中国消费的升级,人们的生活方式有了巨大的变化,支付方式是最直观的一个变化。除此之外,互联网的普及还衍生出许多新的概念,涉及生活的各个方面:从宏观的犯罪层面讲,如网络空间、网络社会、虚拟社会等;从微观的社会生活层面讲,如社交通信、便捷生活、新闻阅读等。为此,笔者总结了部分便捷人们生活的手机应用,种类繁多的手机应用将人们的生活淋漓地展现在一部手机中。(见表1)

**表1　便捷人们生活的各类手机应用**

| 类型 | 应用名称 |
|---|---|
| 社交通信 | 腾讯QQ、微信、新浪微博、陌陌、探探交友、百度贴吧等 |
| 新闻阅读 | 今日头条、新浪新闻、凤凰新闻、天天快报、搜狐新闻等 |
| 金融理财 | 支付宝、京东金融、东方财富、蚂蚁财富、同花顺等 |
| 便捷生活 | 链家、墨迹天气、58同城、淘票票、房天下、美团外卖等 |
| 影音娱乐 | 腾讯视频、优酷视频、爱奇艺、喜马拉雅、酷狗音乐等 |
| 购物比价 | 手机淘宝、唯品会、聚美优品、苏宁易购、当当、1号店等 |
| 旅游住宿 | 去哪儿旅行、艺龙旅行、携程旅行、途牛旅游、小猪短租等 |
| 出行导航 | 百度地图、滴滴出行、高铁管家、腾讯地图、嘀嗒拼车等 |
| 运动健康 | 平安好医生、悦动圈、新氧美容、轻松筹、水滴筹、悦美等 |

应用小程序将现实生活与网络空间作了良好对接,无限方便了人们的生活,特别是利用网络把电脑、手机等电子产品与财产紧密联系在一起,使人们的生活可以跃然于指尖上,以互联网为代表的数字技术正在加速与经济社会各领域深度融合,成为促进我国消费升级、经济社会转型、构建国家竞争新优势的重要推动力。在1997年《刑法》制定之初,网络还未如此发达,甚至在经过多次修正后,《刑法》的适用能否管控网络空间仍存在讨论的余地。通信社交应用实现了信息交流、线上支付、信息传播的一体发展,人们实现了足不出户就能享受科技发展带来的便捷生活。但是,以手机应用为依托,人们的个人信息和财产安全受到了前所未有的威胁,不少人苦恼于骚扰电话和垃圾短信。当我们在手机应用上注册个人信息时,在享受便捷服务时,个人信息就有可能被泄露。在新兴的电子支付过程中,近年来不断出现二维码被调换的案件,严重危害人们的财产安全。但是我们应当承认,网络时代的发展所带来的益处,除了方

便了我们的生活，对于《刑法》的适用也起到了效果，在定位犯罪分子、抓捕犯罪分子时也起到了作用。

同时，由发达的网络所覆盖及提取的数据是否有刑法上的价值也存在争议。手机应用下载到手机或者电脑之后，会形成不同的数据，当下数据的价值不同于我们传统法律所保护的对象，在具体的价值衡量上，数据法益的认定比较困难，与传统法律制度存在一定的出入。因此，大数据在具体危险和具体危险所侵犯的法益怎么定性是刑法体系当前面临的难题。从这个意义上来说，怎么样平衡数据法益侵害与传统法益所保护的法律体系，需要刑法解释搭建衔接途径。

## 二、网络时代流行用语的语义考察

网络时代作为一种不可逆转的趋势，直接走进人们的生活，流行用语的使用映射了人们的生活。每年年末或次年年初，媒体和大众都会总结当年度或上一年度网络流行用语。为此，笔者考察了 2009～2017 年媒体总结的十大网络热词，以考察网络流行用语对传统刑法的冲击。（见表 2）

**表 2　2009～2017 年十大网络热词**

| 年份 | 十大网络热词 |
| --- | --- |
| 2009 | 蚁族、物联网、甲型 H1N1 流感、低碳生活、创业板、独二代、欺实马、迈克尔・杰克逊、被增长、寂寞 |
| 2010 | 给力、团购、我爸是李刚、微博、3Q 之争、羡慕嫉妒恨、羊羔体、闹太套、被辞世、神马都是浮云 |
| 2011 | Hold 住、乔布斯、高铁、地沟油、校车、郭美美、伤不起、PM2.5、谣盐、占领华尔街 |
| 2012 | 屌丝、元芳你怎么看、你幸福吗、×× style、高富帅、休假式治疗、躺枪、表叔、逆袭、我能说脏话吗 |
| 2013 | 中国大妈、人艰不拆、不明觉厉、喜大普奔、十动然拒、火钳刘明、高大上、小伙伴们、点赞、女汉子 |
| 2014 | 且行且珍惜、你家里人知道吗、画面太美我不敢看、萌萌哒、也是醉了、有钱任性、心塞、蛮拼的、小鲜肉、no zuo no die |
| 2015 | 主要看气质、小公举、侍睡员、城会玩、然并卵、狗带、我叫叶良辰、总有刁民想害朕、怪我咯、what are you 弄啥嘞 |
| 2016 | 蓝瘦香菇、供给侧、工匠精神、吃瓜群众、一言不合就××、小目标、洪荒之力、友谊的小船、葛优躺、套路 |
| 2017 | 打 call；尬聊；你的良心不会痛吗；惊不惊喜，意不意外；皮皮虾，我们走；扎心了，老铁；还有这种操作；怼；你有 freestyle 吗；油腻 |

上述网络用语不仅反映了网民的使用热度，也能够洞见社会的发展变化，可以说

这恰恰是网络时代下的社会发展缩影,也是新时代下法律适用的语境。但这些网络热词,没有一个出现在我国刑法中,原因之一是我国现行刑法制定于1997年,当时网络还不够发达,一些热词要么还没有出现,要么传播速度远不能与现在新网络时代比。另外,刑法用语讲究规范性,而上述用语多数带有娱乐性质以及口语化的特点,刑法用语的规范性和严谨性决定了其不会进入刑法中,因此在后续的刑法修正案当中也没有这些词语的身影。那么这是不是意味着网络热词对于刑法没有影响?其实不然。虽然上述网络用语没有进入刑法文本中,但是部分热词还是对刑事司法有所影响。

研究发现,在由网络热词所代表的一系列社会现象背后,立法者作了深刻的考量,不妨以《刑法修正案(九)》为例看立法对于社会热点现象的回应。《刑法修正案(九)》第8条对"危险驾驶罪"[①]的规定便是体现。此次修正是在2011年获通过的《刑法修正案(八)》的基础上,在第1款中增设第(三)、(四)项,"危险驾驶罪"入刑,提高了对于该种行为的惩罚力度,有利于打击"马路杀手"现象。近年来,校车安全走进大众视野,校车事故频发现象令人担忧,致死致伤的新闻报道令人痛心疾首。在《刑法修正案(八)》的基础之上,《刑法修正案(九)》将校车、旅客运输等超速、超载的行为纳入了处罚范围,同时,还规定对该行为负有直接责任的机动车所有人、管理人依法处罚,有利于从源头上遏制校车安全问题。此外,"火钳刘明""点赞"凸显了关于网络公共秩序的规范,《刑法修正案(九)》第32条"编造、故意传播虚假信息罪"对网络公共秩序作了进一步规定。[②] 当前,一些软件如"轻松筹""水滴筹"等,既能够筹集善款,也会发布一些励志文章,但这些文章看似传递正能量,却有可能暗藏玄机,夹杂着诈骗电话。同时,网友的跟风评论、盲目转发则容易进一步扩大虚假信息的传播。此次修正案规定"网络造谣"等行为需要负刑事责任,从而更好地规范了公共网络规范,这也是对"互联网不是法外之地"的最好诠释。"我爸是李刚""表叔""郭美美"等事件引发的慈善信任风暴以及官员清正廉洁的刑法规制引发了热烈的探讨,《刑法修正案(九)》第44条对重特大贪污贿赂犯罪新增了"终身监禁"的规定,[③]这是中华人民

---

① 在道路上驾驶机动车,有下列情形之一的,处拘役,并处罚金:(1)追逐竞驶,情节恶劣的;(2)醉酒驾驶机动车的;(3)从事校车业务或者旅客运输,严重超过额定乘员载客,或者严重超过规定时速行驶的;(4)违反危险化学品安全管理规定运输危险化学品,危及公共安全的。

② 《刑法修正案(九)》第32条对"编造、故意传播虚假信息罪"的规定:编造虚假的险情、疫情、灾情、警情,在信息网络或者其他媒体上传播,或者明知是上述虚假信息,故意在信息网络或者其他媒体上传播,严重扰乱社会秩序的,处三年以下有期徒刑、拘役或者管制;造成严重后果的,处三年以上七年以下有期徒刑。

③ 《刑法修正案(九)》第44条对重特大贪污贿赂犯罪关于"终身监禁"的规定:人民法院根据犯罪情节等情况可以同时决定在其死刑缓期执行2年期满依法减为无期徒刑后,终身监禁,不得减刑、假释。根据最高人民法院出台的司法解释,对于2015年10月31日以前实施贪污、受贿行为,罪行极其严重,根据修正前刑法判处死刑缓期执行不能体现罪刑相适应原则,而根据修正后刑法判处死刑缓期执行同时决定在其死刑缓期执行2年期满依法减为无期徒刑后,终身监禁,不得减刑、假释可以罚当其罪的,适用修正后《刑法》第383条第4款的规定。根据修正前刑法判处死刑缓期执行足以罚当其罪的,不适用修正后《刑法》第383条第4款的规定。

共和国成立以来第一次在刑法文本中明确写入“终身监禁”，规定“不得减刑、假释”，是“终身监禁”落到实处的保险。一方面，这一举措能够加大对腐败分子的威慑作用；另一方面，能够减少目前国内死刑的负面压力，以更好地开展国际追逃行动。事实上，从目前国际追逃取得的成绩来看，该条确实起到了良好的社会效果。

以上热词是在《刑法修正案(九)》中表现较为明显的几类，除此之外，笔者整理的其他部分网络热词在刑法适用中也有所体现。例如，“物联网”下的犯罪空间认定日益成为近年来学术讨论的热点问题；目前还时常发生的名人明星“被辞世”的现象是否涉及“侮辱”“诽谤”的问题；“地沟油”问题中的食品安全隐患；“且行且珍惜”关于婚姻道德的拷问；“侍睡员”的性质认定等，都是对于刑法规范在网络社会下的更新适用。

## 三、网络时代刑法术语的内涵演变

文义解释要揭示的是法律条文术语在法律上可能具有的含义，但任何术语都离不开生活的经验与内涵，网络对生活的全方位覆盖，尤其是在进入网络时代后，移动设备更是成为人们生活不可或缺的一部分，不仅催生了网络新兴术语，传统规范刑法中的刑法术语也在发生变化。在此基础上，服务于刑法的术语也相应扩大了其内涵和外延，反映出任何法律条文中的字词句段的外延不可能总是一成不变的，社会发展下的任何概念也都具有严明的时代性和动态发展性。[①] 因此有必要考察常用术语在网络时代下的发展变化，从而在文义解释的层面为传统刑法解决网络时代下的新问题提供理论支撑。

### (一)“财产”的内涵演变

提到刑法术语的内涵演变，特征最明显的便是对“财产”的研究。事实上，“财产”一词不是网络时代特有的产物，但由于“财产”与人们生活的密切关系，加之财产犯罪是刑法保护的重点领域，也与公民的日常生活息息相关，故在论及刑法解释与社会发展时，对于“财产”的探讨是不能回避的重要部分，不仅能够表现社会的发展样态，也能够洞见刑法的历史沿革。

随着网络的普及以及网民对虚拟财产的重视，财产的外延有所改变。在早期，对侵犯网络中财产性利益的行为按照财产犯罪论处的情形较多，但是随着网络中财产性利益的不断增多，将某种行为按照财产犯罪进行惩处因存在价值认定的难题而遭诟病。根据《刑法》第92条关于“财产”的规定，[②]财产性利益已经囊括在刑法所要保护

① 参见徐明：《文义解释的语用分析与构建》，载《政法论丛》2016年第3期。

② 《刑法》第92条规定：“本法所称公民私人所有的财产，是指下列财产：(一)公民的合法收入、储蓄、房屋和其他生活资料；(二)依法归个人、家庭所有的生产资料；(二)个体户和私营企业的合法财产；(四)依法归个人所有的股份、股票、债券和其他财产。”

的“私人财产中”,并且学界已经基本达成共识。在网络时代下,网络虚拟财产的研究成为新的热点问题,“网络虚拟财产”“数据”成为刑法规制的对象,但对于具体罪名存在不同程度的争议,如刘明祥教授认为网络游戏中的虚拟财产,不属于盗窃罪所能侵害的“财物”;窃取网络游戏中的虚拟财产,侵犯的也主要不是财产所有权,不符合盗窃罪的构成要件。将此种行为按盗窃罪定罪处罚会带来理论与实践上诸多无法解决的新问题。窃取网络虚拟财产行为符合非法获取计算机信息系统数据罪的构成要件,但若不采取非法侵入计算机信息系统或其他技术手段非法获取虚拟财产的行为,就不具备此罪的手段行为要件,不能定此罪。[①] 对窃取网络虚拟财产,实务界和理论界均有不同的探讨,即便是在《刑法修正案(七)》增设了非法获取计算机信息系统数据罪之后,对于这种非法获取计算机信息的行为定罪也不统一,有的是按非法获取计算机信息系统数据罪定性,有的是按传统的做法定盗窃罪。上文在探讨网络新兴术语时已经提到,不管是现在的社交工具还是娱乐工具,一般都是通过网络转账将自己的财产转移至相关的支付平台上,特别是当下人们的出行更加简便,基本上一卡一手机就可以解决传统的货币支付,电子支付在简便人们生活的同时也让财产管理变得更加简便。当今网络时代,人们的手机都能处理财产事务,如果我们还仍然坚持财物仅限于有体物这样的观点,就难以为一般人所接受了。因此,将“财产性利益”解释为财产是日常生活向刑法术语渗透的体现。

(二)“赌场”的外延扩张

“赌场”是生活用语向刑法术语渗透的另一典范,在传统意义上是指专门供赌博的场所,一般指合法经营的赌博场所,同时赌场也指非法的聚赌地方。赌博行为在我国有非常悠久的历史,已成了一种特殊的社会文化现象和社会问题。

1997年刑法将“赌博罪”纳入刑法条文中,2006年《刑法修正案(六)》第18条对该条文进行修订,将“开设赌场”作为“赌博罪”的行为方式改变为增设“开设赌场罪”,这一契机源于2005年最高人民法院、最高人民检察院《关于办理赌博刑事案件具体应用法律若干问题的解释》第2条的规定。[②] 对于传统意义上的赌场来说,网上赌场是新兴赌场,但是由于经营者的非法经营,加之法律监管困难,而在网上盛行。2009年2月15日,上海市普陀区人民法院对涉案金额高达60余亿元的“上海网络赌球第一案”的20名被告人进行一审宣判:以“开设赌场罪”对被告人判处刑罚,利用境外赌博网站,在钱某春和同伴邹某、刘某清等人构建的赌博网络上,下注资金达到了

① 参见刘明祥:《窃取网络虚拟财产行为定性研究》,载《法学》2016年第1期。

② 2005年最高人民法院、最高人民检察院《关于办理赌博刑事案件具体应用法律若干问题的解释》第2条规定:“以营利为目的,在计算机网络上建立赌博网站,或者为赌博网站担任代理,接受投注的,属于刑法第三百零三条规定的‘开设赌场’。”

66亿元。[①] 这是一个网络赌场的标志性案件,该案件数额之大、范围之广引起了立法者的广泛关注,也成为规制赌场行为的开端性案件。

2010年8月31日,最高人民法院、最高人民检察院、公安部联合发布了《关于办理网络赌博犯罪案件适用法律若干问题的意见》,对网上开设赌场犯罪的定罪量刑标准、共同犯罪的认定和处罚、网络赌博犯罪的参赌人数、赌资数额和网站代理的认定、网络赌博犯罪案件的管辖作了详细规定,从而从法律层面固定了"赌场"的网络表现形式。2015年11月30日,上海首例"微信抢红包"刑事案件宣判,该市徐汇区法院经审理认为:被告人何某某、单某某、吴某某、蒋某某结伙以营利为目的,开设赌场,组织多人采用向微信群内发放并抢夺红包的方式进行赌博,其行为均已构成开设赌场罪。[②] 与此同时,也有大量案情类似的案件被认定为赌博罪,实务中对此裁判并不统一。但是,一方面,这类案件的发生表明,随着网络的发展,传统犯罪类型蔓延到网络中,另一方面,尽管发生以网络为媒介的犯罪,但依照刑法解释依然可以作出合理判决。以"微信抢红包"案为例:在该案中,四被告人建立了名为"面膜288元一盒4片"的微信群,该微信群规定,微信群中,发包人每次发一个288元的四人抢红包,抢到红包金额倒数第二小的参赌者继续发下一个红包,在这个过程中,如需要由"代包人"代发红包,则需要支付"代包人"人民币8元,支付给群主人民币20元。被告人何某某还为该微信群制定赌博规则,设立奖励制度,至案发,该群成员最多时达50余人,发放红包500余个,涉案赌资10万余元。[③] 微信群成员参与到抢红包游戏中,在看似娱乐性的"微信抢红包"活动中,被告人利用人们的投机心理,通过"代包人"代发红包所支付的人民币实质上进行了"抽头渔利"且达到了情节严重的程度,与传统形式的赌场抽成并无二致。微信群虽然属于网络虚拟媒介,但同样可以成为赌博的场域,将微信群扩大解释为赌场并未超出公众对"赌场"一词的理解。以往的语言用法虽然只称物理性的空间为"赌场",然而,因为技术的发展,这种语言用法已经发生转变,发生在网络空间中的聚众赌博也可以成为"赌场"。在这一层面上,将传统的"赌场"解释为包括"网站""微信群""QQ群"等网络媒介下的"赌场"并无不妥之处,这种刑法术语外延的扩张能够为实践中处理此类问题提供理论支撑。

### (三)"淫秽物品"的载体演变

"淫秽物品"成为刑法规制的对象主要在于它的危害性,"淫秽物品"就像毒品一样,看过一次就有可能无法自拔,特别是在网络时代的今天,轻而易举便能够获取淫秽物品,重灾区便是儿童和青少年,他们因为好奇接触淫秽物品,接受错误的观念,从而

---

① 参见《沪上最大网络赌球案终审落槌4被告上诉请求被驳回》,网址:http://news.163.com/09/0504/06/58ETC31G0001124J.html,2018年11月30日访问。

② 何某某、单某某等开设赌场案,上海市徐汇区人民法院(2015)徐刑初字第1063号刑事判决书。

③ 何某某、单某某等开设赌场案,上海市徐汇区人民法院(2015)徐刑初字第1063号刑事判决书。

走上歧途的案例令人痛心疾首。根据我国《刑法》第367条关于“淫秽物品”的规定,[①]关于“人体生理”,“医学知识的科学著作”,包含有色情内容的有艺术价值的“文学、艺术作品”被剔除在“淫秽物品”的范围之外,可以看到,随着社会文明程度的开化,人们对淫秽物品的可接受度在不断提升。《金瓶梅》因其有关于性的描写,一度被讲究礼教的中国统治者列为禁书,而今天,《金瓶梅》因在中国古代小说发展的历史上起到里程碑的作用而成为文学的研究对象。

就法律规定来讲,淫秽物品是通过书刊、影片、录像带、录音带、图片及其他淫秽物品等有形的载体进行传播的,但今天打开网络随手便能搜到各种图片,显然淫秽物品不是仅限于以有形的载体进行传播。传统关于淫秽物品的界定已经非常明了,在实践中诸如此类案件也基本形成了固定的模式。但近年来,随着依托网络平台,“网络主播”成为一个新兴术语、新兴职业,甚至有大学专门开设此课程,百度、新浪、搜狐、爱奇艺、乐视、优酷、酷我、映客、花椒等网络公司也分别推出相关业务。尽管网监部门和行业自律公约都作了规定,但直播中的涉黄行为依然屡禁不止。如果建立淫秽网站、网页的行为,提供淫秽站点链接服务的行为,传播淫秽书刊、影片、录像带、录音带、图片的行为,应当追究刑事责任,那么在网络上暴露自己身体或者公开直播自己性过程的行为又应当如何定性呢?

2017年4月至7月12日,以王某某、蒲某等为首的犯罪团伙以牟利为目的研发运营“狼友直播”App传播淫秽物品。[②] 尽管直播行为暴露的是自己的身体,多数主播也自愿在平台中表演,但主播通过网络直播性行为、露出隐私部位的行为的背后往往都有利益的推手,观众通过打赏、刷礼物获得观感上的满足,网络主播通过观看直播人数量、礼物打赏分成,可谓“名利双收”。能否构成本罪的关键点在于直播行为能否被评价为淫秽物品。尽管我们对淫秽物品的标准一再降低,但法律规定的红线不能突破。涉黄直播行为虽然不是传统意义上的具体描绘性行为或者露骨宣扬色情的淫秽性的书刊、影片、录像带、录音带、图片及其他淫秽物品,但是通过实时的直播互动,加之直播房间进入的随机性和不特定性,观众观看的感官和参与度都更真实。淫秽物品纯粹是为了感官刺激而被制造出来的,其中充斥着刺激和快感,尽管形式有所改变,但对于观众来说,观看录制好的影片或者印刷好的书刊图片其实并无二致,录制并传播的行为,在一定程度上来说,与直播相比,最主要的区别在于时间上是否具有同一性,但这

---

① 《刑法》第367条规定:“本法所称淫秽物品,是指具体描绘性行为或者露骨宣扬色情的淫秽性的书刊、影片、录像带、录音带、图片及其他淫秽物品。有关人体生理、医学知识的科学著作不是淫秽物品。包含有色情内容的有艺术价值的文学、艺术作品不视为淫秽物品。”

② 本案中,以王某某、蒲某等为首的犯罪团伙以牟利为目的研发运营“狼友直播”App不断更换App“马甲”躲避监管,平台上女主播向公众提供淫秽表演。该团伙利用网站、社交平台、云存储等大量传播淫秽色情信息。截至案发,“狼友直播”注册用户约17万人,网络女主播经纪组织2个,涉案女主播1000人,涉案金额1000多万元。该团伙获取注册用户付费观看淫秽表演非法利益每月50万元以上,网络传播淫秽表演视频文件超20万个。

并不能否定直播行为本身的淫秽性，观看过程中的录屏行为也使涉黄直播行为成为固定在某一媒介上的传统淫秽物品。从这个意义上说，将严重的涉黄直播行为解释为传播淫秽物品具有正当依据。直播平台主播涉黄涉低俗的网络直播行为，往往吸引数十万观众在网上进行围观、讨论，这无疑构成被传播对象人数众多，造成后果严重的情节，甚至不乏青少年利用父母账号进行大额打赏的情形，不仅造成财产损失，对青少年的身心健康也造成了不可估量的损害。由于这种危害后果达到了“情节严重”的标准，因此，将严重涉黄的直播解释为淫秽物品，将直播行为解释为传播淫秽物品的行为符合当下环境的要求，也符合网络时代的语用规范。

以上以刑法术语“财产”“赌场”“淫秽物品”为例，来说明当下随着网络覆盖人们的生活，词语本身的含义有了更多解释的可能性。这是语言与社会动态发展性的体现，也是刑法文本与语言关系的特殊之处。刑法解释的对象是文本，但文本的实施离不开生活，在事实与规范之间不断来回往复，才能不断增强文义解释的信念感和说服度。诚然，立法者在立法当时无法对词语的外延进行精确的界定，需要不断从生活中寻求经验。从文义解释的方法论上讲，词语的外延无论怎样进行扩张，传统文义解释的结论仍然根深蒂固，在网络时代的当下刑法要在做好“守夜人”的同时体现它的时代进步性。刑法的语义解释向语用解释的转向，不仅提供了一个新的研究路径，又能够切实解决立法滞后性的难题。

## 四、结语

社会发展催生了更多新事物，刑法作为社会保障的最后一道防线，必然需要承担起解决更多问题的责任。刑法在时代变迁下不仅要关注传统问题，还要有发现问题的前瞻性。诚然，不可能所有的问题都能够通过刑法解释来解决，适用刑法首要的步骤是对刑法文本的内在含义进行挖掘，如此可以提高刑事立法的生命力和可操作性。如果说不去挖掘当前的刑法，出现问题便一味倡导增加新罪名，或者制定新型法律，只能将原有的刑法体系打乱，造成法律的冗杂，并不能从根本上解决问题。刑法的适用不可能总是依赖于立法，也不可能总满足于既有的解释结论。鉴于此，在不断研究解释方法以更好地为刑法适用保驾护航之外，无法通过解释解决的问题则依然需要借助立法来实现突破。

# 法定犯时代的刑事义务论

## ——修正保证人说

悦　洋*

【内容摘要】在工业化和城市化社会，法定犯罪成为犯罪现象的主要形态，并在犯罪现象总量中占据绝大多数。刑法明示的刑事义务具有强烈的法定犯风格，但在学理研究和司法实践中，实质化的刑事义务却大规模地侵入到典型的自然犯罪之中。义务犯理论揭示了支配犯和义务犯两种类型犯罪的根本性差异，属于义务犯领域内的不纯正不作为和作为的等价性并不是体现为支配原因力，而是体现为归责理由的实质相同——对来自刑法赋予的特别义务的违反。和考夫曼的将各种形式的法义务进行划分的旧保证人说、许乃曼的以事实支配统摄的新保证人说相区别，修正保证人说要求刑事义务首先必须有坚实的实在法基础，只有刑法规定的义务才能成为修正保证人的义务来源；修正保证人义务的实质化应当对标法定不作为犯，恪守刑事义务的边界。

【关键词】法定犯　刑事义务　义务犯罪　修正保证人

### 一、问题的提出：刑事义务的边界

自然犯与法定犯的区分源于意大利学者加罗法洛的“自然犯罪”理论。根据加罗法洛的观点，当行为表现为绝对地伤害了怜悯和正直这两种基本利他情感时，属于自然犯罪的范畴；无论在何种法律背景和文化背景之下，这些行为在本质上都属于恶行。法定犯罪则是“违背了特定社会的法律，这些法律根据国家的不同而不同，且对社会的共同存在并非必不可少”。① 因此，是否具有本质上的邪恶性似乎是自然犯和法定犯的分野。人们一般认为，我国《刑法》分则第四章规定的侵犯公民人身权利、民主权利罪和第五章规定的侵犯财产罪属于典型的自然犯罪（也存在个别例外），分则其他章规定的犯罪则大多数属于法定犯罪，包括危害公共安全犯罪、网络犯罪、腐败犯罪、食药品犯罪、毒品犯罪、环境犯罪、公共秩序犯罪等。由于伦理与法律的区分相对性和可转换性，自然犯与法定犯的分类虽被广泛承认，但迄今为止，从来没有一个针对所有

* 悦洋，法学博士，四川大学法学院党委副书记、副教授。

① ［意］加罗法洛：《犯罪学》，王新等译，中国大百科全书出版社1996年版，第44、52页。

罪名的何为自然犯何为法定犯公认的确切划分。[①]

不过，自然犯与法定犯的区分仍有其价值。在传统农业社会，犯罪现象以传统暴力犯罪和财产犯罪为主要形态，刑法领域对社会危害性的评价严格限定在犯罪人的邪恶意志之上。人类之恶的种种表现是其自由意志的选择性扩张，[②]“没有犯罪意图的行为，不能构成犯罪”。[③] 在工业化和城市化社会，法定犯罪成为犯罪现象的主要形态，并在犯罪现象总量中占据绝大多数。社会危害性理论对刑法乃至行政处罚法律的立法仍具有观念上的指导意义，但自我限制功能（犯罪的边界应当是什么）十分脆弱，很难合理界分犯罪行为和行政违法行为乃至所谓属于“法外空间”的行为。[④] 在法定犯领域，尤其是经济刑法领域，犯罪行为和合法行为很多时候甚至是接壤的，因而在以传统犯罪为素材研究总论时，那些此前未曾那么强烈意识到（但原本内在其中）的视角就会不时浮现出来，反映于总论之中[⑤]，包括违法性认识、与行政违法行为的界限、罪过形式、刑事义务。

以法定不作为犯[⑥]为蓝本，现行《刑法》规定的 38 个法定不作为犯罪中，有 34 个犯罪都位于《刑法》分则第四、五章之外，4 个位于第四、五章的罪中，其中只有遗弃罪具有自然犯罪的属性，而侵占罪、挪用资金罪、拒不支付劳动报酬罪则属于法定犯罪。刑事义务的附加因此具有强烈的法定犯风格。但是，在学理研究和司法实践中，刑事义务却大规模地侵入典型的自然犯罪之中——故意杀人、强奸等，如“孙福祥故意杀人案”“冷漠的哥案”“妻子不阻止精神病丈夫杀人案”。在这些案件中，行为人被评价为没有履行夫妻间救助义务、未履行对乘客的保护义务、未实施合理的制止行为，以不纯正不作为犯的视角构成犯罪。而在现代的网络犯罪中，针对网络服务提供者的刑事义务，学者们则认为，网络服务提供者是刑法上的监督保证人，义务内容是对危险源的监督义务。[⑦] 因此，与刑法明示的刑事义务具有的强烈法定犯风格相悖的是，实质的刑事义务暗含了“功能二分说”的指向，对于自然犯罪，行为主体可能因为对脆弱无助法益的保护义务获得保护保证人地位；对于法定犯罪，行为主体因对危险源的监督义务获得监督保证人地位。有学者论述到，“不真正不作为犯几乎遍布刑法分则各章之

---

① 参见白建军：《法定犯理论的发展》，载《政治与法律》2018 年第 6 期。

② 参见冯亚东：《理性主义与刑法模式》，中国政法大学出版社 1999 年版，第 99、112 页。

③ 陈兴良：《刑法哲学》（上），中国政法大学出版社 2009 年版，第 36 页。

④ 参见时延安：《犯罪化与惩罚体系的完善》，载《中国社会科学》2018 年第 10 期。

⑤ 参见［日］丰田兼彦：《论共犯的一般成立要件》，王昭武译，载《法治现代化研究》2018 年第 6 期。

⑥ 刑法以“拒不……”“拒绝……”“抗拒……”“不……”等表述为标志，以明示构成要件的方式附加刑事义务的犯罪。

⑦ 参见梁根林：《传统犯罪网络化：归责障碍、刑法应对与教义限缩》，载《法学》2017 年第 2 期；刘艳红：《网络时代言论自由的刑法边界》，载《中国社会科学》2016 年第 10 期；周详、覃业坤：《快播案一审判决的刑法教义学分析——与几位方家的商榷》，载《北京理工大学学报（社会科学版）》2018 年第 3 期；敬力嘉：《论拒不履行网络安全管理义务罪——以网络中介服务者的刑事责任为中心展开》，载《政治与法律》2017 年第 1 期。

中,几乎刑法中的每一个犯罪都既可以由作为构成又可以由不作为构成”。[①] 我们的疑问是,具有强烈法定犯风格的刑事义务能否实质化为自然犯罪的刑事义务?刑事义务到底有没有一个自身的外延边界?如果有,那么根据什么标准判断哪些犯罪才可能,而哪些犯罪不可能由不作为构成?

## 二、作为义务的判断:从形式到实质的理论更迭

在刑法理论中,和“义务”紧密联系的问题是不作为犯罪。作为和不作为的区分是刑法学理上的重要问题。以自由主义为基础的刑法原则是,只要没有积极实施某种行为就不得处罚,因此,只有具备实质的根据,才能使刑法威慑强制人们实施一定的行为。[②] 纯正不作为犯的作为义务是由构成要件所明示的,在司法实践中一般不会发生适用难题。不纯正不作为的作为义务由于没有刑法的规定,在司法实践中存在认定上的困难。[③]

### (一)形式的作为义务

由于没有立法的支撑和存在论意义上的行为性,处罚不纯正不作为犯有必要性但又缺乏正当性。18世纪后期,德国学者威斯特法提出,“义务”是不作为犯的核心问题。费尔巴哈在不作为之前的与危害结果相对割裂的某种关系或状态中,如法律或契约中去寻找义务的依据,最早提出了形式的作为义务论。超法规的形式义务论成为不纯正不作为的研究起点,对大陆法系产生了深远影响。[④]

我国学理上有传统的形式四分说,作为义务的来源包括法律明文规定的某些人应当履行某种特定的义务、行为人根据职务或业务的要求而负有实行某种积极行为的义务、由于自己的行动而使法律所保护的某种利益出于危险状态所发生的责任以及后来添加的合同等法律行为。[⑤] 在日本则包括法令、合同和事务管理、事理,其中,事理包括先前行为、监护人、所有者和管理者、基于卖主地位等情况。[⑥] 在德国则有法律、合同、先前行为、紧密的生活共同体和危险共同体。德国学者认为,“违反义务的不作为原则上与被禁止的作为在不法内涵上是相等的……很久以来刑法就规定有紧密的义务关系,要求其参加者相互负责或者负有法律义务的人对他人负责。刑法中的……避免危险义务可以来源于法规、习惯法,也可以来源于契约。内容与范围多种多样,取决

---

① 刘艳红:《论不真正不作为犯的构成要件类型及其适用》,载《法商研究》2002年第3期。

② 参见张明楷:《不作为犯中的先前行为》,载《法学研究》2011年第6期。

③ 参见陈兴良:《刑法哲学》(上),中国政法大学出版社2009年版,第303~307页。

④ 参见冯兆蕙、赵巴奥:《作为义务“二元论”的批判与出路——以罪刑法定和结果无价值论为视角》,载《中国刑事法杂志》2014年第4期。

⑤ 参见陈兴良:《不作为犯论的生成》,载《中外法学》2012年第4期。

⑥ 参见[日]佐伯仁志:《刑法总则的思之道·乐之道》,于佳佳译,中国政法大学出版社2017年版,第70页。

于事实与法律的状况,甚至需要借由义务者的力量和能力加以限制”。[①] 不过,“形式的法义务论在今天已经不再站得住脚,从‘法律’中产生保证人地位,实际上不能为刑法中防止结果出现的义务提供什么有说服力的产生根据了;‘合同’观点也没有涉及那种由此标示的保证人地位的核心;保证人地位出于……先前行为借助形式的法律义务理论更加无法作出说明;司法判决在实际上已放弃了紧密生活共同体与危险共同体的法义务标准”。[②]

由于作为义务是成立犯罪的关键,但它的判断依据却在构成要件甚至刑法之外,所以形式义务论受到了批判,不作为犯的义务来源逐渐向实质化发展。

(二)实质的作为义务

在德国,真正开启作为义务实质化运动的是基尔学派。[③] 基尔学派反对新古典犯罪论基于新康德主义事实与价值二分法对行为、构成要件该当性、违法性三者之间的拆分,将行为人“违背对民族所负义务的心态”置于刑法体系的中心,将“义务违反”视为犯罪的本质,迎合了纳粹的统治需要。基尔学派附庸于纳粹的非理性主义,随着纳粹政权的上台如日中天,也随着纳粹政权的覆灭而灰飞烟灭,但其提出的“义务违反说”却保留了下来,给德国此后的法益学说带来深远影响,成为法益侵害说必要且重要的补充,为此后德国不纯正不作为犯的“保证人说”孕育了思想的种子。[④]

德国学者纳格勒(Nagler)宣扬抛弃基尔学派的实质作为义务论,提出了“保证人说”,把作为义务视为不作为的构成要件该当性问题,要求不作为人“应当在法上为结果的不出现承担责任”,这就是保证人义务。不过,由于“保证人说”尽管提出了保证人概念,但并没有对保证人的义务来源理论做出根本改变,因此仍然属于形式的作为义务论;[⑤]德国学者阿明·考夫曼进一步提出功能二分说,[⑥]认为作为义务包括对脆弱无助法益的保护义务和对危险源的监督义务,保证人应被划分为保护保证人和监督保证人。功能二分说以等价性原则为指导,以确定保证的实质性内容为目的,揭示了作为义务的不同种类,对保证人进行了划分,奠定了功能理论的基石。但由于功能二分说主要是将各种形式的法义务来源分别归入保护义务和监督义务,因此留有明显的形式的法义务论的痕迹。在随后《德国刑法》第 13 条的规定下,德国学者开始探讨更加

---

① [德]克劳斯·罗克辛:《德国最高法院判例:刑法总论》,何庆仁、蔡桂生译,中国人民大学出版社 2012 年版,第 232 页。

② [德]克劳斯·罗克辛:《德国刑法学总论》(第 2 卷),王世洲等译,法律出版社 2013 年版,第537 ~ 539 页。

③ 参见李世阳:《实质的作为义务论——立足于德日学说史的考察》,载《北大法律评论》2012 年第 13 卷。

④ 参见何秉松:《政治对刑法犯罪理论体系的影响和制约》,载《河北法学》2005 年第 11 期;喻海松:《德国犯罪构造体系的百年演变与启示》,载《中外法学》2012 年第 3 期。

⑤ 参见陈兴良:《不作为犯论的生成》,载《中外法学》2012 年第 4 期。

⑥ 参见欧阳本祺:《论不作为共犯与正犯的区分》,载《中外法学》2015 年第 3 期。

明晰的实质法义务,先后出现“原基类型说”“社会角色论”“接近性说”“依存性说”“结果原因支配说”“管辖理论”等理论,[①]也深刻地影响了日本学界和我国学界。日本学界先后出现“先前行为说”“社会期待说”“事实上的承担说(具体依存性说)”“排他性支配说”“效率性说”等理论。[②]

## 三、实质作为义务探讨的分野:一元标准和二元区分

在实质作为义务的深入探讨中,德、日刑法学界先后出现的观点逐渐呈现两条路径:一是以犯罪支配为中心的一元标准,以“结果原因支配说”和“排他性支配说”为代表;二是犯罪支配和义务违反的二元区分,以义务犯理论为代表。

“结果原因支配说”由德国学者许乃曼教授提出,他认为,义务违反本身并不是不作为的根本问题,讨论不作为犯罪和作为犯罪的等价性时,需要挖掘出行为人以不作为方式造成法益侵害后果和以作为方式造成法益侵害后果具有同等法律地位的深层次原因,而这个深层次原因就是不作为行为人现实地控制或支配着整个事件的要害部分,尽管不作为意味着在事件发生的过程中行为人并没有通过身体举动去侵害法益,但是在事件发生之前就已经现实地拥有了支配力。保证人地位支配的来源包括对法益无助性的控制(保护型或者照料型保证人地位)和对危险源的控制(监护型或者保障型保证人地位)。在作为犯中,行为人在犯罪当时拥有犯罪支配地位是成立犯罪的核心因素;在不纯正不作为犯中,行为人在犯罪发生前,现实地控制着无助的法益客体或危险源是成立犯罪的核心因素。[③] “排他性支配说”和“结果原因支配说”一样,也强调存在论意义上的、现实的事实性支配因素,将视野集中在了危害结果发生的因果进程及其现实性上。

义务犯是德国学者罗克辛教授提出的理论体系。[④] 罗克辛教授认为,义务犯承担刑事责任的核心在于义务,义务犯因承担了一种特别义务因此成为行为事件的核心角色。这种特别义务存在于构成要件之前、刑法之外,是已经被社会生活所塑造的责任负担。即使没有刑法的规定,相关行为主体也肩负相应的义务。经由立法者的价值选择,将社会生活领域中的重要义务负担设定为刑法上的特别义务,将值得动用刑罚来处罚的义务违反纳入刑法的规制范围,如果行为人没有履行该义务就要承担刑事责任。对于支配犯来说,其承担刑事责任的基础是通过行为支配进入并且侵害了不应当进入的他人的社会生活领域,因此支配犯的行为表现本身成为刑法评价的核心内容。

---

① 参见李世阳:《实质的作为义务论——立足于德日学说史的考察》,载《北大法律评论》2012年第13卷。

② 参见[日]佐伯仁志:《刑法总则的思之道·乐之道》,于佳佳译,中国政法大学出版社2017年版,第72~80页。

③ 参见何龙:《不阻止他人故意犯罪的行为性质认定》,载《中外法学》2017年第6期。

④ 参见周啸天:《义务犯理论的反思与批判》,载《法学家》2016年第1期。

然而义务犯恰好相反，即便义务犯在违反特别义务的过程中也有行为支配的表现，也并不是立法者考虑的重点，重点在于行为人没有履行义务，并且这种义务早就存在于社会生活之中，具有决定性的意义。申言之，义务犯和支配犯有根本不同的结构，是经由社会生活本身的塑造和立法者的选择形成的，规定义务犯的目的是保护那些需要被刑法特别保护的社会生活领域。在共同犯罪中，义务犯也因此显现出和支配犯截然不同的不法特征，义务犯的特别义务是一项专属的义务，特别义务违反是承担刑事责任的核心，因此原则上总是成立正犯。[①]

由于罗克辛教授将所有的不作为犯全部归入了义务犯的范围，坚持这一观点就会在德国刑法的适用中得出不合适的结论，很难将“支配”完全驱逐出不纯正不作为犯的领域。后来罗克辛教授基本接受了许乃曼教授将“对于结果的原因有支配”作为不纯正不作为犯与作为犯共同的正犯原理的观点，认为许乃曼教授的方案是所有学说的首选。

雅各布斯教授则和许乃曼教授走了完全不同的路径——将义务犯的规范化进行到底，建构了纯粹规范的管辖理论去解释所有的犯罪行为。管辖理论分为组织管辖理论和制度管辖理论两类，分别对应组织领域和制度领域，违反组织领域规范的是支配犯罪，违反制度领域的是义务犯罪。详言之，雅各布斯教授将人的社会生活领域归纳为两个大圈：一个圈是由人组织的领域，另一个圈是人生活在其中已经被组织的、存在各种制度的领域。在人可以组织的领域内，每一个人都应当行使符合社会生活交往所期待的行为、管理好自己的行为，如不得去伤害他人、不得去偷盗他人的财物。从义务的角度来说，这种组织好自己的行为是一种消极的、一般性的义务，只要不去做违反社会期待的行为就是合法的，如果积极地、主动地去实施了违反社会生活交往不允许的行为，就是通过组织管辖的支配犯罪。在已经被组织的、存在各种制度的领域，某些处于特殊地位的人则需要根据制度的要求去积极地做一些符合社会期待的事，如果不去做这些事，那么由制度所保护的社会生活领域就会受到破坏。从义务的角度来看，这种要去做某些事的行为是一种积极的、特别的义务，如果没有履行这些积极的、特别的义务，就是通过制度管辖的义务犯罪。

义务犯理论在我国有何庆仁教授等学者明确支持。[②] 周光权教授的最新论文《拒不履行信息网络安全管理义务罪的司法适用》明确提出，应当坚持义务犯的法理认定拒不履行信息网络安全管理义务罪，而不能依照支配犯的逻辑进行思考。[③] 周光权教

---

① 参见何庆仁：《义务犯研究》，中国人民大学出版社2010年版，第13～20页。

② 参见何庆仁：《义务犯研究》，中国人民大学出版社2010年版，第65页；廖北海：《犯罪事实支配理论之适用范围》，载《北方法学》2011年第5期；耿佳宁：《不作为参与行为的评价与犯罪论根基的改变》，载《当代法学》2015年第2期。

③ 参见周光权：《拒不履行信息网络安全管理义务罪的司法适用》，载《人民检察》2018年第9期。

授在《价值判断与中国刑法学知识转型》一文中也点明,义务犯和支配犯有实质的区别,这是未来中国刑法学需要研究的前沿问题。就义务犯而言,不履行义务是唯一的不法要素;身份犯的身份只是一种外在表现,真正具有决定性意义的是身份背后的特别义务。当行为人有意识地违反特别义务时,才能承担刑事责任;在共同犯罪的认定中,特别义务是决定正犯的规范因素。[①] 在《犯罪支配还是义务违反——快播案定罪理由之探究》一文中,周光权教授表达了同样的意思,如果以支配作为不作为犯和作为犯承担刑事责任的共同原理,认为不作为犯也存在支配,那么不作为犯的支配和支配犯的支配也根本就不是一回事。不作为犯的支配不是存在论意义上的、现实的支配,只能算是规范性支配,是给实质上的义务违反套上了支配的外衣。义务犯的正犯性源于特定的社会地位和特定的职责要求。[②] 劳东燕教授在《事实因果与刑法中的结果归责》一文中对犯罪的归责类型进行了考察和分类,认为从因果关系来看,犯罪有四种归责类型,按照支配力的强弱排序即是造成型因果、概率型因果、引起型因果和义务型因果。其中,在义务型因果中,行为本身也即不作为并没有发挥现实的支配力,对于结果的避免与否只是事后推断,如果行为人履行了义务,即有阻断结果的可能性,因此只能是支配可能性。尽管劳东燕教授并不否认支配仍是这几种归责类型的核心,但也明确指出义务型因果和其他类型的显著差异,导致危害和任由危害发生有严格的区别,这种差异的根源来自前刑法,义务维度的归责类型是和社会连带主义的哲学根基有所关联的。并且,劳东燕教授进一步指出,正因为在义务型因果中没有现实的支配力,距离最应受刑法责难的、真正的支配形象很远,因此需要最为强大的归责有效性、规范性因素来填补。这种因素就是保证人地位,并且保证人地位的适用范围必须受到严格的限定。[③]

## 四、一元标准的解释局限性和二元区分的启示

对于支配犯而言,行为人受到刑法责难的原因在于对法益主动的、积极的侵害;对于义务犯而言,行为人受到刑法责难的原因在于没有履行其肩负的保护法益的特别义务。两种类型的犯罪有根本性的差异,“在刑法领域,任何试图以其中之一作为统摄性的上位概念的做法均有以偏概全之嫌”。[④]

### (一)一元标准难以统摄所有的犯罪类型

“结果原因支配说”和“排他性支配说”的共性在于,是以犯罪支配为中心,对不作为事实上的支配力进行的论证,对于不作为行为人的归责,源于支配维度的结果归责。

① 参见周光权:《价值判断与中国刑法学知识转型》,载《中国社会科学》2013年第4期。
② 参见周光权:《犯罪支配还是义务违反——快播案定罪理由之探究》,载《中外法学》2017年第1期。
③ 参见劳东燕:《事实因果与刑法中的结果归责》,载《中国法学》2015年第2期。
④ 劳东燕:《事实因果与刑法中的结果归责》,载《中国法学》2015年第2期。

结果原因支配说回避了不作为状态欠缺的事实支配力，回溯到事前的支配状态，认为支配是一种因果流程启动之前的“事前支配”：行为人在事前取得了对危险源的支配与对法益的脆弱性的支配时，即对犯罪行为的因果流程拥有了支配力，强调要在事实中去寻找支配的力量；保证人地位“必须对整体事件进程的关键性部分具有现实的支配力”。[①] 也就是说，即便在事件进程中，看不到因行为人身体动静带来的对事件的现实的影响，但是，由于行为人在事件开始之前就已经对整体事件的进程拥有了现实的支配力，所以这种支配力并不会因为事件的开始而被掐断，仍然持续发挥着现实的作用直到事件结束，并且这种现实的支配力影响事件流程的核心部分。

但问题是，无论如何，事前支配对事件的影响和在事件进程中的支配都不是一回事。首先，事前支配力达及整个事件流程是根据“如果进行干预，则几乎可以完全确定能排除侵害”这个最大盖然性公式拟制出来的，这种基于保证人地位的支配，无论如何都是一种拟制的支配，而不是实际的支配”。[②] 在这个拟制的过程中，两个重要的规范性因素基本涵盖了整个事件流程：一是保证人地位本身的判断，二是排除侵害的推断。其次，忽略事件进程中是否有现实的支配力，将因果进程开启之间的支配力和事中支配力当作同样的事物看待，认为只要拥有因果进程开启之间的支配力就该当构成要件事实的支配是不妥当的。最后，反对的意见可能是，所谓的犯罪支配不仅包括事实上的支配，还包括意志支配和功能支配。但是，所谓的意志支配是指行为人通过利用他人间接地控制事件、控制行为构成的实现；功能支配则主要指共同正犯在意思联络前提下的角色分担，[③]三种支配都强调对犯罪行为的事实支配和控制，而并非拟制的支配。罗克辛教授也解释过：“如果人们不对一般意义上的犯罪支配和规范性的‘保护支配’‘事件支配’‘构造支配’或者‘关系支配’等之间的区别视而不见，那么追求统一的正犯形式的这些努力就是可行的。”[④]

以犯罪支配的一元标准去考察网络服务提供者的行为，必然会发生误解。有论者以考夫曼的功能二分说为前提，根据功能二分说，必须证明快播公司的行为导致其具有了对脆弱法益的保护义务或对危险源的监督义务，方可讨论不作为犯罪问题，因此，在本案中要辨明快播公司是否具有保证人地位，就必须先进行两个事实问题的判断。一是本案中涉及的法益何时处于脆弱状态？关于脆弱法益无助状态的判断标准是，行为必须对法益造成现实、具体、紧迫的危险，才足以被认定为先前行为，快播公司很显

---

① 参见［德］许内曼：《不纯正不作为犯及以不作为实施犯罪之形式》，王莹译，载梁根林主编：《当代刑法思潮论坛：犯罪体系与犯罪构造》（第1卷），北京大学出版社2016年版，第222页。

② 许玉秀：《当代刑法思潮》，中国民主法制出版社2005年版，第593页。

③ 参见［德］克劳斯·罗克辛：《德国刑法学总论》（第2卷），王世洲等译，法律出版社2013年版，第18～79页。

④ 罗克辛语。转引自何庆仁：《义务犯研究》，中国人民大学出版社2010年版，第54页。

然没有这种行为。二是本案中的危险源是什么?由于快播公司不具有对危险源的监督或支配义务,从而不具有实质的作为义务。[①] 且不说“功能二分说”的前提本身就存在缺陷——两种义务可能重合且两种义务来源不明,根据保证人义务的类型而先验地将其作为义务固定化是不妥当的形式法义务论,以犯罪事实支配去考察义务型犯罪的思路本身就存在问题。同样,以功能二分说为前提考察快播公司的学者也发出质疑:“快播公司对淫秽物品的扩散和传播有现实、具体的支配力吗?能够将面向结果的因果发展掌握在自己手中吗?它能具体、现实地支配因果发展流程吗?”[②]当然不能,因为这本不是在支配犯里考虑的问题。

因此对于真正的支配犯来说,支配是现实的支配、是存在论意义上的支配;而对于义务犯来说,支配是拟制的支配、是规范论意义上的支配。用犯罪支配的概念统摄所有犯罪类型,将使犯罪支配成为一个实际上隐藏了完全不同标准的没有标识的标签。

(二)一元标准对不作为共犯和正犯的区分乏力

以犯罪支配为中心的一元标准试图涵摄所有犯罪类型的缺点,在判断不作为参与的地位时更加凸显出来。以犯罪支配为中心的一元标准导致的是对义务的违反,如何判断支配的程度?谈及支配,当然有程度之分,而谈及义务的违反,只能定性却难以定量。当运用以支配为前提的实质义务论去判断不作为者参与时到底是正犯还是共犯总会遇到难以解释的问题,因为义务违反本身到底对犯罪事实起了多大的作用、有多大的支配力,很难判断。或许认为,如果从事后角度来观察,也可以得出两种不同的结论,即可判断支配力。一种情况是只要行为人履行了义务,结果就肯定能够避免;另一种情况是如果行为人履行了义务,就很可能避免结果的发生。但是,这种结论的得出并不会有助于我们判断行为人的可谴责程度,因为是肯定能避免还是可能避免的推断还源于义务事项本身的状况或者说履行的难易程度。如果按照这种思路去判断行为人的支配力,对于行为人是不公正的。提出“排他性支配说”的西田典之教授认为,对不作为参与地位的把握要从因果关系出发,如果结果“十有八九”会产生则是正犯,如果只是使结果变得更加困难的则是帮助犯;但同时西田教授也承认,“根据支配犯的理论与重要的作用论来区别不作为共同正犯与共犯仍然存在困难。本来,一边认为作为的正犯与不作为的共犯具有等质性,一边又要区分其不作为的重要性,在我看来,这原本就没有可能。对此,义务犯说具有部分正当性”。[③]

不作为决定性地转变事件的能力只是描述了结果避免的可能性,这种可能性是每

---

① 参见周详、覃业坤:《快播案一审判决的刑法教义学分析——与几位方家的商榷》,载《北京理工大学学报(社会科学版)》2018年第3期。

② 李勇:《快播案的不作为共犯理论检视》,载微信公众号“悄悄法律人”2018年8月8日,https://mp.weixin.qq.com/s/NEGSl0 CQjS1QPTg2VMDiww。

③ [日]西田典之:《共犯理论的展开》,江溯、李世阳译,中国法制出版社2017年版,第182页。

个符合构成要件的不作为的前提，却与犯罪行为支配没有任何关系，无论如何人们都不能通过不作为支配因果流程。

（三）一元标准不当扩大了不纯正不作为犯的范围

以犯罪支配为中心的一元标准搭建的等价值理论的原理是：仅仅列出作为义务的形式根据是不充分的，必须要在这些根据里加上 X，不纯正不作为犯罪才成立。如果 X 实质地决定了不纯正不作为的成立，那么把 X 作为要件就可以了，把形式义务单独提出来是没有意义的，此时的 X 就是体现等价值性的实质作为义务。如果认为还是要将法律等作为作为义务的根据首先提出，然后在此基础上，进一步论证作为和不作为的等价值性，那么直接讨论 X 也就可以了。[①]“犯罪支配理论以对犯罪的事实支配作为正犯的判断标准，其意义在于摆脱形式性，作为义务仅对作为义务作类型化描述，缺乏实质法理的缺陷。在此意义上，支配理论与形式作为义务可以说是天然地互相排斥。”[②]

以学者举例来看，在没有第三人在场的情况下，甲在荒郊野外发现了弃婴，此时弃婴的生死完全掌控在甲的手中，甲也具备保护弃婴的能力，如果认为，因为甲对弃婴的生命具有支配力，故如果甲没有救助该弃婴，就构成不作为犯罪的话，对于甲明显不公正——因为偶然路过且看见了弃婴陷入了犯罪。将这种情况评价为犯罪，对于社会公众来说也很难接受。[③] 但是，这里的重点并不是甲是否能够保护弃婴而是甲是否具有保护弃婴的义务。在中立帮助行为那里的探讨也是如此，杂货店老板明知他人购买菜刀是用于杀人而出售菜刀的、出租车司机明知他人前去杀人而继续运送的、五金店店员知悉他人的盗窃计划而出售螺丝刀的（非积极主动地出售、运送行为），在讨论这些人是否构成犯罪的帮助时，首先应当考虑的难道不是这些人是否负有阻止犯罪的义务吗？前述“孙福祥故意杀人案”中，“认为孙福祥案件情形下的行为人负有的作为义务是救助义务，又判决其构成故意杀人罪，那就是从根本上混淆了作为义务的性质”；[④]“冷漠的哥案”也不需要讨论作为义务的存在，被告人不停车、不加速、不阻止，而是绕路，在汽车这一狭小、可控的场所里，已经和强奸实行人达成默示的意思联络，共同推进了强奸行为的完成，完全可以评价为支配犯，并且帮助犯本来就没有构成要件的定型性；“妻子不阻止精神病丈夫杀人案”中，妻子无疑是利用了精神病丈夫实施了杀人行为，是支配犯罪。同样，学者们认为，对网络服务提供者承担对危险源的监督保护义务的理解不准确。首先，网络本身并不是危险源，只是一个技术架构而已，危险的是利

---

① 参见［日］佐伯仁志：《刑法总则的思之道 · 乐之道》，于佳佳译，中国政法大学出版社 2017 年版，第 70 页。

② 孙立红：《规范性的事实支配与不真正不作为犯》，载《刑事法评论》2014 年第 2 期。

③ 参见张明楷：《不作为犯中的先前行为》，载《法学研究》2011 年第 6 期。

④ 陈兴良：《不作为犯论的生成》，载《中外法学》2012 年第 4 期。

用网络实施犯罪的人,网络服务提供者不对实施犯罪的人承担修正保护人义务。更为重要的是,对危险源的监督保护义务在许乃曼教授的结果原因支配理论里是要以事实上的、具体的、现实的控制为条件的;在雅各布斯教授的管辖理论中,对应的也是支配犯的一般义务。如果认为,网络服务提供者承担的是对危险源的监督保护义务,那么必然滑入支配的泥淖,混淆义务型犯罪和支配型犯罪的不同归责原则。

一元标准认为,不纯正不作为和作为结构上的差异可由犯罪事实支配来填补,在不纯正不作为中植入犯罪事实支配就可以和作为具有同等价值。原本用于填补空隙的作为义务在实质化的过程中逐渐被置换为不作为和作为的共同上位概念,"实质作为义务论者显然将作为作为义务内容的其他部门法法益混同为了不纯正不作为犯作为一行为整体所侵犯的刑法法益"。[①] 以犯罪事实支配建构的理论大厦统摄了所有的犯罪,不作为犯罪自身的结构因此被支配所消弭。犯罪事实支配的一元标准既是不纯正不作为的内容又是不纯正不作为和作为的共同上位概念,将这种循环论证贯彻到底的结果正是每一个作为犯罪都可以配一个不纯正不作为犯罪。以事实支配作为等价内容,整体性地去评价存在结构性差异的对象,是用论证前提去替代论证结论的先定结论,存在一定的玄幻性,不当扩大了不纯正不作为犯罪的范围。

(四)二元区分的启示与缺陷

经由雅各布斯教授的努力,管辖理论实现了彻底的规范化。管辖理论正确地看到了支配犯和义务犯在规范论意义上的区别,支配犯背后的组织管辖和义务犯背后的制度管辖的确存在重大的不同。

犯罪支配和义务违反的二元区分理论,并不试图以一个标准统摄所有的犯罪类型,而是正视了不同犯罪类型的根本性差异。在支配犯和义务犯的领域分而视之,前者在支配的意义上可寻求同质的概念,如对因果流程具有同样强度的支配;后者在义务违反上可寻求同质的概念,属于义务犯领域内的不纯正不作为和作为的等价性并不是体现在原因力,而是体现在归责理由的实质相同。"这个事件的核心人物,是那个损害了其所面临的前行为构成性义务,并且,以这种方式通过作为或者不作为对结果做出贡献的人,反之,那种结果外在部分的范围或者这个行为控制,都是无关紧要的。"[②]而当要跨越支配犯和义务犯去寻求同质概念时,困难便显现出来了,因为这两个领域性质迥异。实际上,从所有希望以"控制"或"支配"的表达来统摄支配犯罪和义务犯罪的理论努力中,我们也能看到"控制"或"支配"本身仍然被划分为了各种类型的"控制"或"支配"——对于规范要素的接受,对于义务犯的"控制"或"支配"不过是披着"控制"和"支配"外衣的义务犯罪。因此,只有承认所有的犯罪中除了支配犯

① 陈荣飞:《作为义务实质根据论否定论》,载《研究生法学》2011年第6期。

② [德]克劳斯·罗克辛:《德国刑法学总论》(第2卷),王世洲等译,法律出版社2013年版,第802页。

还有结构迥异的义务犯,探索规范背后的一般义务和特别义务,才能为犯罪寻找到完整的处罚根据。在规范论视野,以组织管辖和制度管辖作为支配犯和义务犯的统一归责基础,为不纯正不作为犯罪的义务来源提供了彻底的说明。

不过,根据义务犯理论,既然父母负有与孩子建设一个共同世界的积极义务,那么,扔下孩子不管、任由孩子死亡的行为,如何判断是故意杀人罪还是遗弃罪呢?作为义务犯之义务来源基础的"制度"指代什么,并不明确。"如父子、母子等被婚姻家庭法承认的直系近亲属关系,是否天然的能够产生出不真正不作为犯的刑法责任?"[①]"刑法之外的义务"并不是直接来自其他部门法的义务,而是国家的整体法秩序在不同部门法中的功能体现,但是国家整体法秩序到底安排了哪些义务是刑法上的义务?对于这一点,义务犯理论始终没有明确。

义务犯理论的第二个缺陷是:义务违反和犯罪支配的关系不明确。首先,由于义务违反的独立性,积极义务总是专属的,即使是复数的特别义务承担者在意思联络下的共同行动,也只能是违反了各自的义务,成立同时犯,而不是互相参与,因此在义务犯的意义上没有共同犯罪。本文认为,这个结论是正确的。

但是,在义务违反和犯罪支配竞合的"手枪案"中,义务犯暴露了理论上的缺陷。甲明知A要拿自己合法持有的手枪去杀人,却故意地将自己的手枪就那么放着,也不阻止A拿走自己的手枪,结果A用甲的手枪将他人杀死。对于甲是否构成不作为的参与,何庆仁教授认为,将甲以杀人的正犯处理是违反人们的法感情的,如果将设例改为甲不是在A拿走自己的手枪时不予阻止,而是在看到A杀人时将自己的手枪递给A,然后A用甲的手枪将他人杀死,那么甲仅仅实施了传递犯罪工具的行为,只构成A的杀人行为的帮助犯。因此,为了避免这种荒谬的结论,对于甲不阻止A拿走自己手枪的行为也只相当于把手枪递给A的作为,原则上应当以帮助犯论处。然而在该章的小结中,何庆仁教授又总结道,义务犯只要违反了自己的义务,哪怕只是通过最浅程度的参与,都已经是义务犯的正犯了。[②] 关于不作为参与的分析由此显得十分奇怪:一方面认为甲是义务犯,哪怕是最浅的参与都是义务犯的正犯;另一方面又认为能够例外地存在帮助犯。对于义务违反和犯罪支配的关系,义务犯理论没有清晰地解答。

## 五、修正保证人说:义务犯罪的归责原则

在所有的犯罪中,不仅有以犯罪事实支配为核心的支配犯罪,还有以义务违反为核心的义务犯罪。既然特别义务的来源是国家的整体法秩序,那么反映在刑法领域的特别义务和民法领域、行政法领域中的特别义务一定是有所区别的,只有将国家整体

---

① 孙立红:《规范性的事实支配与不真正不作为犯》,载《刑事法评论》2014年第2期。

② 参见何庆仁:《义务犯研究》,中国人民大学出版社2010年版,第256、266、284页。

法秩序对刑法的要求落实到刑法规范中去,也就是其他法中的义务必须要和构成要件相结合,整体法秩序的来源才能可靠地成为刑法中特别义务的来源。义务犯在德国刑法典中有三种表现形式,均可以在我国刑法典中找到类似的条款,包括:义务违反作为构成要件的要素在法律条文中被明确地提到,如违规披露/不披露重要信息罪、拒不履行信息网络安全管理义务罪;义务违反可以从行为人的特别地位推导出来,如帮助信息网络犯罪活动罪、故意/过失泄露国家秘密罪;义务违反可以从行为人的特别地位推导出来,但立法者又限制性地列举了有犯罪支配的行为的实施方式,如非法批准征收、征用、占用土地罪,虐待被监管人罪。毋庸置疑的是,这些特别义务都源于刑法的明示与推演,绝大多数属于法定犯之义务。

(一)义务犯罪和支配犯罪:不应当混淆的归责原理

义务犯罪和不作为犯罪都属于规范的概念,是没有履行特别义务的评价,刑法规定的只能以不作为方式(存在论意义上的不作为)实施的犯罪是刑法规定的纯正不作为,还有一部分包含有作为方式的不作为犯罪按照可谴责性的重点,实质仍是不作为。作为是一个存在论意义的概念,包括了两种情况:一种是和特别义务无关的在自己组织的领域发生的支配犯罪,行为的事实支配力是重点;另一种是没有履行特别义务的状况,也即通常所说的不纯正不作为,在这种状况里,支配力的强弱不是重点。也就是说,如果仅从作为和不作为的区别来看,所有的不作为都和特别义务有关,而作为则应分为两类:一类和特别义务有关;另一类和特别义务无关。如果要将所有的犯罪进行最简略的划分,那么只能以特别义务为基准,区分“做了什么”和“没有按规矩办事”这两种性质迥然的犯罪类型。如果要在这两种犯罪类型中寻找共同的上位概念,那就只能是犯罪本身了,而这种概念对于犯罪类型的研究并无实益。这也是刑法学界在区分作为和不作为时从最初的存在论一路走向彻底规范论的原因。

对于单独犯罪中义务违反和行为支配竞合的状况,首先考虑显性的、有客观事实支撑的支配犯罪的符合性,以评价的完整性为补充。负有特别义务的人可能因为违反义务构成义务犯罪,当然也可能以一般人的身份构成支配犯罪。

共同犯罪中,特别义务的无媒介性和专属性决定了义务犯独特的正犯原理;至于义务违反的方式是无所谓的,作为或者不作为方式(存在论意义上的不作为)、有犯罪支配或者无犯罪支配都已经表明了对义务的违反,因此就已经是义务犯的正犯,“换言之,在义务犯的意义上没有共同犯罪”。[1] 在同一个义务犯罪中,义务违反者总是构成正犯。也许会说,以拒不履行信息网络安全管理义务罪为例,如果某平台公司的决策者集体决定不执行监管机构的责令通知,这些公司的集体决策者都当然地成立正犯吗?作出决定的CEO和他的下属之间不能作出正犯和共犯的评价吗?但是,义务违

① 何庆仁:《义务犯研究》,中国人民大学出版社2010年版,第196页。

反难以确定量的程度,也就难以比较因果关系贡献的程度。CEO 也好,下属也好,无论哪一方都可以肯定正犯性。一个可能的方案仅仅是,如果 CEO 全面负责公司的决策,而某下属并不分管涉案领域,只是参与了部分决策,则可以考虑主要特别义务和从属性特别义务。“刑法中结果归责理论的变化,本质上涉及的是在责任爆炸与集体的不负责任之间如何平衡的问题。”①

关于在一个既有义务犯又有支配犯的共同犯罪中应当如何认定的问题。本文认为,义务犯理论中“在义务犯的意义上没有共同犯罪”里的这个“义务犯意义上”隐含了一个内容应是:在支配犯的意义上有共同犯罪。正如负有特别义务的人可以构成义务犯罪也可以一般人的身份构成支配犯罪一样,负有特别义务的人难道不会参与到支配犯罪中去吗? 支配行为和义务违反同时存在时,二元区分理论仍然可以合理地对刑事责任的判断作出解释。

对于明知他人利用网络实施犯罪行为的网络服务提供者,在明知犯罪行为发生时不履行相应的义务,可能构成帮助信息网络犯罪活动罪;但是如果该网络服务提供者和实施犯罪行为的人达成了意思联络,故意不履行特别义务,放任危害结果发生的,同时也构成了相应犯罪的共犯。这个相应的犯罪已经不是“义务犯意义上”,而是支配犯意义上的。进入支配犯罪的共同犯罪的评价后,已经不能再单纯地考虑该网络服务提供者是否违反了特别义务,而应当考虑其不作为的行为在相应犯罪——支配犯罪中的分量——从刑法方法论上看,事实的、经验的、存在论上的判断应当优先,因为其更为直观,更为不易变化,对其所作的判断更容易达成共识;②如果特别义务的违反仍然值得评价,那么同时构成支配犯罪和义务犯罪。在支配犯罪里,只是促进了犯罪行为的,可评价为帮助犯,对犯罪形成了事实支配、意志支配、功能支配的,可评价为正犯。因此,并不是“因为义务犯不考虑犯罪支配,仅凭义务违反就可以将行为人作为正犯处理,那么在一般犯意义上的帮助行为、教唆行为也将被论以正犯”,而是在义务犯罪本身,义务犯论以正犯,当行为人不仅违反了义务还进入了其他的支配犯罪时,一般犯意义上的帮助行为、教唆行为仍然可以是共犯。

在我国的司法解释中,也能够找到此原理的痕迹。如 2013 年最高人民法院、最高人民检察院《关于办理渎职刑事案件适用法律若干问题的解释(一)》即规定,对于国家机关工作人员与他人共谋,利用自己的职务行为帮助他人实施其他犯罪行为的情形,同时构成渎职罪和共谋实施的其他犯罪,从一重处罚;如果既有职务行为又有非职务行为,则数罪并罚。在这个解释里,义务犯罪还没有完全退到支配犯罪之后,而是根据不同的违反义务参与行为支配的情况,给予了不同的处理方式。

---

① 劳东燕:《功能主义刑法解释论的方法与立场》,载《政法论坛》2018 年第 2 期。

② 参见周光权:《拒不履行信息网络安全管理义务罪的司法适用》,载《人民检察》2018 年第 9 期。

不过,也有司法解释混淆了义务违反和犯罪支配的关系。如《淫秽电子信息解释(二)》第6条中规定的"电信业务经营者、互联网信息服务提供者明知是淫秽网站,为其提供互联网接入、服务器托管、网络存储空间、通讯传输通道、代收费等服务,并收取服务费,具有下列情形之一的,对直接负责的主管人员和其他直接责任人员,依照刑法第三百六十三条第一款的规定,以传播淫秽物品牟利罪定罪处罚……"就是一个明显地混淆了义务违反和犯罪支配的解释。网络服务提供者与直接实施传播的人有事前通谋时成立传播淫秽物品牟利罪的帮助犯,但若网络服务提供者与直接实施传播的人没有事前通谋反而成立传播淫秽物品牟利罪的正犯,这显然不合理,并且当时刑法上尚无对电信业务经营者、互联网信息服务提供者的义务的规定。《刑法修正案(九)》实施以后的《电信网络诈骗案件意见》也存在这个问题,"明知他人实施电信网络诈骗犯罪,提供互联网接入、服务器托管、网络存储、通讯传输等技术支持,或者提供支付结算等帮助的,以共同犯罪论处",仍然是混淆了义务违反和犯罪支配的关系。

综上,义务犯理论没有清晰说明义务违反和犯罪支配的关系。义务犯只存在于义务犯罪中,而不是负有特别义务的人在任何其他犯罪里都还是义务犯。在一般主体的犯罪里,负有特别义务的人仍然属于一般主体。不应当混淆义务犯罪和支配犯罪的归责原理。

义务犯罪中刑事责任的承担原理,和考夫曼的将各种形式法义务进行划分的旧保证人说、许乃曼的以事实支配统摄的新保证人说相区别,被界定为修正保证人说;行为人的实质作为义务、特别义务即修正保证人义务。根据刑法的规定,修正保证人义务主要是国家义务、公权义务,包括基于特别身份或职业的报告、说明义务、财税义务、特定职责或命令的义务、来自国家授权的管理义务、扶养义务等。

### (二)修正保证人义务的内容:刑法明示义务的实质化

刑法在整体上属于禁止性规范,要求人们不得做什么,而不作为义务的设定是命令性规范,是要求人们要去做什么。作为最严厉的法律,"要去做什么"本身就是对个人自由的强干预,首先必须有坚实的实在法基础。以义务违反和犯罪支配的二元区分为思维进路,本文提出修正保证人说。修正保证人只存在于义务犯罪之中,修正保证人的义务首先来自刑法的规定,只有刑法规定的义务才能成为修正保证人的义务来源。对修正保证人实质义务的考察应当建立在刑法规定的法义务基础之上。当修正保证人进入支配犯罪的领域时,应当首先按照犯罪支配的路径考虑刑事责任;在支配犯罪中,修正保证人成为一般主体。在法定犯罪成为犯罪现象的主要形态,并在犯罪现象总量中占据绝大多数的当代刑法,刑事义务必须受到形式法义务的约束;修正保证人的范围必须恪守自身的形式边界,而非不加限制地侵入到典型的自然犯罪之中。

#### 1. 刑事义务的坐标:法定不作为犯

《德国刑法典》第13条确立了对不纯正不作为犯罪的处罚原则,因此,将不作为对标于作为,寻求不作为和作为的相当性有法可依;不过即便如此,"迄今也没有赋予第13条的等价性条款以保证人地位之外的独立内容。一个单纯的不作为毕竟没有攻击性,不能与抢劫相适应,作为帮助犯来处罚,即使是作为,也不需要相适应"。[①] 而我国刑法连明确处罚不纯正不作为犯的规定都没有,又有何理由在探索不纯正不作为时,要对标作为犯去考虑相当性呢?

通过白建军教授的考察,我国刑法上所有的法定不作为犯在内容上的共同特征是:往往是公权犯罪,有98%的法定不作为犯都是针对公法益实施的侵害;基本上没有暴力犯罪;刑量通常较轻;在形式上,均表现为入罪门槛较高。[②] 作为不作为犯罪的典型形态,法定不作为犯罪可以为其他非法定的不作为犯罪提供控制、限缩刑法边界的样本。因此,当国家将特别义务赋予某类对象行为人时,刑法的目的理性在刑事政策的利益权衡和价值评价上也应当恪守该特别义务的界限。

2. 刑事义务的形式来源:法律义务

就刑法而言,保证义务应当具有刑法的属性,不能直接等同于民法或行政法规定的义务;当刑法对于义务的规定在文本上采用了和民法、行政法文本相同的表述时,保证义务也不能够就是文本上的义务,而应当去实质地探究具有刑法属性的保证义务。[③]

按照形式四分说,法律义务、职业或业务的要求、先前行为、法律行为是形式法义务的来源。职业或业务的要求和法律行为可以首先排除,因为这两个形式义务都可以归结为第一种来源:法律义务。例如,警察有保卫安全的义务、消防人员有灭火的义务、危险化学物品的存储者有安全保管的义务、网络服务提供者有信息网络安全管理的义务等,都属于法律法规的明文规定,只不过这类和职业、业务相关的特定义务一般都规定在各种具体的不属于刑法的其他专门法律、法规之中;同样,法律行为带来的义务,如签订合同涉及的履行合同等义务,也有相关法律规定约束,因此职业或业务的要求和法律行为没有单独列举的必要。

此外,先前行为是否创设了实质的作为义务没有讨论的必要,在支配犯罪里讨论实质义务的来源会将原本简单的事情变得十分复杂且不可思议。在先前行为所涉案例中,根本不需要运用实质义务的法理去判断,而是应当直接运用犯罪事实支配去判断,因为这些犯罪原本就是属于支配犯。只有在义务犯罪里,才考虑是否违反了实质义务,并且,先前行为引起的义务在民事法律上同样可以找到相应的规范。[④] 应当说明的是,对于先前行为,我国通过司法解释确认了一例。2000年,最高人民法院《关于

① [德]克劳斯·罗克辛:《德国刑法学总论》(第2卷),王世洲等译,法律出版社2013年版,第258页。

② 参见白建军:《论不作为犯的法定性和相似性》,载《中国法学》2012年第2期。

③ 参见唐子艳:《论不纯正不作为保证人的实质义务来源》,载《湖北社会科学》2015年第8期。

④ 参见杨兴培:《论不作为义务来源的法律规定》,载《政治与法律》2014年第6期。

审理交通肇事刑事案件具体应用法律若干问题的解释》第5条的规定确认了在交通肇事后行为人为了逃避法律追究而逃逸,对于致使被害人因得不到救助而死亡的情形应当承担刑事责任。根据该条,交通肇事的行为人在交通肇事后负有不得逃逸的义务,交通肇事的先前行为因此也具有了形式法义务的来源,经由司法解释的确认成为刑法上的义务。因此,形式法义务实际上只剩下法律义务。

3. 刑事义务的实质化:法律义务的实质化判断

根据我国《刑法》第96条的规定,全国人大及其常委会制定的法律、决定和国务院制定的行政法规、行政措施、发布的决定和命令属于国家规定。也即,这些国家规定在刑法上是发挥着效力的。但是这个范围显然过大,直接运用这些形式法义务去判断不纯正不作为犯的成立与否无济于事。形式法义务也必须得到《刑法》的认可,也即,有刑法的明文规定。具体的表现:一是法定不作为犯的义务;二是作为犯里可推导出的义务。只有这些义务,才是义务犯罪里义务犯承担的义务。以遗弃罪为例,刑法的明文规定是"扶养义务",承担此义务的是对年老、年幼、患病或者其他没有独立生活能力的人负有扶养义务的人。扶养不等于保护生命,刑法并没有规定对年老、年幼、患病或者其他没有独立生活能力的人负有扶养义务的人,也负有保护其生命的义务。因此,父母子女关系不能成为实质义务的来源,对于父亲面对凶手杀害自己的儿子无动于衷的,不能从是否负有实质的保护儿子生命的义务角度来论证其犯罪性,而应当从犯罪支配的角度来判断。

对于刑法中明文规定的义务,如果是直接援引其他法律法规的规定,如拒不履行信息网络安全管理义务罪规定的"法律、行政法规规定的信息网络安全管理义务",则需要进行实质的判断。刑法是整个法律体系对不法行为进行法律防范的最后一道屏障,和民事、行政领域的规范相比具有二次违法特征。整个法律体系存在严格的阶梯关系。以损害赔偿为导向的民法上的责任原则不允许被不加考虑地直接用于确定刑法上的答责性,[①]以维护行政管理制度为导向的行政法上的责任原则也不允许不加考虑地适用于刑法,网络服务提供者的"信息网络安全管理义务"亦并不当然地成为刑法上的义务。义务并不是绝对的负担,就好像对于旅店的老板来说,按照法律的要求都应当承担安全保障义务,但是不同的旅店履行义务的能力不同,义务内容也应当有所区别;不可能要求廉价旅店能够像大型酒店般建立完善的安保措施。[②] 对于不同的网络服务提供者也不能够"一刀切"地认为他们在履行信息网络安全管理义务上拥有同等的能力。网络服务提供者刑法上的"信息网络安全管理义务"需要运用刑法的原

① 参见[德]克劳斯·罗克辛:《德国最高法院判例刑法总论》,何庆仁、蔡桂生译,中国人民大学出版社2012年版,第323页。

② 参见孙立红:《规范性的事实支配与不真正不作为犯》,载《刑事法评论》2014年第2期。

理在义务违反和结果避免可能性上去实质地衡量。

“立法者总是受制于实体法的某些永恒界限，其中一个界限在物本逻辑结构之内，它们以点状的方式存在于全部的法律素材中，从而给出明确的规范。”[①]不受形式法义务约束的义务论理论最终会回到基尔学派将犯罪各组成部分拼凑成一个无拆分的整体的畸形形象，使犯罪的认定沦为直觉的实质观察。

## 六、结论

义务犯罪的形成有政治、经济、社会政策的原因，而不是天然的、道义的原罪，其刑事责任的基础在于对来自国家整体法秩序形塑的特别义务的违背，法益侵害性主要体现为破坏国家和法律所保障的社会生活秩序。如果刑事义务是由一种自然权利推导出来的义务——一般义务，那么这种义务就有很大的延展空间。但是显然这种义务是基于对法秩序维护的需求，是法秩序的要求落实到刑法实在法的规范，且随着政治经济政策、社会环境的变化而变化，并不具有内容的恒常性。刑事义务的边界和责任范围应是有限和克制的，义务犯罪的主体并不能像支配犯罪的主体一样能够现实地、具体地对某个领域的社会生活内容形成事实支配或控制，其保证义务的负担仅仅存在于制度的要求。因此，修正保证人义务必须明确地体现在刑法规定中，而不是不加限制地侵入自然犯罪的领域。

① 谢焱：《刑事政策考量下的刑法教义学应何去何从——本体论亦或规范论》，载《中国刑事法杂志》2012年第4期。

# 论行政犯客观违法要件的关系

## ——基于双重违法性的比较分析

先德奇[*]

【内容摘要】在中国语境下，我国行政犯具有行政违法和刑事违法的双重属性。行政违法与刑事违法的"质量差异"，决定了行政犯行政违法和刑事违法的双重构造。在行政犯的双重客观违法要件关系中，一方面，行政违法的客观构成要件制约着刑事违法的成立，反之，刑事违法客观要件的成立依赖于行政违法要件，行政犯空白罪状的内容，需要行政违法客观要件的介入和填充，且在法益侵害的类型和程度上以行政违法客观要件为标准；另一方面，刑事违法客观要件又具有独立性和高标准性，以实现刑法严格的犯罪成立之筛查机能。

【关键词】双重违法性　行政违法要件　刑事违法要件　制约性与独立性

随着经济、社会的发展，我国刑法可谓进入了行政犯时代。从立法上看，刑法变动修正较大，集中体现在《刑法》分则第三章破坏社会主义市场经济秩序罪和第六章妨害社会管理秩序罪中，伴随经济行政法律规范《产品质量法》(2009 年修正)、《海关法》(2013 年修正)、《公司法》(2013 年修正)、《人民银行法》(2003 年修正)、《商业银行法》(2015 年修正)、《税收征收管理法》(2013 年修正)、《著作权法》(2010 年修正)、《文物保护法》(2015 年修正)和《环境保护法》(2014 年修正)等的修正，刑法也进行了适应性的调整；针对恐怖主义、极端主义及有组织犯罪等对公共安全和社会秩序带来的威胁，刑法作出了前伸性的犯罪设定(抽象危险犯的设置和预备、帮助行为的正犯化)，压缩了相关行政法律法规单独适用的空间，立法彰显出了行政犯法定性和易变性的时代特征。刑法理论上，通说犯罪理论在面对诸如"娶丈母娘诈骗拆迁款案""天价索赔案""掏鸟窝案""赵春华非法持有枪支案"等涉及一、二次法关系的行政犯或行政犯化①的案件时，往往缺乏得心应手、以理服人的解释方法和路径。司法

---

* 先德奇，法学博士，西南医科大学法学院副教授。

① 指原有的自然犯罪名，在新的社会环境下，需要先作一次法的违法性判断，才能确定其刑事违法性的现象。

实践中，事关“行刑衔接”的案件办理更是不得要领，出现一次法与刑法的“移花接木”或“盲人摸象”现象，如针对交通行政法律中法律推定的事实，刑法的态度显得较为暧昧。有感于此，笔者以中国语境下行政犯的双重违法性为逻辑起点，用法秩序的统一性原理和违法判断的相对性理论作指导，分析行政犯中行政违法与刑事违法的具体衔接构造关系，以求探索“行刑衔接”疑难案件的解决之道，并求教于方家（限于篇幅，本文仅在行政犯的客观违法要件方面予以展开论述）。

## 一、行政犯的双重违法性

我国行政犯的概念在理论界存在较大的争议，主要围绕行政犯的基本属性是“行政违法”，还是“刑事违法”，抑或“行政违法和刑事违法”（双重违法）三个中心展开。① 笔者认为，既然行政犯产生于国家“对行政违法行为进行刑事处罚”的客观需求，行政犯在不同国家和地区表现各异，属于事物发展的正常规律，不能统一地作纯概念的“唯名论”分析。在“大一统的法制观念”“行政权的强势运作”“重刑主义下的狭义犯罪观”等现实因素制约下，我国行政犯的属性只能定位为双重违法性：首先，从语词分析，“……犯”在汉语习惯中都理解为犯罪，若将行政犯约定为行政违法性（仿德国模式），则不仅同我国固有的“行政违法”概念相重复，更和民众的法观念不符。不顾语词实指对象而引入纯粹的概念，只是徒增理论的混乱纷扰。其次，“以自由刑为中心”的重刑处罚制度决定了“对行政违法行为进行刑事处罚”的行政犯之严重犯罪性质，因为根据《刑法》第 13 条犯罪概念的明确规定，“……应当受刑罚处罚的，都是犯罪……”因而行政犯都是严重违反行政法律法规的行为。最后，中国并无真正的附属刑法（不像日本），“罪刑皆自法典出”的统一刑事立法例与刑法在整个法律体系中的补充功能，决定了我国“对行政违法行为进行刑事处罚”的行政犯属性只能是行政违法性与刑事违法性的结合。同时，行政、司法并立的二元违法处理机制也导致了我国大量存在“行刑衔接”案件的特色。因此，从逻辑上分析，中国行政犯的属性恰好是域外行政犯概念（德国行政犯与日本行政犯）属性之叠加，即同时具备行政违法与刑事违法的双重违法性。

行政犯的这种双重违法属性，决定了我国行政犯的构造特点即行政法律规范前置性的存在，也就是行政犯的成立，必须具备“行政违法的成立 + 刑事违法（犯罪）的成立”两个条件，行政犯的成立首先必须是行政违法的行为，行政犯其次是在行政违法的基础上符合了《刑法》分则具体个罪规定的行为，即“行政违法在前，刑事违法在

---

① 主要争议可参见卢建平：《论行政刑法的性质》，载《浙江大学学报》1993 年第 4 期；张明楷：《刑法的基础观念》，中国检察出版社 1995 年版，第 308 页；刘艳红、周佑勇：《行政刑法的一般理论》，北京大学出版社 2008 年版，第 140 ~ 171 页；孙国祥、刘伟：《反思行政刑法》，载《人民检察》2008 年第 15 期。

后”,行政违法是刑事违法的前置条件和必要条件。结合《刑法》第13条犯罪概念进行解释,由于我国所有的犯罪都是“情节严重危害较大”的行为,因而行政犯成立的实质就是“行政违法+刑事加重要素”的犯罪,张明楷教授提出的“行政违反加重犯”概念可谓一语中的。[①]

结合刑法规定,进一步分析行政犯双重违法性之间的关系,可以得出如下结论:第一,行政犯中行政违反的法律规范形式,包含三个层级的规范:(1)违反国家规定或违反国家有关规定。即《刑法》第96条的内容,具体包括违反全国人大及其常委会制定的涉及行政管理的一切行政、经济、社会法律和决定,国务院制定的行政法规、行政措施、发布的决定和命令。“国家规定”为行政犯前置法律设定的原则,就是要将制约犯罪成立的前置法,限制在国家一级的高位阶规范之中。(2)相当于“国家规定”的扩大规范。指虽不是以国务院名义发布但是有明确的法律依据或与相关行政法规不抵触、经国务院讨论通过或批准(批转)且在国务院公报上公开发布的规范性文件,例如符合前述条件的国务院办公厅印发的《食品安全专项整治工作方案》《国务院批转林业局关于全国“十二五”期间年森林采伐限额审核意见的通知》(国发〔2011〕3号)等。之所以将前置行政法限制在“国家规定”的层级上,是为了“维护法制的统一”和排除地方保护主义、部门保护主义。[②] (3)刑法明文规定的部门规章。比如《刑法》第131条、第132条分别规定的航空人员和铁路职工“违反规章制度”,以及第331条规定的从事实验、保藏、携带、运输传染病菌种、毒种的人员“违反国务院卫生行政部门的有关规定”。根据法律保留原则和刑事立法权的专属性要求,将部门规章作为行政犯的前置法规只能是行政犯设立的例外和补充,必须有刑法的明文规定。第二,行政犯中的“刑事加重要素”,不仅是单纯的量的增加,还包含质的加重,是在违反行政法规且符合“犯罪的质”的基础上量的加重,因而即使行政法规与刑法罪状规定具有相同的条文文字表述,行政犯的成立也需接受犯罪原理的更高标准的检验,是犯罪具有不同于一般违法的质量要求,不能简单地以行政违法的判断代替犯罪的判断。因为根据行为无价值二元论分析,行政犯首先是违反了行政法律法规进而违反刑事法律规范,并产生法益侵害或危险的行为,而行政规范与罪刑规范有本质的要求和区别。再从类型上看,行政违法基础上的“刑事加重要素”有“犯罪成立的要件要素”和“加重的情节要素”,两者分别体现为行政违法和刑事违法的“质”“量”差异。

---

① 张明楷教授是站在“法益侵害”的实质违法观上分析行政违法与刑事违法关系的,两者之间似乎仅存在量的差异(无论行政违反还是犯罪,侵害的都是同质的法益)。因而其行政违反加重犯的类型有“行政违反+严重结果”“行政违反+严重情节”“行政违反+选择性严重情节”等几种主要表现量的差异类型,但在其后对行政违反加重犯的实行行为、危害结果和罪过要素等的分析比较中,得出的更多是质的差异的结论。参见张明楷:《行政违反加重犯初探》,载《中国法学》2007年第6期。

② 参见最高人民法院《关于准确理解和适用刑法中“国家规定”的有关问题的通知》(法发〔2011〕155号)。

由此，根据前置的行政法律规范性质和具体罪状的表现形式，我国的行政犯可以分为形式的行政犯（或称显形的行政犯）和实质的行政犯（或称隐形的行政犯）。前者是指《刑法》分则明确规定“违反国家规定”“违反国家有关规定”“违反……的法规”“违反……的规定”“非法……”等结构形式的、可以从形式上通过空白罪状判断的行政犯。例如，《刑法》第133条交通肇事罪规定，前置法明定为“违反交通运输管理法规”，就属典型的形式行政犯。张明楷教授将交通肇事罪视为“自然犯”，认为其“实际上属于业务过失致人死伤的犯罪与业务过失导致财产损失的犯罪”。[①] 笔者认为，交通肇事罪直接侵害的犯罪客体是交通安全，人的伤亡和财产损失只是交通安全的间接的、具体的危害表现形式。交通肇事罪直接违反的法律规范是交通运输管理法律法规，而不是直接侵害公民的人身权利和财产权利。所以，交通肇事罪是典型的行政犯而不是刑事犯。[②] 再如，《刑法》分则中有20处规定有“违反国家规定”（排除贪污贿赂罪和渎职罪中的8处）和2处规定有“违反国家有关规定”，[③]这些都属于形式行政犯。又如，《刑法》第125条设定了我国最复杂的选择罪名——非法制造、买卖、运输、邮寄、储存枪支、弹药、爆炸物罪，该条文规定了“非法持有”行为，其中的“法”就是指《枪支管理法》《民用爆炸物品安全管理条例》等行政法律法规，而所谓实质行政犯是指尽管形式上不能直接看出前置的行政法律法规，但犯罪的成立必须以相关行政法律法规的违反为前提的隐形的行政犯，如生产销售伪劣商品罪的设定，每一个具体罪名的成立，皆需前置的食品、药品、农药和种子等相关行政法律法规进行具体规定。

综上所述，我国行政犯的本质为行政违法和刑事违法的双重违法性，该属性构成了理论分析行政犯违法情状的逻辑起点。双重违法属性及其质量区别关系决定了行政犯在违法构造和判断上的双重性：一是行政违法的初始判断；二是刑事违法的独立判断。在以违法（形式违法与实质违法）和责任为中心的两阶层犯罪认知体系中，形式违法即客观违法要件的符合性判断成为犯罪认知的前提和基础，行政犯中聚集的行政违法客观要件与刑事违法客观要件及其关系，是探讨行政犯构造的重要基础内容，对破解我国“行刑衔接”疑难案件具有重要的指导意义，也是在社会主义法律体系下分析行政违法和犯罪关系、进行跨法（行政法和刑法）研究的应有之义。

---

① 张明楷：《行政违反加重犯初探》，载《中国法学》2007年第6期。

② 事实上，张明楷教授尽管称交通肇事罪属自然犯，但在其后的分析中仍列举了交通肇事罪的案例进行了“行政违反加重犯”的分析。参见张明楷：《行政违反加重犯初探》，载《中国法学》2007年第6期。

③ 指《刑法》第253条之一中“违反国家有关规定，向他人出售或者提供公民个人信息”和“违反国家有关规定，将在履行职责或者提供服务过程中获得的公民个人信息，出售或者提供给他人的”。

## 二、行政违法客观要件

### (一)违法行为

“一个社会是在对能够以行为规范加以调整的人类行为规定规则的基础上形成的。法律归结起来就是对某种行为予以命令或禁止……”[①]思想的不可直接证明性和法律与道德的分离,使行为成为法律规则的调整对象,社会行为的类型化(行为模式化)成为抽象的法律规范的构成基础。行政法律的宽领域性、多层级性和分散性等特征的存在,使行政法律不能像刑事法和民事法那样建立统一的法典,[②]所以行政法中的违法行为概念相对更为抽象。一般认为,行政违法行为就是指违反秩序的行为,即违反行政法律义务而科处行政秩序罚(刑罚以外的处罚)的行为。[③]

结合我国的法律体系和语境,行政违法行为是指违反行政法律义务而给予行政处罚的人的身体的动与静。具体可从三方面进行理解:首先,行政违法行为是自然人或单位的行为举止,该举止针对法秩序来说表现为对行政法律法规中禁止规范的动态违反或义务规范的不履行。例如,根据《河道管理条例》第 24 条第 1 款的规定,“在河道管理范围内,禁止修建围堤、阻水渠道、阻水道路;种植高杆农作物、芦苇、杞柳、荻柴和树木(堤防防护林除外);设置拦河渔具;弃置矿渣、石渣、煤灰、泥土、垃圾等”,自然人或单位若实施前述修建、种植、设置和弃置行为,即为动态违反(积极违反)禁止规范的违法行为。与此相对,如果自然人或单位不履行义务规范的行为,则属于静态的违法行为。例如,根据《城市绿化条例》第 21 条的规定,“在城市的公共绿地内开设商业、服务摊点的,应当持工商行政管理部门批准的营业执照,在公共绿地管理单位指定的地点从事经营活动,并遵守公共绿地和工商行政管理的规定”,自然人或单位不进行许可申请或存在不服从管理义务的行为的。其次,违法行为是违反行政秩序的行为,直接表现为对行政法律法规规定的制度的破坏,实质上就是对行政义务或命令的不服从,从社会利益分析,就是损害行政法律规范保护的公共利益或使公共利益危殆化。比如,不遵守大气污染排放标准的超标排放行为,既违反了法律法规设置的国家或地方排污标准,不遵守排污义务,又侵害了生态环境利益和公众健康。最后,违法行为是应受行政处罚的行为,即该行为应通过行政法律后果将行政违法和民事违法、刑事违法区别开来,给予行政违法行为单方面的和强制性的“惩戒”并及时恢复公共秩

---

① [德]莱因荷德·齐柏里乌斯:《法学导论》(第 4 版),金振豹译,中国政法大学出版社 2007 年版,第 9 页。

② 行政法律只有针对保护性规则的内容进行一定程度的法典化,如《行政处罚法》专门针对“行政处罚行为”立法,但调整性规则的内容由于涉及的生活面广和特质各异,因而难以统一地对其进行法典化。

③ 参见陈清秀:《行政罚法》,法律出版社 2016 年版,第 3 页。

序。[①] 总之,行政秩序的违反和应受行政处罚是行政违法行为的本质特征。

根据行为违反规范的具体表现形态,上述动态违反禁止性规范的行为被称为作为的违法行为,静态违反义务性规范的行为被称为不作为的违法行为。在行政违法中,行政不作为是违法的主要表现形式。根据义务规范的不同内容,行政不作为可分为“真正的不作为违法行为”和“不真正的不作为违法行为”。真正的不作为违法是指行政法律法规设置了一项特定的积极作为义务,行为人能履行却拒绝履行的行为,亦称纯粹的不作为违法,比如,《税收征收管理法》规定的纳税义务人应积极申报纳税,义务人却拒绝申报和纳税的行为。不真正的不作为违法意即具有结果防止义务的人(担保义务人)不加防止而让结果发生的行为,例如,救生看护员具有防止、救助儿童溺水的义务,当儿童溺水时能作为却消极不作为,致使溺水者受伤的行为。在不真正不作为违法中,对于担保义务人以消极不作为的方式,达到发生与积极行为相同的结果的,处以与积极违反行政法律义务行为相同的处罚责任。[②] 如我国台湾地区“行政罚法”第10条规定,对于违反行政法上义务事实之发生,依法有防止之义务,能防止而不防止者,与因积极行为发生事实者同……根据不作为的主体是行政主体还是相对人,可分为“行政主体的不作为”和“行政相对人的不作为”,前者即一般意义上的行政不作为,后者属广义的行政不作为的内容。从违法行为是否规定有法律后果分析,可分为“标准的违法行为”和“准违法行为”。标准的违法行为是指行为违反调整性法律规范和保护性法律规范,且行政法律法规对其设置了否定性法律后果的行为;一般意义上的行政违法行为就是指标准的违法行为;准违法行为则指行为违反调整性法律规范,但却未违反保护性法律规范,因而法律并未设置具体处罚后果的行为。例如,《野生动物保护法》(2017年1月生效)第6条规定的“任何组织和个人都有保护野生动物及其栖息地的义务”,为一般人设定了普遍的动物保护的行政义务,但是在保护性法律规范即“法律责任”内容中,并无具体的处罚规定。这意味着,当一般人面对“珍贵、濒危的陆生、水生野生动物和有重要生态、科学、社会价值的陆生野生动物”需要救助时,消极不履行救助义务,行为人尽管属于行政义务的违反即行政不作为,但并不承担法律责任,该行为属于准违法行为。换言之,标准的违法行为是与法律后果相连的。笔者认为,准违法行为的价值一是在于调整性的宣示意义,并为今后行政法的保护性规范(制裁规范)的设定创造条件;二是为刑事违法的成立提供前置性的筛选条件。[③] 类似的行政义务还有《消防法》(2008年颁布)第5条设定的报警和灭火义务,《信用

① 参见刘新、肖斑:《行政处罚的含义、特征及基本原则》,载《政府法制》1997年第1期。

② 参见陈清秀:《行政罚法》,法律出版社2016年版,第98页。

③ 笔者认为,根据违法性的相对性原理,刑事违法可以在准行政违法行为的基础上进行犯罪设置,刑事违法虽以行政违法行为的成立为必要要件,但刑事违法的成立并不以行政违法责任的存在为前提,这是由法规范目的不同导致的后果。

卡业务管理办法》(1996年颁布)第36条规定的信用卡仅限合法持有人本人使用的义务等。

必须进一步指出的是,构成要件意义上的违法行为,是在整体违法行为基础上,将主观内容进行逻辑上的分离后单独从客观上进行分析的行为,是行政违法客观构成要件的要素,是将整体行政违法行为进行具体分解而形成的分析行政违法成立的类型化工具。因此,行政违法客观构成要件下的违法行为,仅仅指的是与主观意志因素相区分的具有客观表现的行为及其样态。① 行政违法行为(实指客观违法行为)是行政违法客观构成要件的核心要素和必要要素,在此意义上,无行为则无行政违法。而违法结果、违法的时间和地点等仅是行政违法客观构成要件的选择性要素,只在部分行政违法行为中规定为必要要素。以"非法捕捞水产品的违法行为"为例,《渔业法》(2004年修正)第38条将"违反关于禁渔区、禁渔期的规定进行捕捞"规定为违法行为,违法时间和违法地点成为伴随该违法行为成立的必要要素。总体分析,行政违法行为的设定主要是根据"行为无价值"和"以行为为中心"进行设计的,符合行政法维护秩序的规范目的,也从一次法上制约着行政犯违法性理论的立场选择:行为无价值二元论与行政违法性都拥有"行为无价值"的标准内核,利于达致法秩序的统一。

(二)违法结果

违法结果亦称违害后果,是指违法行为给社会秩序造成的外部损害后果,包括社会秩序的紊乱、人身损害或财产损失等,如非法集会引起的交通阻塞、机动车交通违法行为导致的人体损害结果、违法排污行为带来的环境污染结果、税收违法行为造成的国家税收收入的减少等。由行政违法的单纯秩序违反性质所决定,违法结果仅在少数行政违法行为中规定为客观构成要件要素,整体上属于行政违法成立的选择要素,仅仅影响行政责任的裁量。下面试举几例设置有违法结果的条款进行说明:根据《人口与计划生育法》第38条的规定,"计划生育技术服务人员违章操作或者延误抢救、诊治,造成严重后果的,依照有关法律、行政法规的规定承担相应的法律责任";当造成的人身损害后果为轻伤及以下伤害时,成立行政违法或民事侵权(重伤结果进入刑事违法的规范领域)。《产品质量法》第65条规定的国家工作人员"阻挠、干预有关部门依法对产品生产、销售中的违法行为进行查处,造成严重后果的",给予行政处分或刑事处罚。《道路交通安全法》第99条第(五)项规定"强迫机动车驾驶人违反道路交通安全法律、法规和机动车安全驾驶要求驾驶机动车,造成交通事故,尚不构成犯罪的";第(七)项规定"故意损毁、移动、涂改交通设施,造成危害后果,尚不构成犯罪的"以及第(八)项规定"非法拦截、扣留机动车辆,不听劝阻,造成交通严重阻塞或者较大财产损失的",由公安交通管理部门处200元以上2000元以下罚款。根据《残疾人教

① 参见应松年、杨解君:《论行政违法的主客观构成》,载《江苏社会科学》2000年第2期。

育条例》第57条第(二)项的规定,学前教育机构、学校、其他教育机构及其工作人员违反条例规定,“歧视、侮辱、体罚残疾学生,或者放任对残疾学生的歧视言行,对残疾学生造成身心伤害的”,由“主管行政部门责令改正,对直接负责的主管人员和其他直接责任人员依法给予处分;构成违反治安管理行为的,由公安机关依法给予治安管理处罚;构成犯罪的,依法追究刑事责任”。

就行政违法的构成要件分析,行政违法的性质决定了其违法构成以违法行为为核心,重视违法行为而非违法结果的意义和功能,违法结果仅被视为违法行为的外在表现形式,是行政违法的选择性成立要素而存在于少数行政违法行为类型中。此外,从上述计划生育违法、交通违法和残疾人教育违法等规定了违法结果的违法类型中可以看出,行政违法中的违法结果往往都和刑事违法中的违法结果(危害结果)相毗连,成为区分行政违法与刑事违法的量的标准之一。从刑事违法的视角看,行政犯中规定了危害结果的犯罪(结果犯),一般都是在行政违法的结果基础上,选择较重的危害结果予以犯罪化和实施刑事制裁,这成为刑事案件立案标准的重要来源。相对刑事违法而言,行政法领域的违法结果主要影响对行政违法当事人的处罚种类和处罚幅度等行政处罚的裁量问题,对行政违法的成立影响较小。

(三)因果关系

面对世界上事物的普遍联系和相关关系,[①]法律上的因果关系是通过理论模型筛选出具有引起与被引起关系的违法(危害)行为与违法(危害)后果,以便将结果归属于行为,进而在违法行为中理性而公正地分配结果责任。当行政法律规范设置有违法结果要素时,行政违法的客观构成要件中就包含了违法行为与违法结果之因果关系的要素内容,因果关系成为行政违法成立要件的必要要素并将违法行为与违法结果连接起来,使违法结果成为违法行为的重要表征。

在行政违法理论中,因果关系的判断方法主要是借鉴民法学上侵权法的因果关系理论模型,形成了条件说、相当因果关系说、规范目的说和危险范围说等几种理论。[②]其中,条件说是根据“非A(行为),则非B(结果)”的逻辑假设从客观方面对因果关系进行大范围囊括,然后再由主观要件去严格筛查进而归责;相当因果关系说则注意行为引发结果的可能性和常态性,通过经验判断确立因果关系的内容,力图在客观上对因果关系的范围进行限缩;规范目的论则通过规范保护的范围和目的,过滤掉因果关系判断和归责中不合规范的内容,实质是超越了传统的因果关系理论而成为保护责任法律的一种合乎逻辑的目的性解释;危险范围说主要是将“受害人自我生活的风险”

---

① 大数据化使传统因果关系丧失了原有的必然性和方向性,相关关系成为因果概念的重要内容,这将为法律上的因果关系带来方法论的变化。参见王天思:《大数据中的因果关系及其哲学内涵》,载《中国社会科学》2016年第5期。

② 参见朱岩:《当代德国侵权法上因果关系理论和实务中的主要问题》,载《法学家》2004年第6期。

排除出因果关系的成立范围,以更合理地进行归责。结合因果关系在行政违法构成要件要素中的理论定位,相当因果关系说由“条件关联”和“相当性”所构成,[①]在维持基本事实层面的行为与结果惹起关系的基础上,适当地增加了经验判断和价值判断的内容,因而显得较为合理。整体看来,因果关系理论出现了由事实因果关系到规范因果关系的发展趋势,在事实判断中融入了主观价值判断和法律规范目的的内容,是法律功能主义化的重要体现。

在行政违法领域,根据“行为无价值”设计的行政违法多为抽象危险的违法类型,违法成立判断中结果和因果关系实际考虑的分量较低(仅作行政处罚裁量之用),因而行政法上因果关系讨论的案件范围较窄,主要存在于前述的少数设置结果违法的案件和行政案件涉及侵权赔偿的案件中(如国家赔偿),以解决损害赔偿问题,因而我国行政法学理论上并无独立的因果关系内容(借用民法上的因果关系理论),相关行政诉讼司法判决中多以有无“因果关系”“直接因果关系”“相当因果关系”等概念进行笼统定性,缺乏详细的说理和证明。[②] 行政法上的因果关系具有推定性特点(与侵权法上的因果关系推定类似),具体做法是对特殊复杂案件(如环境侵权和医疗侵权案件),通过证明责任倒置,由侵权方证明自己的行为合法以及行为与损害结果之间不存在因果关系来解决争议,当侵权方不能证明或证明达不到“优势证据”的程度时,则推定因果关系的成立。[③] 行政违法客观要件中的因果关系要素,具有违法判断中推定性的特点。笔者认为,因果关系推定的实质是将实体问题程序化,利用法律推定的效力将因果关系这一号称无解的法律问题转换为客观证明责任。在自然、真实和复杂的事实因果关系基础上,通过规范的参与和作用,使因果关系理论成为适合人类进行社会约束的调整和运用手段,实现法学上因果关系应具有的“妥当维持社会秩序,维护人类社会生活之价值作用”的规范目的。[④]

## 三、刑事违法客观要件

### (一)危害行为

相对于行政违法行为,刑法中的危害行为具有设置条件高、类型化明显和规范细致深入等特点,这归功于刑法中行为理论的创设和发展。伴随社会的进步,理论上主要产生了因果行为论、目的行为论、社会行为论和人格行为论等行为类型和学说。其中,因果行为论眼中的行为是“相对于外部世界的任意举止”,即以作为或不作为的形

---

① 参见王泽鉴:《侵权行为法》(第1册),中国政法大学出版社2001年版,第191页。

② 可分别参见湘西土家族苗族自治州中级人民法院(2015)州行终字第58号判决书、北京市高级人民法院(2015)高行终字第2279号判决书、上海市第一中级人民法院(2014)沪一中行终字第326号判决书。

③ 参见马栩生:《因果关系推定的基本法律问题》,载《武汉大学学报(哲学与社会科学版)》2004年第4期。

④ 参见素娟:《论环境侵权诉讼中的因果关系推定》,载《法学评论》2003年第4期。

式对外部世界进行改变，将这种改变纳入行为范畴并作为理论重心，认为客观的外部改变和主观上的有意性之间，通过举止性的连接和作用，构成了一种因果历程，①这为主客观分离的犯罪论奠定了基础。与此相对，目的行为论转而注重人的内在主观目的活动，将行为的重心挪移到目的性，认为正是人的目的性及其具备的预测因果行为的能力使之能够通过一定的手段有计划地操纵、引导预测到的因果行为内容的实现。"主观上的目标""实现目标使用的行为方法""在现实事件中实现的行为意志"成为目的操纵的先后三个阶段。② 目的行为论从主观上限制了因果行为论可能带来的对不法的扩张，拓展了主观方面特别是认识错误和共犯理论的实践前景，③缺陷是其目的操纵观点对过失犯罪和不作为犯罪难以自圆其说。社会行为论和人格行为论力图对因果行为论和目的行为论进行弥补和折中。社会行为论认为行为是由意志控制或可以控制的具有社会重大意义的自然人的举止，④在行为的社会意义描述中引入规范评价要素（客观目的评价），进而将存在论的行为理论转变为价值论的行为理论。⑤ 人格行为论的核心观点是坚持行为是人格的征表，刑法中的行为是行为人人格主体的现实化，通过超越目的行为论中的目的，进而注重目的背后的人格之态度，将难以统一论证的作为与不作为、故意与过失等类型，看作人格主体现实化的反映，从而将不作为和过失行为解释并纳入行为的范畴。

可以认为，行为是犯罪论建立和研究的原点，因为"关于行为论的探讨绝不能离开犯罪论体系，更不是纯粹的逻辑思辨，只有将其与构成要件论乃至犯罪论体系密切联系，才能理解其意义之所在"。⑥ 如何在自然行为（裸的事实行为）的基础上通过犯罪体系的构造和检视，使行为获得危害性（违法性）的评价，这是建立各种行为理论的趣旨。正是在对行为的认知基础上，因果行为论开创了客观违法和主观责任的犯罪论体系架构，目的行为论则在一定程度上将分离的主客观要件的内容进行调整和缝合，在违法阶层中注入了主观违法要素的内容，加强了主客观要素在行为中的统一，社会行为论和目的行为论进而在前述基础上分别从客观和主观方面进行价值补充，适应了现代社会对法律目的性的加强，因而社会行为论被认为是偏客观主义的，人格行为论是偏主观主义的。⑦ 社会行为论是当前刑法理论的通说，也与二元的行为无价值论立

---

① 参见［德］李斯特：《德国刑法教科书》，［德］施密特修订，徐久生译，法律出版社 2006 年版，第 176 ~ 177 页。

② 参见［德］汉斯·海因里斯·耶塞克、托马斯·魏根特：《德国刑法教科书》，徐久生译，中国法制出版社 2001 年版，第 270 ~ 271 页。

③ 参见王世洲：《现代刑法学》（总论），北京大学出版社 2011 年版，第 79 页。

④ 参见［德］汉斯·海因里斯·耶塞克、托马斯·魏根特：《德国刑法教科书》，徐久生译，中国法制出版社 2001 年版，第 80 页。

⑤ 参见陈兴良：《行为论的正本清源》，载《中国法学》2009 年第 5 期。

⑥ 张小宁：《日本的行为论之争及最新研究趋向》，载《学术界》2014 年第 11 期。

⑦ 参见王世洲：《现代刑法学》（总论），北京大学出版社 2011 年版，第 79 页。

场相契合,因为两种理论都以行为规范为核心,强调行为的社会相当性。

我国刑法是"以危害行为为核心,兼顾危害结果"而建立起来的罪刑规范体系:(1)在《刑法》第13条总的犯罪概念中,"危害社会的""依照法律""应当受刑罚处罚的"三个偏正短语修饰的中心语都是"行为",也就是说,行为是犯罪成立的基础,无行为则无犯罪。在刑事违法构造中,危害行为成为违法的核心和必要要素。(2)尽管《刑法》总则中无直接的行为概念规定,但分则规定的469个个罪,其罪状全都是围绕行为为中心展开的描述,罪刑法定的安定性要求某种意义上就是对危害行为类型的确定性要求,因为只有明确的行为类型才能给社会民众带来可预测性的行为指引。(3)相对于类型化特征明显而集中的刑事犯危害行为而言,行政犯危害行为的规定分散而不具显著的类型化特征,但结合前置行政法违法行为的规定和刑事违法的相对独立性构造,能得出较明确的行为标准,行政犯中"违反国家规定""违反法律法规"等空白罪状和引证罪状的规定,并不违反实质的罪刑法定精神。

(二)危害结果

危害结果是指危害行为对刑法保护的法益造成的实际损害(以下简称实害结果)或引起的危险(以下简称危险结果)。其中,实害结果是指给法益造成了实实在在的损失,包含物质性的损失和精神性的损害,如《刑法》第193条贷款诈骗罪中诈骗行为给金融机构造成的经济损失,第246条侮辱罪和诽谤罪中侮辱、诽谤行为给被害人的人格和名誉造成的诋毁和不良社会影响,第133条交通肇事罪中交通违法行为造成的严重人身伤害或重大财产损失等。而危险结果是指对法益造成实际损害的可能性,如《刑法》第128条非法持有枪支、弹药、爆炸物、危险物质犯罪中非法持有行为给社会公共安全制造的潜在威胁,第141条生产、销售假药罪中违法行为造成的药品生产销售秩序的侵害和对民众身体健康的威胁等。就司法认定而言,物质性和精神性的实害一般通过量化或专业鉴定予以确认,而危险结果的判断应立足于行为无价值论的立场,采取行为时点、以社会理性人(具有正常智力和一般知识水平的人)为判断主体,根据普通经验进行判断。[①] 如果对犯罪的成立进行实质审视,危害结果是所有犯罪成立的必要要件,只是在有的犯罪中紧密伴随危害行为发生,没有具体的表现形式。据此,刑法传统学说中所述的行为犯和举动犯,实际上指的都是实质的抽象危险犯。

与行政违法中违法结果的选择性设定和有限规范作用不同,刑事违法中的危害结果具有重要的理论价值和构成意义:其一,通过结果范围大小的调整,缩小或扩大犯罪圈的覆盖范围。如果采取广义的危害结果的概念,将危险结果纳入危害结果的范畴,则所有的犯罪行为皆应有危害结果特别是危险结果,这就从客观上限制了规范违反说,防止其可能带来的犯罪扩大化弊端,从而实现刑法的人权保障的目的和机能,此乃

① 参见陈璇:《论客观归责中危险的判断方法》,载《中国法学》2011年第3期。

二元的行为无价值论兼采法益侵害说(综合论、折中论)的理论宗旨。在规范违反和法益侵害的双重限制下,诸如"误把白糖当砒霜杀人""力劝他人徒步探险而意外身亡"等案件,尽管行为人主观上违背法忠诚的义务,但因其行为客观上对"被害人"没有丝毫危险而必须作无罪处理。同理,以抽象危险犯代替行为犯和举动犯,在违法判断上为犯罪的成立补足了结果要件,从而有利于防止和纠正将"扒窃""销售假药"等形式行为犯一律入刑的绝对做法,增强司法人员"慎刑慎罚"的谦抑观并为行为人提供反驳的空间。①

其二,危害结果特别是实害结果是区分故意犯罪和过失犯罪的标准之一。由于我国的过失犯采取的是过失实害犯的规范模式,当罪状中规定的结果是危险结果时,则该犯罪属于故意犯罪。实害结果是过失犯罪成立的必要要件,这是因为在刑事违法中,立法着重打击的是危害性大的故意犯罪,过失犯罪仅仅作为例外被规定在刑法中(《刑法》第15条第2款"过失犯罪,法律有规定的才负刑事责任"的提示意义),其应罚的违法性需要由危害结果从客观方面予以充足。例如,危害公共安全罪中,"重大飞行事故罪""铁路运营安全事故罪""交通肇事罪""重大责任事故罪""重大劳动安全事故罪""大型群众性活动重大安全事故罪""工程重大安全事故罪""教育设施重大安全事故罪""消防责任事故罪"等业务过失犯罪的设定,都要求产生严重后果即司法解释确立的"三人以上的重伤,三十万以上的财产损失"的一般标准,对于标准以下的违法行为,由相关行业主管部门根据前置行政法律法规给予行政处罚或行政处分。

其三,危害结果还是故意犯罪既遂和未遂的区分标准,是刑罚裁量的重要依据。从客观构成要件分析,危害结果是在生活事实产生的实害或危险的基础上抽象化和类型化而成的法定结果,当法定的实害结果或危险出现时,意即刑事违法行为的"得逞",犯罪既遂成立;行为未达法定的实害结果或危险结果,成立犯罪未遂或仅成立行政违法(此时未达到应罚的违法性的程度)。例如,根据《刑法》第140条生产、销售伪劣产品罪及最高人民法院、最高人民检察院发布的《关于办理生产、销售伪劣商品刑事案件具体应用法律若干问题的解释》第2条的规定,当违法销售行为尚未直接危害公众的健康即伪劣产品尚未销售但其货值金额达15万元以上的,按生产、销售伪劣产品罪(未遂)定罪处罚;《刑法》第117条将破坏交通设施罪规定为具体危险犯,如果违法行为未达到"足以使火车、汽车、电车、船只、航空器发生倾覆、毁坏危险"之具体程度的,只能成立行政违法。若成立犯罪未遂,行为人将获得"可以比照既遂犯从轻或者减轻处罚"的法定从宽处罚待遇。

可以看出,与行政违法以单一的"违法行为"要素为核心的构造不同,刑事违法的

① 论题所限,本文对"抽象危险犯允许反证"的命题未做论证和阐述,具体参见谢杰:《"但书"是对抽象危险犯进行适用性限制的唯一根据》,载《法学》2011年第7期。

成立在客观要件上围绕"危害行为"和"危害结果"两个中心要素展开,从行为和结果两个方向对刑事违法的成立进行限制,这也从客观要件构造上表明了与行为无价值二元违法折中论的契合性。

(三)因果关系

既然所有的犯罪都具有危害结果,就意味着所有犯罪客观构成要件中都应包含因果关系这一客观要素,由于抽象危险犯的抽象危险特质——随着行为的实施,一般观念上的危险就伴随危害行为出现(除非行为人在事实上能作出反证),因而刑事违法中的因果关系判断主要存在于实害结果与危害行为的归属判断上,以及危害行为造成的具体危险程度(具体危险犯)的判断中,实质是解决在何种条件下把与行为相关联的损害结果作为行为人的作品归属于行为人的问题。换言之,"损害结果是作为行为目的的灵魂形态,是附属于行为的行为自己的后果"。[①] 为精确判明这种归属或附属关系,刑事违法中的因果关系理论超越了侵权法相当因果关系论的经验判断法则,通过行为与结果的勾连关系和从行为无价值到结果无价值的分析路径,将经验判断还原为行为引起危险的具体过程并进行阶段性的细化分析,发展出了客观归属理论。客观归属理论用法规范的标准来判断人在其扮演的社会角色及其交往活动中允许做什么,用社会的标准人的客观尺度来确定其行为义务,因而被称为客观归属。[②]

表面的、抽象的因果关系理论变成过程的、实质的归属判断,围绕刑法的客观目的性即法益保护的规范目的和法律上的重要危险两个核心要素,发展出三个具体的原则及其个别判断规则(排除规则),俨然成为一个分析体系:[③]第一步是判断行为是否制造了不被法允许的危险。具体包括行为给法益带来了危险或者使既有的危险升高,反之,如果行为没有制造法律关注的危险或者使既有危险降低,则丧失归属的基础,结果不能评价为行为人的作品。第二步是判断行为是否实现了不被法允许的危险。即指在制造危险或增加危险的基础上,进一步使危险变成现实甚至产生实害结果,其否定判断是排除未实现危险、未实现不被允许的危险、结果不在注意规范的保护目的范围之内和合法的替代行为与危险升高等归责情形,这些情形下没有实现法不允许的危险,因而也不产生归属的效果。第三步是判断实现的危险是否处于构成要件的射程范围之内。客观归属理论的适用范围主要在过失犯,对参与他人的故意自伤行为、同意他人的危害和第三人责任应排除故意犯的归责。由过程判断可以看出,发轫于解决危害结果和危害行为因果连接的客观归责理论,已经不是单纯的事实因果关系理论,而是以事实因果关系为前提的规范评价理论,它已经超越客观归因(结

① 参见冯军:《刑法问题的规范理解》,北京大学出版社2009年版,第129~130页。

② 雅各布斯的观点,参见冯军:《刑法问题的规范理解》,北京大学出版社2009年版,第130页。

③ 参见许玉秀:《主观与客观之间》,法律出版社2008年版,第191~203页。

果归属于行为)而进入主观归责(结果归属于行为人)的范围,是一种实质的构成要件理论。

在刑事司法实践中,因果关系的判断比行政违法中因果关系的判断更细致和深入,刑事判决书、裁定书等法律文书一般对涉及因果关系问题的案件都能展开详细说理和论证分析,但其理论方法多采取相当因果关系理论进行经验论证,缺乏系统性的客观归属理念的指引。① 结合因果关系在司法实务中经验型适用的现状,可以在相当因果关系理论基础上,采取相对合理、逐步推进的策略,②部分引入客观归属理论,“借鉴危险实现的基本内容,将现行的因果关系分为事实的因果关系与结果归属两部分,分别进行事实判断与规范判断”,③进而实现更理性地、细致地、实质地进行结果归属于行为的判断,这在一定程度上可以弥补行政犯相对于刑事犯定型性的不足,确定和充实危害结果与危害行为之间客观而规范的联系。综上所述,刑事违法的因果关系相较于行政违法的因果关系,其存在和适用范围更广,且要求的标准更高,相应的判断方法也更精细。

## 四、两类客观要件之关系

### (一)制约性和依赖性

根据法秩序统一性原理和违法的质量区别说,作为一次法保护性规范的行政法规范和作为二次法保护性的刑法规范之间,拥有共同的保护基础——行政法的调整性规范和行政(公法)秩序的建立,在以“行为模式 + 法律后果”的制裁性规范结构中,行政违法是刑事违法的前置性条件,亦即:行政违法的客观构成要件制约着刑事违法的成立。反之,刑事违法客观要件的成立依赖于行政违法要件,这是由行政法的调整性功能和刑法作为二次保护性部门法的任务和目的决定的。也就是说,形式上“违反国家规定”“违反国家有关规定”“违反……的法规”“违反……的规定”“非法……”等行政犯的空白罪状背后,需要行政违法客观要件的介入和填充,行政违法与刑事违法构成

① 可参见最高人民法院对(2016)刑申 417 号案件的驳回申诉通知书。该文书详细论证了原审被告人韩东旭一刀致使被害人徐某重伤(十二指肠、胰腺、肾等多处器官破裂),后送医院医治四个月后死亡的事实,认为“毋庸置疑,韩东旭的故意伤害行为与徐某的死亡结果之间具有刑法上的因果关系”,未具体论证死亡危险及其死亡实现的情况。另参见最高人民法院对(2015)刑监字第 6 号案件的再审决定书。该文书认为,原审被告人杨传明的行为是否属于绑架罪的暴力行为,以及暴力行为和被害人交付钱财之间是否有刑法意义上的因果关系等问题,都影响本案绑架罪的认定,指令浙江省高级人民法院进行重审并对因果关系问题进行严格认定。相当因果关系理论的适用,还可参见广西壮族自治区高级人民法院(2013)桂刑一终字第 27 号刑事裁定书、福建省高级人民法院(2014)闽刑终字第 459 号刑事裁定书、辽宁省高级人民法院(2014)辽刑四终字第 102 号刑事附带民事裁定书等。

② 多年前龙宗智教授针对我国司法现状提出的在程序和制度改革中的相对合理主义,仍不失为稳步解决法治问题的有效策略。参见龙宗智:《相对合理主义》,中国政法大学出版社 1999 年版,“自序”第 4 页。

③ 张明楷:《也谈客观归责理论——兼与周光权、刘艳红教授商榷》,载《中外法学》2013 年第 2 期。

要件之间的建构关系,主要表现为:

1. 行政违法对刑事违法的制约

第一,行政违法客观要件=刑事违法客观要件。双重违法出现客观要件相同时,意味着行政违法与刑事违法客观要件重合,此时行政违法行为直接定型刑事违法的犯罪行为,此时刑事违法(行政犯)表现为抽象危险犯,其行为的成立直接取决于行政违法行为内涵的界定,在规范形式上表现为行政制裁规范与刑事制裁规范"行为模式"规定完全相同,刑事违法行为取决于行政违法行为的具体内容。例如,《枪支管理法》(2015年修正)第39条、第41条和《刑法》第125条非法制造、买卖、运输和第128条非法持有枪支行为的法条内容规定相同,即只规定了违法行为这一要件,刑法中非法制造、买卖、运输和持有等实行行为被行政违法行为定型为抽象危险犯,其危害行为的内涵取决于行政法关于枪支管理的制度规定,并且,此时刑事违法行为吞噬了行政违法行为,行政处罚失却规范空间,出现刑罚一步到位而未有行政处罚的缓冲现象。根据同理的要件制约关系,《刑法》第205条虚开增值税专用发票、用于骗取出口退税、抵扣税款发票罪中的虚开行为,取决于《发票管理办法》第22条、第37条中虚开行为的规定,只是2010年最高人民检察院和公安部《关于公安机关管辖的刑事案件立案追诉标准的规定(二)》解释中,将虚开增值税专用发票、用于骗取出口退税、抵扣税款发票罪解释为结果犯,并将立案标准规定为虚开数额在1万元以上或者税款被骗数额在5000元以上而作量上的区分。再如,《治安管理处罚法》第67条规定"引诱、容留、介绍他人卖淫的,处十日以上十五日以下拘留……"与《刑法》第359条规定"引诱、容留、介绍他人卖淫的,处五年以下有期徒刑……"中,引诱、容留、介绍卖淫的违法行为和引诱、容留、介绍卖淫罪有同样的客观要件规定等。笔者认为,诸如前列的由行政违法与刑事违法客观要件规定一致而建构起来的行政犯类型,其解决之道是用实质解释的方法,根据应罚的违法性理论区分出行政违法与刑事违法的界限(如行为次数、数额、后果、处罚次数及主观恶性等情状),适用行政罚法或刑罚,只有属于危及社会共同基础之危害性较大的违法行为,才能解释为抽象危险犯。

第二,行政违法行为+定量因素=刑事违法客观要件。此种结构为行政犯成立的普通类型,也与我国的犯罪概念(既定性又定量)相吻合,其中的定量因素主要有:(1)数额规定,具体有确定的数额或"数额较大"的形式。确定的数额规定如《刑法》第140条生产、销售伪劣产品罪,其构成为生产、销售伪劣产品的违法行为达到5万元以上的销售金额,生产、销售伪劣产品的违法行为具体由《产品质量法》第50条规定;《禁毒法》第59条和《刑法》第348条组建的非法持有毒品罪的构成,即非法持有鸦片达1000克以上、非法持有海洛因或甲基苯丙胺达50克以上。行政犯涉及"数额较大"的构成较多,为立法的常态,《刑法》中有20多个罪名,比如《海关法》第83条和《刑法》第155条构成的"间接走私违法行为+数额较大"的走私罪(以走私罪论处)规定,《税收征收管理法》第63条、第64条与《刑法》第201条组合的"逃避缴纳税款违法行为+数额较大"的逃税罪构成等。(2)致人重伤或死亡、财产重大损失、严重后果、后果严重或重大事故等结果加重情形,是大量结果犯的成立模式。例如,交通肇事罪由交通运输违法行为与致人重伤、死亡或公私财产重大损失结合而成,《计算机信息系统安全保护条例》(1994年颁布)中的危害计算机信息系统的行为(第23条),结合后果严重,构成破坏计算机信息系统罪(《刑法》第286条)等。(3)情节严重,即一种需要通过裁量和充实的罪量因素,如《广告法》(2015年修正)第55条中的发布虚假广告行为,达到情节严重的,构成虚假广告罪(《刑法》第222条)。(4)以上各种定量因素的综合和选择,比较典型的是《刑法》第179条擅自发行股票、公司、企业债券罪中"数额巨大、后果严重或者有其他严重情节"的规定。在上述类型中,行政犯的成立除需要行政违法行为的定型、填充犯罪行为外,还要求定量因素的存在、比较和考量。

2. 治安管理处罚法对刑法的限制

行政犯的违法性判断和法律适用中,治安管理处罚法与刑法可谓如影随形。根据《治安管理处罚法》第2条的规定,扰乱公共秩序,妨害公共安全,侵犯人身权利、财产权利,妨害社会管理等行为,如果构成犯罪的,依法追究刑事责任;尚不够刑事处罚的,依照该法给予治安管理处罚。此条原则性地交代了刑法同治安管理处罚法的竞合适用(排斥适用)关系,治安管理处罚成为刑罚适用的缓冲器。进一步厘清治安管理处罚法与刑法的关系,对行政犯的成立具有实践指导意义。

理论上,对治安管理处罚法的法律定位有两种态度和观点:一是根据形式的标准,将治安管理处罚法视为行政法律,因而被作为行政犯的前置法而对刑法起着限制作用;二是将治安管理处罚法视为轻犯罪法,[①]该法不被作为行政犯的前置法律来理解,而是在行政犯的构成之外单独分析刑法与治安管理处罚法的适用关系,治安管理处罚法被作为刑法的替代法予以适用。笔者认为,构成要件规范化和实质化的存在决定了对治安管理处罚法的定位只能采取实质性的判断标准,结合具体内容进行规范分析,治安管理处罚法实为一种综合性的法律规范:首先,治安管理处罚法的主体为制裁规范,此时治安管理处罚法内部没有制裁规范保护的直接的行为规范内容,每一个制裁规范针对的行为规范内容都需要在民法或其他行政法律法规中进行比照查找。以"扰乱大型群众性活动秩序"的治安违法行为为例,《治安管理处罚法》第24条处罚的"强行入场""违规燃放烟花爆竹或其他物品""展示侮辱性标语、条幅"等六种扰乱大型群众性活动秩序的行为,是由《大型群众性活动安全管理条例》(2007年颁布)具体进行规定的,治安管理处罚法实际上成了二次性的制裁规范,与刑法具有极大的相似性。此时的前置行政法不是治安管理处罚法,而是大型群众性活动安全管理条例。其

① 参见张明楷:《行政违反加重犯初探》,载《中国法学》2007年第6期。

次,存在少数治安违法的行为规范,其表面为制裁规范,其实为行为规范和制裁规范的综合,因为在该项制裁规范中,找不到其他法律法规中有对应的行为规范作为前置规定,也就是说,此项治安管理违法行为不仅是保护性规范,而且具有调整性规范的功能。例如,《治安管理处罚法》第26条"寻衅滋事"治安违法行为的成立,缺乏相应的公共秩序维持法律法规的规定,这导致刑法中寻衅滋事罪的成立,是以寻衅滋事治安违法行为为前提设置条件的,此时的规范具有行政法的调整性规范的属性。类似情形,还有第66条卖淫、嫖娼违法行为,第67条引诱、容留、介绍卖淫的违法行为等。最后,对治安管理处罚的种类进行实质分析,行政拘留具有限制人身自由的性质,与"以自由刑为中心"的刑罚的性质较为接近,而警告、罚款和吊销公安机关发放的许可证具有行政处罚的属性,更能符合行政处罚的"惩戒"目的。当行为成立行政犯,且符合治安管理处罚法规定的警告、罚款和吊销许可证的处罚时,只要刑罚与行政处罚不属于同种内容的处罚,则可以并合适用。例如,行为人罪驾构成危险驾驶罪除应承担刑罚处罚外,公安机关当然可以给予吊销驾驶执照的行政处罚。

综上,治安管理处罚法兼具调整性法律规范和保护性法律规范的性质,具有综合性的法律定位,当其体现为调整性法律规范的性质时,治安行政违法行为可以成为刑事违法的前置规定;当其体现为保护性法律规范的性质时,治安违法作为轻犯罪法,与刑法只能竞合适用而不可并合适用。

3. 刑事违法的依赖性

从刑事违法层面看,行政犯的行政违法和刑事违法在客观要件上前置与加重关系的存在使刑事违法依赖于行政违法的成立。一方面,在规范结构上刑事违法的实行行为的内容需要由行政违法行为予以型构和填充;另一方面,从社会法益侵害的量上看,刑事违法的成立需要以行政违法的法益侵害为依托和作为比较标准,在此基础上形成"应罚的违法性",实现刑法的二次法保护功能。所以,刑事违法对行政违法的依赖主要指行为内容的依赖和法益类型与程度的依赖。试以案例分析说明:

**案例**:甲某有机会向A公司卖药,由于没有药品经营资格,便与乙商议以乙控制的B公司的名义进行销售,B公司收取开票金额10%的费用作为报酬。后A、B公司签订并履行买卖合同,所涉交易金额达200万元。后经人举报,公安机关介入查明:B公司并未实际参与管理和销售行为,药品买卖全由甲一人操作完成,B公司只是按照实际交易金额向A公司开出发票。本案应如何定性?

在公安机关内部,形成了两种主要的定性思路:一是本案构成虚开发票罪,理由是"虚开发票"是指以虚假手段开具普通发票,数额较大(虚开金额累计达40万元以上的立案标准)的行为,B公司与A公司并没有药品销售行为,其开具发票的行为当然属于虚开;二是本案构成非法经营罪,因为本案行为的实质是甲名义上借用了B公司药品经营资格,绕过了药品销售许可证制度,B公司获得的20万元手续费,实为出借销售资质的收益。其实，该案属隐形的行政犯，如果把握了前文所述的行政犯刑事违法性对行政违法性的依赖关系，定性方向就会变得明确：(1)《刑法》第205条中规定的虚开行为，不是刑法独立规定的行为，需由前置的经济行政法律法规予以填充。B公司开具发票的行为，属于《发票管理办法》第25条规定的非法“代开”行为，而非虚开行为。虚开发票中的“虚开”，是指开出发票的金额背后是否产生真实的“商品销售、提供服务以及从事其他经营活动”的行为，本案200万元销售金额是存在真实药品交易的，因此客观行为属代开而非虚开的违法行为。(2)对行为构成作实质的法益损害分析，虚开发票行为侵害的是国家的税收收入，而非法经营是扰乱国家专营、专卖和限制买卖物品的制度规定，本案是如实开具的发票金额，没有减损国家税收收入，因而不能定性为发票犯罪。本案涉嫌犯罪行为的实质是B公司代开发票，绕过药品经营许可制度的资格限制，侵犯了国家限制买卖药品的经营管理制度，根据最高人民法院、最高人民检察院发布的《关于办理危害药品安全刑事案件适用法律若干问题的解释》(2014年颁布)第7条的规定，违反国家药品管理法律法规，未取得药品经营许可证，非法经营药品情节严重的(非法经营数额10万元以上或违法所得额5万元以上的)，以非法经营罪论处。(3)对非法经营罪前置行政法要求的“国家规定”法律层级的分析，药品经营许可证制度(含药品的批发和零售)是由《药品管理法》(2011年颁布)第14条直接进行规定的，药品管理法是全国人大常委会制定和颁布的法律，属于“国家规定”的层级。所以，本案按非法经营罪定性处理是准确的，这贯彻了行政法与刑事法的统一协调性，是法秩序一致性原理的要求和表现。

### (二)相对性与独立性

比较前述行政违法行为和刑事违法行为的客观构成要件，它们具有以下明显的差异。原因是刑事违法的成立，必须在行政违法的基础上具备应罚的违法性。

#### 1.刑事违法的高标准性

第一，从行为要素分析，尽管刑事违法行为需要行政违法行为予以定型和充实，但并不是所有的行政违法行为都可以定型刑事违法行为。从规范分析，刑事违法是从“失范行为”中选择严重脱离社会人格主体的正常行为进行规范，即刑事违法行为应属于“严重脱逸社会相当性的行为”；[①]再根据法益分析，刑事违法是选择行政违法行为中法益侵害或危险性大的行为进行型构，换言之，刑事违法是选择严重脱逸社会相当性和具有重大法益侵害的行政违法行为进行二次打击和对重大社会法益进行防护。

第二，违法结果和危害后果要素的功能和危害程度不同。行政违法中的违法结果

---

① 参见于改之：《我国当前刑事立法中的犯罪化与非犯罪化——严重脱逸社会相当性理论之提倡》，载《法学家》2007年第4期。

仅仅作为行政违法成立的选择性要件,行政违法关心的是违法行为的秩序违反性,立足于“行为无价值”,违法结果仅是行为违反秩序的程度表现而言,其功能主要是在行政处罚时作裁量标准或参考依据;而刑事违法中的危害后果包含危险结果,它是刑事违法行为成立的必要要素。在故意犯罪中,危害后果起着行政违法行为与犯罪行为的区分标准之功能。在过失行政犯中,二元行为无价值中的行为无价值偏转向结果无价值,危害后果有着更为独立于危害行为的地位。

第三,从因果关系分析,虽然行政法和刑法上的因果关系都以客观上行为与结果的关联关系为前提,但在具体理论和判断方法上,行政违法的因果关系基本保留在相当因果关系理论和经验判断上。而刑事违法的因果关系在相当因果关系理论基础上更进一步,其经验判断出现更精细的行为与危险之间的过程判断,从危险的产生、实现到规范目的的层层筛查,体现出判断规则的体系化特征;而且,行政违法的因果关系判断具有法律拟制性强和向诉讼程序转移的倾向,而刑事违法中的因果关系始终坚持在实体问题上的细致化和理性解决的思路,在构成要件特别是行为与结果之间设置较高的规范标准,以实现犯罪客观构成要件的严格识别和筛查机能。所以,在司法实务中,不能用行政犯的行政违法的因果关系判断代替刑事违法的因果关系判断,否则便失却了刑事违法客观要件的初查和控制功能,容易导致入罪的非理性化。由此,我们可以知道根据《道路交通安全法》第 73 条的规定,交通事故责任认定书是交警部门作出的关于交通事故的调查证据,而非交警部门作出的具体行政行为,因而当事人对道路交通事故认定不服的,不能申请行政复议和提起行政诉讼。然而,在司法审判中,法院基本上都是将交通事故责任认定书作为各方当事人具体民事赔偿责任的定案证据;同样,在交通刑事案件中,行政违法的因果关系也相当程度上代替了刑事违法中结果和因果关系的认定。必须指出,2000 年最高人民法院《关于审理交通肇事刑事案件具体应用法律若干问题的解释》第 2 条在交通事故的同等责任、主要责任和全责基础上确立了交通行政犯的立案标准,这些责任的划分并不等于交通警察部门作出的交通行政责任划分,需要在具体个案中由法官进行独立判断,如果直接采用行政责任划分结论,则会丧失行政犯刑事违法成立的高标准性,导致司法实务中刑事违法的一次法化现象。从生活事实分析,多数当事人对交管部门事故责任认定书的信服度不高,对责任的划分甚至证据本身总是持质疑的态度,只是囿于交通事故现场的移动性、易破坏性、不可复勘性等特征,以及交通事故责任认定复核制度的内部性而无可奈何。因此,行政犯中刑事违法因果关系的严格审查和控制,可以克服行政违法因果关系判断带来的不足,实现刑法的最大公正,更有利于培养民众的法信任感和忠诚感。

2. 刑事违法的独立性

按照“行政违法性 + 应罚的违法性 = 刑事违法”公式的逻辑和行政犯“违反刑事法,必然违法行政法”的推论,我国行政犯的成立,必然存在行政违法的前置性规定。也就是说,每个行政犯的规定,必定存在与它对应的行政违法的规定。然而,由于法律中比例原则的作用、刑事政策的影响和法律规范的滞后性等特点,现行法律体系中会出现行政犯成立,却没有对应的行政违法规定的例外情形,在此需予以检讨。

第一,截短的行政犯。所谓截短的行政犯,是指由于比例原则的作用,当行政犯的成立只规定刑事违法行为而无须进行结果判断时,出现行政违法行为和行政责任被刑事违法截断和吞噬的情形。典型的如持有型犯罪行为类型的规定,阻断了"持有行为"的源头性行政违法行为的存在。例如,《刑法》第128条规定了枪支的持有型犯罪,最高人民法院《关于审理非法制造、买卖、运输枪支、弹药、爆炸物等刑事案件具体应用法律若干问题的解释》(2009年颁布)将立案标准定为非法持有军用枪支1支以上、民用枪支2支以上,根据比例原则和罪责刑相适应原则,比"非法持有行为"侵害性更大的"非法制造、买卖、运输、邮寄和储存枪支"等持有行为的源头性行为,当然应该成立犯罪,这就使得《枪支管理法》中,对"非法制造、买卖、运输、邮寄和储存枪支"等行为的规定成为提示性的非真正附属刑法条款,因而缺乏行政违法行为的制裁规范。类似的行政犯存在于货币犯罪、毒品犯罪和恐怖主义、极端主义犯罪等犯罪类型中。不同的是,恐怖主义犯罪的截断点不是类型化的持有行为,而是具体的恐怖主义、极端主义活动的参加行为——组织、领导和参加恐怖组织的或者实施恐怖主义、极端主义犯罪的即成立犯罪而排斥了行政违法,构成截短的行政犯;而比"参加行为"侵害性较轻的"帮助、煽动、宣扬"恐怖主义、极端主义的,则设定了行政违法行为和行政处罚(《反恐怖主义法》第80~86条,主要为治安管理处罚),具有完整的行政制裁规范的约束。笔者认为,截短的行政犯存在的原因是行为秩序违反的基础性和法益侵害(危险)的严重性,从而需要立法全方位地对行为的各个环节进行立体防护,截短的行政犯并不违反刑事违法应罚的违法性原理。

第二,抽象危险犯。细析截短的行政犯现象可知,被截短的关键在于非法持有型、参加型、制造型等抽象危险犯的设定和产生的传递效应,抽象危险犯成为行政犯违法性研究的重要内容。从形式上看,抽象危险犯是只规定危害行为要件而没有规定危害结果的犯罪类型。从实质上看,抽象危险犯是将某种可能造成危险的行为提前规定为犯罪,而无需等到实害结果的发生才启用刑法。抽象危险犯的行为一旦实施,抽象危险伴随出现,犯罪成立,这便排斥了行政违法行为及其责任的适用,抽象危险犯成为实质独立于行政违法的犯罪。从形态上看,抽象危险犯不是过程犯,行为一着手危险即出现,因而不存在未遂犯形态。抽象危险犯压缩了行为与危险之间因果关系的判断空间,是法律对因果关系和危险结果的一种推定。在程序效果上,侦查人员无须证明实害结果或危险结果的发生,只需确证类型化的、立法预设的危险行为存在即可(如固定"罪驾"的证据);检察官的证明责任大大降低;法官也容易判断构成要件事实,错案风险低;但是,律师的辩护空间很小(基本排除无罪辩护)。[①] 抽象危险犯的价值选择是注重社会安全而限制个人权利和自由,目的是彰显社会中某些行为的严格禁止。抽象危险犯是刑法应对风险社会的能动反应,从“社会防卫”层面来看是有积极意义的。但是我们必须看到,抽象危险犯以限制和牺牲个人自由为代价,因而其立法和适用也是颇遭争议的,国外对抽象危险犯一般是持一种谨慎的态度且对其采取严格限制的做法。[②] 面对当下我国抽象危险犯立法的兴起和扩张态势,结合刑法的二次法规范目的,对抽象危险犯进行限制的做法值得借鉴:一方面,将抽象危险犯立法限制在基本的公共安全和社会秩序范围内,即抽象危险行政犯的设定,必须在其构成要件中强调应罚的违法性之质量控制,将真正危及共同生活基础的危险行为规定为犯罪,如针对恐怖主义犯罪和罪驾型危险驾驶罪的立法确实为社会正常发展所必需;另一方面,对非涉及基本公共安全和社会秩序的现有抽象危险犯,对构成要件进行限制性解释或目的性限缩,或根据《刑法》第13条但书规定作为出罪处理,划出一部分内容归行政法律或治安管理处罚法管辖,从而降低刑法的扩张性,如有的学者论述的那样,将扒窃限制解释为在公共场所的扒窃而提高入罪门槛,[③]并将扒窃未遂进行治安处罚。笔者认为,扒窃的抽象入刑,过多考虑了治安管控中“抓了放,放了抓”“养大了才作犯罪处理”的管理难题,忽略了应罚的违法性的质量要求。毕竟,扒窃并没有直接触及社会的存在基础,因而可以用实质的刑法分析方法,对抽象而形式的硬性规定予以软化适用。

第三,例外和异常规定,以金融行政犯为例。如果说截短的行政犯(含抽象危险行政犯)是比例原则作用下符合法秩序一致性原理的行政犯的独立现象(独立于行政违法),那么,部分金融行政犯中行政违法行为和行政责任的缺失,则属于行政犯双重违法性设计的异常和例外规定。具体的罪名有《刑法》第175条之一骗取贷款、票据承兑、金融票证罪,第177条妨害信用卡管理罪,第187条吸收客户资金不入账罪等。从法律体系内分析,前述行政犯都未设定前置的行政责任,属“无行而刑”的刑事立法“前伸现象”,违背了“立罪至后”的立法逻辑规则和刑法的二次法目的。深究其原因,除刑法的谦抑观尚未真正确立、法律体系的逻辑规则缺失以及刑法万能观的潜在影响外,[④]还与我国历来偏重对市场经济特别是金融秩序的宏观调控、受舆论的压力型立法等因素休戚相关。在相当长的时期,金融机构被视为国家机构,金融秩序被严格限制和保护,2011年刑法修正前“盗窃金融机构,数额特别巨大的”可以判处死刑,即是

---

① 参见周光权:《转型时期刑法立法的思路与方法》,载《中国社会科学》2016年第3期。

② 参见[德]约克·艾斯勒:《抽象危险犯的基础和边界》,蔡桂生译,载赵秉志主编《刑法论丛》(第14卷),法律出版社2008年版。

③ 参见王昭武:《扒窃入罪:反思与限定》,载《法律科学》2014年第4期。

④ 参见胡启忠:《金融刑法立罪逻辑论——以金融刑法修正为例》,载《中国法学》2009年第6期。

最好的证明。2015 年《刑法修正案(九)》中代替考试罪的设立,则属压力型立法的典型个案。代替考试罪尽管有《普通高等学校学生管理规定》(2017 年 9 月 1 日生效)设定的行政处分作为行政违法的前置规定[第 52 条第(四)项],但该规定仅为教育部的部门规章,不符合行政犯前置法的位阶要求,违反了行政犯违法相对性的制约。笔者认为,为避免违反行政犯违法相对性原理的"例外行政犯"规定的出现,立法时应坚持整体的体系性立法观,对生活中确实需要刑法一步到位规定的重大法益侵害或危险行为,形成"刑法倒逼行政立法"的情况下,应对行政法及时进行制定、修改或完善,正如恐怖主义、极端主义犯罪立法那样,既要坚持社会防卫,又要保证刑事违法的相对性和独立性。

行政犯中,行政违法客观要件和刑事违法客观要件的"制约性与依赖性""相对性与依赖性"关系,构成了行政犯客观方面的入罪构造,同时也形成了行政犯的定罪约束机制:一是将行政犯的成立约束于客观外化的行为,避免单纯的思想入罪;二是客观要件的类型化为大众的社会交往提供了行为指引,以便进行规范的生活进而加强社会的团结;三是为司法人员提供了客观的行为裁判标准,以实现刑法的正义。"刑法不惩罚单纯的思想,同时刑罚也不惩罚无思想的行为。"行政犯的违法性(客观层面)来自双重违法性的一致性和相对性复杂关系。

# 法定犯视角下前置法规范的刑法接纳问题研究

谢雯昕*

【内容摘要】前置法规范的刑法接纳问题，是指在立法者对现有刑事法律进行完善和调整的立法过程中、司法者依照刑法对违法行为进行认定和评价的司法环节中，前置规范应当如何援引、如何适用的问题。我国刑事立法随着风险社会与法定犯时代的到来频繁调整，前置法规范持续被刑法所接收，前置违法行为入刑的趋势明显，而且还有进一步扩大的征兆。从刑事司法现状来看，实践的通常做法是全盘接收前置法的规定、标准、处理结果等，过度依赖前置法，在很大程度上，前置法成为行为入罪的依据，架空了刑事违法性的独立判断。为了突破这一困境，有必要明确刑法与前置法补充协调和前提的互动关系，明确前置法在犯罪构成中构成要件的作用和地位，再对新时代下的犯罪法益重新定义，这样才能探索更高效、操作性更强的前置法司法接纳方式。在立法中，一方面要对前置法违法行为有条件入刑法，即罪要达到质和量的双重标准，刑以轻刑为主、与前置违法处罚妥善衔接；另一方面还可以通过充分利用立法解释和司法解释弥补立法不足等方法，来优化前置法的入刑方式与价值。在司法中，应选择适格的前置法，援引冲突时依据援引规则分情况进行选择处理。还要充分发挥实质解释的作用，针对不同规范采取有差别的适用判断标准，对行为进行入罪等判断时强调刑事违法性的独立判断，适当参考和采纳前置法的规定等方法，将前置法的司法接纳合理化、公正化。

【关键词】法定犯　前置法　刑法接纳　违法行为犯罪化

## 引　言

法定犯视角下的刑法与前置法存在密切的联系：法定犯罪受到刑法前置法和刑法两套系统的双重评价与调整，前置法进行的是不法行为犯罪化的“第一次法制约”，是法定犯违法性认定的第一步，是法定犯罪认定的前提和基础，没有对前置法规范的违

---

* 谢雯昕，四川大学法学院2018级刑法学专业博士研究生。

反，就无所谓法定犯的存在；刑法实现的是违法行为犯罪化的“第二次法制约”，是法定犯违法性认定的第二步，是对前置法的补充，是实现前置法不法行为入罪唯一的途径。

也正因二者联系如此紧密，前置法与刑法在相互交叉、互通的同时，也不可避免地存在矛盾和适用冲突，特别是近年来，伴随着刑法的频繁修正和相关解释的不断完善，越来越多的专业行为，如关于互联网操作，甚至是相对而言较为日常化的行为，如超载、飙车行为，已经逐渐跳脱了行政法的管制，进入了刑事法的视线中来，行为自由限制程度升级。与此同时，越来越多的案件判决引发了激烈的舆论，如无偿代购抗癌药案、网购玩具枪案、农民收购玉米案等。这些问题产生的根源就在于未能平衡前置法与刑法在案件中的援引和适用关系，过于强调对风险最大限度地预防，而忽视了前置法规范在刑事法领域中的作用及其适用界限。

基于此，前置法规范的刑法接纳问题进入了学者的视线。一方面，立法者在尝试以前置法为基础进行罪名增减、解释的过程中，首先要明确其应当考虑的、前置法违法行为进入刑法管制领域的标准是什么，罪与刑的设置基础又是什么。另一方面，在具体个案当中，那些涉及违法行为的定性、情节轻重、危害后果等判断的前置法规范，在刑法定罪与量刑的过程中将置于何种地位、如何适用，是全盘照收，还是有选择性的适用，抑或仅作为参考？因此，前置法规范应当以怎样的角色参与罪名设置与认定过程是我们必须要探讨和妥善解决的问题。对此，应当从立法和司法两个环节中找寻问题，进行分析，并从中寻求前置法的刑法接纳标准。

## 一、前置法的刑法接纳之实然状态

### （一）前置法的刑事立法接纳——前置违法行为犯罪化

#### 1. 立法现状

刑法对前置法的立法接纳，最直接、最普遍的方式便是对法定犯进行增减和调整。我国现行刑法是1997年出台的，此后我国以刑法修正案的形式先后出台了十一个修正案，其中，在《刑法》分则规定的全部犯罪中，涉及法定犯罪的规定占总数的85%左右。[①] 第二章危害公共安全罪，第三章破坏社会主义市场经济秩序罪，第四章第234条之一第3款、第238条、第244条、第244条之一、第245条、第250～253条、第255条、第257条，第五章第271～273条、第276条、第276条之一，以及第六章妨害社会管理秩序罪、第八章贪污贿赂罪和第九章渎职罪，都可以说是广义“法定”定义下的法

① 参见赵宝成：《法定犯时代的犯罪对策》，载《山东警察学院学报》2016年第5期。

定犯罪,[1]也就是说,需要援引前置法规范进行构成要件该当性判断的犯罪已经占据了绝对的规模。

首先,就前置不法行为入刑的模式来看,我国采用的是单轨制立法,即所有有关法定犯的定罪与刑罚均规定在刑法典中;从条文构成形式来看,法定犯中大量使用了空白罪状的罪状描述方式,有学者认为,"行政刑法规范都是空白刑法规范"。[2] 也有学者认为,法定犯条文除了空白罪状,还有叙明罪状的形式。[3] 但是无论是哪种观点,都强调了空白罪状的重要意义。

其次,对修正案进行纵向分析,可以发现,从《刑法修正案(六)》开始,前置违法行为入罪的趋势已初见端倪;《刑法修正案(七)》和《刑法修正案(八)》使犯罪圈扩张成为一种常态。《刑法修正案(七)》中的犯罪化,主要是通过将已入刑的前置违法行为的犯罪构成进行细致化和严密化修改,以及将社会危害性增强的、原本属于行政法调整的"日常行为"进行评估筛选后纳入刑法调整领域,如通过组织、领导传销行为,出售或者非法提供公民个人信息行为等这两种方式进行的。《刑法修正案(八)》中的犯罪化,则更侧重于关注民生、应对当前经济领域热点,规定了危险驾驶罪、恶意欠薪罪,修改并严密盗窃罪、走私普通货物、物品罪、非法采矿罪的构成条件、增加规定虚开普通发票和持有伪造的发票的犯罪。这反映了当前我国正处于大量犯罪化阶段的现实;[4]而到《刑法修正案(九)》,犯罪化扩张广度和深度已达到高潮,新增犯罪多达20个,并且提前了行为干预阶段,预备行为、民事违法行为、行政违法行为入罪成为典型。与此同时,降低了犯罪的入罪门槛,如扩大犯罪主体、增加犯罪行为类型等。

最后,关于前置不法行为入罪的条文表现形式,可以分为四种:[5]一是罪状描述完整详细,构成要件由"罪行+罪量"的方式组合而成,典型的如拒不支付劳动报酬罪;二是罪状中某概念的确定需要引用前置法的规定,构成要件由"罪行+罪量"的方式组合而成,例如何为内幕交易罪中的"内幕信息",需要依照法律法规的规定认定;三是罪状中某概念的确定需要引用前置法的规定,但仅以"罪行"的方式组建构成要件,如"生产、销售假药的,处……"何为假药,需要参考《药品管理法》的规定,但实施生产、销售假药的行为,即符合犯罪构成;四是未明确规定需要援引的规范,仅仅只规定了"罪行"即完备犯罪构成,如危险驾驶罪的相关行为表现,有煽动实施恐怖活动等行为即成立犯罪。

---

① 表述为"违法国家规定""违法××管理法规""违反××管理规定""非法"等,或者虽无相关表述但是需要借助行政法规等前置法规定进行判断的条文。

② 张明楷:《行政刑法辨析》,载《中国社会科学》1995年第3期。

③ 参见谭兆强:《法定犯理论与实践》,华东政法大学2012年博士学位论文,第103页。

④ 参见卢建平:《宽严相济与刑法修正》,载《清华法学》2017年第1期。

⑤ 参见苏惠渔、崔志伟:《刑事违法评价的相对独立性——对过罪化的一种限定论解释》,中国人民公安大学出版社2016年版,第4~5页。

上述立法模式、方式、趋势与具体内容等都反映出了当前前置法的刑法接纳状态，即前置违法行为犯罪化规模的扩张，而且日后这种趋势必将发展成一种常态。

2. 违法行为犯罪化的必要性探讨

随着刑法的不断更新与修正，越来越多的前置法违法行为纳入刑法麾下，成了刑事犯罪行为，行为性质发生了本质性变化，处罚严厉程度也有所升级，而且，刑法对行为的刑事干预阶段不断提前，入罪标准降低，产生了犯罪率激增的现象。我国多数学者对这种刑法管制广度与深度持续加强的情况持否定态度，认为这种扩大化使刑法工具化，过度干预了社会生活，不当地限制了人的自由，违背刑法的谦抑性原则。如有学者认为，修正案扩大了国家刑罚权力，却缩小或限制了公民自由，使社会治理"过度刑法化"。这种做法可能会使国家权力与公民权利结构变化，司法资源配置不均衡，阻碍社会创新。[①] 对于不断出台的刑法修正案，有学者主张，这种做法违反刑法的谦抑性原则。因为有些所谓的犯罪行为，实际上采取民事或行政等非刑罚手段和措施就可以实现制裁的效果，没有将其设置为刑事犯罪的必要性。刑法应当发挥其"最后屏障"的作用，而现在大量规定属于情绪性立法，有悖于刑法谦抑性原则的要求；[②]风险刑法不必然导致违法行为犯罪化，它所表明的是当下体系的发展存在重大的不合理，我们需要关注的焦点应当是立法或司法中不滥用、不利用他们任意突破原则所设定的界限。[③] 还有学者认为，随着前置法刑法化倾向的明显化，即预备行为实行行为化、既遂形态前置化等发展，将会模糊行政违法行为、民事违法行为与刑事违法行为之间的界限，使罪名虚置化，削弱刑法自洽性。[④]

此外，也有学者主张向积极立法的理念转向。"扩大刑法规制范围，将刑罚目的定位于积极的一般预防。为此，应当重视刑法规范所具有的行为规范属性，强调刑法规范对个人行为的指引，增设必要的具体危险犯、行为犯（抽象危险犯）；重视对有组织的共同犯罪、经济犯罪的打击，承认不同法律部门之间处罚上的竞合而非排斥关系；重视处罚手段的多元化，监禁刑的霸主地位应当被动摇。"[⑤]这一观点的基础就在于风险社会背景下风险刑法理论的合理化。它符合时代的精神，是风险社会中要求的风险预防早期化的必要方式，而且不违背当代刑法谦抑性原则的内涵和要求。也有学者表示，行政违法行为犯罪化是严密刑事法网的必然要求和必经之路，有利于实现刑法对法益保护、人权保障的最大化，符合有效保障人权的现实需要。[⑥] 在风险社会中，风险

---

① 参见何荣功：《社会治理"过度刑法化"的法哲学批判》，载《中外法学》2015 年第 2 期。

② 参见刘宪权：《刑事立法应力戒情绪——以〈刑法修正案（九）〉为视角》，载《法学评论》2016 年第 1 期。

③ 参见劳东燕：《公共政策与风险社会的刑法》，载《中国社会科学》2007 年第 3 期。

④ 参见孙万怀：《违法相对性理论的崩溃——对刑法前置化立法倾向的一种批评》，载《政治与法律》2016 年第 3 期。

⑤ 周光权：《积极刑法立法观在中国的确立》，载《法学研究》2016 年第 4 期。

⑥ 参见敦宁：《治安违法行为犯罪化的理论解析与立法前瞻》，载《学习论坛》2015 年第 3 期。

预防的是刑法最基础的功能,它所要控制的是行为人不法行为带来的侵害可能,以此来降低和避免风险的现实化,因此刑法的提前干预是有必要的。

综合上述,关于违法行为入刑法的必要性探讨,首先要承认预防的必要性。刑法应当加强干预,是因为当代刑法应当着眼于风险社会的背景,刑法的主要目的应当侧重于社会预防,强调刑法要提前介入对法益进行保护,"如果刑法一味地强调谦抑,待社会风险出现,法益被现实地侵害后再行介入,会使得法益的保护过于滞后,因此刑法有必要对社会生活中具有侵害法益的风险提前进行立法,实现社会的防卫"。[①] 其次还要保证刑法的谦抑性。刑法应当限制干预,是因为刑法属于保障法,具有谦抑性,保护范围的无限化不是刑法的目的,刑法应当保护的是最基础、最重大的法益。而无论是哪种理由,都不足以完全排除对立观点的正确性和存在价值,因此,我们要找寻的是合理的立法边界,既要符合时代的发展变化,加强对不同风险的预防力度,还要"有所为,有所不为",不架空前置法的功能和作用,也不放大刑法的管控领域。

(二)前置法的刑事司法接纳——前置法违法性判断中心化

前置法规范的刑法接纳问题已经成为实现前置法入刑价值、功能的最大阻碍,这一问题更是在司法过程产生了"连锁反应",从法律规范的识别到入罪、出罪的标准选择,从构成要件的该当性到有责性的判断,基本上每一个环节都或多或少存在瑕疵,最终产生影响司法公正的严重后果。但是这些问题尚未受到司法者重视,部分司法人员对行为的刑事违法性判断过度依赖前置法、司法解释等,机械地对应法律条文,导致了犯罪行为的外延被不当扩大、"沾边就算"的现状,对违法行为定罪量刑的随意性明显,与一般人的观念有出入,破坏司法权威和公信力,阻碍社会发展。

1. 司法现状

通过对案件处理的观察和对相关报道的关注,可以明显发现,在司法实践中,违法行为涉及前置法与刑法交叉的案件,抑或关于违法行为的定性、情节轻重、危害后果等判断的前置法规范,惯常做法是全盘照收,前置法划分的责任程度就等同于刑法中的责任程度,前置法确定的违法行为就是刑法的违法行为,前置法的标准可以完全移植到刑法中使用,这些似乎已经成了无形的规则。在这种规则偏差的背后,存在两个问题:一是刑法条文援引规范指向不明确导致的前置法的选择失误;二是刑法与前置法关系理解偏差导致的违法性判断重心失误。选择适格的前置法是法定犯认定的第一步,也是刑法与前置法交叉的开始。起步出现偏差,无论其他环节如何合理、适当,最终的结果总是有缺憾的,而产生这一问题的原因之一就在于法律文本的局限。如前所述,我国对于法定犯的规定,多采用空白罪状的描述方式,总结后可分为如下几种:

---

① 曾粤兴、蒋涤非:《社会变动背景下的刑法立法——兼论刑法与行政法的关系》,中国人民公安大学出版社2011年版,第47~48页。

(1)"违反国家规定",如《刑法》第286条"违法国家规定,对计算机信息系统功能进行删除……"(2)"违反××法的规定""违反法律规定",如第189条"对违反票据法规定的……"第297条"违反法律规定,携带武器、管制刀具……"(3)"违反法律、行政法规的规定",如第405条的徇私舞弊发售发票、抵扣税款、出口退税罪。(4)"违反××规定",如第126条、第134条、第135条之一等。(5)"违反××法规",如第133条"违反交通运输管理法规……""违反××规章制度";第132条"铁路职工违反规章制度"。(6)"非法××",如非法经营罪等。(7)虽然条文未明确,但是规定中暗含着违反某法律法规的意思,如枪支犯罪,其中暗含着对国家规定的违反。其中,除了"国家规定"有明确的规定,"规章制度"有特定的行业指向,其余的或多或少存在不明确的地方,法官根据不同的理解,适用的情形也就不同。因此,有必须要准确框定条文指引的前置法规范范围,为之后的判断打下基础。

违法性判断的重心失误,表现为以前置法的规定为标准,犯罪构成的判断标准完全依赖于前置法的规定。例如,行政法中的枪支认定标准就是刑法上枪支的标准,只要持有经行政法认定为枪支的枪,即使是玩具枪,也认定为是非法持有枪支罪中的"枪",很明显,这是不合理的。又如,在交通肇事罪立案标准中,要求造成一定的危害后果,同时对此承担全部、主要或是相同的责任,两者缺一不可。而其中责任的划分通常是交管人员出具的事故认定书,法官通常直接采纳这一事故认定结果,不考虑行政领域归责原则和划分标准与刑法可能存在差异而直接适用,交管部门的责任认定无形之中就成了交通肇事犯罪的决定性因素,刑法的违法性判断被架空。此外,行政法中的"非法运输"行为一定是刑法犯罪中的"非法运输",只要符合前置法对违法行为的规定,就一定是刑法中的该罪的实行行为……如此种种,都是将前置法违法性判断作为入罪判断的重心,忽视了刑法的独立价值与判断功能,这些都是偷梁换柱的做法。诚然,这种失误也与我国现行法定犯定罪机制有关。我国目前的定罪机制是"前置法定性、刑事法定量",也就是说,犯罪行为的危害实质和违法本质,或者犯罪行为性质的认定,取决于前置法而非刑事法的规定。[①] 这就容易使人产生一种错觉,即只要是违反前置法的规定、标准,就违反了刑法的规定与标准。而要改变这种情况,就需要正确理解刑法与前置法间的关系,明确刑事违法性判断在法定犯中的重要地位。

2. 前置法的地位与作用

从前置法与刑法的关系上来看,前置法进行的是不法行为犯罪化的"第一次法制约",刑法实现的是违法行为犯罪化的"第二次法制约"。虽然前置法与刑法的职能和应用方式千差万别,但是在法定犯视角之下,二者间有着密不可分的联系。一方面,前置法是法定犯认定的前提和基础。没有对前置法规范的违反,法定犯也就没有存在的

① 参见田宏杰:《行政犯的法律属性及其责任——兼及定罪机制的重构》,载《法学家》2013年第3期。

空间。法定犯条文中"违反××"类似的空白罪状描述,要求必须借助前置法规范来填补要件的缺失。前置法规范的变动会引起刑法适用范围的变化,前置法规范会影响刑法对违法行为的定罪和量刑,①罪与非罪、此罪与彼罪,在很大程度上都会依赖于前置法的规定。另一方面,刑法是前置法的保障法,起到补充与完善的作用。刑法是对违法行为的"第二次调整",当权利侵害行为通过其他法律制裁无法充分惩处时,才能动用刑法,来补充前置法规范的不足之处,对违法行为科以刑罚惩罚,保障前置法射程之外的权利与利益。

从前置法与犯罪构成的关系来看,毋庸置疑,前置法规范是犯罪构成要件的一部分,占据重要的地位。从作用上看,前置法规范对构成要件进行了补充和完善。前置法的内容既可能成为客观的构成要件要素,也可能包括主观的构成要件,如目的等主观方面。从内容上看,前置法规范和刑法条文经常出现交叉,犯罪成立要依附于前置法规范。交叉情况大概分为三种:②一是包含关系,即前置法规范的某一要素的外延要比刑法规定得更宽泛。如《治安管理处罚法》中规定的"非法限制他人人身自由"包含了刑法"非法拘禁他人或者非法剥夺他人人身自由的"的内容,外延也更广。二是交叉关系,即两者的内容交叉,外延不同。如将《枪支管理法》中的"在禁止携带枪支的……"与刑法的"非法持有、私藏枪支"对应来看,"持有"与"携带"当属同义,内涵相同,但"携带"和"私藏"不能作同一解释。虽然两者都是对枪支的一种控制状态,但是"私藏"可能是依法持有枪支的人在合法依据丧失的情况下的一种控制状态,或者说包含的主观故意成分更多。三是等同关系,也就是前置法的规定和刑法条文描述一致、内涵相同的情况。典型的就是刑法的"引诱、教唆、欺骗他人吸食毒品的"与《治安管理处罚法》的规定是一样的,行为方式也是相同的。行为到底应该受到行政处罚还是刑罚处罚,必然会受到前置法规范构成要件意义上的作用力大小的影响。从行政不法与刑事违法的关系上看,有三种不同观点:③第一,"量的差异论"认为,在行为的性质上,行政违法与刑事违法并无差异,两者只是在行为的轻重上有所不同。第二,"质的差异论"认为,行政不法与刑事不法的区别在于两者本质上不属于同一种类的不法行为,既然行政不法与刑事不法的性质和内涵截然不同,那么两者之间的"量"也就存在不可比较性。第三,"质量差异论"认为,行政不法与刑事不法各有其核心领域与外围(边缘)领域。两者各自的核心领域存在质的区别,即是否存在"相当的社会伦理不法内涵",而两者的外围领域间的区别是"量的区别",区别的标准在于"社会损害性的程度"。所谓刑事不法的核心领域,是刑事律法针对社会共同体重要意义的价值予以

---

① 参见李楠:《行政与刑事法律关联问题研究》,吉林大学2012年博士学位论文,第67页。

② 参见贾艳芳:《刑法与治安管理处罚法关系若干问题研究》,中国人民公安大学出版社2016年版,第66页。

③ 参见孙国祥:《行政违法性判断的从属性和独立性研究》,载《法学家》2017年第1期。

保护而设定的不法行为，刑事法所传递的是某种利益受到绝对保护的信息。“质量差异论”是三种学说中最为中庸的观点，将行政不法与刑事不法分成“同质”侵害和“异质”侵害两种，在不同条件下进行符合个例的判断，对于情况复杂、种类多变的法定犯最适合不过。厘清了前置法规范在刑法中的地位和作用，才能够理解为什么在犯罪认定过程中，针对不同的构成要素、不同的情境，要将刑事违法性独立判断与从属判断相结合、相转换。

3. 法定犯视角下的法益再定义

关于违法性的本质，理论界存在以下几种学说：一是规范违反说。此学说着眼于刑法背后的规范，认为“违法性的实质是违反国家的法秩序的规律、目的”，[①]它将焦点集中在刑法的规制机能之上。二是法益侵害说。认为违法性的实质是法益侵犯或者是威胁，融合了社会侵害说和权利侵害说的精髓，将焦点集中于刑法的法益保护机能。三是二元说。支持这一观点的学者认为，法益侵害与规范违反并非截然对立的，两者都是违法性本质需要考虑的因素，两者并用才是对违法性本质最透彻的理解。此后，又发展出了行为无价值论和结果无价值论说两种学说。前者又称人的不法论或人的违法论，它将行为人的目的、故意、义务违反等与法益侵害同时作为违法性判断的对象。后者则立足于法益侵害说，从客观上理解违法，违法性判断的要素要尽可能地限制在客观因素中，对法益产生威胁或者是造成法益侵害就属于违法。[②] 违法性的本质包括了对法益的侵害和威胁。对于法定犯而言，犯罪行为侵犯了何种法益？秩序能否成为法定犯的法益？法定犯保护的是怎样的法益？都是需要明确的。

法益可以分为个人法益、社会法益和国家法益。个人法益就是个人的、法律所保护的生活利益，是个人最基础、最核心的需求，刑法应当保护这些社会生活的基本利益不受侵犯。社会法益是公众法益，“违反有关社会公共管理秩序或公共利益的行政法规，如果所欲保护法益的目的已经达到对于公众利益的实质性损害或者有损害的危险程度时，此种不法行为入罪处刑事制裁，是属于刑法维护公众法益所必要的手段”。[③] 国家法益就是国家的利益。刑法是统治阶级为实现政治统治而制定的，因此体现了对国家法益的保护。由于不法行为有双重违法性，因此法益要经过双重筛选。在前置法的层面，必然侵害了某种国家、社会法益，造成了秩序的混乱和破坏，当进入刑事法的领域内，法益则应该是具体的、与个人有关的，抽象的“秩序”应当是最终能够回归为个人法益的。当然，不是所有法益都可以还原为个人法益，对于某些利益，如后代的生存利益，无法单独体现在个人的身上，但是这种利益的保护值得动用刑法，因此就必须

---

① 陈家林：《外国刑法通论》，中国人民公安大学出版社 2009 年版，第 265 页。

② 参见陈家林：《外国刑法通论》，中国人民公安大学出版社 2009 年版，第 268～269 页。

③ 施锐利：《行政违法与行政犯罪界分研究》，山东大学 2016 年博士学位论文，第 78 页。

考虑各种利益之间的关系。在社会法益无法还原为个人法益的情形下,由于其在刑法保护上具有正当性,因此也不能将刑法保护的法益绝对个人化,如环境刑法就是如此。

综合上述,法定犯语境中的法益应当是可以还原的个人法益与秩序的双重法益,或者是满足条件下的社会法益。这样的法益必须是重大的、受到严重侵害的,[①]即在质上和个人法益具有同等重要性、在量上达到值得科以刑罚的程度。

## 二、前置法的刑事立法兼容

### (一)入刑的基本准则

在风险社会背景之下,人类和社会承受风险的能力降低,权益、秩序遭受侵害的可能性增加。为了紧跟社会的发展步伐,前置法规范日新月异,关于违法行为类型、违法标准等内容也愈加丰富。在众多违反管理法律法规的行为中,不乏造成法益严重侵害危险的风险行为,此时刑法需要做的是对违法的、危险的行为进行筛选,将其置于刑法管制之下,以此来实现对权益的最高保护。对此,必须要设置前置法违法行为入刑法的标准,让刑法不僭越前置法的权力范围,还能给予权益和秩序以充分保护。

1. 罪的设置标准

确定何种违法行为入刑,笔者认为应当兼顾以下三点:

首先,在质上,违法行为属于前置法规制的核心行为范畴,刑法对法益的保护设置有合理合法的依据,是有必要的。刑法属于保障法,它所调整的社会关系范围广,严厉程度也达到顶峰,因此它权力的作用范围应当是有限度的。前置法专业性强、细致烦琐,违法行为数不胜数,刑法要保持稳定性和简洁性,不能与前置法的规定大范围交叉重合,因而必须选择具有代表性的核心违法行为作为刑法管制的行为。将前置法中最核心的内容作为入刑的备选内容,既保障了前置法所欲实现的法律效果,又不会喧宾夺主,架空前置法的功能和作用,因此具有法益保护的正当性。

其次,在量上,应可能达到严重侵害法益的程度,属于重点领域的严重犯罪,此时刑法对法益的保护才具有合理性。这一条件下,立法者要考虑行为的危害严重程度、危害规模、危害性质等因素。“肯定刑法介入早期化立法的必要性和正当性,并非意味着该立法举措没有原则。恰恰相反,应当将刑法介入早期化立法限定于严重犯罪领域。其根据主要有两点。第一,刑法介入早期化是特殊立法举措,如果不加限制而对所有犯罪适用,造成刑法不当侵入行政法等前置法领域,违背刑法的最后手段性原则。第二,对非严重犯罪实行刑法介入早期化立法没有必要性和正当性。非严重犯罪在危害程度上相对较轻,不需要采取特殊立法举措以‘打早、打小’;而且其在刑法中是大量的,其早期行为或者危害程度轻微或者危害性质不易判定,若对其实行早期化立法,

---

① 参见施锐利:《行政违法与行政犯罪界分研究》,山东大学2016年博士学位论文,第80页。

容易造成刑法的人权保障危机,使刑法过于偏重秩序维护。至于严重犯罪的领域,除了危害国家安全犯罪外,应限于造成大规模人身伤亡后果、具有危害公共安全性质的犯罪类型",[①]可见只有对"法益"侵害在量上达到一定的严重程度,才有刑法保护的必要性。

最后,应当以行为为中心。"刑法立法要从结果本位转向行为本位"。[②] 在自然犯的时代,犯罪立法强调的是危害结果的发生。但到了现代,刑事立法理念逐渐转向对风险的预防和控制,是否实际产生危害结果不是立法要强调的内容,行为有产生风险的可能,就要在萌芽状态时将其消灭,以此来实现刑法的预防功能。尽管不鼓励犯罪圈不当扩张,但是在现有基础上,以行为为犯罪核心的立法趋势是符合时代发展变化的。

结合上述分析,新罪的设置应当符合比例原则,"在法益保护与尊重个人自由之间取得某种微妙的、多数人都能够接受的平衡"。[③] 违法行为入罪,既要有必要性,也要有适当性,还应当将行为作为规制的重点。

2. 刑的设置原则

当行为满足入罪条件时,立法者接下来就要考虑法定刑的设置问题。违法行为入刑要依据其特点,采取特殊的方式和标准进行处理。

首先,应当以轻刑、轻微刑为主。中国刑法随着社会发展而不断膨胀的趋势已成定局,法定犯也将占据刑法绝大部分的内容。法定犯罪不同于自然犯罪,法定犯罪行为在刑法评价之前,还有前置法对其进行规制,因此该不法行为侵犯的更多是社会法益、秩序,对这种行为一般无须科以重刑,轻刑反而可以取得更好的效果。一方面,这些犯罪中轻罪居多,未来也将有更多的轻罪入刑,对轻罪采取轻刑,符合罪责刑相一致原则的要求。另一方面,这些犯罪与特定领域挂钩,是侵害本领域秩序、法益的犯罪,相较于限制、剥夺人身自由的自由刑、生命刑,采用罚金、禁止令等刑罚处罚,可以更好地实现处罚价值。除此之外,我们还可以借鉴法国、德国的做法,对行为进行危险程度分级,按照危险级别选择法定刑幅度。

其次,应做好前置违法行为处罚与刑事处罚的衔接。当前立法中,并未明确行政处罚与刑事处罚衔接程序、适用方式等内容,实践中缺乏可操作性,适用混乱,因此应当追求立法上的无缝对接,以此来指导实践,实现立法完备、司法公正目标。对此,立法应当明确其各自的适用范围。关于两者间适用范围的划分标准,可以参考以下内容:一是违法行为性质,可以依据行为的性质和表现形式来分析哪些行为适用行政处

① 刘志伟:《〈刑法修正案(九)〉的犯罪化立法问题》,载《华东政法大学学报》2016 年第 2 期。

② 储槐植:《要正视法定犯时代的到来》,载《检察日报》2007 年 6 月 1 日,第 3 版。

③ 周光权:《积极刑法立法观在中国的确立》,载《法学研究》2016 年第 4 期。

罚,哪些行为应当适用刑罚处罚。二是行为情节严重程度,情节严重,往往代表行为人的反社会意识的强烈程度,依据行为人的反社会性来确定对其采取行政处罚,或是强制力和暴力程度更强的刑罚处罚。三是行为后果的危害程度,也就是按照行为人不法行为产生的结果轻重程度来划分行政处罚和刑事处罚。当出现处罚竞合的情形时,即行政处罚无法实现对法益的充分保护时,若对同质行为的刑罚可以吸收行政处罚,如危险驾驶行为的拘留和拘役,则可择一处罚;如果两者不存在包容关系,而且属于异质行为时,如交通肇事后因肇事者逃逸,致被害人死亡的,应当选择并科,既承担行政处罚,又要对其逃逸行为担责,还要对死亡承担民事责任,即对其全部违法行为负责。

最后,还需要考虑成本与效果。"不用大炮打小鸟"是行政法中关于处罚时符合比例原则的一种生动阐述,这一原则也可以适用于刑事处罚当中。对于因违反前置法而升级到刑事犯罪的行为的处罚,也应当考虑用最小的投入取得最大的法律效果,而不是一味重罚、再重罚,这是立法者必须要认识到的现实。从整体上来看,我国法定犯的法定刑一般要重于其他国家的法定刑,其他国家多集中于罚金刑、短期自由刑的设置上,因此在今后的法定刑设置当中,可以适当借鉴国外的刑种、刑期设置标准,更加注重社会效果,实现司法资源最优配置。

(二)相关制度的完善

1. 速裁程序的普及

随着前置行为犯罪化的进程加快,相关犯罪的犯罪数量急剧增加,无形之中给司法实践带来了巨大的压力。对于逐渐轻刑化的法定犯罪,统一适用传统的审理程序使本来简单的案件审限延长,审判效率降低,不仅浪费了司法资源,还不能及时弥补损失。此时,刑事速裁程序应当走进立法者的视线,为实现司法公正和效率平衡服务。

实际上,我国已经开始尝试实行和推广刑事速裁程序。2014 年 6 月,北京、天津等近 20 个城市的法检机关开展了试点工作。启动速裁程序的前提是,案件事实清楚、证据充分,被告人自愿认罪,当事人对适用法律没有争议,案件性质属于危险驾驶、交通肇事、盗窃、诈骗、抢夺、伤害、寻衅滋事等情节较轻,依法可能判处 1 年以下有期徒刑、拘役、管制的案件,或者依法单处罚金的案件,这些都可以通过速裁程序处理。在具体程序上,速裁程序对原有程序从四个方面进行了精简化处理:一是简化收案程序,收案当日即将其交予承办人办理,收案简便快捷;二是精简审查程序,实现犯罪嫌疑人合法权利的全面保护;三是简化案件办理程序,收案后的 1 ~2 日内进行全面审查,尽快启动速裁程序予以办理;四是精简庭审程序,庭审过程中简化起诉书制作,只宣读案件事实部分和法律认定部分,对被告人认罪且同意适用简易程序的案件不举证、不质证、不辩论,尽可能实现当日审理、当日结案、当日送达法律文书,一般在 10 分钟以内即可完成整个开庭审理过程。[①]

程序的简化实现了诉讼效率,但效率的提升并不意味着正义的缺失。这一程序可以适用于大部分的法定犯案件,因为这类犯罪以轻罪为主,简化程序符合社会发展,有普及的可能和必要。当涉及较为重大的、疑难的案件时,更多的是需要法官发挥司法者的主动性,实质解释,权衡利弊,程序只是保证当事人形式正义的途径,是为正义而服务的。

2. 立法缺陷的弥补

刑事立法为了遵守谦抑性原则,不会事无巨细,面面俱到,在前置法的立法接纳中必然有所取舍,而条文在反复适用中也会发现许多操作层面的问题,因此在立法角度上必须设置补充与完善的途径。目前来看,首先需要发挥立法解释和司法解释的作用。立法解释从本质上来看,属于立法机关自我纠错、自我改正的一种方式。立法解释通常适用于如下几种情形:一种是法律规定的含义需要进一步明确的情况;另一种是实践中出现新情况,而原有法律需要明确适用依据的情况。法定犯罪具有专业性强和"与时俱进"的特点,立法解释正好可以迎合法定犯的上述特性,使前置法更好地发挥其在刑法中的作用。立法解释实际上也是立法的一种形式,它与法律具有同等的效力,因此在立法上解释的过程中,其解释的准则应当与前述立法准则保持一致。司法解释在实践中似乎是比立法解释更为实用和直接的立法缺陷弥补的方式,实践中更是出现了"没有解释无法办案"的情况,它的作用越是强大,对解释要求的精确程度和严格程度就越高。因此,司法解释可以弥补操作中的不足和立法缺陷,但是也应当遵循一定的原则。[②]

第一,进行司法解释时应当给法官疑案处理预留偏离解释的裁量空间。在许多情况下,司法解释无法达到高度概括、普遍适用于每个具体个案的高度,这也是社会多变性和文字局限性共同作用的结果,故不能期待文字说明与每种实际情况完全对应,特别是在前置法专业性强、情况复杂的情况下,因此,"要实现个案量刑均衡,必须在量刑规则统一的前提下,赋予法官一定的个案裁量权。司法解释关于量刑规则的设定只能是建议性的,而非强制性的,应当允许法官基于案件的特殊情况可以作出偏离量刑规则的裁决"。[③]

第二,司法解释可以拒绝参考行政规章的相关内容。也就是说,司法解释并非必须严格依照行政规章的规定标准作为对行为定罪量刑的标准,而可以采取回避适用的方式摆脱行政规章的约束。根据罪刑法定原则,刑事实体法是将行为入罪唯一的合法

① 参见周光权:《积极刑法立法观在中国的确立》,载《法学研究》2016 年第 4 期。
② 参见叶良芳:《刑法司法解释的能与不能》,载《政法论丛》2016 年第 6 期。
③ 叶良芳:《刑法司法解释的能与不能》,载《政法论丛》2016 年第 6 期。

途径,行政规章不具有定罪量刑的强制力,而且与刑法的精神内涵不同一,因此可以拒绝援用。

当穷尽解释了立法解释、司法解释,仍有未详尽事宜,可以尝试利用案例指导制度予以补充。从判例法国家的实践来看,判例具有指导性强、适应性强的天然优势,因此我国开始尝试利用案例指导制度来丰富和弥补立法不足。例如,我国的《刑事审判参考》已成为指导司法实践的标准化模式,发挥了巨大的作用。因此应当重视案例指导的作用,通过案例指导对立法的僵化性和实践的复杂性缺点进行调整。

## 三、前置法的刑事司法适用

### (一)适格前置法的选择方法

如前所述,我国刑法中关于法定犯条文的表述方式分为"违反国家规定""违反××法的规定""违反法律规定""违反法律、行政法规的规定""违反××规定""违反规定""不按照规定""违反××法规""违反××规章制度""非法××"以及虽然条文未明确但在规定中暗含着违反某法律法规这几种类型,下面分两种类型分别讨论:

1. 援引规范指向表述明确时的选择

包括"违反国家规定""违反××法的规定""违反法律规定""违反法律、行政法规的规定""非法"五种。何为"国家规定",按照《刑法》第96条的规定,[①]它主要包括两个方面:一是全国人民代表大会及其常务委员会制定的法律和决定,即全国人民代表大会通过的法律,全国人民代表大会常务委员会通过的法律、决定,和对现行法律的修改和补充的规定。二是国务院制定的行政法规、规定的行政措施、发布的决定和命令,既包括由国务院直接制定的、规定的、发布的,也包括由国务院直属的有关部委制定,经国务院批准并以国务院名义发布的。同时,《关于准确理解和适用刑法中的"国家规定"的有关问题的通知》第1条也明确了符合以下条件的可以视为"国家规定"的、以国务院办公厅名义制发的文件:有明确的法律依据或者同相关行政法规不抵触的;经国务院常务会议讨论通过或经国务院批准;在国务院公报上公开发布。第2条规定了违反地方性法规和部门规章的行为,不得认定为"违反国家规定",也就是说,部门规章和地方性法规不属于"国家规定"。地方性法规、地方政府规章以及部门规章,只能作为定罪量刑时的参考依据,不具有刑法上的援引价值。至于其他四种,有一部分指定了援引的规范性文件,还有一部分没有明确指定。对于那些虽然没有直指名称,但是限定了援引规范的类型的条文,更是不必纠结,直接查找相关规范即可。

---

① 《刑法》第96条规定:"本法所称违反国家规定,是指违反全国人民代表大会及其常务委员会制定的法律和决定,国务院制定的行政法规、规定的行政措施、发布的决定和命令。"

2. 援引规范指向表述不明确的选择

这种类型中包括了“违反××规定”“违反规定”“不按照规定”“违反××规章制度”“违反××法规”几种情况。大多数情况下，条文只给出了援引规范的方向，并未说明要引用哪个级别的规范性文件，因此，有必要明确“规定”是否指上述“国家规定”，是否包含地方性法规、地方政府规章、部门规章等规范性文件，“规章制度”具体指代哪些规范，是否包括单位内部规定制度等问题。

其一，关于“规定”的范围如何理解。要准确框定“规定”，需要正确理解“规定”与“国家规定”之间的关系。从字面理解上来看，“规定”的内涵比“国家规定”更加宽泛，排除在“国家规定”之外的部门规章、地方性法规、地方政府规章都可以称为“规定”。问题主要表现在它们能否作为“规定”被援引？单位内部规章制度是否属于“规定”？

笔者认为，“规定”与“国家规定”应当保持一致，内部规章制度不可被纳入“规定”的范畴。首先，单位内部规定针对的群体是固定的、有范围的，只有从事本行业的人才能够了解，一般公民对其的认知和认可还不足以在社会中形成一种“标准”，对国民的约束力尚未达到法规范的程度，还违背了“法律不强人所难”的基本准则。其次，如果前置法的范围可以扩张到此程度，那么《刑法》第96条的规定就没有存在的意义，不利于法的安定性和统一性。在实践当中，刑事法官还必须审查这一规定是否与法律、法规、单位规章制度相符合，这完全是多此一举，徒增司法成本。最后，如果开放了这个关卡，法定犯的范围可能会被无限放大，这并不是适应社会的发展，而是放松了刑法的谦抑性基本准则，当内部制度升级成为刑法入罪的参考标准，无异于将特定行业、单位作为犯罪行为的“立法者”，使犯罪成为维护本行业单位利益的附属品，最终导致罪名“口袋化”，反而增加了社会的不稳定因素。

其二，关于“法规”和“规章制度”。首先，对于法规是否包括地方性法规，学界有不同的立场和观点。而笔者认为，法规并不应该包括地方性法规。一方面，出于对法秩序的统一性的考虑，既然第96条规定了国家规定的范围，字面理解的“法规”这一用语即应当包含在国家规定的范围之内。另一方面，地方性法规是针对不同地区不同情况因地制宜的结果，在管理层面来说是适当、必要的。但是因地制宜对犯罪并不适宜，刑法是国家公权力发动的，更应该讲求公平公正，同一行为不应该因为发生在不同地区使得结果有所不同。其次，至于“规章制度”，上文中也提到了，前置法应当排除单位内部制度，但是这有两个例外。通过条文梳理发现，只有《刑法》第131条和第132条中才有“规章制度”的表述，即“航空人员违反规章制度”和“铁路职工违反规章制度”，这属于刑法的特别规定，因为其涉及的职业领域很特殊，专业性也很强，因此应当严格遵守。

(二)规范适用基本思路

这一思路的基础要求是司法者要贯彻实质解释的原则和要求,坚持犯罪的形式判断与实质评价相结合,摒弃解释惰性,对违法行为进行实质解释。

1. 技术性规定与规范性规定的适用

刑法需要援引和参照的条文大致可以分为两种:一是技术性规定;二是规范性规定。前者是纯标准性的规定,法官在判断时没有自由裁量的可能性,对法官而言,只能选择采纳或者不采纳,典型的比如枪支的鉴定标准,这是一个专业性极强、纯客观性的标准,法官只能决定该标准是否适用于具体个案。后者是指条文中含有规范的要素,是否采纳、采纳多少,可以允许法官自由裁量。交通肇事罪立案标准中关于责任的划分就是典型代表。虽然交管部门在此之前已经作出了具有行政性质的事故责任认定书,其中也明确了双方当事人的责任比例,但是由于前置法和刑法的归责原则等方面有差异,因此刑事案件中是否认可这一责任划分,需要法官根据执法者的行为合法程度、客观程度以及客观情况综合分析后进行判断,这一认定书只是一个参考,并非立案标准中关于责任的标准。关于技术性规范的适用,只有完全接纳与完全不接纳两种结果。决定性的标准是看此规定是否与犯罪的影响力相一致,即是否达到了犯罪所要求的社会危害性程度。这些技术性规范通常是基于行政管理目的而制定的,其标准的严格程度明显低于刑事犯罪,只要可能造成秩序侵害就算违法。但是如果要达到刑事犯罪的程度,这一标准所认定的要素必须是可以造成严重后果的,即达到刑法所要求的社会危害性程度,这样才能进入刑法管制的范围。

关于规范性规定的适用,有采纳、不采纳、部分采纳三种情况。决定采纳与否和采纳程度的标准是看此规定与犯罪内核是否一致,它需要经过两方面的筛选:一是社会危害性,这与技术性规定是一致的。二是法益侵害的严重程度。前置违法行为所破坏的秩序一般不能等同于刑法的法益,因为犯罪的法益要求是能回归为个人法益的。相较于技术性规范,规范性规定需要经过法益标准筛选,是因为其包含了主观判断因素。技术性规范适用,就说明了该要素具备了侵犯法益的可能性,反之,就不会侵犯法益,因而不必探讨法益侵害。但是规范性条文需要法官充分行使其自由裁量权,通过对法益侵害程度的判断来确定适用哪部分的规定。

2. 刑事违法性独立判断——不以前置法规定为必要的情形

刑法的性质和刑罚的特征决定了对法定犯情形下的刑事违法性必须进行独立判断。一方面,刑法是规定国家如何行使刑罚权的法律,调整的是国家与公民之间的、具有公权性质的关系;刑罚是犯罪的法律效果,其强制力最为严厉。刑罚是国家作为发动主体,通过对犯罪的惩罚、报应等手段追求一般预防和特别预防目的,其国家强制力是其他法律所不及的。另一方面,刑罚以国家为后盾,不仅可以剥夺犯罪分子的财产、限制和剥夺人身自由和政治权利,甚至可以剥夺犯罪分子的生命,其严厉性也是其他法律所达不到的。因此,判断行为是否构成犯罪,是否启动国家刑罚权,都必须要慎重、严谨,强调刑事违法判断的独立性。

首先,是否侵害了刑法保护的法益,需要由刑法独立判断。可以分为两种情况①:一是前置法的单向保护的“法益”不一定是刑法保护的法益。也就是说,如果前置法保护的权利利益等在刑法中没有对应的犯罪,则无论该行为造成的后果多严重或是情节多恶劣,都不可能受到刑法的规制而成为法定犯。有罪就有罚,无罚即无罪。在这种情况下,量变不能引起质变。罪刑法定之“法”即为刑法,只要是行为在刑法中没有体现,即便前置法设定了犯罪化依据,也不能直接进入刑法的管控区域。二是抽象法益需要刑法进行具体化的解释。法定犯的前置法规范通常是处于社会管理、秩序维护的目的而制定的,保护的是“超个人法益”,刑法虽然也会将各种秩序作为保护法益,但是由于它过于抽象和宽泛,没有严格的标准化判断依据,极易造成不当犯罪化的后果。因此,作为刑法保护的法益,要求法定犯的成立侵害的必须是具体的,能够回归到个人的法益。前置法的“法益”需要运用刑法及理论进行具体化的筛选和过滤。

其次,是否属于刑事违法行为,同样需要刑法的独立判断。法定犯的违法行为方式等在许多情况下都需要通过相应的前置法规范进行补充细化。但是每一套法律系统都有其各自的职责和功能,特别是行政、经济领域中的规则和规范无微不至,充分发挥了秩序的保障和社会的管理作用,这也就决定了这些前置法关于行为方式的分类和描述都十分的复杂和详细。如果将前置法中的所有和法定犯罪对应的违法行为进行梳理和犯罪标准化处理,那么刑法的作用范围将无边无际。对此,就需要站在刑法独立性的立场之上,由刑法进行独立的判断,对于哪些符合本罪行为内涵的行为,认定为犯罪行为符合法条的核心要义,哪些不能成为犯罪的实行行为,认定为犯罪行为会不当扩张本罪的成立范围等,都需要司法者以刑法文本为基础,以刑法规定的犯罪构成要件为标准,充分发挥解释者的作用,对其行为的符合性、违法性进行评价和判断。例如,前置法中常出现的“其他方法”“其他手段”,如果不符合刑法对本罪行为方式和行为对象等的核心要求,即不是法定犯罪的实行行为,也就不能成立犯罪。

再次,前置法违法判断标准不必然适用于刑事违法判断。绝大多数情况下,前置法对于哪些情况属于违反其自身规定,都有一定的判断标准和原则。当这些标准所涉及的内容在法定犯认定过程中影响定罪与量刑判断,那么就有必要慎重考虑这些标准判断下的“违法”是否能直接为刑法违法所用。一般来说,在执法权上,公权力干预的范围越广,管理的效果越明显,需要的法规范的可操作性就越强,相应的标准也就越细致,而且为了强化管理效果、维护秩序稳定,管理类的法规范使用的违法判断标准都相对较低。管理法讲求效率优先,要以最少的经济投入获得最有震慑力的社会效果,但

① 参见孙国祥:《行政违法性判断的从属性和独立性研究》,载《法学家》2017 年第 1 期。

是刑法不同。刑法的任务是惩罚犯罪、保障人权,刑事责任是对犯罪人施加的非难,表明国家对犯罪行为的强烈否定及对犯罪人的强烈谴责,要将公平正义放在第一位,预防真正具有严重社会危害性的行为出现,因此犯罪的性质应当是最为恶劣的,相应的标准也应当是最高的。前置法标准与刑法标准的统一化,在实践中并不妥当,因此是否使用此标准,需要独立判断。

最后,刑法对于某一行为是否构成犯罪有一套独立的判断逻辑和思维方式。在司法实践中,以大前提、小前提的推理模式为基准,在事实与法律之间来回穿梭,这是法律推理的基础性要求。除此之外,刑法独有的构成要件符合性、违法性、有责性推理判断是在处理法定犯案件时的必经环节。即反对实践中只要认定行为属于前置法中违法行为,并且达到了某种程度或者造成某种结果,就将该违法行为认定为犯罪的做法,充分考虑行为、结果与因果关系的关联判断,行为是否符合犯罪的逻辑结构亦需要刑法独立判断。

3. 刑事违法性从属判断——选择性参照前置法规定的情形

刑事违法性的从属判断,是指在违法的判断过程中,刑法无法独立完成,需要依附于前置法的规定才能进行。之所以要参照其他法律,是由刑法的谦抑性决定的。

其一,作为法律概念的参照。法定犯罪的专业性比自然犯罪更强,因为法定犯涉及各个领域、各个层面,而且每一个专业都有其特征和固定的思维方式、专业术语。刑法虽然涉及面广,却无法完全展现每一个专业术语的内涵和外延,只能通过概括性的方式进行描述,因此需要前置法进行补充解释。当然,这也是"法秩序的统一性"的必然要求,前置法的术语就应当与刑法相统一,作出同样的理解。但是,并不能因此想当然地认为概念的统一就是法秩序统一性的前提条件,因为谦抑性和从属性并不代表刑法对概念的解读必须从属于前置法规范。

其二,关涉构成要件的参照。上文中已经谈到了前置法与犯罪构成要件之间的关联,构成要件的准确认定需要依赖于前置法的规定。我国《刑法》总则部分规定了犯罪的一般构成要件,即行为、罪过和刑事责任能力等,分则规定了具体犯罪的特殊构成要件,如犯罪的数额、行为方式、时间要素等。而往往全面的构成要件要素会受到前置法的具体规定的影响。前置法规范的变动,也必然会引起法定犯犯罪构成的变化,这对司法工作者提出了更高的要求。

其三,正当化事由的参照。正当化事由分为两种,即法定的正当化事由和超法规的正当化事由。前者是法律明确规定的事由,后者则是指虽无明文规定,但是理论和实务中都认可的违法阻却事由,如法令行为、义务冲突、治疗行为等。法定犯正当化事由的从属性体现在前置法执法部门对行为、资质、条件的许可或核准,可以阻却犯罪成立。如根据《刑法》第336条的规定，[①]非法行医罪的犯罪主体必须是没有取得医生职业资格证书的个人，公民即便取得了相关的资格证书，也没有成立本罪的余地，也就是说，有关机关的医生职业资格证书可以阻却本罪的成立。[②] 与此罪类似的还有《刑法》第158条的虚报注册资本罪，这一犯罪成立的前提条件是该公司必须是有公司登记的，只有“取得公司登记”，才有虚报注册资本的“资格”，才可以成立犯罪。

## 结　语

要解决前置法的刑法接纳问题，至少要从立法和司法两个层面进行分析探讨，探寻前置法和刑法的立法边界、司法衔接标准。一方面，在立法过程中，对前置法违法行为应当有条件选择入罪，在制度的保障上，可以通过充分利用立法解释和司法解释等手段来优化前置法的入刑方式与价值；另一方面，在实践中，司法者要选择适格的前置法，充分发挥实质解释的作用，针对不同规范采取有差别的适用判断标准，对行为进行入罪等判断时强调刑事违法性的独立判断，适当参考和采纳前置法的规定等方法，将前置法的司法接纳合理化、公正化。

① 《刑法》第336条规定：“未取得医生执业资格的人非法行医，情节严重的，处三年以下有期徒刑、拘役或者管制，并处或者单处罚金……未取得医生执业资格的人擅自为他人进行节育复通手术、假节育手术、终止妊娠手术或者摘取宫内节育器，情节严重的，处三年以下有期徒刑、拘役或者管制，并处或者单处罚金……造成就诊人死亡的，处十年以上有期徒刑，并处罚金。”

② 参见刘伟：《经济刑法规范适用中的从属性问题》，载《中国刑事法杂志》2012年第9期。

# 再论酌定情节法定化之法理

陈荣飞　肖　敏*

【内容摘要】酌定情节法定化是自古以来世界各国有关量刑情节立法的发展趋向,在这一立法趋向的背后有其深刻理论根基。酌定情节法定化是近代以来的限权理论、刑法的三大基本原则(罪刑法定原则、适用刑法人人平等原则、罪刑相适应原则)的内在要求,同时也是人类对犯罪这一社会现象认识规律的必然要求。

【关键词】酌定情节　法定情节　法定化

我国刑事立法对法定情节与酌定情节的不同规定决定了二者在我国刑事实务中判若云泥的境遇。因为刑法对酌定情节的具体类型和量刑功能均未予明定,因之,现有的立法可谓赋予了法官无限的自由裁量空间,在这无限的自由裁量权面前,对其适用完全委由法官的良知、系于其自觉,众所共知,这是极不保险的立法举措甚或是立法的重大缺失。考察人类的立法史,尤其是近代以降,世界各国的刑事立法都经历了不断地将酌定情节上升为法定情节的立法过程,即我们通常所谓的酌定情节法定化。笔者认为,情节立法的这一发展趋势并非毫无因由、偶发性使然,而有其深厚的理论根基,本文旨在揭示这一立法运动背后的内在情由,为我国刑法未来在量刑情节立法方面指明方向并提供坚实的理论依据。

## 一、刑事自由裁量权之限权哲学导向

### (一)刑事自由裁量权之无可回避性

#### 1. 刑事自由裁量权与酌定情节

有关自由裁量权的概念,我国刑法学界有见解认为,是指"法官刑事自由裁量权,是法律赋予法官(包括审判机关)根据罪刑相适应原则和刑罚目的,在法定范围内公

* 陈荣飞,法学博士,西南政法大学法学院副教授、硕士研究生导师;肖敏,法学博士,西南政法大学法学院副教授、硕士研究生导师。本文系作者对《论酌定情节法定化与刑法基本原则的关系》[载《刑法解释》(总第4卷)]一文继续思考与研究的成果。

正合理地自行对刑事被告人裁量、决定刑罚的权力和责任”。[①] 另有见解认为，司法中的自由裁量权是为了解决未经证据确定的事实问题，而不超出实证法律规定的范围，但在某些情况下，法官也可以超越法律规定，甚至作出同法律规定相反的决定。[②] 从以上不同定义可以看出，二者的主要分歧在于，法官刑事自由裁量权的行使是否可以超越法律规定或者说是否应该受到法规范的约束？这本是不言而喻的问题，但在理论上却出现了如此歧异，故还是有必要对该问题予以澄清。对于自由裁量权之“自由”的意涵，法国启蒙思想家孟德斯鸠有过精辟的阐释，“自由是做法律所许可的一切事情的权利”，[③]更兼众所皆知的是，在国家公权力领域，国家机关及其工作人员职权的行使必须有法律的明确规定，即必须严格遵循“越权无效”或“法无授权即禁止”之原则，否则便属违法。刑事自由裁量权作为国家公权的类型之一，上述前种定义相对合理，但其缺陷是并未揭示法官刑事自由裁量权产生的缘由。在笔者看来，刑事自由裁量权源自法律规范的缺陷，这种缺陷可能由于立法疏漏，也可能是情非得已。故笔者认为，刑事自由裁量权是指由于法律规范的缺陷，法官在刑事法基本原则或刑事立法精神的指导下，对于案件的事实认定和适用法律过程中遇到的各种情况所拥有的酌情处理之权力。

而酌定情节乃是源于审判实践并为刑法所认可但未明确规定其具体类型及相应量刑功能，且法官在量刑时应当酌情适用的情节。由于酌定情节与法定情节一样，均是犯罪行为的客观危害、行为人主观恶性以及人身危险性的反映，法官在裁量刑罚时必须予以考量，否则将导致量刑上的不公正。但在刑事立法上，与法定情节不同的是，刑法规范对酌定情节的具体类型及相应量刑功能并未作出规定，因此对于某一案件事实是否为酌定情节以及被认定为酌定情节后的具体功能为何等均只能委由法官在刑事法基本原则或刑事立法精神的指导下酌情定夺。基于刑事实体法视角，在定罪、量刑和行刑三大环节中，法官的自由裁量权集中于量刑环节，而在量刑环节，由于酌定情节之于刑法规范的关系，自由裁量又主要表现为法官对酌定情节的适用。由此可见，在刑事实体法范域，法官对酌定情节的适用可谓是法官刑事自由裁量权运作中的最重要表现。相应地，法官具有刑事自由裁量权是酌定情节存在的前提和基础，如若绝对禁止法官在审判活动中行使自由裁量权，那么酌定情节在理论上将无容身之所。因此，研究酌定情节，限制法官对酌定情节的任意适用也是掣制法官刑事自由裁量权恣意运作、防治司法腐败以及实现刑事正义的重要途径，有重要的理论和实践意义。

---

① 李志平:《法官刑事自由裁量权及其合理控制探析》,载《中国法学》1994 年第 4 期。类似见解参见董玉庭、董进宇:《刑事自由裁量权基本问题》,载《北方法学》2007 年第 2 期。

② 参见孙国华主编:《中华法学大辞典》(法理学卷),中国检察出版社 1997 年版,第 542 页。

③ [法]孟德斯鸠:《论法的精神》(上册),张雁深译,商务印书馆 1995 年版,第 154 页。

2. 禁绝法官自由裁量权之理性幻想

对于法官的自由裁量权,不同时代的法哲学家表现出了不同的态度。在启蒙时代,受当时人类在自然科学领域所取得的巨大成就的强烈诱惑,人文社会科学领域的思想家们满怀浪漫情怀地认为,对于人文社会科学领域中的纷繁复杂的问题,也完全可以获得如牛顿三大定律那般能够“牢笼天地、驱役万物”的终极性答案,而达致此目标的唯一路径便是人的理性。“人的理性是认识的唯一手段,和评判真理与错误的唯一标准。”[①]受此观念指引,在人文社会科学领域也发生了一场影响深远的革旧鼎新运动。这种革新首先表现在研究方法上,自然科学的研究方式开始逐渐渗入人文社会科学研究领域,如笛卡尔、斯宾诺莎等哲学家认为,只有像几何学一样,凭理性的能力从最初几个由直观获得的定义和公理推论出来的知识,才是最可靠的知识。方法论上的革新最终导致了一门新兴的哲学即实证哲学的诞生。在实证哲学的创始人孔德看来,人类的理智发展先后经历了三个阶段,即神学阶段、形而上学阶段和实证阶段。第一阶段,虽然从各方面来看都是不可缺少的,但今后应始终将其视为纯然是临时性的和预备的阶段。第二阶段,实际上只是解体性的变化阶段,仅仅包含单纯的过渡目标,由此便逐步通向第三阶段。第三阶段,才是唯一完全正常的阶段,人类理性的定型体制的各个方面均寓于此阶段之中。[②] 实证哲学之根本意图在于通过实证方法在社会科学领域奠下自然科学的实证精神,以克服当时在他们看来所谓理论混乱的原理,进而实现人类理性的最终定型。

受绝对理性支配的哲学理念投射到政治学、法学等领域也同样表现出绝对主义的倾向。首先,在基本政治制度的构建原则上主张严格的三权分立,而严格的三权分立必然导向严格的规则主义。出于对理性的极度推崇,启蒙思想家们自信地以为,必定能够通过精确制定的规范建立绝对的法律清晰性和法律确定性,特别是保证所有法官和行政机关决定和行为的明确性。博克尔曼曾在1952年再一次中肯地描述了这一看法的基本思路:“法官的制定法适用应该像自动机一样运转,它带有的惟一特点是,运转的装置不是机械式的,而是逻辑式的自动控制。”[③]法官对法律的解释权不仅多余而且有害,如法国启蒙思想家孟德斯鸠指出,“在共和国里,政制的性质要求法官以法律的文字为依据;否则在有关一个公民的财产、荣誉或生命的案件中,就有可能对法律作有害于该公民的解释了”。[④] 意大利启蒙思想家贝卡里亚也指出,法官对任何案件都应进行三段论式的逻辑推理。大前提是一般法律,小前提是行为是否符合法律,结论是自由或者刑罚。一旦法官被迫或自愿作哪怕只是两种三段论推理的话,就会出现捉

① [荷]斯宾诺莎:《伦理学》,贺麟译,商务印书馆1997年版,第2页。

② 参见[法]奥古斯特·孔德:《论实证精神》,黄建华译,商务印书馆2001年版,第1~2页。

③ [德]卡尔·恩吉施:《法律思维导论》,郑永流译,法律出版社2004年版,第130页。

④ [法]孟德斯鸠:《论法的精神》(上册),张雁深译,商务印书馆1995年版,第76页。

摸不定的前景。“法律的精神需要探询”，再没有比这更危险的公理了。采纳这一公理，等于放弃了“堤坝”，让位给汹涌的歧见，故刑事法官根本没有解释刑事法律的权利，因为他们不是立法者。① 腓特烈大帝法典②就是依据这种理论起草的，这部法典旨在“以明察秋毫的谨慎，使所有的细节都能被法典考虑到，以致将来任何时候，不会有任何疑点出现。法官除了就法典中的某个疑点向皇家委员会咨询，并绝对地接受委员会解答的约束之外，对法典的解释没有任何自由裁量权”。③ 即使开明如费尔巴哈，仍然要求从他那儿催生的 1813 年的巴伐利亚刑法典，禁止作刑法的解释，理由甚至是基于法治国的缘故——权力分立，法官应该受到“严格的、赤裸的法律文义”的拘束，“他的工作无非只是将现有的案件与法律文字作比较，不必考虑法律的意义和精神，当字义是诅咒时，就诅咒；是赦罪时，就赦罪”。④

对立法的绝对明确性要求和禁止法官解释法律与禁绝法官在司法实践中运用自由裁量权实属同等意义的范畴，因为如前所述，法官自由裁量产生之缘由是法律规范的模糊性，正是因为其模糊性，方才需要法官作出解释、进行斟酌裁量，而这又显然违背了立法的绝对明确性要求，若法规范绝对明确，法官释法、自由裁量便无立足之地。而立法的绝对明确性要求和禁止法官解释法律之最高意旨又在于从根本上杜绝司法擅断，保障公民的基本人权，对此，孟德斯鸠在其名著《论法的精神》中有过这样的经典表述，“如果司法权同立法权合而为一，则将对公民的生命和自由施行专断的权力，因为法官就是立法者”。⑤ 保障公民的基本人权包括国家发动刑罚所保障的全体公民的基本人权以及被告人的合法权利，由于酌定情节反映犯罪行为客观危害、罪犯的主观恶性及其人身危险性，法官在刑罚裁量时必须予以考量，否则必将导致量刑上的不公，以至要么侵损国家刑罚权进而威胁全体公民的基本人权，要么侵犯被告人的合法权利。可是，酌定情节的具体类型及其相应的量刑功能却在立法上缺位，这显然有违法规范绝对明确性的要求。面对纷繁复杂的酌定情节，持以上观念的思想家们也必定会自信地告诉人们，立法者只要发挥理性，明确其类型及量刑功能照样能够实现，而绝非可望不可即的乌托邦幻想。

3. 绝对限制法官自由裁量权幻想之破灭

然而，发展迄今的理论与实践、历史和现实均无不证明，任何绝对的理论必然走向自己的对立面，违背构建该理论的初衷和意旨，乃至自掘陷阱埋葬理论本身。绝对理性支配下的法学理论所追求的完美万能法典无疑是一出超现实的梦幻剧，对法官自由

---

① 参见[意]贝卡里亚：《论犯罪与刑罚》，黄风译，中国法制出版社 2002 年版，第 13 ~ 14 页。

② 即 1751 年普鲁士法典。

③ [美]庞德：《普通法的精神》，唐前宏等译，法律出版社 2011 年版，第 130 页。

④ [德]考夫曼：《法律哲学》，刘幸义等译，法律出版社 2011 年版，第 60 页。

⑤ [法]孟德斯鸠：《论法的精神》（上册），张雁深译，商务印书馆 1995 年版，第 153 页。

裁量权的绝对限制的构想注定只能停留在幻想或实验阶段,个中缘由在于:

首先,法律必须具有权威性,否则将成一纸具文,法律的权威性又由来于其相对稳定性,要不然朝令夕改的法律必丧失其权威性。但与法的稳定性相对应的是,法律所调整的社会生活却总是处于永无止息的发展变化状态。绝大多数的立法历史表明,立法机关并不能预见法官所可能遇到的问题。[①] 立法者的有限理性、法律的相对稳定性与法律调整对象变动不居状态之间的紧张关系,决定了无论多具远见卓识的立法者都不可能制定出一部行之四海、继往开来的完美法典。[②] 事实也证明,由于18世纪使法官成为"自动售货机"尝试的失败,这种理论(法官创造实际上的法律)将被世界上其余的国家所接受,同时也导致欧洲大陆的法学家摒弃了拜占庭的法官对于立法者的那种关系的观念而转向古典罗马更为自由的(法官裁量权)原理。[③] 况且法谚亦云:"极度的精密在法律中受到非难,因为越细密的刑法漏洞越多,而漏洞越多越不利于刑法的稳定。"[④]立法与现实的静态与动态、滞后与超前关系,以及"法有限、事无穷",无不预示着为使法律赶上时代的前进步伐、满足社会现实的需要,除了修补立法外,恐怕更多的还是应为法官适度腾出发挥主观能动性的空间,赋予其自由裁量权限。

其次,面对纷繁复杂的社会现象,成文法之传统决定了立法者不可能就现实中的每一事案都专门制定调整规范,而只能进行一般性的调整,由此导出法规范之普适性特征。法规范的普遍适用性又决定了其内容的概括性和抽象性,因为意欲实现法规范的一般性调整功能,就必须以现实中已经发生或者(基于立法的前瞻性)可能发生的尽可能多的案件为抽象对象,从中抽离出它们的共同要素进而实现调整对象的法规范定型及定性,唯其如此方可使法规范具有普遍适用性。抽象性则表明在司法实践中不可能找到绝对符合的具体原型,使法官在面对具体事案尤其是疑难案件时不得不运用自由裁量权。

最后,法律规范皆以语言文字作为载体,故法律规范的表述必然要受到语言文字本身性质的限制,换言之,语言文字的缺陷必然会反映在法律规范中表现为法律规范的缺陷。语言乃唯人类才会使用的一种符号,其中的每一字、每一语词、每一语句都不是对客观世界的简单描摹,内中都有极为丰富含义赋值,因而均具有抽象性和概括性,语言的此等性质又决定了它在某种程度上的不明确性或模糊性,且语言的此般性状犹如利益法学家赫克所指出的,"概念的核心、距离最近的词义、概念的延伸使我们逐渐认识了陌生的词。它好比黑暗中被月晕围绕着的月亮"。[⑤] 语言文字本身固有的不明

---

① 参见[美]约翰·亨利·梅利曼:《大陆法系》,顾培东等译,法律出版社2004年版,第45页。

② 参见陈荣飞、秦志远:《酌定情节法定化的理据与路径》,载《理论探索》2011年第1期。

③ 参见[美]庞德:《普通法的精神》,唐前宏等译,法律出版社2011年版,第123~124页。

④ 张明楷:《刑法格言的展开》,法律出版社2003年版,第5页。

⑤ [德]伯恩·魏德士:《法理学》,丁小春、吴越译,法律出版社2003年版,第82页。

确性或模糊性决定了立法者对法律规范的表述永远不可能达致绝对的明晰和做到让最伟大的哲学家和最普通的公民一眼看明白。法律规范中无所不在的模糊意域也为法官的自由裁量存留了广阔的运作空间。

(二)刑事自由裁量权之立法规制

经如上分析可知,法律规范本身的缺陷导致了法官自由裁量权的产生,或言之,法官自由裁量权就是为弥补法律规范的缺漏而出现,如若法律规范没有缺漏,那么法官的自由裁量权就没有存在的价值和意义。而法律的缺漏在客观上是无法避免的,法官只好行使自由裁量权。通过填补法律没有明文规定的空白,并使含糊笼统之处更为精确,此外别无选择。①

然而,与任何事物都具正反两面性一样,法官自由裁量权除了具有相当积极效应外,同样存在其消极的一面。因为自由裁量权是法官在部门法基本原则和立法精神的指引之下法官的酌情处置权,而部门法的基本原则和立法精神都是高度抽象概括的,如何指引以及实际是否接受了指引在判断上都存在相当的困难,故与所有其他公权力一样,其运作过程潜藏着巨大的危机,即它随时存在被滥用的危险,法国著名启蒙思想家孟德斯鸠曾就权力的此等性质有过堪称真理的描述,"一切有权力的人都容易滥用权力,这是万古不易的一条经验"。② 而在所有的法律自由裁量权中,刑事自由裁量权最为特别,之所以特别来自刑事制裁的特殊性。众所周知,刑罚以剥夺公民的财产、人身自由、参与社会管理的权利,甚至剥夺作为一切权利前提和基础的生命为内容,概言之,以剥夺公民的最基本人权为内容,故具有无以复加的严厉性,国家唯有在迫不得已时方得发动。刑事制裁的此等性质决定刑事法官在认定事实、理解和适用法律等方面要远远严于其他类型的司法。兼尊重和保护人权如今已然成为国际社会的通识,对刑事司法更应当严加规制。刑事自由裁量权作为刑事司法权之重要内容,其运作的结果由于牵及行为者行为的罪与非罪、罪重或罪轻,进而直接关涉行为者的基本人权,故这种权力一旦被滥用所带来的负面效应较之于滥用其他类型的自由裁量权所带来消极后果要更为严重,又因刑事法律关系本质是罪犯的基本人权与全体公民的基本人权或整体法秩序之间的关系,③因此,对刑事自由裁量权的行使当慎之又慎,尽可能明确地划定其行使界域,否则将侵犯公民个人的基本人权(罪犯的合法权利),或是对全体公民的基本人权构成侵犯。

由于中外刑法理论和刑事司法实务界长期以来都存在重定罪轻量刑的传统,加之犯罪构成要件的相对规范性和明确性,现今的定罪理论已经相当成熟和完备。换言

① 参见[美]德沃金:《法律帝国》,李常青译,中国大百科全书出版社1996年版,第8页。

② [法]孟德斯鸠:《论法的精神》(上册),张雁深译,商务印书馆1995年版,第154页。

③ 参见陈忠林主编:《刑法学》(上),法律出版社2006年版,第4页。

之,在定罪环节,法官自由裁量权的运作无论是在理论上还是立法实践中都有了相当完备的制约机制,并且在司法实践中,法官也相对较为自律,相对于量刑不当,定性错误的案件在理论上因受到更多的诟责,故在实务中并不多见。但在量刑领域,刑事自由裁量权的运作主要表现为法官对法定情节和酌定情节的适用。对于法定情节,由于刑法规范对其具体类型和相应的量刑功能均作出了相对明确的规定,从而可有效遏制刑事自由裁量权之滥用;而酌定情节与法定情节在本质上具有一致性,即均反映行为的客观危害、行为者的主观恶性或其人身危险性,在功能上都应对刑罚结果产生实质性影响,故两者的功用应是等量齐观的,法官量刑时必须全面通盘考虑法定情节与酌定情节,否则容易出现量刑失衡或量刑不公,但由于刑法对酌定情节的具体类型及其量刑功能均未作出明确规定,法官也由此掌控了极为宽泛的自由裁量权,阿克顿勋爵早就告诫过我们,"权力导致腐败,绝对权力导致绝对腐败"。[①] 事实确是如此,刑事司法不公和刑事司法腐败也往往交织缠绕在一起。而众所周知,在国家权力的架构体系中,立法是司法的前提,没有立法,司法将无所依凭,故立法对司法有与生俱来的制约作用。同时,在有关立法与法官自由裁量权的关系问题上,"随着实定法完美自足性的教条被破除,法官在法的创造中的作用不能不被承认;于是,就有必要建立一定的标准,使法官用以进行法律解释或填补阙漏,并以此抑制法官的恣意判断"。[②] 换言之,法官运用自由裁量权必须受到严格限制,否则便是司法恣意,或者说,滥用的法官自由裁量权不具有合理性。经由如上分析,在整个刑事追诉环节,刑事自由裁量权被滥用的风险几乎全部聚焦于法官对酌定情节的运用,故限制刑事自由裁量权首先是制约法官对酌定情节的任意适用,而立法制约无疑是成文法国家的一种最优选择模式,我国刑事立法亦不例外。

## 二、刑法基本原则的内在要求

酌定情节法定化要求还植根于我国现行刑法明定的三项基本原则之中,即它是罪刑法定原则、适用刑法人人平等原则以及罪刑相适应原则的内在要求,换言之,只要坚持这三项基本原则,在认识论上就将导向酌定情节法定化。缘何如此,以下笔者将分而述之。

### (一)罪刑法定原则的内在要求

作为近代刑法基本原则之一的罪刑法定原则又被称为"罪刑法定主义",是十七八世纪启蒙运动反对中世纪罪刑擅断主义的法律产物。罪刑法定原则的格言表述是"Nullum crimen sine lege. Nulla poena sine lege",翻译为"没有法律就没有犯罪,没有

---

① [英]阿克顿:《自由与权力》,侯健、范亚峰译,商务印书馆2001年版,第342页。

② [日]大木雅夫:《比较法》,范愉译,法律出版社1999年版,第76页。

法律就没有刑罚”,其通俗表述是“法无明文规定不为罪,法无明文规定不受处罚”。罪刑法定原则自其产生并于1810年载入刑法典至今已数个世纪,其间对世界各国的刑法立法以及刑事司法产生至为深远的影响,发展迄今,刑法理论更是将该原则奉为圭臬,并将之视为检验一国是否实现刑事法治的最为重要的标准。随着社会进步和时代迁换,罪刑法定原则本身也被不断赋以新的内容,提出新的要求。如今的罪刑法定原则在刑法的渊源、刑法的内容以及刑法的时间效力上提出了三项从属性原则:(1)狭义的“法制原则”(或法律专属性原则),其含义是只有法律才是刑法的渊源;(2)明确性与确定性原则,它要求关于犯罪和刑事制裁的规定必须清楚,不得将它们适用于法律没有明确规定的案件;(3)不得溯及既往原则,它禁止将刑法规范适用于其生效前的行为。①

作为罪刑法定原则派生原则之一的明确性原则,最初源于美国的宪法判例,在1914年的International Harvester Co. v. Kentucky一案中,美国联邦最高法院以判例的方式创制了“不明确即无效的理论(void - for - vagueness doctrine)”。在美国联邦最高法院看来,含糊不清的刑事法律侵犯了美国宪法修正案所保护的公民权利,违反了美国宪法第5和第14修正案所规定的“正当程序”条款。虽然明确性原则首创于作为判例法国家的美国,但因其对罪刑规范提出了更为严格的要求,进一步强化了对国家权力的约束以及对公民权利和自由的保障,故该原则也得到了包括大陆法系在内的其他多数国家的刑法理论、立法和司法实践的认同和采纳,成为罪刑法定主义实质侧面的一项重要派生原则。明确性基本内涵是,“规定犯罪的法律条文必须清楚明确,使人能确切了解违法行为的内容,准确地确定犯罪行为与非犯罪行为的范围,以保障该规范没有明文规定的行为不会成为该规范适用的对象”。②

明确性原则是罪刑法定主义对刑事立法提出的严格要求,内中又包含犯罪构成要件的明确性和法定刑的明确性两方面的内容。其中,在法定刑规定的宏观层面,由于绝对不确定的法定刑只规定行为应受刑罚处罚,或者只规定刑种没有规定刑度而将具体刑度委由法官自行裁量,因此赋予了法官以无限的自由裁量权,但因违背明确性原则而不允许存在;而绝对确定的法定刑因规定的是特定刑种的固定刑量,如此虽然完全杜绝了法官的自由裁量权,但却使刑法规范缺乏灵活性而僵化,无法适应纷繁复杂的具体事案,终必违反刑事正义,故在实质意义也违背了明确性原则之意旨。因此,相对确定的法定刑便为如今的立法实践所采纳,也为明确性原则所容允。在法定刑规定的微观层面,由于法定刑是刑法规范对具体罪所规定的刑种和刑度,刑种和刑度均以刑量为基础,而不同的刑量往往又对应着不同的适用情形。虽然明确性原则并不意味

① 参见[意]杜里奥·帕多瓦尼:《意大利刑法学原理》,陈忠林译,法律出版社1998年版,第14页。
② [意]杜里奥·帕多瓦尼:《意大利刑法学原理》,陈忠林译,法律出版社1998年版,第24页。

着对构成要件和法定刑作出事无巨细、精密周详、完备无遗的规定(事实上也不可能做到),以绝对禁止法官的自由裁量权,但却定会想方设法、尽最大可能地对法官自由裁量权作出限制,故其在刑事自由裁量权的问题上采取折中持平的态度,即原则上既不赋予法官以无限的自由裁量权也不绝对禁止法官的自由裁量权。而对于酌定情节,虽然如前所述,法官对其适用具有刑法规范依据,但由于刑法规范对其类型及具体量刑功能均未作出明确规定,故对于某些案件事实是否为酌定情节,或者确定为酌定情节但其量刑功能如何均交由了法官自由裁量,如此也无疑赋予了法官以无限的自由裁量权,因此明显违背了明确性原则的要求。据此可知,在明确性原则的约束之下,刑法规范对刑法中的情节之规定,也同样应在赋予法官自由裁量权的同时划定其运作的界域,刑法规范对法定情节之规定便是迄今为止最为理想的规定形式,酌定情节法定化于此的作用也就不言而喻。因此,酌定情节法定化是罪刑法定原则的内在诉求。

(二)适用刑法面前人人平等原则的内在要求

法律面前人人平等原则是我国宪法规定的基本原则,根据我国《宪法》第5条的规定"……一切国家机关和武装力量、各政党和各社会团体、各企业事业组织都必须遵守宪法和法律。一切违反宪法和法律的行为,必须予以追究。任何组织或者个人都不得有超越宪法和法律的特权"。适用刑法人人平等原则就是宪法确立的"法律面前人人平等原则"在刑法中的具体体现。需要注意的是,作为法律基本原则的平等原则所强调只是适用法律上的平等,至于法律所调整的社会关系的主体,各自的地位在事实上未必平等,这早已在政治学、经济学和社会学等人文社会科学领域达成共识,在法学领域当然也不例外。在法学论域,该结论的得出并不需要高深莫测的理论论证,它可以直接从法律对平等原则的规定中推导出来,依据我国《宪法》第5条的"任何组织或者个人都不得有超越宪法和法律的特权"和《刑法》第4条规定的"不允许任何人有超越法律的特权"可知,法律可以规定特权或者说法律并不排斥特权,只是排斥超越法律的特权,即在法律所保护的社会关系的内里并不是完全的平等。因此,法律面前人人平等或者适用法律人人平等与法律保护平等是迥然不同的两个问题。①

适用刑法人人平等原则是指任何人所享有的合法权利应当受刑法同样的保护,对于任何违反刑法的人,都应当依法追究刑事责任。具体而言是指,对于任何人犯罪,不论其家庭出身、社会地位、财产状况、教育程度、才能业绩、政治面貌等,都应一律平等地适用刑法。适用刑法人人平等原则体现于定罪、量刑和行刑三个具体方面。定罪上

① 社会中的人总体而言是不平等的,这是既有事实,法律作为文化的组成部分,而文化又是社会中很重要的保守力量,故毋庸讳言,法律的功能之一是维护不平等(在社会可容忍的限度之内),但法律的此项功能并不意味着法律没有更高的价值目标,因为"除非社会真正作出努力去创造和维护平等,社会趋势永远都是朝着不平等状态发展"。(参见[美]乔尔·查农:《社会学与十个大问题》,汪丽华译,北京大学出版社2009年版,第78页)因而,从应然意义上说,法律还应当维护社会已经取得的平等以及具有实现实质意义上平等之价值追求。

的平等是指对于任何触犯刑律的人都应平等对待,都应适用相同的定罪标准,即刑法规定的定罪标准,而不能因为一些与犯罪成立与否无关的因素使有罪之人逍遥法外或者对无罪之人妄加刑事追究。所谓量刑上的平等是指如若犯相同的罪且犯罪情节完全相同,就应当受到相同的处罚,而绝不能因为一些对量刑并不发生影响的因素而使本该同罚的行为却异罚或者本该异罚的行为却同罚。而所谓行刑上的平等则是指对于所有的受刑人都应当平等地对待,不能因为一些对行刑不产生影响的因素而在行刑过程中区别对待。

由于量刑上的平等是指犯相同的罪且犯罪情节完全相同就应当受到相同的处罚,反之,如若所犯之罪相同但犯罪情节不完全相同或者完全不同,一般就应当受到不同的处罚,譬如若所犯之罪相同,具有从轻或减轻情节的比不具有该情节甚或具有从重情节的处罚就要轻,且即便是从轻、减轻或从重也有程度大小之分进而导致处罚结果上的迥异。要言之,适用刑法人人平等原则强调相同情况相同处罚。据此可知,酌定情节非法定化与适用刑法人人平等原则存在抵牾,如前所述,酌定情节与法定情节在本质上具有一致性,即都是行为的客观危害、罪犯主观恶性或者其人身危险性的体现,在功能上对量刑结果均应发生影响,但在我国的现有刑事立法中,对于酌定情节的类型及其具体量刑功能刑法均未作出规定,如此便容易导致理论和司法实践对于案件中某些因素是否为酌定情节产生争议,或者即便确认为酌定情节但司法实践却恣肆任意地从宽或从严乃至根本不予理睬,因法律无明文规定也难奈他何。其最终结果是相同情况不同处理或不同情况相同处理,故显然有违适用刑法人人平等原则。因之,酌定情节法定化也是适用刑法人人平等原则的必然要求。

(三)罪刑相适应原则的内在要求

罪刑相适应原则又被称为罪刑均衡原则或罪责刑相适应原则,[①]其基本含义是重

① 我国刑法理论通说的观点认为,刑罚与刑事责任并不等同,二者的主要区别在于,刑事责任是连接犯罪与刑罚的桥梁和纽带,刑罚是刑事责任的主要实现形式,但是刑事责任也可以通过非刑罚处理方法等来实现。[参见高铭暄、马克昌主编:《刑法学》(第3版),北京大学出版社、高等教育出版社2007年版,第218~224页]笔者认为,通说见解值得商榷,原因在于,根据我国《刑法》第13条的规定,但凡犯罪均应受刑罚惩罚,且我国刑法学界一致的见解也认为,应不应受刑罚惩罚与需不需要受刑罚惩罚是两个截然不同的问题,前者是罪与非罪的问题,而后者则以行为成立犯罪为前提。据此观来,认为刑罚的实现方式中无法包容非刑罚处理方法并不成立。一以贯之的解释当是,犯罪最终未受刑罚处罚(包含定罪免除一切处罚和定罪免除刑罚处罚但代之以其他处罚措施)是应受刑罚惩罚的表现形式之一,或者说是刑罚的实现方式之一。此一解释看似悖谬,但只要联系我国的死刑执行方式就不难理解了。可见,认为因刑罚无法涵括非刑罚处理方法故应引入刑事责任概念,以之作为联系犯罪与刑罚的纽带之论见并不具合理性。在笔者看来,欲明确刑事责任与犯罪和刑罚间的关系,首先应当明确"责任"一词的意涵。根据《现代汉语词典》的释义,"责任"一词有两种含义:一是"分内应做的事";二是"没有做好分内应做的事,因而应承担的过失"。可见,责任的第一种含义与"义务"等同,而第二种含义则相当于"违反义务的后果"。在刑法论域内,刑事责任可能意指"刑事义务",如作为犯罪主体要件核心要素的刑事责任能力(辨认和控制能力)之"刑事责任",也可能意指"违反刑事义务的后果"。因此,即便在论者们的刑事责任论中取后一种意义,它也只等同于"应受刑罚惩罚"。综上所析,笔者认为,将罪刑相适应原则表述为罪责刑相适应原则并不妥适。

罪重罚、轻罪轻罚、有罪必罚、无罪不罚,刑罚的严厉性应当与犯罪的严重程度相适应。“在刑法,公正的赎罪思想,罪与罚相当的思想,历来就起着决定性的作用。”①罪刑相适应之观念源远流长,其最早可以溯源自远古社会之同态复仇和等量报复,正如刑事实证学派的代表人物加罗法洛所言,“一切惩罚毫无疑问均来源于个人报复的情感。以牙还牙的惩罚法就是对此的证明”。② 罪刑相适应观念与罪刑相伴而生可谓亘古通今,换言之,在犯罪与刑罚这两种社会现象被人类认识之初,二者应当对应便为人们所同步认识,因为在人类的法典中,还从未出现过一部将社会危害性不同的形形色色的犯罪都整齐划一地规定单一刑种固定刑量的法典。罪刑相适应最终作为法律原则进入近现代各国的刑法典,启蒙思想家们功不可没。如法国启蒙思想家孟德斯鸠指出:“按罪行的轻重量刑,也是法庭必须遵守的一条法律。”③英国启蒙思想家霍布斯在其名著《利维坦》中阐释了衡量罪行轻重程度的不同尺度后指称,“惩罚的本质要求以使人服从法律为目的;如果惩罚比犯法的利益还轻,便不可能达到这一目的,反而会发生相反的效果”。④ 意大利刑法思想家贝卡里亚则指称,“犯罪对公共利益的危害越大,促使人们犯罪的力量越强,制止人们犯罪的手段就应该越强有力。这就需要刑罚与犯罪相对称”。⑤ 英国功利主义哲学家边沁也形象地指出,“让我们定个规则,多大的罪用多大的惩罚;应该用树枝纠正的过错,不用可怕的鞭子抽打”。⑥

1. 罪刑相适应原则之刑法地位

罪刑法定、适用刑法人人平等、罪刑相适应是我国现行刑法明文规定的三大基本原则。虽然刑法的这三大基本原则相对于其他刑法规范而言,具有更高的效力,⑦但是有关这三项基本原则之间的地位或相对而言孰轻孰重的问题,或者说,在刑法的基本原则中是否亦如民法,存在一个核心原则甚或称为“帝王原则”的原则?有关这一问题,我国刑法理论较为一致的见解是,在我国刑法明定的三项基本原则中,罪刑法定原则是核心原则,罪刑相适应原则的内容能够为罪刑法定原则所包容,因为刑罚相适应原则是罪刑法定原则的实质侧面之一;至于罪刑法定原则能否完全包容适用刑法人人平等原则,则往往持否定态度,如我国刑法学者张明楷教授指出,“平等适用刑法是保障国民自由的要求。国民的自由以其对行为性质和法律后果的预测可能性为前提。

---

① [德]H. 科殷:《法哲学》,林荣远译,华夏出版社2004年版,第125页。

② [意]加罗法洛:《犯罪学》,耿伟、王新译,中国大百科全书出版社1996年版,第206页。

③ [法]孟德斯鸠:《波斯人信札》,罗国林译,译林出版社2000年版,第116页。

④ [英]霍布斯:《利维坦》,黎思复、黎廷弼译,商务印书馆1986年版,第243页。

⑤ [意]贝卡里亚:《论犯罪与刑罚》,黄风译,中国法制出版社2002年版,第75页。

⑥ [英]吉米·边沁:《立法理论》,李贵方等译,中国人民公安大学出版社2004年版,第375页。

⑦ 部门法的基本原则在该部门法的规范体系内具有更高的法律效力,其规范依据是我国《立法法》第7条第3款规定:“全国人民代表大会常务委员会……在全国人民代表大会闭会期间,对全国人民代表大会制定的法律进行部分补充和修改,但是不得同该法律的基本原则相抵触。”

国民的预测可能性并非仅仅取决于行为前是否存在明文的法律规定,而且取决于行为前司法机关对相同或类似行为的处理结论”。[①] 故而并不认为罪刑法定原则当然包含适用刑法人人平等原则。但即便如此,也无法动摇罪刑法定原则作为刑法核心原则的地位。对于此等近乎已成通说之见解,笔者不敢苟同,在笔者看来,刑法三原则中居核心地位的原则应当是罪刑相适应原则而非罪刑法定原则,理由在于:

首先,从逻辑上推论,罪刑相适应原则可谓完全囊括了其他两项原则的全部内容。其一,罪刑相适应原则之内容的最简括表述是“重罪重罚,轻罪轻罚”,此一表述在任何论者看来当无任何疑义,然顺此表述的逻辑推论自是“无罪不罚”,反推则是“有罪必罚”,“无罪不罚,有罪必罚”显然是罪刑法定原则之内容。[②] 由此可见,罪刑相适应原则的逻辑意涵中理所当然地涵括了罪刑法定原则。其二,由于罪刑相适应原则的基本含义是“重罪重罚,轻罪轻罚,无罪不罚,有罪必罚,罚当其罪”,如若彻底颠覆该原则而出现“重罪轻罚、轻罪重罚或有罪不罚、无罪亦罚,罚不当罪”之情形时,与适用刑法人人平等原则相背离可谓自不待言、昭昭在目了,故而罪刑相适应原则也包含了适用刑法人人平等原则。由此可见,罪刑相适应原则内在地包含罪刑法定原则和适用刑法人人平等原则这两大基本原则的全部内容,换言之,若真正实现了罪刑相适应原则必然同时实现罪刑法定原则和适用刑法人人平等原则,因而罪刑相适应原则在基本原则中是居于核心地位的原则。

其次,虽然发展迄今的刑法理论都认为罪刑法定原则包含了形式侧面与实质侧面,[③]但在该原则出现之初却只有形式侧面之意义而并不包含如今实质侧面的意涵,后者的提出是相对晚近的事,因而罪刑法定原则并非天然地包含罪刑相适应的内容。但罪刑相适应原则却并非如此。一是罪刑均衡理念古已有之,而罪刑法定观念于近代才产生,前者在上升为刑法基本原则之初便可谓天然地包含了罪刑法定内容,否则罪刑均衡根本无法贯彻落实,此乃显而易见之事实,无须复杂的逻辑推理或高深的理论论证。二是即便如今的刑法理论认为罪刑法定原则包含形式侧面和实质侧面,但当它的这两个侧面发生冲突时,是形式侧面服从实质侧面还是实质侧面屈从于形式侧面?用更为直接的话来说,在“合情合理不合法”或者“合法不合情理”时,到底该如何决断?直面这一问题的中外刑法学者近乎一致地认为实质服从形式或者主张“情理服

① 张明楷:《刑法学》(第3版),法律出版社2007年版,第56页。

② 诚如我国著名学者白建军教授所言,罪刑均衡首先意味着“有罪当罚、无罪不罚”,罪刑之间这个意义上地对应是最基本的均衡。否则,有罪不罚或者无罪却罚将是最大的罪刑失衡。罪是刑的唯一起因,刑是罪的必然结果,不存在任何中间的“灵活性”。(参见白建军:《罪刑均衡实证研究》,法律出版社2004年版,第1~2页)

③ 如今的罪刑法定理论认为,罪刑法定原则的形式侧面包含:排斥习惯法、法律不得溯及既往、禁止类推以及禁止绝对不定期刑;实质侧面则包含明确性原则和刑罚适正原则(或罪刑相适应原则)。事实上,明确性原则由于是对刑法规范表述上的要求,即要求刑法规范对犯罪与刑罚的规定必须清楚明晰,不得将它们适用于没有明文规定的案件,可见该原则其实仍属罪刑法定原则形式层面的要求而非其实质侧面。

从法律”,因为我国及大陆法系通行的刑法理论认为,罪刑法定原则与类推解释势同水火,肯定类推就必然否定罪刑法定,二者系绝对的排斥关系,换言之,若法的外在形式明显违情悖理,而通过类推则能够实现法的内在价值(在定罪量刑上公正或合乎情理)时,但因与罪刑法定原则的形式侧面相背离故不被允许,如我国著名刑法学者陈兴良教授就认为,“不排斥类推的罪刑法定原则,即所谓实质的罪刑法定原则,其实并非罪刑法定原则,它与罪刑法定原则所包含的形式理性是背道而驰的”。[①] 由此可见,即便如今的刑法理论也强调罪刑法定原则的实质侧面,但他们所倡导的形式侧面决定实质侧面之论见却鲜明地昭示,他们所谓的罪刑法定原则本质上仍是一个徒具躯壳而缺乏实质内核的原则,他们所谓的实质侧面其实并非该原则的实质,因为它对形式侧面根本没有决定作用。因此,刑罚适正(罪刑相适应)原则在现有的理论框架下虽名为实质侧面但事实却还是与罪刑法定原则无内在的必然联系。

最后,刑事立法和司法实践中的“以刑定罪”现象也可为罪刑相适应原则系刑法基本原则中的核心原则提供佐证。在刑事立法层面,立法者对犯罪圈的划定所依据的是“应受刑罚惩罚性”这一犯罪的本质特征,[②]诚如我国学者冯亚东教授所指出的,在影响立法设罪的多方面因素中,最具本质意义(所有犯罪均必须考虑)的是“应受刑罚处罚性”——凡是应当受到“刑罚”处罚的危害行为均应视为“犯罪”追究刑事责任,反之,不应受“刑罚”处罚的危害行为则应通通划入一般违法行为追究行政或民事责任。于是,对立法设罪来说,考虑危害行为是否应受刑罚的处罚,便成为犯罪与一般违法行为的本质区别和根本界限。[③] 内中所隐含的“以刑定罪”之刑事规律表明,罪刑相适应原则在刑事立法层面对罪刑法定原则起制约作用。在刑事司法层面,由于现有犯罪构成理论中所包含的犯罪成立条件只是犯罪成立的必要条件而非充分条件,换言之,行为即便符合刑法规定的构成要件也未必成立犯罪,行为成立犯罪还受其他方面的因素制约。[④] 因此,在刑事司法实践中,决定行为之罪与非罪时,仍然应受到“应受刑罚惩罚性”之制约;此外,在适用刑法规范过程中大量存在的法条竞合问题,使规范的最终取择无不受罪刑相适应原则之约束或者依循“以刑定罪”之思维规律。立法和司法层面的这种“以刑定罪”的现象是将罪刑法定原则作为统率原则而将罪刑相适应原则作为其附属原则所无法解释的。由此可见,罪刑法定原则无论在刑事立法层面抑或刑事司法层面,均受罪刑相适应原则的约束,而非相反。

综上所析,笔者认为,在我国现行刑法明文规定的三大基本原则中,罪刑相适应原

① 陈兴良:《形式解释论的再宣示》,载《中国法学》2010年第4期。

② 有关犯罪本质特征的界定参见肖敏:《犯罪概念研究》,四川大学出版社2011年版,第72页以下。

③ 参见冯亚东:《罪刑关系的反思与重构——兼谈罚金刑在我国现阶段的适用》,载《中国社会科学》2006年第5期。

④ 相关阐证参见陈忠林:《现行犯罪构成理论共性比较》,载《现代法学》2011年第1期。

则才是名副其实的核心性原则，甚或称之为刑法中的“帝王原则”也不为过。①

2. 刑事实证学派对罪刑相适应原则之挑战及化解

刑罚是针对罪行还是针对罪犯？一种抽象的客观主义要求惩罚作为补偿受破坏的现实的或理想的秩序，因为罪行业已发生，根据伦理学的逻辑，它要求把刑罚作为罪行的非个人的事实的结果，从另一种立场看，恰恰应该仅仅打击犯罪的主体。并非因为罪行作为某种客观的东西已经发生，而是因为一个表现在它里面的犯罪的主体需要教育、需要使之不会再造成危害，才出现刑罚的反应。因此，个案的所有个别的情况都像整个罪行的一般事实那样，也被纳入量刑的考虑之中。② 刑事古典学派是赞成前种刑罚立场的，其主张意志自由论，即犯罪乃行为人基于其自由意志所实施的行为，基于自由意志所选择的犯罪路向表征着行为人的主观恶性，刑事责任之评价依据就在于行为人主观恶性及所表现的行为的社会危害性，由此决定了其在刑罚论上往往只注重对已然之罪报应的报应刑论。而实证学派则立基于后种刑罚立场，其否定作为古典学派立论根基的意志自由论，认为犯罪人在犯罪与不犯罪之间并无选择自由，犯罪是犯罪人自身特质、自然或社会环境等因素综合作用的结果，故值得非难的并非犯罪行为而系行为人的危险性格或再犯可能性，由此决定了其在刑罚论上注重对未然之罪防范的目的刑论。发展迄今的刑罚论则采取了折中调和的态度，一方面强调对已然之罪的报应，另一方面也注重对未然之罪的防范，在关注犯罪行为的同时也关注犯罪人，在刑罚论上倡导刑罚个别化。由于行为人因素的介入，以至于无论是刑事实证学派还是折中主义，在他们的刑罚论体系中，往往都不再论及“罪”与“刑”间的均衡，即便提及罪刑均衡也多以一种历史现象予以介评，罪刑均衡原则因之受到猛烈冲击。

在刑事责任的评价根据中引入行为人因素，以行为人的人身危险性为根据的刑罚个别化思想，在极大地革新了过往的刑罚理念的同时，传统的罪刑均衡观也遭遇到了强力挑战，因为在传统刑法理论看来(即便是如今不少刑法学者都依然认为)，犯罪行为与犯罪人是截然不同的两个概念，罪刑相适应之“罪”当然只能是犯罪行为而非罪犯，但理论和事实证明，在确定罪犯的刑罚时不能无视罪犯的自身因素，否则便无法达到预期的效果。如此，与刑罚相对应的是犯罪行为与罪犯人身危险性相加之和，而非单纯犯罪行为本身，传统的罪与刑的对应关系看似将因此而倾覆。但是，通过笔者前文之析论可知，刑事实证思潮并没有对罪刑相适应原则构成威胁，因为事物之本质具

① 有论者或许会驳称，罪刑均衡古已有之，若它内在地包含了罪刑法定和适用刑法人人平等之内容，那么何以在古代没有产生出罪刑法定原则和适用刑法人人平等原则？笔者的反驳理由主要有两点：其一，罪刑均衡在古代只是一种观念而尚未上升为刑法原则，罪刑均衡上升为刑法的基本原则是欧洲启蒙运动以后的事(实际上所有的所谓法律原则都是启蒙运动为限制国家立法权和司法权的产物)；其二，古代社会是“人治”社会，因而不可能真正贯彻落实罪刑相适应，罪刑相适应原则无法真正落实当然也就不可能出现罪刑法定原则及平等原则。

② 参见[德]盖奥尔格·西美尔：《社会学——关于社会化形式的研究》，林荣远译，华夏出版社 2002 年版，第 356 ~ 357 页。

有多层次性,犯罪行为也不例外,犯罪是主体主观罪过(或主观恶性)外化为客观危害的过程,而主体何以会产生主观罪过呢?人格行为论为此提供了合理的答案,而这也正是犯罪行为更深层次的本质。由此可见,罪犯的人格(或人身危险性)与犯罪行为相统一,二者系内容与形式、决定与被决定的关系,故欲全面深刻地把握犯罪行为,必须诉诸罪犯的人格,否则,依据徒具形式之“罪”所确定之“刑”,定将难以达致预期的社会效应,换言之,欲实现“罪”与“刑”之间真正意义上的对应关系,“罪”之人格因素必不可少。因此,刑事实证思潮及其影响下产生的刑罚个别化只能说是完善和深化了传统的罪刑相适应原则内容,并不存在前者挑战甚或颠覆后者的问题。

3. 酌定情节法定化是罪刑相适应原则的内在要求

在确证罪刑相适应原则在刑法基本原则中的核心地位后,罪刑相适应原则对酌定情节法定化上的要求在相当程度上已一目了然,因为如上所析,罪刑相适应原则内在地包含了罪刑法定原则和适用刑法人人平等原则,真正贯彻罪刑相适应原则就必然可以同步实现罪刑法定原则和适用刑法人人平等原则,因此,罪刑法定原则和适用刑法人人平等原则所要求的酌定情节法定化之理据也构成了罪刑相适应原则要求酌定情节法定化之当然理据,此等理据在此已毋庸赘述。

罪刑相适应原则对酌定情节法定化要求之理据除了上述与罪刑法定原则和适用刑法人人平等之共同理据外,还存在其特有的理据,其特有理据由来于刑事实证思潮影响下的刑罚个别化要求。[①] 所谓刑罚个别化,是指反对以离开行为人的犯罪行为本身为标准,来科以统一的刑罚,主张应该按照犯罪人的个人情况科以与此相应的不同的刑罚,由此使犯罪人能够回到社会上来的思想。[②] 刑事实证学派所倡导的刑罚个别化对后来的刑事法理论、刑事立法和司法实务产生了深远的影响。在理论上,法国著名法学家萨莱耶(Raymond Saleilles)在其著作《刑罚个别化》一书中,对过往的刑罚个别化思想进行了系统化和理论化,他指出,刑罚个别化包括法律上的个别化、裁判上的个别化和行政上个别化。所谓法律上的个别化,是指法律预先着重以行为作为标准,细分其构成要件,规定其构成要件、加重或减轻情节等。所谓裁判个别化,是指法官根据犯罪分子的主观情况适用不同的制裁方式。所谓行政个别化,是指刑罚执行机关根据罪犯具体情况执行刑罚。[③] 显然,法律上的个别化是裁判上的个别化和行政上的个别化的前提和基础,无前者后两者将失去依据,以至于司法和行政也将无视个别化之要求或者以个别化为借口而恣意裁断和行刑。因此,法官必须努力尽可能地研究罪犯

① 这里探讨的是实证学派所倡导的刑罚个别化,这并不意味着古典学派就无刑罚个别化之观念,古典学派也主张刑罚个别化,只是个别化的依据有所不同而已,前者主张以行为人的人身危险性为依据,后者则主张以行为的主观恶性和社会危害性为依据。

② 参见[日]木村龟二:《刑法学词典》,顾肖荣等译,上海翻译出版公司1991年版,第416页。

③ 参见翟中东:《刑罚个别化研究》,中国人民公安大学出版社2001年版,第8页。

的意图,并且通过法律,使自己还能够根据罪犯个人冒犯和无视权利的程度,对普遍的刑罚作修正。①

在罪刑相适应原则统合了新派所倡导的刑罚个别化理论之后,对酌定情节应当予以法定化便更是显而易见了。如前所述,酌定情节作为量刑情节之一种类型,与法定情节一样均系犯罪行为的客观危害、罪犯的主观恶性或者其人身危险性之反映。发展迄今的刑罚个别化理论要求,在判处刑罚时必须根据犯罪的具体情况,即应对反映罪之客观危害、罪犯之主观恶性以及人身危险性的各方面情节进行综合考量,唯其如此,方能全面把握犯罪行为之外在及内里,进而确定与之相对应的刑罚,以真正实现罪刑相适应原则。众所周知,理论的价值在于指导实践,刑罚个别化理论当然也不例外,并且刑罚个别化思想对各国的刑事立法实践确实产生了深远的影响。翻开众多国家的刑法典,展现在眼前的是琳琅满目、型类各别的情节,其中大多对其具体内容及量刑功能都有明文规定法定情节。通过对比我们还可以发现,大量在我国刑法规范中属于酌定情节之情节,许多国家的刑法典都已将它们上升为了法定情节,并且即便是酌定情节,在不少国家的刑法典中,其内容或量刑功能相较于我国刑法之规定都要明确得多。立法是司法的依据,若立法对反映罪之客观危害、罪犯之主观恶性以及人身危险性各方面情节的内容及其量刑功能未予明确,那么对相关情节的适用势必赋予法官以过度乃至无限的自由裁量空间,以致将本应考虑的情节有意或无意忽略,也就难免出现罪刑失衡、罚不当罪之判决。因此,酌定情节法定化也是统合了刑罚个别化要求之后的罪刑相适应原则的题中应有之义。

## 三、人类对犯罪现象的认识规律使然

人类对客观事物的认识规律总是依循从无至有、由表及里、从简单到复杂、由片面到全面、由感性认识上升为理性认识的过程,人类对于犯罪这一社会现象的认识也不例外。犯罪自从其产生之日起,便一直困扰着人类社会,围绕着犯罪,虽然不同时代、不同的民族国家往往有不同的认识,但总体而言都依循相同的路径不同深化。量刑情节作为犯罪的内在因素,人类对其认识总是伴随对犯罪本质认识的跃迁而不断深化,因此,为洞察量刑情节的发展变化规律不得不诉诸人类对犯罪这一社会现象的认识规律。

### (一)人类对犯罪本质认识的时代嬗变

在人类早期社会,人们对犯罪的认识尚停留在外在的客观危害上,非自愿的行为

① 参见[德]威廉·冯·洪堡:《论国家的作用》,林荣远、冯兴元译,中国社会科学出版社1998年版,第150页。

也会被划分到罪恶的范畴内。[①] 通过外在的客观危害关注犯罪的内在心理之罪过观萌芽于奴隶社会,在古代东方,如中国早在夏朝便有“宥过无大,刑故无小”[②]之量刑准则,到西周则提出了更为明细的“三宥制度”,“一宥曰不识,再宥曰过失,三宥曰遗忘”。[③] 此外古巴比伦的《汉谟拉比法典》、古印度的《摩奴法典》以及古希伯来和古埃及的刑事相关法律也都规定有“不慎”“非故意”“故意”“过失”“预谋”等犯罪。[④] 西方的奴隶社会也基本如此,如古希腊的《德拉古法》涉及杀人行为的主观状态,意图根据主观恶性不同分为预谋谋杀,在运动比赛中无意杀人或激情杀人,以及自卫致人死命等。[⑤] 值得一提的是,古希腊伟大先哲柏拉图和亚里士多德已论及犯罪意图与惩罚的关系,如柏拉图指出,“我们给予自愿的干错事和非正义行为以比较严厉的惩罚,而给非自愿去做的以较小的惩罚”,在具体谈及杀人情形时,则进行了更为详尽的分类,其基本原则是依据主观恶性大小决定惩罚的轻重。[⑥] 亚里士多德在其论著《尼格马可伦理学》中也指出,应区别意愿和违反意愿的行为,并认为,这种区分对于立法者给人们授予荣誉和施以惩罚有帮助。[⑦] 其后,古罗马的《十二铜表法》中也规定有“故意”“意外”“不慎”等用语。[⑧]

及至封建社会,人们对罪过有了进一步的认识,如在《秦律》中已较为明确地使用“端”“端为”“非端”“不端为”“勿知”“失”等表示主观罪过的用语,在汉代,由于实行“春秋决狱”,由此走向了另一个极端,主张“原心定罪”,即根据人的主观动机或内在心理来处理犯罪,史书有载:“春秋之听狱也,从本其事,而原其志。意邪志不待成,首恶者罪持重,本直者其论轻。”[⑨]“春秋之治狱,论心定罪。志善而违于法者免,志恶而合于法者诛。”[⑩]而作为中华法系立法典范的《唐律》在罪过的规定上也有别于过往时

---

① 参见[英]A. R. 拉德克利夫 - 布朗:《原始社会的结构与功能》,丁国勇译,中国社会科学出版社 2011 年版,第 214 页。

② 《尚书·大禹谟》。

③ 《周礼·秋官·司刺》。

④ 如《汉谟拉比法典》第 206 条规定:“倘自由民在争执中殴打自由民而使之受伤!则此自由民应发誓云‘吾非故意殴之’!并赔偿医药费。”该法第 55 条规定:“自由民开启其渠!不慎而使水淹其邻人之田!则彼应按照邻区之例!以谷为偿。”此外第 236 条、第 237 条、第 245 条、第 267 条也使用了“不慎”用语。(参见《汉谟拉比法典》)《摩奴法典》第 8 卷第 295 条规定:“如果车夫在路上和牲畜或其他车辆相撞,由于自己的过失而致有伤生物时,毫无疑问,应该按照以下规定判处罚金。”第 9 卷第 242 条规定:“其它种姓的人犯有此类罪行而不出于预谋时,应该丧失其一切财产;如系预谋犯罪了应被流放甚至处死。”(参见《摩奴法典》,商务印书馆 1996 年版,第 198 条、第 235 页)

⑤ 参见何勤华、夏菲主编:《西方刑法史》,北京大学出版社 2006 年版,第 98 页。

⑥ 参见[古希腊]柏拉图:《法律篇》,张智仁、何勤华译,上海人民出版社 2001 年版,第 289 ~ 318 页。

⑦ 参见[古希腊]亚里士多德:《尼各马可伦理学》,廖申白译注,商务印书馆 2003 年版,第 58 ~ 62 页。

⑧ 如该法第 8 表第 10 条规定:“如有人放火烧毁建筑物或堆放在房屋附近的谷物堆,而该犯罪者系故意为此者,则令其带上镣铐,在鞭打之后处以死刑。如果是意外的,即因不慎而酿成火灾者,那么,法律即令犯罪者赔偿损失,如其无力支付,则予以从轻处罚。”参见《十二铜表法》,法律出版社 2000 年版,第 38 页。

⑨ 《春秋繁露·精华》。

⑩ 《盐铁论·刑德》。

代，而将罪过更为宽泛地适用于具体个罪，因而在罪过观上也可谓代表了我国整个封建时代的认识水平，如《唐律·名律例》规定："本应重而犯时不知者，依凡论；本应轻者，听从本。"《唐律·斗讼律》将杀人分谋、故、斗、殴、戏、误、过失等七种情形并分别规定不同的刑罚。唐、宋、明、清律条文中常有故与误、知与不知、知情与不知情相对立。此外还有忘、失、错和不觉等词，足见根据犯人心理决定犯罪轻重的原则，已经既深且广地贯彻与各罪规定中。① 在欧洲中世纪，宗教神学流盛，基督教的原罪说也将犯罪归结为个人的恶的意志，如奥古斯丁指出，虽然坏的意志是坏的行为的原因，但坏的意志并没有什么事物是它的动因，唯有那还没有被其他意志所恶化而本身就是恶的意志，才是第一个恶的意志，②他甚至提出了"无犯意便无罪行"。③ 蔡枢衡先生曾总结，"纵认中世纪刑法是把犯意作中心的刑法，亦无不可"。④ 可见，在封建时期，人们已经开始逐步突破犯罪的外在表象，将认识的触角伸向了危害表象背后的犯意。进入近代启蒙时期，人们对犯罪这一社会现象认识迈开了有决定性意义的一步是将犯罪限定为人的行为，确立了"无行为则无犯罪"的原则，⑤如启蒙思想家孟德斯鸠在评析"马尔西亚斯做梦割断了狄欧尼西乌斯的咽喉，因而被狄欧尼西乌斯处死，说他如果白天不这样想夜里就不会做这样的梦"时指出："这是最大的暴政，因为即使他曾经这样想，他并没有实际行动过，法律的责任只处罚外部的行动。"⑥行为在刑法中地位的确立也为人们深入认识犯罪奠定了坚实的基础。在行为中心主义的前提下，单纯的犯意，不在处罚范围内。⑦ 不过，在启蒙时期，罪过作为犯罪构成要件之地位仍未确立。⑧在大陆法系，主观罪过之犯罪构成要件地位的最终确立，德国学者克莱因和犯罪心理学的创始人、被誉为"近代刑法学之父"的德国著名刑法学家费尔巴哈起了关键性作用。克莱因曾指出，一切责任都是意志责任，所谓意志，就是"根据行为的决意而约束自己的能力"，故意是积极地表示恶的意志，过失是消极地表示恶的意志，二者的积极与消极之分并不意味着违法意志——恶的意志的质的差别，而是表明有无敌对法律的意识。⑨ 费尔巴哈则立足于其倡导的心理强制说主张犯罪可以因两种不同的意思决

---

① 参见蔡枢衡：《中国刑法史》，广西人民出版社 1983 年版，第 188 页。

② 参见《西方伦理学名著选辑》（上卷），商务印书馆 1964 年版，第 353 页。

③ 王卫国：《过错责任原则：第三次勃兴》，浙江人民出版社 1987 年版，第 71 页。

④ 蔡枢衡：《刑法学》，中国民主法制出版社 2011 年版，第 140 页。

⑤ 有关该原则在刑法中地位确立的意义，我国著名刑法学家陈兴良教授指出，是近代刑法的最大成就。在此之前，犯罪不是一个实体概念，而是一个虚无缥缈的概念，正是行为使犯罪获得了实体性的存在。参见陈兴良：《无行为则无犯罪——为一条刑法格言辩护》，载《中外法学》1999 年第 5 期。

⑥ ［法］孟德斯鸠：《论法的精神》（上册），张雁深译，商务印书馆 1982 年版，第 197 页。

⑦ 参见蔡枢衡：《刑法学》，中国民主法制出版社 2011 年版，第 140 页。

⑧ 究其原因，笔者认为主要有两点：一是罪过以意志自由为逻辑前提，而在整个启蒙时代，启蒙思想家们对于人的意志是否是自由的问题并未达成共识或形成主流见解（参见陈兴良：《刑法的人性基础》，中国方正出版社 1996 年版，第 184 ~ 200 页）；二是那时尚未出现专门研究刑法的职业刑法学家。

⑨ 转引自姜伟：《罪过形式论》，北京大学出版社 2008 年版，第 25 页。

定来实施,即故意和过失,故意是一种对违法行为的意思决定(一种希望得到或者要求得到的能力),认识到愿望或者要求的违法性。过失是一种作为或者不作为的违法的意思决定,根据自然法则,违法行为的发生与人的目的无关。[①] 由此,产生明确的"犯意责任论"。而罪过进入英国普通法始于16世纪末17世纪初,学者的论著对发展法律起到了重要作用,在关于形成犯罪意图概念方面,英国法律史上有三位著名法学家,即17世纪的科克、18世纪的黑尔和布莱克斯东。从17世纪开始,英国刑法对严重犯罪的定罪要求有"犯罪意图",同样的原则也被运用在美国殖民地以及后来的美利坚合众国。[②] 自此以后,主观罪过之犯罪构成要件地位逐步得到世界各个国家和地区的刑法典肯认,在理论上也对其展开了全面深入细致的研究。

自人类社会进入19世纪,时代境况又为人类更进一步认识犯罪提供了契机。彼时西方社会出现社会矛盾激化、两极分化严重、犯罪呈高发态势等局面,因刑事古典学派无法应对日趋高涨的犯罪浪潮,刑事实证学派便顺时而生。正如刑事实证学派著名代表人物菲利所指出的:"在意大利,当古典犯罪学理论发展到顶峰时,这个国家却存在从未有过的数量极大的犯罪行为的不光彩状况,这确实是一种令人惊异的对比。因此,犯罪学阻止不住犯罪浪潮的波动。正因如此,实证派犯罪学便与其他学科一样,自然而然地产生了。它建立在我们日常生活状况的基础之上。"[③]实证学派驻足于行为决定论而否定古典学派的意志自由论,视犯罪为自然的和社会的现象而非法律现象,尤其是将重点放在犯罪人身上,从人类学、生物学、社会学、心理学等视角解释犯罪现象。

刑事实证学派的创始人龙勃罗梭最早对犯罪人分类,提出了"生来犯罪人"之命题,认为犯罪人是出生在文明时代的野蛮人,他们的生物特征决定了他们从出生时起就具有原始野蛮人的心理与行为特征,这种行为必然不符合文明社会中的传统习惯和社会规范,构成犯罪。[④] 刑事实证学派重要代表人物菲利则认为,龙勃罗梭的研究主要局限于习惯性犯罪人和精神病罪人,因此提出犯罪原因三元论,认为犯罪是由人类学的、自然的和社会的三类因素相互作用而产生的。[⑤] 而刑事实证学派重要成员加罗法洛在关注犯罪人生理因素的同时,更加注重犯罪人的心理因素,提出"真正的犯罪人"就是违背怜悯和正直情操的行为的人。因此,真正的犯罪人实际上就是自然犯罪人的同义词。真正的犯罪人是利他情操没有得到恰当发展的犯罪人,这类犯罪人利他

① 参见[德]安塞尔姆·里特尔·冯·费尔巴哈:《德国刑法教科书》(第14版),徐久生译,中国方正出版社2010年版,第58~66页。

② 参见储槐植:《美国刑法》,北京大学出版社1996年版,第102~103页。

③ [意]菲利:《实证派犯罪学》,郭建安译,中国政法大学出版社2004年版,第3页。

④ 参见[意]切萨雷·龙勃罗梭:《犯罪人论》,黄风译,中国法制出版社2000年版,"前言"第18页。

⑤ 参见吴宗宪:《西方犯罪学》,法律出版社1999年版,第214页。

情操的欠缺，不仅是环境条件的产物，同时也有器质性基础。[①] 德国刑法学家李斯特(Liszt)在批判了龙勃罗梭的犯罪一元论和菲利的犯罪三元论基础上，指出"任何一个具体犯罪的产生均由两个方面的因素共同使然，一个是犯罪人的个人因素，一个是犯罪人的外界的、社会的，尤其是经济因素"。[②] 日本著名刑法学家牧野英一在继承李斯特刑法思想的基础上提出整体考查理念。该理念作为主观主义的刑法理论，视犯罪为行为者反社会性的表现。因此，从行为出发到结局探究其人格的特征，决定了对犯罪构成的理解。必须将行为者的人格与犯罪的危险性侵害性结合起来，从整体上加以考察。[③] 后深受牧野英一刑法思想影响的团藤重光创建了人格责任论，他认为"行为具有生物学的基础和社会的基础，是在人格和环境的相互作用中由行为人的主体性态度所实施的"。[④] 而师承团藤重光的大塚仁又在人格责任论的基础上构建了较为系统的人格刑法学，人格刑法学以探讨作为刑法学研究对象的人为起点，对责任论、犯罪论、行为论、刑罚论等几乎包含近代刑法学的各个方面都作了新的界说。[⑤] 刑事实证学派所开启的对犯罪人关照之新风进而使整个刑事学科领域之面貌为之焕然一新，在笔者看来，这场革故鼎新运动与其说是弱化犯罪行为作为刑罚根据的地位和作用，毋宁说是大大深化了人们对犯罪行为的认识。因为犯罪行为乃犯罪人所为之行为，依据辩证法的基本原理，结果一点也不包含原因中所不包含的东西，或者说原因也一点不包含不是在其结果中的东西。[⑥] 故在犯罪人与犯罪行为这一因果关系中，欲全面深入地认识犯罪行为，我们就不得不诉诸作为原因的犯罪人，因此，刑事实证学派并未颠覆犯罪行为作为刑罚唯一根据之地位。

(二)量刑情节的发展变化规律

以上从宏观上揭示了迄今为止人类认识犯罪这一社会现象的总体进程，即由客观危害进入主观罪过再深入行为人人格的过程。不难发现，在这一过程当中，人类对犯罪现象之认识每跃升一个层级，必引起情节的巨大变化，这种变化主要表现为量变，当然有时也发生质的变化，换言之，人类对犯罪情节的认识总是伴随着对犯罪认识的变化而变化，故人类对犯罪本质认识的不断深入可谓犯罪情节(含量刑情节)认识深化的内在动因或决定力量。已如前述，在人类的法典中，从未出现过一部将社会危害性不同的形形色色的犯罪都整齐划一地规定单一刑种固定刑量的法典，同时，在确定犯罪性质的前提下，量刑情节成了决定刑罚轻重的唯一根据，故人们对犯罪情节的认识

① 参见吴宗宪:《西方犯罪学》，法律出版社 1999 年版，第 179 ~ 180 页。

② [德]弗兰茨·冯·李斯特:《德国刑法教科书》，徐久生译，法律出版社 2000 年版，第 9 页。

③ 参见鲁兰:《牧野英一刑事法思想研究》，中国方正出版社 1999 年版，第 82 页。

④ [日]大塚仁:《刑法概说(总论)》，冯军译，中国人民大学出版社 2003 年版，第 100 页。

⑤ 参见张文、刘艳红:《人格刑法学理论之推进与重建》，载《浙江社会科学》2004 年第 1 期。

⑥ 参见[德]黑格尔:《逻辑学》(下卷)，杨一之译，商务印书馆 1982 年版，第 217 页。

规律我们可以通过各个时代的典籍尤其是法典予以把握。

在客观责任流盛的时代,量刑情节主要集中在反映犯罪客观危害的相关客观事实上,如危害结果、数额、犯罪对象、犯罪手段和方法、犯罪的时空环境等,只要翻开古代法典,此类量刑情节可谓多不胜数、俯拾皆是,如古巴比伦《汉谟拉比法典》第8条规定:"自由民窃取牛,或羊,或驴,或猪,或船舶,倘此为神之所有物或宫廷之所有物,则彼应科以三十倍之罚金,倘此为穆什钦努所有,则应科以十倍之罚金;倘窃贼无物以为偿,则应处死。"其中的法定量刑情节涉及犯罪对象与危害结果(赔偿损失可减消危害结果)。我国西周时期提出的对后世产生深远影响的"刑罚世轻世重"之刑罚适用制度中便包含了将犯罪的时空环境作为量刑情节考量的思想。《十二铜表法》第3条规定:"如用手或棒子打断自由人的骨头,则应缴纳罚金三百阿司,如为奴隶,则为一百五十阿司。"①《摩奴法典》第8卷第280条规定:"举手或举棍打击出身高尚的人,应割断其手;如动怒而以脚踢者,应割断其脚。"该卷第288条规定:"损坏人家财产者,无论有意无意,应该赔偿,并向国王缴付与损害相等的罚金。"该卷第322条规定:"偷窃五十钵罗以上的上述物品,应断其手;不足五十钵罗,国王应处以该物品价值十一倍的罚金。"该卷第323条规定:"抢夺名门世家的人,尤其是妇女,和价值高贵的珠宝,如钻石等,盗匪应处死刑。"②《萨利克法典》第五十四章关于杀死伯爵罪,"1. 如果有人杀死伯爵,应罚二万四千银处,折合六百金币。2. 如果有人杀死男爵或副伯爵——国王的奴仆,杀害人应罚付一万二千银币,折合三百金币。3. 如果有人杀死男爵——自由人,判付二万四千银币,折合六百金币。"③《赫梯法典》第15条规定:"如果任何人撕掉了一个自由人的耳朵,他将支付十二舍客勒银,并以房屋作抵押。"第16条则规定:"如果任何人撕掉了一个男奴或者女奴的耳朵,他将支付三舍客勒银。"④由此可见,当时法典也将犯罪的手段、方法、数额以及被害人身份作为法定量刑情节。由于在客观责任时代,主观罪过尚非犯罪成立的必备条件,故主观罪过本身及反映罪过(或主观恶性)程度的相关主客观事实均属于量刑情节,此类情节随着时代的迁换而与日俱增。譬如在中华法系,虽然在西周时期就有"三宥"(一宥曰不识,再宥曰过失,三宥曰遗忘)和"三赦"(一赦曰幼弱,再赦曰老旄,三赦曰惷愚)之量刑原则,但在唐代以前,法律对故意、过失的区别仅限于少量犯罪,而到了唐代,《唐律》则将知与不知、故与误等表示故意和过失的概念相当宽泛地规定在各篇各罪中,因而成为普遍性的法定量刑情节。此外,在客观责任时代,已出现了反映人身危险性的量刑情节,如再犯(含累犯)、自首等。早在西周时期,《尚书》便记载有"怙终贼刑"以及"既道极厥辜,时乃不

① 《十二铜表法》,法律出版社2000年版,第35页。

② 《摩奴法典》,商务印书馆1996年版,第197页、第201页。

③ 《萨利克法典》,法律出版社2000年版,第35页。

④ 李政:《〈赫梯法典〉译注》,载《古代文明》2009年第4期。

可杀”[①]之有关再犯加重及自首减轻处罚的记载,其后为历代立法承袭发扬,及至《唐律》甚至出现了总则性的规定;[②]古印度的《摩奴法典》也有“初犯掏摸者可断其两指;再犯时,断一足一手,第三次,处死”之规定。[③] 总体而言,囿于社会条件及认识规律,人们对反映罪犯人身危险性的量刑情节的认识相较于反映犯罪其他两个层次的量刑情节而言,在深度和广度上还是肤浅逼仄许多。

发展至近代,人们对量刑情节的认识发生了极大的变化,这种变化由来于在过往时代只作为量刑情节的主观罪过发生了质变,即由量刑情节上升为了犯罪构成要件。主观罪过的质变使得人们对量刑情节的认识产生了深远的影响,其影响主要表现为:(1)主观罪过作为犯罪构成要件地位最终得以确立,进而形成主客观相统一的定罪原则,全面彻底地否弃了过往时代长期奉行的客观归责的做法,如此便极大地限缩了犯罪的成立范围,从而将不具有主观罪过的行为或无罪过事件排斥在了犯罪的范围之外,同时也理所当然地将那些反映已然除罪化行为或事件的客观危害的所谓情节排除在量刑情节之外,进而大大缩小了反映客观危害层级的量刑情节的存在范围。(2)在主观罪过开始上升为犯罪构成要件之时,罪过心理作为法定量刑情节已经相当普遍地存在于许多国家或地区的法典之中而成为一般性的法定量刑情节,但其构成要件地位在被世界各个国家和地区的刑事立法确认后,则无论是理论还是立法和司法实践,均无不将罪过本体与量刑情节进行严格的区隔。经由前番叙说可知,在过往时代,反映主观恶性程度的量刑情节基本只限于故意与过失及各自包含的某些类型,除此之外反映主观恶性程度的其他类型的量刑情节较为少见,而主观罪过之犯罪构成要件地位确立后,此一层面的量刑情节就只剩下了后者,从某种意义上说也大为缩小了这一层面的量刑情节之客观存在界域。(3)由于犯罪构成要件直接关涉行为的罪与非罪或者行为人的自由与刑罚问题,故历来为刑法理论、刑事立法和司法实务所特别关注,主观罪过作为犯罪构成要件地位之确立无疑有助于极大地深化人们对罪过本身的认识。自此之后,人们对罪过的认识,已不再满足于作为刑事古典学派立论基础的意志自由论,而诉诸心理学的研究成果,深入细致地剖析罪过的内在要素。在深化罪过认识的同时必然推促人们对反映主观恶性程度的量刑情节的认识向纵深发展,此等纵深发展表现为两方面:一是既有量刑情节的认识的深化,如对犯罪动机、犯罪目的等的深入研析,又细化出各种样态的量刑情节;二是少量新的量刑情节类型的发现,如犯罪中止、

---

① “怙终贼刑”出自《尚书·舜典》,“既道极厥辜,时乃不可杀”出自《尚书·康诰》。

② 《唐律·名例律》规定:“诸犯罪已发及已配而更为罪者,各重其事。即重犯流者,依留住法决杖,于配所役三年。若已至配所而更犯者,亦准此。即累流徒应役者不得过四年。若更犯流徒罪者准加杖例。其杖罪以下,亦各依数决之。累决笞杖者,不得过二百。其应加杖者,亦如之。”此为再犯之规定。《唐律·名例律》中“诸犯罪未发而自首者,原其罪”,“其于人损伤,于物不可备偿”,“若越度关及奸,并私习天文者并不在自首之例”则是有关自首的规定。

③ 参见《摩奴法典》,商务印书馆1996年版,第238页。

尚未完全丧失辨认控制能力的精神病人等。(4)量刑情节存在范围的限缩,能够使量刑论的关注点更为集中,进而在整体上促进反映犯罪本质的各个层级的量刑情节类型精深细化,从某种意义上说,刑事实证学派的诞生,正是以特定类型的量刑情节为突破口,如累犯、常习犯、未成年犯等,是在对其批判反思的基础上出现的,因此,主观罪过的质变使人们对量刑情节认识的深化有着划时代的意义。

刑事实证学派否定刑事古典学派以意志自由为逻辑前提的罪过观,如菲利指出,古典派犯罪学和一般公民均认为犯罪含有道德上的罪过,因为犯罪者背弃道德正轨而走上犯罪歧途均为个人自由意志所选择,因此应该以相应的刑罚对其进行制裁,这是迄今为止最流行的犯罪观念。人的自由意志的观念引出一个假定,即一个人可以在善恶之间自由选择。但是,当用现代实证研究方法武装起来的近代心理学否认了自由意志的存在,并证明人的任何行为均系人格与人所处的环境相互作用的结果时,还怎么相信自由意志存在呢?① 实证学派在否定古典学派的罪过观后,构筑了以人身危险性为核心范畴的理论体系。作为理论体系核心范畴的人身危险性,实证学派的代表人物对其作了较为深入的阐释,无论是龙勃罗梭、菲利还是加罗法洛,都认为刑罚适用的根据是行为人而非行为,即主张刑罚要适合罪犯的个性,此罪犯的个性亦即其人身危险性(或社会危险性),龙勃罗梭将罪犯分为天生犯罪人、激情犯罪人、精神病犯罪人、偶然犯四类,菲利则分为天生犯罪人、精神病犯罪人、习惯性罪犯、偶犯、情感犯五类,借此来诠释罪犯的人身危险性。加罗法洛则指出,刑罚必须适合于不法行为者犯罪的自然倾向,②因而将人身危险性表述为“自然倾向”,据其自然犯罪论可知,“自然倾向”当为怜悯与道德情感之缺失程度。此后,经由心理学家、社会学家、犯罪学家、刑法学家等的阐扬光大,迄今已形成较为完整的罪犯人身危险性(或人格)评估体系。由实证学派所开启的对犯罪人的特别关照,使人们对犯罪本质的认识上升到了前所未有的高度,也全面深刻地揭示了刑法中情节的本质,对于古典时代难以合理解释的罪犯的罪前罪后表现,如累犯、自首、立功、坦白、积极赔偿等系列情节何以能够影响刑罚的轻重,都有了合理的解释。与此同时,对于其他量刑情节之本质也有了更深刻的认识,如犯罪目的、犯罪动机、犯罪未遂、犯罪中止、防卫过当、避险过当等。

经由以上叙论已不难把握量刑情节的发展变化规律,在客观责任时代,由于定罪的依据主要是客观的危害,加之客观危害具有外在客观性,较易为人们的感觉所把握,故当时的法典所规定的量刑情节多集中在反映客观危害程度的各种客观事实,当然,法典中也规定有为数不少的反映主观恶性程度的量刑情节,并且这种情节会随着时代的变换而显著递增。另外,还出现了少量反映罪犯人身危险性的量刑情节,由于认识

① 参见[意]菲利:《实证派犯罪学》,郭建安译,中国政法大学出版社2004年版,第131~132页。

② 参见[意]加罗法洛:《犯罪学》,耿伟等译,中国大百科全书出版社1996年版,第362页。

上的局限,这类情节在整个客观责任时代几乎是恒常不变的。尽管从那个时代的典籍中难见酌定量刑情节之踪影,但毋庸置疑,典籍中记载的任一量刑情节无不是人们对其有一定程度的认识后方才引起立法者的足够重视进而上升为法定情节的,即由起始为酌定量刑情节上升为法定量刑情节,并且不难发现,在客观责任时代,酌定情节法定化几乎只在犯罪的客观危害和主观恶性两个层面进行。进入古典时代,由于犯罪人尚未在其理论体系中取得应有的地位,故酌定情节法定化仍然基本发生在客观危害和主观恶性层面。与以往时代不同的是,除了罪过本身不再作为量刑情节外,还有就是这一时期的立法技术有了显著提升,在情节的立法上,除了一如既往在个罪中规定外,大量具有普遍性的量刑情节都在总则中进行规定,这是这一时期情节立法也是酌定情节法定化有别于过往的典型特征。历经实证运动,由于对犯罪人的全新发现,自此,世界各国有关量刑情节的立法踏上了将反映罪犯人身危险性的情节全面法定化或明确化的征程,其具体成效已然呈现于眼前,对此笔者将在后文详列,在此暂且按下不表,这是刑事实证学派对量刑情节立法的卓越贡献,也是历经实证运动迄今为止的酌定情节法定化区别于以往任何时代的显著标志。

综上所述,人类对犯罪本质认识的跃迁助推刑法情节认识的深化,对情节认识的深化促使立法者不断地将相关情节规范定型化,情节的规范定型化将迫使司法者对其进行考量进而实现量刑上的公正合理。因此,综观人类有关量刑情节的立法史,笔者有足够的理由断言,量刑情节立法的发展进步就是不断地将酌定量刑情节予以法定化或明确化的过程。

# 判例刑法学

## 侵犯公民个人信息罪的解释适用

周加海　邹　涛　喻海松*

2017年5月8日,最高人民法院、最高人民检察院发布《关于办理侵犯公民个人信息刑事案件适用法律若干问题的解释》(法释〔2017〕10号,以下简称《解释》)。《解释》的公布施行,对于强化公民个人信息的刑事保护,维护个人信息安全和其他合法权益,必将发挥重要作用。为便于司法实践对此进行正确理解和适用,现就《解释》的制定背景、起草中的主要考虑和主要内容作如下介绍。

### 一、《解释》的制定背景与经过

随着信息化建设的推进,信息资源成为重要的生产要素和社会财富。而在各类信息中,个人信息的价值日益凸显,成为数字经济最重要的元素之一。与此同时,个人信息泄露问题严重,个人信息安全成为一个全社会高度关注的问题。为保护公民个人信息,2009年2月28日起施行的《刑法修正案(七)》增设了《刑法》第253条之一侵犯公民个人信息罪,规定了出售、非法提供公民个人信息罪和非法获取公民个人信息罪。《刑法修正案(七)》施行以来,各级公检法机关正确适用法律,准确认定事实,坚决依法惩处侵犯公民个人信息犯罪活动。2009年2月至2015年10月,全国法院新收出售、非法提供公民个人信息、非法获取公民个人信息刑事案件988起,审结969起,生效判决人数1415人。其中,新收出售、非法提供公民个人信息刑事案件101件,审结98件,生效判决人数142人;新收非法获取公民个人信息刑事案件887件,审结871件,生效判决人数1273人。

近年来,侵犯公民个人信息犯罪仍处于高发态势,不仅严重危害公民个人信息安全,而且与电信网络诈骗等犯罪存在密切关联,甚至与绑架、敲诈勒索等犯罪活动相结合,社会危害日益突出。为切实加大对公民个人信息的刑法保护力度,《刑法修正案

* 周加海,法学博士,最高人民法院研究室副主任;邹涛,法学博士,最高人民法院研究室三级调研员;喻海松,法学博士,最高人民法院研究室刑事处处长。

(九)》对《刑法》第253条之一作出修改完善:一是扩大犯罪主体的范围,规定任何单位和个人违反国家有关规定,获取、出售或者提供公民个人信息,情节严重的,都构成犯罪;二是明确规定将在履行职责或者提供服务过程中获得的公民个人信息,出售或者提供给他人的,从重处罚;三是提升法定刑配置水平,增加规定"处三年以上七年以下有期徒刑,并处罚金"。修改后,"出售、非法提供公民个人信息罪"和"非法获取公民个人信息罪"被整合为"侵犯公民个人信息罪"。《刑法修正案(九)》施行以来,各级公检法机关依据修改后刑法的规定,继续保持对侵犯公民个人信息犯罪的高压态势,实现处理案件量显著增长。2015年11月至2016年12月,全国法院新收侵犯公民个人信息刑事案件(含出售、非法提供公民个人信息、非法获取公民个人信息刑事案件)495件,审结464件,生效判决人数697人。

与此同时,司法实践反映,侵犯公民个人信息罪的具体定罪量刑标准尚不明确,一些法律适用问题存在争议,需要通过司法解释作出规定。为确保法律准确、统一适用,依法严厉惩治、有效防范侵犯公民个人信息犯罪,最高人民法院会同最高人民检察院,在公安部等有关部门的大力支持下,经深入调查研究、广泛征求意见,起草了《解释》。2017年3月20日最高人民法院审判委员会第1712次会议、2017年4月26日最高人民检察院第十二届检察委员会第63次会议审议通过了《解释》。

## 二、《解释》起草中的主要考虑

为确保《解释》的内容科学合理,能够适应形势发展、满足实践需要,在起草过程中,着重注意了以下几点:

第一,贯彻刑法修改精神,强化对公民个人信息的刑法保护。当前,侵犯公民个人信息犯罪呈高发多发态势,涉及的个人信息数量越来越大、类型越来越多。特别是不少涉案公民个人信息事关他人财产乃至人身安全,如行踪轨迹、财产信息等敏感信息。基于当前侵犯公民个人信息犯罪的态势,根据修法精神,《解释》相关条文彰显了对侵犯公民个人信息犯罪的严惩立场,以加强对公民个人信息的刑法保护,有效维护公民的人身、财产安全和生活安宁。

第二,坚持问题导向,有效解决司法实务问题。从调研情况来看,对侵犯公民个人信息犯罪尚存在不少争议问题,亟须通过司法解释加以明确。例如,"公民个人信息"的内涵与外延,对"出售或者提供公民个人信息""非法获取公民个人信息"的理解,对"情节严重""情节特别严重"的把握等。基于此,《解释》相关条文以办理侵犯公民个人信息刑事案件存在的问题为基础,结合司法实际,作了明确规定。

第三,坚持安全与发展并重,兼顾个人信息保护与大数据发展的需要。在全球信息化快速发展的大背景下,大数据已成为国家重要的基础性战略资源,正引领着新一轮科技创新。在大数据和云计算时代,包括个人信息在内的数据,只有充分地流动、共享、交易,才能实现集聚与规模效应,最大限度地发挥价值。但是,在数据流动、交易过程中如何保护公民个人信息的安全,避免个人信息扩散失控,也是必须面对的问题。实际上,公民个人信息的保护与大数据发展和信息社会的建设并不矛盾,二者之间的平衡点就在于现行法律框架。质言之,大数据的发展应依法进行,信息社会须建立在依法保护个人信息的基础上,只有包括个人信息在内的数据在法律保护下安全迅速地收集和流通,才能真正推动我国信息产业的发展。因此,《解释》应在《刑法》和《网络安全法》确立的框架范围内,兼顾公民个人信息保护与大数据产业发展的关系,确保在公民个人信息安全的前提下为大数据发展和信息化建设提供有力刑事司法保护。

## 三、《解释》的主要内容

《解释》结合当前侵犯公民个人信息犯罪的特点和司法实践反映的问题,依照《刑法》《刑事诉讼法》的规定,对侵犯公民个人信息罪的定罪量刑标准和相关法律适用问题作了全面、系统的规定。《解释》共13个条文,大致可以归纳为以下十个方面的问题:

### (一)"公民个人信息"的范围

目前,我国关于个人信息的界定,最为权威的当属《网络安全法》的规定。《网络安全法》第76条规定:"……个人信息,是指以电子或者其他方式记录的能够单独或者与其他信息结合识别自然人个人身份的各种信息,包括但不限于自然人的姓名、出生日期、身份证件号码、个人生物识别信息、住址、电话号码等。"经研究认为,《网络安全法》将"个人信息"界定为"能够识别自然人个人身份的各种信息",显然使用的是广义的"身份识别信息"的概念,既包括狭义的身份识别信息(能够识别出特定自然人身份的信息),也包括体现特定自然人活动情况的信息。例如,从实践来看,行踪轨迹信息系事关人身安全的高度敏感信息,无疑应纳入法律保护范围,且应当重点保护。但是,行踪轨迹信息明显难以纳入狭义的"身份识别信息"的范畴。如果认为《网络安全法》将此类信息排除在"个人信息"的范围外,恐难以为一般人所认同,也不符合保护公民个人信息的立法精神。合理的解释应当是,《网络安全法》是广义上使用"身份识别信息"这一概念,亦即包括个人活动情况信息在内。基于此,《解释》第1条在上述规定的基础上,进一步明确"公民个人信息"包括身份识别信息和活动情况信息,规定:"刑法第二百五十三条之一规定的'公民个人信息',是指以电子或者其他方式记录的能够单独或者与其他信息结合识别特定自然人身份或者反映特定自然人活动情况的各种信息,包括姓名、身份证件号码、通信通讯联系方式、住址、账号密码、财产状况、行踪轨迹等。"

此外,根据《解释》第1条的规定,关于"公民个人信息"的外延,有以下几个具体问题值得注意:(1)"公民个人信息"既包括中国公民的个人信息,也包括外国公民和其他无国籍人的个人信息。(2)公民个人信息须与特定自然人关联。这是公民个人信息所具有的关键属性。因此,经过处理无法识别特定个人且不能复原的信息,虽然也可能反映自然人活动情况,但与特定自然人无直接关联,不能成为公民个人信息的范畴。对于与特定自然人关联,可以是识别特定自然人身份,也可以是反映特定自然人活动情况。需要注意的是,无论是识别特定自然人身份,还是反映特定自然人活动情况,都应当是能够单独或者与其他信息结合所具有的功能。例如,身份证号与公民个人身份一一对应,可以单独识别公民个人身份;而工作单位、家庭住址等无法单独识别公民个人身份,需要同其他信息结合才能识别公民个人身份。但是,上述两类信息无疑都属于公民个人信息的范畴。(3)与特定自然人关联的账号密码属于"公民个人信息"。对于"账号密码"能否纳入"公民个人信息"的范围,存在不同认识。经研究认为,当前账号密码往往绑定身份证号、手机号码等特定信息,即使未绑定,非法获取账号密码后往往也会引发侵犯财产甚至人身的违法犯罪。因此,《解释》第1条明确将"账号密码"列入"公民个人信息"的范围。

(二)"违反国家有关规定"的认定

《刑法修正案(九)》将侵犯公民个人信息罪的前提要件由"违反国家规定"修改为"违反国家有关规定"。根据修法精神,《解释》第2条规定:"违反法律、行政法规、部门规章有关公民个人信息保护的规定的,应当认定为刑法第二百五十三条之一规定的'违反国家有关规定'。"具体而言,该条将"国家有关规定"明确限于法律、行政法规、部门规章等国家层面的规定,不包括地方性法规等非国家层面的规定。

(三)非法"提供公民个人信息"的认定

根据《刑法》第253条之一第1款、第2款的规定,违反国家有关规定,向他人非法出售或者提供公民个人信息,是侵犯公民个人信息罪的客观行为方式之一。从司法适用的角度看,以下两个问题值得关注:

1."提供"的认定。向特定人提供公民个人信息,属于"提供"公民个人信息,对此不存在疑义。但对于通过信息网络或者其他途径发布公民个人信息,是否属于"提供公民个人信息",存在不同认识。经研究认为,通过信息网络或者其他途径发布公民个人信息,实际是向不特定多数人提供公民个人信息,向特定人提供公民个人信息的行为属于"提供",基于"举轻明重"的法理,前者更应当认定为"提供"。基于此,《解释》第3条第1款规定:"向特定人提供公民个人信息,以及通过信息网络或者其他途径发布公民个人信息的,应当认定为刑法第二百五十三条之一规定的'提供公民个人信息'。"

2.合法收集公民个人信息后非法提供的认定。基于大数据发展的现实需要,《网络安全法》在法律层面为个人信息交易和流动留有一定空间,第44条规定任何个人和组织"不得非法出售或者非法向他人提供个人信息",即不仅允许合法提供公民个人信息,而且为合法出售公民个人信息留有空间。而且,《网络安全法》第42条第1款进一步明确了合法提供公民个人信息的情形:“网络运营者不得泄露、篡改、毁损其收集的个人信息;未经被收集者同意,不得向他人提供个人信息。但是,经过处理无法识别特定个人且不能复原的除外。”据此,经得被收集者同意以及匿名化处理(剔除个人关联)是合法提供公民个人信息的两种情形,不能纳入刑事规制范围。基于此,《解释》第3条第2款规定:“未经被收集者同意,将合法收集的公民个人信息向他人提供的,属于刑法第二百五十三条之一规定的‘提供公民个人信息’,但是经过处理无法识别特定个人且不能复原的除外。”当然,这里只是明确此种情形属于“提供公民个人信息”,至于是否构成侵犯公民个人信息罪,还需要根据“违反国家有关规定”等要件做进一步判断。

(四)“非法获取公民个人信息”的认定

根据《刑法》第253条之一第3款的规定,窃取或者以其他方法非法获取公民个人信息是侵犯公民个人信息罪的客观行为方式之一。具体而言,以下几个问题值得关注:

1.购买公民个人信息的处理。从实践来看,非法获取公民个人信息的方式主要表现为购买、收受、交换和侵入计算机信息系统或者采用其他技术手段。对于“购买公民个人信息”是否属于“以其他方法非法获取公民个人信息”的问题,存在不同认识。有意见认为,“其他方法”应当限于与“窃取”危害性相当的方式(如抢夺),不宜将“购买”包括在内。经研究认为,其一,《刑法》第253条之一第3款并未明确排除“购买”方法,且非法购买公民个人信息当然属于非法获取公民个人信息的情形。其二,从实践来看,当前非法获取公民个人信息的方式主要表现为非法购买,如排除此种方式,则会大幅限缩侵犯公民个人信息罪的适用范围。其三,不少侵犯公民个人信息犯罪案件,购买往往是后续出售、提供的前端环节,没有购买就没有后续的出售、提供。基于上述考虑,《解释》第4条明确规定:“违反国家有关规定,通过购买、收受、交换等方式获取公民个人信息,或者在履行职责、提供服务过程中收集公民个人信息的,属于刑法第二百五十三条之一第三款规定的‘以其他方法非法获取公民个人信息’。”

2.获取公民个人信息行为“非法”的判断。对于获取公民个人信息,《刑法》第253条之一第3款将罪状直接表述为“非法获取”。基于体系解释的原理,对此处的“非法”,应当以是否违反国家有关规定作为判断标准。

3.非法收集公民个人信息的处理。《网络安全法》第41条规定:“网络运营者收集、使用个人信息,应当遵循合法、正当、必要的原则,公开收集、使用规则,明示收集、使用信息的目的、方式和范围,并经被收集者同意。网络运营者不得收集与其提供的服务无关的个人信息,不得违反法律、行政法规的规定和双方的约定收集、使用个人信息,并应当依照法律、行政法规的规定和与用户的约定,处理其保存的个人信息。”违反上述规定，未经他人同意收集公民个人信息，或者收集与提供的服务无关的公民个人信息的，应当认定为“非法获取公民个人信息”。以此为基础，《解释》第4条专门明确，违反国家有关规定，在履行职责、提供服务过程中收集公民个人信息的，属于《刑法》第253条之一第3款规定的“以其他方法非法获取公民个人信息”。

（五）侵犯公民个人信息罪的定罪量刑标准

根据《刑法》第253条之一的规定，非法获取、出售或者提供公民个人信息，情节严重的，处3年以下有期徒刑或者拘役，并处或者单处罚金；情节特别严重的，处3年以上7年以下有期徒刑，并处罚金。可见，侵犯公民个人信息罪系情节犯，定罪量刑标准为“情节严重”“情节特别严重”。对于这一概括性的定罪量刑情节，宜根据司法实践的情况从犯罪的客体、客观方面、主体、主观方面等多个角度加以考察。经充分调研，《解释》第5条规定了“情节严重”“情节特别严重”的认定标准。

1.“情节严重”的认定标准。《解释》第5条第1款从以下几个方面对侵犯公民个人信息罪的入罪标准“情节严重”作了明确：

一是信息类型和数量。公民个人信息的类型繁多，行踪轨迹信息、通信内容、征信信息、财产信息、住宿信息、交易信息等公民个人敏感信息涉及人身安全和财产安全，被非法获取、出售或者提供后极易引发绑架、诈骗、敲诈勒索等关联犯罪，具有更大的社会危害性。因此，基于不同类型公民个人信息的重要程度，《解释》分别设置了“五十条以上”“五百条以上”“五千条以上”的入罪标准，以实现罪责刑相适应。具体而言，包括：

（1）非法获取、出售或者提供行踪轨迹信息、通信内容、征信信息、财产信息50条以上的。行踪轨迹信息、通信内容、征信信息、财产信息与人身安全、财产安全直接相关，系高度敏感信息，《解释》第5条第1款第（三）项将入罪标准设置为“五十条以上”。需要注意的是，鉴于本项规定的入罪标准门槛较低，故此处严格限缩所涉公民个人信息的类型，仅限于行踪轨迹信息、通信内容、征信信息、财产信息四类信息，不允许司法适用中再通过等外解释予以扩大。对于行踪轨迹信息、通信内容、征信信息，司法实践中在认定上不存在争议。对于财产信息，可以根据案件具体情况把握：既包括银行账户、第三方支付结算账户、证券期货等金融服务账户的身份认证信息（一组确认用户操作权限的数据，包括账号、口令、密码、数字证书等），也包括存款、房产等财产状况信息。

（2）非法获取、出售或者提供住宿信息、通信记录、健康生理信息、交易信息等其他可能影响人身、财产安全的公民个人信息500条以上的。上述公民个人信息虽然在重要程度上弱于行踪轨迹信息、通信内容、征信信息、财产信息，但也与人身安全、财产安全直接相关，往往被用于“精准”诈骗等违法犯罪活动。基于此，《解释》第5条第1款第（四）项将入罪标准设置为“五百条以上”。需要注意的是，本项规定有“等其他可能影响人身、财产安全的公民个人信息”的表述,司法实践中可以根据具体情况作等外解释,但应当确保所适用的公民个人信息涉及人身、财产安全,且与“住宿信息、通信记录、健康生理信息、交易信息”在重要程度上具有相当性。

(3)非法获取、出售或者提供一般公民个人信息5000条以上的。从实践来看,除前述公民个人敏感信息外,出售、提供公民个人信息往往数量较大,动辄数万条甚至数十万条,不少案件甚至将公民个人信息编辑为电子文档后按兆出售。因此,不少地方对出售、提供公民个人信息的入罪掌握在数量5000条以上,基本上可以满足严厉打击此类犯罪的需要,且给行政处罚留有一定空间。基于此,《解释》第5条第1款第(五)项设置了较低的入罪标准,将非法获取、出售或者提供公民个人信息5000条以上的规定为“情节严重”。

此外,鉴于实践中存在混杂公民个人信息的情形,《解释》第5条第1款第(六)项将“数量未达到第三项至第五项规定标准,但是按相应比例合计达到有关数量标准的”情形规定为“情节严重”。

二是违法所得数额。出售或者非法提供公民个人信息往往是为了牟利,故应当以违法所得作为认定“情节严重”的标准之一。从司法实践来看,一般公民个人信息的价格相对较低,甚至不会按条计价;而公民个人敏感信息价格通常较高,通常按条计价,特别是行踪轨迹信息可以谓之为最为昂贵的信息类型。考虑到各项规定之间的均衡,《解释》第5条第1款第(七)项将违法所得5000元以上的规定为“情节严重”。

三是信息用途。通常而言,非法获取公民个人信息,绝不仅是为了占有,而是有特定用途、甚至用于违法犯罪。可以说,非法获取、出售或者提供公民个人信息,不仅严重危害公民的信息安全,而且可能引发进一步犯罪。因此,此类行为引发的后果的严重程度,是认定“情节严重”与否的重要标准。被非法获取、出售或者提供的公民个人信息,用途存在不同,对权利人的侵害程度也会存在差异。如果涉案的公民个人信息被用于实施其他犯罪活动,使权利人的人身、财产安全陷入高风险状态或者造成实质危害,对此应当直接认定为“情节严重”或者“情节特别严重”,以刑事手段加以规制;而如果涉案公民个人信息未被用于犯罪活动,则社会危害性相对较小,不宜直接以此作为刑事规制的依据。基于此,《解释》第5条第1款第(二)项将“知道或者应当知道他人利用公民个人信息实施犯罪,向其出售或者提供的”规定为“情节严重”。从司法实践来看,行踪轨迹信息是最为敏感的公民个人信息。非法获取、出售或者提供该类信息,行为人主观上对可能被用于犯罪存在概括认识,《解释》第5条第1款第(一)项直接将“非法获取、出售或者提供行踪轨迹信息,被他人用于犯罪的”规定为“情节严重”,无须再具体判断主观上是否知道或者应当知道涉案信息被用于犯罪。

四是主体身份。公民个人信息泄露案件不少系内部人员作案,诸多公民个人信息买卖案件也可以见到“内鬼”参与的“影子”,这是侵犯公民个人信息违法犯罪泛滥的重要原因所在。由于上述情形往往发生在公民个人信息交易的最初阶段,涉案信息的数量往往较少、价格相对低廉。此种情形下,如果不设置特殊标准,往往难以对此类源头行为予以刑事惩治。基于此,为贯彻落实《刑法》第253条之一第2款"违反国家有关规定,将在履行职责或者提供服务过程中获得的公民个人信息,出售或者提供给他人的,依照前款的规定从重处罚"的规定,《解释》第5条第1款第(八)项对将在履行职责或者提供服务过程中获得的公民个人信息出售或者提供给他人的情形认定为"情节严重"设置了特殊标准,规定此种情形下出售或者提供公民个人信息,认定"情节严重"的数量、数额标准将减半计算。当然,对于此种情形,不宜再根据《刑法》第253条之一第2款的规定从重处罚,以免重复评价。

五是主观恶性。曾因侵犯公民个人信息受过刑事处罚或者两年内受过行政处罚,又非法获取、出售或者提供公民个人信息的,行为人屡罚屡犯,主观恶性大,故《解释》第5条第1款第(九)项将此种情形规定为"情节严重"。

2."情节特别严重"的认定标准。《解释》第5条第2款主要从两个层面规定了"情节特别严重"的情形:一是数量数额标准。基于司法实践中侵犯公民个人信息犯罪涉案的公民个人信息数量相差悬殊,跨度从几千条到几十万条(甚至更大数量)不等,将"情节特别严重"和"情节严重"之间的数量数额标准设置为10倍而非5倍的倍数关系。二是严重后果。从实践来看,非法获取、出售或者提供公民个人信息,对于个人而言,可能造成人身伤亡、经济损失等后果;对于社会而言,可能引发社会恐慌,造成恶劣社会影响。基于此,将"造成被害人死亡、重伤、精神失常或者被绑架等严重后果的""造成重大经济损失或者恶劣社会影响的"规定为"情节特别严重"。

3.为合法经营活动购买、收受公民个人信息定罪量刑的特殊标准。从实践来看,购买、收受公民个人信息从事广告推销等活动的情形较为普遍。为了秉持刑法的谦抑性,体现宽严相济,《解释》第6条第1款规定:"为合法经营活动而非法购买、收受本解释第五条第一款第三项、第四项规定以外的公民个人信息,具有下列情形之一的,应当认定为刑法第二百五十三条之一规定的'情节严重':(一)利用非法购买、收受的公民个人信息获利五万元以上的;(二)曾因侵犯公民个人信息受过刑事处罚或者二年内受过行政处罚,又非法购买、收受公民个人信息的;(三)其他情节严重的情形。"这是《解释》针对为合法经营活动而购买、收受公民个人信息的行为设置的专门的定罪量刑标准。而且,考虑到此类行为社会危害性不大,即使构成犯罪,通常也不需要升档量刑,故只规定了"情节严重"的具体情形。

需要注意的是,适用该定罪量刑标准须满足三个条件:一是为了合法经营活动,对此可以综合全案证据认定,但主要应当由被告方提供相关证据;二是限于普通公民个人信息,即不包括可能影响人身、财产安全的敏感信息;三是信息没有再流出扩散,即行为方式限于购买、收受。根据《解释》第6条第2款的规定,如果将购买、收受的公民个人信息非法出售或者提供的,定罪量刑标准应当适用《解释》第5条的规定。对此应当注意的是,为了合法经营活动交换公民个人信息的,由于在获取信息的同时造成了信息扩散,不符合前述三个要件,定罪量刑标准亦应适用《解释》第5条的规定。

4. 侵犯公民个人信息单位犯罪的定罪量刑标准。根据《刑法》第253条之一第4款的规定,单位可以成为侵犯公民个人信息罪的主体。为切实加大对单位侵犯公民个人信息犯罪的惩治力度,《解释》第7条明确了单位实施侵犯公民个人信息犯罪的,适用自然人犯罪的定罪量刑标准,规定:"单位犯刑法第二百五十三条之一规定之罪的,依照本解释规定的相应自然人犯罪的定罪量刑标准,对直接负责的主管人员和其他直接责任人员定罪处罚,并对单位判处罚金。"

(六)侵犯公民个人信息罪的认罪认罚从宽处理

为贯彻落实"认罪认罚从宽制度",充分发挥刑法的教育和威慑功能,《解释》第10条专门规定:"实施侵犯公民个人信息犯罪,不属于'情节特别严重',行为人系初犯,全部退赃,并确有悔罪表现的,可以认定为情节轻微,不起诉或者免予刑事处罚;确有必要判处刑罚的,应当从宽处罚。"可见,该条只适用于侵犯公民个人信息犯罪的基本情节,对于符合"情节特别严重"构成的,不能再适用本条规定从宽处罚。

(七)设立网站、通信群组侵犯公民个人信息行为的定性

实践中,一些行为人通过建立网站供他人进行公民个人信息交换、买卖等活动非法牟利。此类网站存储、流转公民个人信息量巨大,但网站建立者、直接负责的管理者未直接接触公民个人信息,不少情形下难以按照侵犯公民个人信息罪定罪处罚。根据《刑法》第287条之一的规定,设立用于实施违法犯罪活动的网站、通信群组,情节严重的,构成非法利用信息网络罪。经研究认为,供他人实施非法获取、出售或者提供公民个人信息违法犯罪活动的网站、通信群组实际上属于"用于实施违法犯罪活动的网站、通信群组"。因此,《解释》第8条规定:"设立用于实施非法获取、出售或者提供公民个人信息违法犯罪活动的网站、通讯群组,情节严重的,应当依照刑法第二百八十七条之一的规定,以非法利用信息网络罪定罪处罚;同时构成侵犯公民个人信息罪的,依照侵犯公民个人信息罪定罪处罚。"

(八)拒不履行公民个人信息安全管理义务行为的处理

当前,一些单位因为履行职责或者提供服务的需要,掌握着海量的公民个人信息,这些信息一旦泄露将造成恶劣社会影响和严重危害后果。实际上,侵犯公民个人信息违法犯罪的猖獗,与有关单位保护公民个人信息工作存在疏漏有一定关联,相关管理机制有进一步完善的空间。这一问题在互联网时代更为突出。为了促进网络运营者采取切实有效的措施加强对公民个人信息的保护,《网络安全法》明确了网络信息安全的责任主体,确立了"谁收集,谁负责"的原则,将收集和使用个人信息的网络运营

者,设定为个人信息保护的责任主体。其中,《网络安全法》第 40 条明确规定:“网络运营者应当对其收集的用户信息严格保密,并建立健全用户信息保护制度。”与之相衔接,《刑法修正案(九)》设立了拒不履行信息网络安全管理义务罪,规定网络服务提供者不履行法律、行政法规规定的信息网络安全管理义务,经监管部门责令采取改正措施而拒不改正,致使用户信息泄露,造成严重后果的,处 3 年以下有期徒刑、拘役或者管制,并处或者单处罚金。因此,对于网络服务提供者未切实落实个人信息保护措施,符合《刑法》第 286 条之一规定的,可能构成拒不履行信息网络安全管理义务罪。据此,《解释》第 9 条规定:“网络服务提供者拒不履行法律、行政法规规定的信息网络安全管理义务,经监管部门责令采取改正措施而拒不改正,致使用户的公民个人信息泄露,造成严重后果的,应当依照刑法第二百八十六条之一的规定,以拒不履行信息网络安全管理义务罪定罪处罚。”

(九)涉案公民个人信息的数量计算规则

针对公民个人信息数量“计算难”的实际问题,《解释》第 11 条专门规定了数量计算规则。具体而言:

1. 公民个人信息的条数计算。关于公民个人信息的条数计算,若同一条信息中涉及多个个人信息的,如家庭住址、银行卡信息、电话号码,实践中往往认定为一条公民个人信息。对此问题,实践中并无太大争议,故未作专门规定。对于实践中存在的针对同一对象非法获取公民信息后又出售或者提供的情形,则明显不宜先计算非法获取的公民个人信息数量、再计算出售或者提供的公民个人信息数量,故《解释》第 11 条第 1 款规定:“非法获取公民个人信息后又出售或者提供的,公民个人信息的条数不重复计算。”此外,考虑到公民个人信息可能被重复出售或者提供,其社会危害性明显不同于向他人出售或者提供一次的情形,故而,《解释》第 11 条第 2 款规定:“向不同单位或者个人分别出售、提供同一公民个人信息的,公民个人信息的条数累计计算。”

2. 批量公民个人信息的数量认定规则。从实践来看,除公民个人敏感信息外,涉案的公民个人信息动辄上万条甚至数十万条。此类案件中,不排除少数情况下存在信息重复,如针对同一对象并存“姓名 + 住址”“姓名 + 电话号码”“姓名 + 身份证号”等数条信息,但要求做到完全去重较为困难。此外,对于信息的真实性也难以逐一核实。个别案件中,要求办案机关电话联系权利人核实公民个人信息的做法,明显不合适。基于此,《解释》第 11 条第 3 款规定:“对批量公民个人信息的条数,根据查获的数量直接认定,但是有证据证明信息不真实或者重复的除外。”

(十)侵犯公民个人信息犯罪的罚金刑适用规则

侵犯公民个人信息犯罪具有明显的牟利性,行为人实施该类犯罪主要是为了牟取非法利益。因此,有必要加大财产刑的适用力度,让行为人在经济上得不偿失,进而剥夺其再次实施此类犯罪的经济能力。基于此,《解释》第12条规定:“对于侵犯公民个人信息犯罪,应当综合考虑犯罪的危害程度、犯罪的违法所得数额以及被告人的前科情况、认罪悔罪态度等,依法判处罚金。罚金数额一般在违法所得的一倍以上五倍以下。”

# 立体刑法学视野下争议案件解释路径探寻

邓君韬　龚宏川*

【内容摘要】争议案件适用“法律”难、存在“法律空缺”是法律实践和法学研究中无可回避的问题。化解刑事争议案件的关键是既强调法律的原则性也注重刑法教义学解释论的运用，不仅保障一般正义，也要努力实现个别正义。可以立体刑法学理论辅助刑法解释方法论完善、发挥刑事裁判在维护公众道德、规范社会秩序等方面的积极功能。

【关键词】刑事争议案件　刑法解释　立体刑法学　内外结合

## 一、缘起

2003年，刘仁文研究员首次提出立体刑法学的概念。立体刑法学不仅是刑法学习的研究方法，也是刑法运作现状的社会表征，[①]立体刑法学主要针对法律在实际层面的运用，其已发展成为具有一定社会影响力的学术标签。

近年来，在卢氏兰草案、广州组织卖淫案、网购仿真枪案，以及更早的许霆案等一系列备受社会关注的刑事案件中，原审似乎均依法办案、于法有据，然而社会效果却由于判决结果与普通人的朴素正义观形成鲜明对比而争议不断，降低了司法权威性。刑事争议案件往往是社会上新出现的或极端复杂的非典型社会纠纷，当刑事争议案件基本的案件事实明确以后，案件裁判结果仍然具有一定的不确定性。这种情况很难基于现有的成文法通过一般推理来处理，法官必须根据对法律精神和具体案件事实的理解，科学地运用刑法解释来解决问题，[②]给出一个非此即彼的“唯一答案”。

当前刑法解释功能发挥不够，司法实践中一些滥用刑法解释权的现象也缺乏应有制约，导致犯罪圈日益扩大，有违国民可预测性。对于此类争议案件，倘若司法者仍然僵化地固守严格规则主义立场作出裁量，缺失的不仅是个案正义，司法的普遍公信力也会受到损害。刑法不仅应在形式上规定犯罪和刑罚，还应当适应社会变化要求和需

---

* 邓君韬，法学博士，西南交通大学法律硕士教育中心副主任，公共管理与政法学院副教授；龚宏川，西南交通大学公共管理与政法学院2018级法律硕士研究生。

① 参见刘仁文：《立体刑法学：回顾与展望》，载《北京工业大学学报（社会科学版）》2017年第5期。

② 参见严存生：《“法在事中”——从疑难案件的法律解释想起的》，载《法律方法》2003年第1期。

要,坚守罪刑法定原则和刑法谦抑性与适当发挥司法的能动性并不矛盾。因此,刑法解释与刑法条文之间似乎并不存在泾渭分明的界限,应结合刑法运作外部环境的影响,引发对刑法条文的重新解释,吸收人文关怀与融合社会共识,协调刑法的正式性和严肃性,用法律语言和规范程序来填充不完善的刑事立法。本文拟以晚近司法实践中的典型争议刑事案例为基本素材,就立体刑法学视野下刑法解释与刑法条文之间的关系展开论析,探讨完善刑事争议案件的解释方法。

## 二、问题的提出:刑法解释存在的问题

### (一)争议案件判决检视

对于司法机关来说,法律至高无上和循法而断是刑法实践的首要任务。根据严格的规则理论,传统的刑法解释理论遵循形式上的三段论,根据形式逻辑,裁判的结论是根据法律逻辑推断出来的,结论是特定的。[①] 因此,司法机构可以依靠刑法解释来完成对案件的规范和裁量的理解。然而,实际上,在案件审判期间,法官的思维过程极其复杂,并不总是遵循单一的固定模式。此外,刑事纠纷案件的复杂性和法律规范的模糊性也决定了这种单一的模式无法解决所有实际问题。在裁判案件中,存在明确的可将个案事实涵摄的法律规则,但规则的适用结果却并不一定被群众所普遍接受,甚至可能违背普通人朴素的正义观或法感情。

1. 网购仿真枪案

2014年7月15日,四川刘某在网上买了24支仿真枪。为了逃避海关监管,卖方将仿真枪藏在饮水柜内,并通过物流和进出口公司转移进行报关和转运。同年,枪支被福建石狮海关分局查封。福建泉州中院依据《刑法》第151条第1款作出走私武器罪、非法持有枪支罪的一审判决,且系情节特别严重,判处刘某无期徒刑。该判决在社会上引起了广泛的争议,被认为超出了公众的认知范围。

仿真枪是否属于枪支,一般由公安机关专业鉴定机构核实确认。评估鉴定依据公安部颁发的《公安机关涉案枪支弹药性能鉴定工作规定》(公通字〔2010〕67号)明确指出,当枪口比动能量大于或等于1.8焦耳/平方厘米时,不能发射标准弹药的非制式枪支应被确定为枪械。在被送往检查之后,刘某在该案中购买的24支仿真枪中有20支被确定为枪支。因此,刘某的行为被确定为走私枪支。根据现行的司法标准,法院严格遵循相关司法解释的具体规定,判决刘某购买的仿真枪属于枪支,其逻辑推理没有明显的不当之处。但是,司法部门只是"机械地"理解刑法的规定,而忽视了在法律中寻找有关何为枪支以及是否具有可罚的违法性、可归责性等理论的情境化运用。

① 参见任彦君:《刑事疑难案件中结果导向思维的运用》,载《法学评论》2012年第2期。

2. 广州组织卖淫案

2011 年,犯罪嫌疑人蔡某巧、王某东夫妇在广州市越秀区以开发廊为名,雇用女性以手、大腿、乳房夹生殖器按摩等方式为男性顾客提供服务并牟利,夫妇二人在泰兴美容美发店被警察逮捕归案。该案件中最大的争议是:以手淫等"非进入式"的接触型色情服务是否可以被认定为刑法意义上的"卖淫",进而构成引诱、容留、介绍他人卖淫罪?

随着社会形势变化及边缘性行为方式的多样化,卖淫的行为界限变得模糊,不再是一个明确的法律概念。有观点认为,卖淫是指以营利为目的,与不特定的对方发生性交或实施类似性交的行为,它不包括简单的异性自慰和乳房夹生殖器按摩的行为。[①] 但是,2001 年,公安部发布了《关于对同性之间以钱财为媒介的性行为定性处理问题的批复》(公复字〔2001〕4 号),根据批复精神,异性或同性之间的不端行为,包括口交、手淫、鸡奸和其他行为都是卖淫行为,违法者都将被依法处理。

初审法院认定,涉案人员构成了组织卖淫罪。在被告提出上诉后,检方撤回了起诉,理由是被告不应被追究刑事责任。然而,在实践中,不同地方的法院对刑法中的手淫等性服务是否是卖淫有不同的判断,似有必要通过解释予以澄清。

(二)解释关注重点

1. 责任要素认定与刑事责任

《刑法》第 151 条第 1 款对走私武器、弹药罪配置了"基本刑"、"加重刑"和"减轻刑"三档法定刑。根据《刑法》规定,由于责任不同,有必要处以不同的法定刑。责任评估因素是各种"情节"的集合,是一个综合指标,包括一系列因素,如犯罪对象、手段、动机、目的和伤害结果等,这些要素综合反映行为的法益侵害程度,即罪量。因此,司法机关应对侵害法益程度的各种事实进行全面评估,考虑实际的社会危害,并对责任的大小作出判断,然后选择相应的量刑档次进行处罚。

但是,在上述网购仿真枪案中,数量被视为确定情节严重程度的唯一因素,换言之,只要持有就可以构成枪支类犯罪,而不加考虑其他事实因素。通过这种方式,数量被视为一种刚性且唯一的因素,从而压缩了司法人员的自由裁量权,甚至排除了刑法对减少或免除条款的实际应用。因我国涉枪类犯罪入刑标准相对较低、量刑较重,根据刑法和相关司法解释,刘某购买仿真枪的数量达到了"情节特别严重"数量标准,法官便适用了"情节特别严重"相关规定。

2. 行政规章与犯罪圈

毋庸讳言,刑法解释要受到政治制度和社会环境的影响。在行使刑法解释权时,最高人民法院经常与没有司法解释权的政府行政部门联合发布相关的司法解释。我

---

① 参见李麒:《刑法立法科学化之思考》,载《晋中学院学报》2018 年第 2 期。

国许多经济、行政法律经常授权行政机关制定实施细则,其中往往包含许多刑事责任条款,其实质是对刑法解释的授权行为。[①] 这种行为导致了法律解释权的扩散和法律解释主体的多元化。国务院及其部委无权对这些刑事责任条款作出具体解释,因为刑法不同于其他部门法律,它涉及剥夺公民的自由权乃至生命权,是"后盾法"。行政机关的规范性文件不是法律,不能作为刑事定罪或者无罪的法律依据(可以作为行政处罚和相关行政诉讼案件的依据)。犯罪的定义和解释应遵循谦抑性原则,即在用尽其他法律救济之前,由刑法过早介入是不恰当的,否则容易导致刑罚权力和犯罪圈的过度扩张。

## 三、立体刑法学视野下争议案件解释路径完善

如上所述,刑法解释特别是对现代刑法解释,与刑法的适用密切相关。首先,行政或司法机关每天要处理大量的违法犯罪案件,这要求执法或司法人员不断适应新情况和变化,并找出最为恰当的行为路径和解决方案。显然,法律不可能事先充分界定和具体说明所有事项,也不可能事先对所有事项给出准确的限制和明确的行为准则。现代社会涉及刑法的事务往往是非常具有专业性和技术性的,通常需要刑法解释来补充和完善。其次,为了协调法治与政治的关系,避免冲突,立法者在制定法律时自然要有一定的自由裁量权,使刑法解释可以适当地将政策考虑纳入执法。

任何一个法律的首要目的都是维持社会秩序,建立规范性目的不仅要维护某种社会秩序的稳定,而且不能忽视公众的认可。

### (一)突出刑法主体地位

对于争议案件的解释应以刑法为中心。首先,刑法条文出于简洁性、谦抑性等因素的考虑,对罪状常常缺乏具体、明确的描述,导致在其他法律法规和刑法规定的行为类型相似或基本相同的情况下难以区分二者的界限;其次,行政机关,如公安部、司法部参与颁发司法解释混淆了行政解释权和司法解释权的界限,其直接后果就是大量行政违法行为被纳入犯罪,最主要的表现就是刑事违法领域与治安违法等行政违法领域的交叉、蔓延。例如,《刑法》规定的引诱、容留或者介绍他人卖淫和《治安管理处罚法》规定的引诱、容留或者介绍他人卖淫的处罚具有较大的差距,直接后果就是在法律适用时无所适从或摇摆不定,导致执法不一致。公安部、司法部等行政机关没有权力解释法律在诉讼程序和检察院工作中的具体应用,排除行政机构对刑法的司法解释,这是社会主义法治的必然要求。[②]

我国《刑法》第13条"但书"规定,如果情节显著轻微,则不视为犯罪。可见,刑法

---

① 参见刘艳红:《走向实质的刑法解释》,北京大学出版社2009年版,第246~255页。

② 参见赵秉志:《刑法基本问题》(第1卷),北京大学出版社2010年版,第347~350页。

只将那些具有社会危害性的行为界定为刑事犯罪。这要求法律解释者对构成要素作出实质性解释,并考虑是否值得施加刑罚。如果我们只关注所谓的法律形式而不是法律形式背后的本质,将不可避免地导致购买玩具枪和其他不值得定罪处刑的行为被解释为犯罪。这就要求立法机关在立法时更加注重相关法律之间的协调,在用语上不能出现含糊、矛盾的地方,对罪与非罪的界限要作出较为清晰的界定而非单纯依靠法律解释。

有学者建议,具体操作上,在涉及个人生命、身体健康、财产法益的区域,应当设立刑罚处罚的一元处罚体系,避免设置直接侵害这些法益的治安违法行为的处罚,对这类行为予以彻底的犯罪化;如果将对这些法益的侵害,哪怕是程度较轻的侵害,交由行政法规进行处罚,也会损害犯罪构成要件作为不法类型的呼吁功能。①

(二)注重法秩序统一

所谓法律秩序的统一,意味着由多个法律部门组成的法律秩序中不应存在冲突和矛盾。在我国法治建设中,法制的统一和顺畅是前提和保障。维持法律秩序的统一是解释刑法的先决条件。作为法律体系框架的一部分,法律解释应该规范化、系统化,使法律规范和法律解释能够有序协调,这对当前的法制建设具有重要意义。法律解释是一项与司法判决和特定案件的法律适用有关的活动。在实践中,不同解释机构之间或同一机构解释同一法律问题的权力必须统一和明确。②

(三)树立有限解释观念

必须正视刑法解释与刑法之间的关系。虽然解释者也积极参与刑法的形成,在规范建构中的作用也不亚于立法者,但刑法的解释不能等同于刑法。如美国在制定法语境下将最适宜解释作为刑法解释的限度,由于美国倾向于立意解释规则,主张对于法律规则进行不拘泥于字面含义的解释,因此应探讨法律规则含义背后的立法意图、目的和原则或基于公平合理的考虑,以期合理和恰当地解释法规。③ 立体刑法学不仅将刑法体系置于整个法秩序体系中予以审视与分析,也要求兼顾必要的法理性考量和道德体系,对构成要件进行实质审查,基于处罚的必要性及合理性将不值得科处刑罚的行为排除在外。④

1. 刑法解释应是刑法所能达到的客观程度

刑法是最严厉的制裁手段,以实现正义为第一要义。刑法是后盾法,当社会中存在现实的重大法益保护需要,并且其他部门法规范无法对相关行为进行有效规制的时

---

① 参见王莹:《论行政不法与刑事不法的分野及对我国行政处罚法与刑事立法界限混淆的反思》,载《河北法学》2008 年第 10 期。

② 参见万涛:《法秩序统一视野下法律解释的规范性研究》,载《公安学刊》2015 年第 2 期。

③ 参见龚振军:《刑法解释限度理论的反思性解读与认定模式探究》,法律出版社 2016 年版,第 50 页。

④ 参见张明楷:《实质解释论的再提倡》,载《中国法学》2010 年第 4 期。

候,只要以刑事政策为基点在刑法文义的范围内存在解释的可能性,刑罚权就有必要启动。在法律稳定的框架下,努力作出符合社会生活经验法则、基本精神的判决是司法良知的体现。[①]

刑法解释并非抽象性、宽泛性的解释,而是结合具体的规范和事实通过价值判断和逻辑推理的具体解释。刑法解释的基础和对象只能是客观的刑法规定,作为刑法参考的法律非正式来源必须是客观的,而且不能仅仅依据犯罪以外的非正式法律来裁判和量刑。[②] 为保证刑法规范本身的稳定性及正义性,必须按照刑法的性质和规范保护目的进行刑法解释,实现内外结合,在严格解释的同时注重独立解释与现实解释。

刑法规范适用时应根据规范保护目的进行独立性的价值判断,当刑法与其他相关部门法的规范保护目的保护不一致甚至有冲突的时候,刑法解释应当以刑事政策为引导和基点,根据自己的规范性质和保护目的进行独立判断,凸显刑法的独立价值;同时,刑法必须能够适应社会的发展需要,理应随着社会发展的变化实现刑法规范的更新修正,不断完善法益保护。由于刑法稳定性的需要且具有一定的滞后性,应特别强调基于刑事政策探求立法保护目的,继而进行现实解释,对规范的理解应当现实化,且其解释结论应当符合社会现实化的要求;树立正确的刑法解释观念必须考量各种刑法价值的具体体现。在尊重立法原意的同时也不能忽视时代变迁、法律文本背后隐藏的价值,防止机械僵化适用,产生合法不合理的结果。

刑法规范的解释应当是法官在可能的多种文义中依据一定的标准进行选择、判定,当严格遵守规则会导致判决不合情理时,应调整刑法解释的视角,以人权理念进行纠偏,拓展刑法解释的框架;刑法解释不仅应当关注刑法条文本身,还要将社会价值等因素考虑在内,刑法解释的限制标准应当是多元主体间良性沟通互动达成的共识,[③] 实现民意与刑法运作的良性互动,提高刑法解释的公众认同。

2. 刑法解释应在国民可预测文义范围内

法律本身并不完美。人类社会流传下来的一些基本社会规则、道德和价值观一直在影响着法律。《礼记·礼运》:“何谓人情?喜怒哀惧爱恶欲七者,弗学而能。”其引申意义是重视“民情”“民意”,即社会公众的共同情感以及代表传统的伦理道德。[④] 在大多数情况下,法律实际上是对现有社会规范的承认,如道德和习惯,法律的创立也必须形成具有情感和理性的权利的社会基础。任何违背人的正当情感与诉求的法迟早

---

① 参见刘艳红:《“司法无良知”抑或“刑法无底线”?——以“摆摊打气球案”入刑为视角的分析》,载《东南大学学报(哲学社会科学版)》2017年第1期。

② 参见魏东、田维:《罪刑法定原则的解释规则与规范适用》,载《人民检察》2018年第15期。

③ 参见袁琳:《公众认同与刑法解释范式的择向》,载《法学》2011年第5期。

④ 参见刘延和:《刑法解释与适用研究》,法律出版社2016年版,第220~237页。

要被修正或废止。①

刑法解释原则上也应当以通常语意进行理解，但是如果存在特定含义的情况则例外。具体个案中的行为，除了法律规定的行为类型特征外，还有许多为法律普遍性所排除或者忽略的因素，此时应当结合被告人行为的社会危害性综合判断。引起极大关注的网购仿真枪案、广州组织卖淫案等均充分说明法官不能仅仅是根据字面形式理解刑法条文规定，必须充分考虑到法律之外传统的人伦常情等因素进行阐释，确保实现法律效果与社会效果的有机统一；应当考虑语言本身所具有的特定文化内涵，不能脱离特定的民族文化进行解释。例如，组织男性从事有偿色情服务，是否构成我国现行《刑法》第358条规定的组织卖淫罪？根据传统观点，卖淫主要是指异性之间的有偿性交行为，但在今天看来，卖淫行为已经突破和超越了该界限，由男性提供有偿色情服务已经不再是孤立、罕见社会现象。在刑事立法并未就卖淫行为进行明确限定的情形下，应当根据现实社会的发展、时代观念的变化、文化传统和刑法精神对卖淫行为进行新的解读。将刑法解释限度限定在国民可预测文义范围之内，实现国民预测的可能性和刑法的稳定价值，是形式理性和实质法治的需要。

（四）加强综合解释

在哲学诠释学看来，刑法解释对刑法文本的解读不是一种原意的"回溯运动"而是意义上的"创生过程"。② 刑法解释除了发现和指正刑法的缺陷，还要结合当下既有情形为法律适用找出合理路径。

不同于传统教义学范畴内的刑法解释，立体刑法学视野下的刑法解释讲究内外结合，在加强刑法解释的同时注重刑法的外部运行环境，将刑法解释的范围扩大至刑法规范之外的影响因子。立体刑法学在实然和应然两个层面展开刑法解释；法律的发展是一个不断发展的过程，它必须始终从生活中吸收新的营养素，以便在不断变化的社会中赋予法律新的生命。它反对刑法规范的封闭和形式化，主张关注规范中的法外意义，整合刑事政策、舆论、公共秩序和良好习俗以及政治决策和其他价值判断，并努力将刑法与司法实践的需要联系起来。③ 面对复杂多变的生活，法律不能像数学公式一样存在定量关系，行为人的行为可以直接由固定的数量关系来推导。有时候，有必要关注案件的特殊情况，结合现实生活中的各种情况全面判断法律规则的事理逻辑是否与刑法目标预设一致并保持清晰合理。因此，在遵守现行法律规则的最低形式要求时，应注重法律规制的社会环境和案件具体情况，这不仅最大限度地维护了法律的稳定性和权威性，而且也丰富了法律的生命力，有利于更好保障个体正义实现。

---

① 参见刘道纪：《法律内的天理人情》，载《政法论坛》2011年第5期。

② 参见赵运锋、胡文：《刑法实质解释之反思与评析》，载《山东警察学院学报》2015年第2期。

③ 参见严励：《刑法学前沿与热点问题研究》，中国法制出版社2017年版，第208～209页。

类似于广州组织卖淫案中以营利为目的口淫、手淫行为,上海徐汇区法院审理了发廊涉嫌手淫服务案件,认定提供手淫服务是一种卖淫行为;然而,重庆黔江区法院审理的俱乐部提供色情按摩案却否认手淫是卖淫行为。当法律规定的范围有疑义时,应以社会利益优先,法官必须惩戒那些游离在刑法精神和框架下的不法行为,并根据刑事政策引导进行创造的权利。[①] 如果由于立法时没有预见到社会中可能出现的新情形,而没有将其列入刑法条文,根据刑法的规范保护目的,法官针对刑法内容的缺陷抑或真空进行弥补和修正则责无旁贷。处理具有较大争议的案件,法官基于刑事政策扩展或限缩刑法的调整范围和应用场景,在这种探索的过程中,法官能动地解释刑法规范,找到合理的解决方案。对于某些构成要件中的禁止事项,刑法本身没有直接规定,只有引用其他相关部门的规定,才能实现构成要素的完整性。如何准确理解,直接关系刑法理论解释的科学性和司法应用的准确性。

以网购仿真枪案为例,《枪支管理法》分别于2009年、2015年进行修正,但关于枪支定义的内容始终未变。遗憾的是,立法机关没有规定枪支鉴定的标准,而是移交司法机关或行政机关。2010年,公安部修订《枪支鉴定规定》,重新确定枪支比动能作为识别枪械的依据,根据规定,当弹丸的枪口比动能大于或等于1.8焦耳/平方厘米时,一律被认为属于枪支。对于普通人而言,想要严格分清玩具枪、仿真枪、制式枪支较为困难,如果刑法解释直接引用公安部的规定,赋予其刑事司法适用的效力,并将其作为确定枪支的依据,将导致大量“玩具枪”“仿真枪”案件进入刑事司法程序。由于行为规范与裁判规范“同属于对同一行为的社区价值评价范畴,两者在社会主流文化价值观念上应当尽可能求取一致”,[②]在此情形下,普通人也无法根据刑法的规范内容对自己的行为后果进行预测。因此,直接援引公安部关于枪支的认定标准对刑法罪名进行适用并不符合社会的现实发展需要,也不符合刑法的任务和规范保护目的,应当在考虑刑法与行政法相衔接的基础上,进行刑事违法性的独立判断。

立法刑法学将刑法现象与整个社会和时代特征联系起来,打破了部门法界限,运用规范解释、实证研究和哲学思辨等方法全面研究刑法现象的社会约束和对外关系;其以整体、辩证统一原则为基础,以实现刑法学研究之应然“整体性”目标,为刑事疑难争议案件提供了新的解释视野与方法论指导。

---

① 参见付立庆:《论积极主义刑法观》,载《政法论坛》2019年第1期。

② 参见冯亚东:《违法性认识与刑法认同》,载《法学研究》2006年第3期。

# 受贿罪中特定关系人参与疑难问题探析

张理恒*

【内容摘要】对于特定关系人利用国家工作人员职务便利为请托人谋取利益并收受财物,国家工作人员事后知情并未退还或上交的行为,考虑到国家工作人员怠于履行退还上交义务(故意的不作为)进一步强化了贿赂的不法占有状态,可以肯定国家工作人员成立受贿罪。若特定关系人作为国家工作人员的代理人向请托人索取或收受贿赂超出了国家工作人员的授意范围,则对于超额部分除非国家工作人员事后知情否则不担责,特定关系人其实利用了国家工作人员的不知情使其实施受贿罪中的身份性行为,而本人则实施收受财物行为,故可以肯定特定关系人成立受贿罪的间接正犯或共同正犯,不成立利用影响力受贿罪或诈骗、侵占等普通财产犯罪。

【关键词】特定关系人　受贿　未退还上交　超额索贿

## 一、特定关系人参与受贿的法律、司法解释沿革与主要问题点归结

近来关于特定关系人参与国家工作人员受贿的规定,最早见于2007年7月8日最高人民法院、最高人民检察院《关于办理受贿刑事案件适用法律若干问题的意见》(以下简称《意见》)。《意见》第11条规定了"特定关系人"的含义和范围,特定关系人是指"与国家工作人员有近亲属、情妇(夫)以及其他共同利益关系的人"。《意见》第7条第2款还规定了"特定关系人以外的其他人"(以下简称其他关系人),但没有规定其含义,从形式逻辑上讲,其他关系人在范围上是指特定关系人以外的其他人员,"特定关系人与国家工作人员之间具有共同利益关系,而其他关系人则没有这种利益关系"。[①] 根据《意见》第6、7条的规定,特定关系人(或其他关系人)参与国家工作人员受贿可以按照以下四种情况分别处理:第一种情况是国家工作人员利用职务上的便利为请托人谋取利益,要求或者接受请托人以给特定关系人安排工作为名,使特定关系人不实际工作却获取所谓薪酬的,以受贿论处;第二种情况是国家工作人员利用职务上的便利为请托人谋取利益,授意请托人以《意见》所列形式,将有关财物给予特定

* 张理恒,法学博士,中国人民大学法学博士后,成都市人民检察院法律政策研究室副主任。

① 陈兴良:《贪污贿赂犯罪司法解释:刑法教义学的阐释》,载《法学》2016年第5期。

关系人的,以受贿罪论处;第三种情况是特定关系人与国家工作人员通谋,共同实施前款行为的,对特定关系人以受贿罪的共犯论处;第四种情况是特定关系人以外的其他人与国家工作人员通谋,由国家工作人员利用职务上的便利为请托人谋取利益,收受请托人财物后双方共同占有的,以受贿罪的共犯论处。

2009 年 2 月 28 日颁布的《刑法修正案(七)》在现行《刑法》第 388 条之一设立了利用影响力受贿罪。根据这一规定,利用影响力受贿罪是指国家工作人员的近亲属或者其他与该国家工作人员关系密切的人,通过该国家工作人员职务上的行为,或者利用该国家工作人员职权或者地位形成的便利条件,通过其他国家工作人员职务上的行为,为请托人谋取不正当利益,索取请托人财物或者收受请托人财物,数额较大或者有其他较重情节的行为。在这种情况下,特定关系人或者其他关系人就可能单独构成利用影响力受贿罪。当然,如果这些人与国家工作人员之间具有犯意联络,仍然构成受贿罪的共犯。

应当承认,由于 2007 年《刑法修正案(七)》已设置利用影响力受贿罪,2015 年《刑法修正案(九)》已设置对有影响力的人行贿罪,特定关系人参与国家工作人员受贿的立法规制体系即已基本建构完善。但在司法实践中,我们认为至少有以下两个疑难问题需要研究:(1)第一个问题是 2016 年 4 月 18 日实施的最高人民法院、最高人民检察院《关于办理贪污贿赂刑事案件适用法律若干问题的解释》(以下简称《解释》)第 16 条第 2 款规定:“特定关系人索取、收受他人财物,国家工作人员知道后未退还或者上交的,应当认定国家工作人员具有受贿故意。”《解释》所规定的“应当认定国家工作人员具有受贿故意”言下之意是国家工作人员应当以受贿罪论处,而特定关系人也应当以受贿罪的共犯论处。应当承认,从当前反腐败形势特别是广大群众对从严惩处贪污贿赂犯罪的期待来讲,《解释》创制的这一规定无疑是可取的,但如何在刑法教义学上对这一规定的合理性予以充分论证和说明,还需要深入研究。(2)第二个问题是国家工作人员有时并不直接出面接洽请托人,而是安排特定关系人作为自己的代理人向请托人索取或者收受确定数额的贿赂,但在很多情况下,特定关系人可能超出国家工作人员的授意范围向请托人索取额外的贿赂并将超出部分据为己有。对于特定关系人的受贿行为,可以根据其数额区分为两部分行为,第一部分是特定关系人根据国家工作人员的授意而收受的部分;第二部分是特定关系人超过国家工作人员的授意范围而额外收受的部分。其中,第二部分明显超越了国家工作人员的授意范围,国家工作人员不应担责(但根据《解释》第 16 条第 2 款的规定,如果国家工作人员事后知道仍未退还或者上交,则应当认定国家工作人员具有受贿故意,超出数额应计入受贿数额),但在此前提下如何确定特定关系人的刑事责任有很大争议,需要进一步研究。

## 二、国家工作人员事后知道特定关系人受贿而未退还上交的刑法定性

《解释》第16条第2款规定:"特定关系人索取、收受他人财物,国家工作人员知道后未退还或者上交的,应当认定国家工作人员具有受贿故意。"应当承认,该规定的政策性相对较强,在现有刑法理论层面确实会造成一定的困惑性。在此,笔者主要谈两个层面的问题。

一是在理念层面,应考虑到《解释》的创制基本符合当前人民群众要求从严惩处贪污贿赂犯罪的政策需要,而且可料想《解释》对于刑事司法断案的决定性影响,所以刑法学说的作用不应满足于浅层次地批判《解释》,而应在刑法基础理论层面做出有益创新,尽量论证《解释》的合理性。陈兴良教授在文章《贪污贿赂犯罪司法解释:刑法教义学的阐释》中指出:"《解释》的以上规定,对于正确认定国家工作人员的受贿罪以及正确划分受贿罪共犯与利用影响力受贿罪之间的界限具有重要意义。"[①]这一观点无疑具有启发性,也为《解释》颁布后刑法学说的作用指明了方向。关于这一点,笔者联想到日本刑法共谋共同正犯理论的创制过程。日本刑法共犯理论实行相对严格的区分制,这样一来,如果将在实行者背后制订犯罪计划、发号施令、指挥监督的大人物的行为认定为教唆、帮助,要科处与实行正犯相同甚至更重的刑罚是困难的,充其量按照教唆犯"处以正犯之刑",但从实务的感觉上看这些实行背后的幕后人物或是无形中发挥着比实行者更重要作用的犯罪黑手。基于这种实务上的正义理念("幕后重罚论"理念),日本早在大审院时代初期的判例中就创制了共谋共同正犯的概念,以便将这些幕后人物作为共谋者直接认定为共谋共同正犯。但一开始是否定说占通说地位,日本刑法学界的绝大多数学者是坚决反对判例所确立的共谋共同正犯理论的。一直到平野龙一教授提出,"共谋共同正犯论业已为确立的判例理论,应如何改变现有学说的现状,才是刑法学说引起的作用",才为改变学说与判例的对立状况提供了契机。平野龙一教授还从学理上充分论证了共谋概念的重要作用,即在有复数参加者的情况下,现实犯意的形成,与教唆、帮助、实行的形态相比,更多的是采取"共谋"的形态。也就是说,实行、教唆、帮助等类型,与现实的犯意形成过程未必一致,多是相互影响而形成犯意,可以说是相互教唆、相互精神帮助的复合形态,为了理解这一实态,"共谋"的概念更为适当。[②] 平野龙一教授的教诲促使日本刑法学界所持共谋共同正犯否定说的学者锐减,尔后尽管人们肯定共谋共同正犯的理由与范围不尽相同,但均朝着肯定共谋共同正犯的方向发展。

---

① 陈兴良:《贪污贿赂犯罪司法解释:刑法教义学的阐释》,载《法学》2016年第5期。

② 参见[日]山中敬一:《共谋共同正犯理论的经纬详述》,赖正直译,网址:http://blog.sina.com.cn/s/blog_3f0068fd01000915.html,2016年6月19日访问。

二是在技术层面,应在现有刑法理论基本框架下创新论证《解释》规定。《解释》规定:“特定关系人索取、收受他人财物,国家工作人员知道后未退还或者上交的,应当认定国家工作人员具有受贿故意”,言下之意是认定国家工作人员构成受贿罪。对此需要区分四种情况:第一种情况是特定关系人索取、收受他人财物,国家工作人员事后知道未退还或者上交,进而实施了利用职务便利为请托人谋取利益的行为,这种情况当然可以认定国家工作人员构成受贿罪,因为国家工作人员知道特定关系人代其收受财物后实施了利用职务便利为请托人谋取利益的行为,该行为显然是受贿罪实行行为之一部分,根据“部分实行,全部责任”之法理,国家工作人员构成受贿罪之受贿行为和受贿故意问题当然可以解决。第二种情况是特定关系人索取、收受他人财物,并承诺国家工作人员会为请托人谋取利益,国家工作人员事后知道未退还或者上交,但未实施利用职务便利为请托人谋取利益的行为。第三种情况是特定关系人索取、收受他人财物,并承诺国家工作人员会为请托人谋取利益,国家工作人员在特定关系人影响下为他人谋取利益,事后才知道特定关系人收钱但未退还或者上交。第四种情况是国家工作人员实施职务行为客观上为他人带来利益,他人出于感谢给予特定关系人财物,国家工作人员事后知道未退还或者上交,但未实施利用职务便利为请托人谋取利益的行为。在第二、三、四种情况下要认定国家工作人员成立受贿罪,必须要说明国家工作人员具有受贿行为和受贿故意。论证难点在于,这三种情况都是在特定关系人实施收受财物行为之后,国家工作人员才知道并不予退还或上交,在刑法理论上收受财物属于状态犯型行为,特定关系人收受财物(财物占有状态调整)之后,收受行为即结束,法益受侵害的状态即形成并具有持续性,这与非法拘禁、绑架等持续犯型行为(行为和法益侵害状态都并行持续)具有显著不同,国家工作人员收受行为已经实施完毕之后得知不予退还或上交,即使认为其“不予退还或上交”构成故意的不作为,但毕竟属于收受行为实施完成后的行为和故意,故难以评价为受贿行为和受贿故意。

为了证成在以上三种情况下国家工作人员具有受贿行为和受贿故意,进而成立受贿罪,笔者初步提出两种思路:第一种思路是国家工作人员就特定关系人代其收受贿赂的行为成立受贿罪。如前所述,特定关系人与国家工作人员具有共同利益关系,在法律效果上,特定关系人收受财物就相当于国家工作人员本人收受财物,所以这就解决了国家工作人员的受贿行为问题;在将特定关系人收受财物理解为相当于国家工作人员收受财物之后,《解释》第16条第2款的规定通过法律拟制进一步明确了在“国家工作人员知道后未退还或者上交的”条件下可以推断或追认国家工作人员对于之前特定关系人代表其收受财物(也就是国家工作人员收受财物)具有受贿故意,因为国家工作人员知道后未退还或者上交即表明国家工作人员对于事前特定关系人代表其收受财物是肯定或至少是默认的(就是一种法律上的追认),如果国家工作人员事前处于特定关系人的立场,面对请托人也当然会索取或者收受财物。笔者认为,第一种思路的局限性很明显，硬伤过多，并不科学合理。一方面，第一种思路以特定关系人与国家工作人员具有共同利益关系为由将特定关系人收受财物在法律效果上等同于国家工作人员收受财物。但是根据行为论中有意行为论的基本知识，要将某一事实或举动归属于特定行为人，必须以其在行为当时具有意识或意识的可能性作为前提，显然国家工作人员不应对自己事后才知道但在事前却毫不知情的他人行为担责。另一方面，第一种思路以司法解释规定作为法律拟制，以国家工作人员的事后行为表现为根据追认、推断其先前行为的故意，但显然司法解释不具有创设法律拟制性规定的权能。第二种思路是设定国家工作人员知情后的退还或上交义务以及拒不履行退还或上交义务强化贿赂不法占有状态的第二个危害结果（相对于特定关系人收受财物的第一个危害结果而言，因不退还或上交强化贿赂不法占有就是第二个危害结果），所以国家工作人员故意不退还或上交，就形成了对第二个危害结果的故意的不作为，即可以肯定受贿行为和受贿故意。问题是，如何说明国家工作人员知情后还要履行退还或上交义务的合理性？笔者初步研究认为，特定关系人收受财物，国家工作人员事后知情与国家工作人员本人直接受贿还是有显著区别的：在通常情况下，国家工作人员本人受贿之后，法秩序并不能期待国家工作人员退还或上交（当然国家工作人员本人收受财物后立即上交或退还不成立犯罪是另一回事），所以受贿之后并不直接产生退还或上交义务，之后对于贿赂款的占有、处分等行为一般都属于不可罚的事后行为（或共罚的事后行为），这与盗窃财物之后，对赃物的持有、处分只要没有造成新的法益侵害，都不单独成立其他犯罪的道理是一致的；但若特定关系人收受财物，国家工作人员事后知情，法秩序就可以期待国家工作人员在知情后退还或上交，所以国家工作人员事后不予退还或上交的行为即是具有规范性认识障碍的行为，也是破坏了法秩序合理期待的故意的不作为。

## 三、特定关系人担任代理人超额索取或收受贿赂的刑法定性

近几年，不时出现国家工作人员出于逃避侦查等原因不亲自出面接触请托人，而安排特定关系人（或其他关系人）担任自己的代理人向请托人收取或者收受贿赂的情况。在这些案件中，国家工作人员一般会交代特定关系人索取或者收受确定数额的现金或者其他财物，但特定关系人很多时候并不遵循“盗亦有道”规则，而是自作主张“雁过拔毛”，即向请托人索要或者收取远大于国家工作人员授意数额范围的现金或者其他财物并私自将超出部分据为己有。所以特定关系人收受请托人财物这一个自然行为，在法律意义上可以区分为两个部分：第一个部分是特定关系人收取了国家工作人员授意范围内的部分。对此，国家工作人员成立受贿罪，特定关系人成立受贿罪的共犯（如果承认特定关系人这样的无身份者可以成立受贿罪的共同正犯，则特定关系人成立受贿罪的共同正犯）。第二个部分是特定关系人收取国家工作人员授意范

围以外的溢出部分。对此,国家工作人员如果在案发前不确知的,不应承担责任,[①]但在此前提下,对特定关系人的定性有一定争议。我们初步研究认为,可能存在两种对立观点:第一种观点认为,如果认为特定关系人(无身份者)只能成立受贿罪(纯正身份犯)的狭义共犯,考虑到国家工作人员不能直接对特定关系人超越其授意范围额外收受财物的行为承担正犯责任(缺乏受贿正犯的故意和行为),特定关系人的行为只能成立受贿的帮助未遂而不可罚(属于没有正犯的共犯的一种情形)。但是从其他方面仍可确定特定关系人收受溢出部分贿赂行为的犯罪性:第一,特定关系人收受该溢出部分贿赂显然是通过国家工作人员职务便利,若有为请托人谋取不正当利益(行为或承诺),则其行为可以单独成立利用影响力受贿罪;第二,特定关系人收受该溢出部分,若为请托人谋取的属正当利益,其行为还不成立利用影响力受贿罪,但这些额外收受的溢出部分贿赂,是特定关系人打着国家工作人员旗号骗取请托人的或者是请托人委托其转交给国家工作人员的,其行为可视情况分别单独认定为诈骗罪或者侵占罪。第二种观点认为,如果认为特定关系人(无身份者)也可以成立受贿罪(纯正身份犯)的共同正犯或间接正犯,那么特定关系人就可对溢出部分贿赂成立受贿罪的共同正犯或间接正犯。更确切地说,特定关系人就应对其收受的贿赂总数承担受贿罪的责任,其中,对于国家工作人员授意部分贿赂与国家工作人员成立受贿罪的共同正犯,对于溢出部分贿赂单独成立受贿罪的共同正犯或间接正犯。

笔者赞同第二种观点。上述第二种观点在刑法理论上的认识基础是特定关系人(无身份者)不限于只成立受贿罪(纯正身份犯)的狭义共犯,还可以成立受贿罪(纯正身份犯)的共同正犯或间接正犯。这一认识与刑法通说认为身份是正犯的必要条件[其内部又分为:(1)非身份者事实不可能说:非身份者本来就不能实施纯正身份犯的实行行为或不具有纯正身份犯中任何实行行为的行为能力;(2)非身份者法律不可能说:非身份者即使事实上可以实施纯正身份犯中的部分行为但在法律上是不可能的]存在对立和冲突。笔者认为,可采用以下方法论证第二种观点的合理性:纯正身份犯(构成身份犯)可以分为实行行为可分的纯正身份犯(如受贿罪、强奸罪等)和实行行为不可分的纯正身份犯(如贪污罪、日本刑法公务员制作虚假公文书罪等)两种类型。(1)对于实行行为不可分的纯正身份犯,如贪污罪等一般只能由国家工作人员亲自实施,非身份者难以分担实施,国家工作人员也不可能委托非身份者实施,亦很难想象非身份者可以完全驾驭国家工作人员(将国家工作人员作为工具)实施,故若非身份者则不宜成立这类纯正身份犯的共同正犯或间接正犯;但是像日本刑法公务员制作虚假

---

① 但是如果国家工作人员在案发前知道后未退还或者上交的,根据《解释》第16条第2款的规定,应认定国家工作人员具有受贿故意,溢出部分也应一并计入国家工作人员的受贿数额,相应特定关系人也成立受贿罪的共犯或共同正犯。

公文书罪等纯正身份犯，除了由公务员实施外，完全可委托给非身份者分担公文的虚假制作。日本现行刑法实施以来，大审院就有好几个判例（大判明治44·4·17刑录17-605、大判明治44·4·27刑集17-687）就将制作物理意义上的虚假的公文书罪肯定为非身份者的共同正犯。不仅如此，对于在德国一般被理解为亲手犯的伪证罪，也有判例认为非身份者成立共谋共同正犯（大判昭和9·11·20刑集13-1514），甚至呈现出一种所有的身份犯都可以认定为非身份者而成立共同正犯的倾向。[①]（2）对于实行行为可分的纯正身份犯，通常具有两个以上的实行行为，其中只有某一个特定实行行为（如受贿罪中利用职务便利为他人谋利行为、强奸罪中奸淫行为）具有身份限定性（一般只能由有身份者实施），而其他实行行为（如受贿罪中收受他人财物的行为，强奸罪中暴力、胁迫等手段行为）在物理意义上则可以完全委托给或由非身份者分担实施。第一，基于"部分实行、全部责任"的法理，非身份者可以通过参与实施其中部分实行行为并成立纯正身份犯的共同正犯。例如，对于受贿罪，日本判例基于无身份者与身份者之间可能共谋的理由，出现了承认共谋共同正犯的成立的判例（大判大正3·6·24刑录20-1329、大判昭和7·5·11刑集21-614），而且在更进一步受公务机关之托的人同正式公务员一起收受回扣的案件中，他们全部被视作实行了类似于实行行为的行为。[②] 第二，非身份者利用有身份者的无知以使其实施纯正身份犯中的身份性实行行为，而自己再实施其他实行行为，非身份者则有可能成立纯正身份犯的间接正犯。比如，甲女让其闺蜜乙女服用药物后与丙男发生性行为，丙男并不知乙女服用了药物且以为乙女自愿，丙男不具有强奸故意不成立强奸罪，但乙女成立强奸罪的间接正犯。

---

① 参见［日］松宫孝明：《刑法总论讲义》（第4版补正版），钱叶六译，中国人民大学出版社2013年版，第137页。

② 参见［日］松宫孝明：《刑法总论讲义》（第4版补正版），钱叶六译，中国人民大学出版社2013年版，第137页。

# 政府作为敲诈勒索对象之法理检视

魏再金*

**【内容摘要】**政府能否成为敲诈勒索之对象是一个理论问题，而不能仅仅视为一个事实问题。从教义学立场来说，上访行为不能评价为敲诈行为，政府并非权利相对人，政府作为非自然人不会陷入恐惧，政府救助费不能视为敲诈所得，因此，政府作为敲诈勒索之对象不具有教义学依据。从刑事政策立场来说，政府作为敲诈勒索对象隐藏钓鱼执法风险，而我国钓鱼执法出罪存在较大困境，因此否定了政府作为敲诈勒索对象之刑事政策意义。将政府作为敲诈勒索之对象是"综治"思维的产物，尤其需要警惕后劳教时代敲诈勒索罪成为劳教的"变种"。基于权利保障的立场，于长远之计应该由立法机关通过修正案明确将政府排除于敲诈勒索的对象之外，于当务之急应该由最高司法机关出台司法解释或者指导案例将政府排除于敲诈勒索的对象之外。

**【关键词】**敲诈　勒索　政府　犯罪对象

随着经济社会的转型，社会各方面都在发生深刻的变化，政府的角色也逐渐呈现出更加多元化的特征，政府越来越多地参与到社会治理的微观方面，万能政府的角色形象正在逐渐形成。尤其在征地拆迁等矛盾冲突较为集中的领域，政府与社会民众发生交集和摩擦的概率越来越高，"民告官、官告民"的诉讼越来越多。"民告官"主要是指行政诉讼，而"官告民"主要是指刑事诉讼，落实到具体罪名上，则主要体现为敲诈勒索罪。在依法治国已经成为社会治理的主基调，"尊重和保障人权"早已经写进宪法，全社会权利意识不断发展、权利保障机制不断完善的大背景之下，民众对于敲诈勒索罪尤为关注，继续坚持"存在即合理"的客观唯心主义，将敲诈勒索政府仅仅定义为一个事实问题并不具有太大的说服力，妥善的路径应该是立足于加强权利保障的立场从法理层面对政府能否成为敲诈勒索之对象进行深入分析。本文基于一些敲诈勒索政府典型案例的剖析，试图从法理上对上述问题进行回答。

* 魏再金，法学博士，四川省成都市人民检察院员额检察官。

## 一、政府作为敲诈勒索对象之教义学反思

### (一)敲诈勒索政府之典型案例回顾

据学者考证,最早因要挟上访而构成敲诈勒索罪的判例可追溯到2004年的张某敲诈勒索政府案。[①] 关于上访能否成为敲诈勒索有两种观点:一种观点认为,上访一个被视为敲诈勒索政府的行为,进而可以构成敲诈勒索罪;[②]另一种观点认为,上访不能被视为敲诈勒索政府的行为,进而不构成敲诈勒索罪。[③] 片面的或者仅凭朴素的法感情认为上访能否被视为敲诈勒索政府,进而是否可以被纳入敲诈勒索罪的规制范围显得武断而苍白,上访是否构成敲诈勒索罪还必须对上访行为进行细致分析,进而与敲诈勒索的构成要件相比较。下面以冯某某敲诈勒索政府案展开。

在冯某某敲诈勒索案中,[④]国税局职工焦某某因民事纠纷找人到冯某某家闹事,导致冯某某女儿患上了癫痫。涉案单位国税局对冯某某反应的问题进行了办理,但冯某某不服并到京上访。为避免冯某某在北京继续上访给内黄县造成不良影响,内黄县信访局等四家共计给了冯某某1万元。后该县县委书记主持召开冯某某案件协调会。会议决定采取单位救助和政法救助相结合的办法化解矛盾。国税局等5个单位共救助35万元,公安局解决了25万元的政法救助金,冯某某被要求出具收款凭据并签署息诉罢访表。该纪要以《中共内黄县委信访工作领导小组文件》的形式下发给相关部门。后冯某某携女儿进京(冯某某称是去给女儿治病)被当地的人带回老家。后冯某某被该县法院认定为敲诈政府60万元。冯某某上诉后,二审裁定撤销原审判决并发回重审。[⑤] 本案的案件事实大致如下:(1)冯某某与身为国税局工作人员的邻居焦某某发生民事纠纷;(2)焦某某带人到冯某某家里闹事并造成冯某某女儿患上重大精神疾病;(3)后冯某某到北京上访;(4)县委书记组织5个相关部门采取帮扶救助的形式筹集60万元"救助费"给冯某某;(5)冯某某再次进京;(6)冯某某被判敲诈勒索罪。

### (二)上访行为不能被评价为敲诈行为

在本案中,冯某某到北京上访的行为被理解为最关键的敲诈行为。根据前文的论述,上访行为能否被评价为敲诈勒索行为的核心在于该行为是否具有社会相当性,但

---

① 基本案情:张某系参加过对越自卫反击战的立功复员退伍军人。2004年8月,张某多次组织其他战友以没有合理安排为由进省进京上访,给当地镇政府维护社会稳定的工作造成了很大压力,相关领导反复规劝无济于事。2005年3月"两会"期间,张某又宣称将组织人员进京上访,镇政府派人做安抚工作,张某提出安排其女儿到县重点高中上学的条件。镇政府领导被迫答应了张某的无理要求,从镇财政开支9000元为张某的女儿代交了择校费。2005年4月公安机关以张某涉嫌敲诈勒索罪对其刑事拘留。参见王涌:《警惕"维稳"的敲诈勒索罪名》,网址:http://opinion.caixin.com/2015-02-25/100785374.html,2017年10月28日访问。

② 参见胡克委、冉彩珍:《以上访要挟政府构成敲诈勒索罪》,载《甘肃法制报》2006年6月16日,第3版。

③ 参见魏文彪:《群众上访不构成敲诈勒索罪》,载《人民政协报》2010年5月10日,第B04版。

④ 参见(2014)内少刑初字第118号。

⑤ 参见(2015)安中少刑终字第16号。

是在对行为进行社会相当性的评价的基础是该行为有欠缺妥当的可能。笔者认为,认定冯某某到北京上访的行为是基本的权利行为并无不妥之处。

第一,冯某某行为有宪法依据。我国《宪法》第41条对上访权的宪法依据作了规定。[①] 本规定的"违法失职"行为应当解释为并不要求实际上违法,只要信访人认为存在"违法失职"行为即可,否则就将导致本条的规定虚置,因为根据刑诉法的无罪推定原则,法官之外的任何人都无法最终判断该行为是否确实存在"违法失职"。但是即使是法官本人的最终判断也可能存在错案,因此,"只要公民对官员的批评与举报行为有一定事实依据,没有故意捏造与诬告陷害就属于行使正当的监督权利"。[②] 联系诬告陷害罪的解释也可以得出此结论,"当行为人估计某人实施了犯罪行为,认识到所告发的犯罪事实仅具有可能性而予以告发的,不宜认定为诬告陷害罪"。[③] 在本案中,冯某某确实是基于之前相关部门的处理不服才前往北京上访,而并非无事生非、无中生有径直到北京上访。可见,冯某某的上访行为并没有不法之处,是合法的行为,不能被评价为敲诈行为。

第二,冯某某行为符合《信访条例》的基本精神。《信访条例》第1条规定了信访制度的根本目的是保护信访人的合法权益。[④] 法谚曰:"凡权利皆应有救济,无救济的权利非真正的权利。"多数情况下,如果当事人的合法权益通过正常途径能够解决当事人是不会采用效率低下的信访这一路径的,换言之,行为人如果采取了信访这一渠道恰恰是说明其自身的合法权益已经处于迫切需要救济的状态了,至少信访人是这么认为的。因此,在本案中,冯某某认为,焦某某的侵权行为导致了其女儿出现重度精神病——癫痫,并认为相关部门的处理并不合理,因此为了救济其权利而到北京上访并没有什么不妥之处。

第三,冯某某行为不违反《信访条例》的具体规定。《信访条例》第3条规定"各级人民政府、县级以上人民政府工作部门应当畅通信访渠道",[⑤]那么根据我国的行政级别,这里的各级包括国、省、市、县四级,因此即使行为人到北京上访也不过是到了级别较高的"国"一级反映情况而已,并没有什么不妥之处。虽然《关于进一步规范信访事

① 我国《宪法》第41条:"中华人民共和国公民对于任何国家机关和国家工作人员,有提出批评和建议的权利;对于任何国家机关和国家工作人员的违法失职行为,有向有关国家机关提出申诉、控告或者检举的权利……"

② 石毕凡:《诽谤、舆论监督权与宪法第41条的规范意旨》,载《浙江社会科学》2013年第4期。

③ 张明楷:《刑法学》,法律出版社2016年版,第903页。

④ 《信访条例》第1条:"为了保持各级人民政府同人民群众的密切联系,保护信访人的合法权益,维护信访秩序,制定本条例。"

⑤ 《信访条例》第3条:"……各级人民政府、县级以上人民政府工作部门应当畅通信访渠道,为信访人采用本条例规定的形式反映情况,提出建议、意见或者投诉请求提供便利条件。……"

项受理办理程序引导来访人依法逐级走访的办法》第4条作了不得越级上访的规定,[①]但是上访人并非专业的法律人士,其对于什么事项应该归属哪一级管辖自然存在疑问,而且在我们这样一个有着极强官本位思想的国度,普通老百姓自然是会朴素地认为官越大的越能解决问题,因此冯某某越级上访也在情理之中,可以原谅。

第四,现有法律以及《信访条例》并没有规定越级上访可以构成犯罪。现行《信访条例》并没有"……违反规定涉嫌犯罪的,以相关犯罪论处"的字样。不排除极个别地方制定了地方性的关于信访人员的处理规定,但是这些规定都是上不了台面的,都不具有刑事法律的意义。最高人民法院、最高人民检察院《关于地方人民法院、人民检察院不得制定司法解释性质文件的通知》明确指出地方法检两院不得制定并援引地方性的司法解释性质文件。因此,个别地方制定的所谓联合性指导文件是不能够在判决书中引用的。在严格实行罪刑法定的时代,以地方联合指导文件来对上访人定罪显然是在冒天下之大不韪。

总之,根据现有的法律法规,冯某某的上访行为是合法的,在某种程度上也是合理的,将冯某某的上访行为认定为敲诈行为并不妥当。

(三)政府不是权利相对人

虽然犯罪对象与犯罪行为之间有着极大的区别,但是二者之间还是有着很大的联系,犯罪对象在某种程度上决定了某种行为是否可以被评价为犯罪行为,比如,如果行为人开枪射击的是一块无用的石头,那么我们无论如何也不能将行为人的行为评价为伤害或者毁坏财物。因此,明晰冯某某的行为对象十分重要。法官之所以将冯某某定性为敲诈勒索罪,是因为其认定冯某某敲诈了政府,换言之,冯某某是在对政府实施威胁行为,但是笔者认为这种理解并不正确。

第一,冯某某的权利对象是焦某某。冯某某和焦某某之间发生了民事纠纷,无论焦某某是不是国税局工作人员,民事法律关系的第一特点是当事人之间的平等性,即使在普通人和行政部门签订的行政合同中彼此也应以民事主体身份出现,而不像在行政关系中,彼此处于不平等状态。因此,在此民事纠纷中,冯某某和焦某某是平等的,不因焦某某的身份而有所改变。事实上,冯某某一开始也是向焦某某主张权利,焦某某才是本案中的权利相对人,本案一开始并没有出现政府的身影。如果说要敲诈,那么只可能是敲诈焦某某。

第二,冯某某从未向政府要求赔偿。前面说了冯某某的权利对象是焦某某,俗话说"冤有头、债有主",凭借基本的常识冯某某应该能够判断其权利主张对象是焦某

---

① 《关于进一步规范信访事项受理办理程序引导来访人依法逐级走访的办法》第4条第2款:"对跨越本级和上一级机关提出的信访事项,上级机关不予受理,并引导来访人以书面或走访形式向依法有权处理的机关提出,同时将相关情况及时通报下级有关机关。"

某,因此可以说冯某某压根就没有向政府索要赔偿的想法,也没有直接向政府索要赔偿的行为。何为向政府主张赔偿?如果本案是政府在行政执法过程中导致了冯某某女儿患上精神疾病,那么冯某某才可能向政府主张赔偿。

第三,冯某某要求政府替自己主持公道和冯某某要求政府向自己赔偿是两回事。这是此案处理不当的关键因素之一,即没有搞清楚里面的逻辑关系。比如,一个人的女儿因他人不法行为造成癫痫找包青天申冤,那是希望包青天能够作为一个中立裁判替自己主张权利,判处对方赔偿一定数额的侵权费用以及赔礼道歉等,行为人是不可能期望包青天本人来负担这个赔偿的,如果说侵权损害还能够通过金钱来赔偿,但在当事人女儿被杀害的情况下,当事人是万万不可能主张包青天本人赔偿一个女儿的。因此本案中真正的逻辑关系是冯某某要求政府替自己主持公道,而不是要求政府向自己赔偿。在冯某某心中,政府扮演的是包青天这样的角色,而不是权利对象。不得不说冯某某之所以被判处敲诈勒索罪和法官对政府在本案中的角色定位错误有关。

综上所述,冯某某的权利主张是因为焦某某的侵权行为而引起,冯某某本人是向焦某某主张赔偿,其找到政府是希望政府能够作为一个公正中间人的角色替自己主持公道,而不是希望政府本身来承担赔偿义务。

(四)政府作为非自然人不会陷入恐惧

第一,政府介入本案并不合适。本案中,冯某某的权利对象不是政府,政府何以会介入?有两种可能:一是本案中民事纠纷的一方是政府公职人员,政府介入有代表政府公职人员和冯某某协商解决侵权纠纷的意思;二是政府作为中立的裁判员,主动介入冯某某和焦某某的民事纠纷。政府的介入存在以下两个问题:一是政府是否有义务介入政府公职人员的民事纠纷,对此显然应该作否定回答。政府是人民大众的政府,并非某个公职人员的政府,政府的一切行为都必须立足于公共服务,而非任何公职人员的私人纠纷,否则就是公权私用。二是本案中政府的两个角色之间发生了竞合,即政府作为焦某某的代表代为参与协商的平等民事主体身份和政府作为一个中立裁判主持冯某某和焦某某之间的纠纷调解的身份发生竞合,换言之,政府既充当了运动员,又充当了裁判员。

第二,政府陷入恐惧违背常识。尽管政府作为一个法人在理论上既可以成为犯罪行为人,也可以成为犯罪受害人,但是政府和自然人之间在成立犯罪或者成为犯罪被害人方面还是存在较大差别的。比如,政府不可能成立盗窃犯,因为我国刑法没有规定盗窃罪的单位犯罪,单位盗窃的应该按照自然人盗窃的规定,追究自然人的责任。[①]同理,政府作为法人也不可能成为某些犯罪的被害人,敲诈勒索就是一个适例。从事实上分析,敲诈勒索罪的一个关键要件是被敲诈人要陷入恐惧,那么政府可否会陷入

① 参见徐汉明等:《以单位名义、为单位利益实施盗窃是否构成犯罪》,载《人民检察》2006年第7期。

恐惧呢？笔者对此持否定回答。因为恐惧是一种只有自然人才会产生的意识状态，换言之，政府作为一个集体是不会产生这种恐惧心理或恐惧状态的。从价值上分析，政府作为一个特殊组织，担负着维护国家安全、消除社会隐患、促进科学技术进步、提高国民生产能力、研究社会现象等特殊职能。根据社会契约论，人类初期人人都处于可能暴死于他人之手的巨大恐惧中，[①]因此人们为自我存续而订立社会契约建立国家。国家政府是以军队、警察、法庭、监狱等一套暴力系统作为后盾的保护民权的组织，显然这样一套系统整体是不会陷入恐惧的。国家政府的职能在于保护人民，如果轻言政府会陷入恐惧实际上是对于政府职能的一种否定。因此，从价值上分析，对于民众抱着无限信任的国家政府是不会陷入恐惧的。

第三，政府官员陷入恐惧和政府陷入恐惧并不等同。关于政府官员是否会陷入恐惧，我想是毫无疑问的，比如，重庆的赵红霞敲诈勒索案中，被敲诈人就是政府官员，因此政府官员会陷入恐惧。但是政府官员是部分，政府是整体，我们不能把部分的政府官员陷入恐惧等同于政府陷入恐惧，正如我们不能把个别政府官员的腐败等同于政府的腐败。因此，本案判决认为冯某某的上访行为造成了政府的恐惧属于事实认定错误。

第四，政府官员陷入恐惧是庸人自扰。本案中有多个政府部门介入，最终由 5 个部门参与纠纷的最终处理。但是本案的根本缘由在于冯某某和焦某某的纠纷，换言之，如果政府作为一个中立机构无法完成调解的任务，即应告知行为人起诉到法院，由法院作出最终的裁判，如果行为人对于法院的裁判不服，可以申请二审或者通过其他救济渠道解决。裁判员没有必要也没有义务去承担运动员之间的输赢纠纷。官员之所以会陷入恐惧，“核心于中央政府的上访排行榜和维稳考核之类的官员评价制度，这才是勒在官员脖子上的真正绳索”。[②] 但是这种所谓的恐惧结果和行为人的上访行为之间是不存在刑法上的因果关系的，真正有担当的官员会问心无愧、刚正不阿，行为人上访是行使自己的合法权利，犹如天下雨一样正常，何惧之有？

综上所述，从政府的职能来分析，官员陷入恐惧是庸人自扰，而政府陷入恐惧则是无稽之谈。我们不能将个别官员的性格缺点作为行为人冯某某的行为导致的后果，正如我们不能将一个不知道被害人有白血病而推其一掌致其死亡的行为认定为故意犯罪。冯某某不应该为政府官员的不当恐惧行为“买单”，法官也不应该将政府官员的不当恐惧扩大化为政府的恐惧。

（五）政府救助费不能视为敲诈所得

冯某某一审被定罪的关键原因之一在于政府给予的 60 万元被定性为敲诈勒索所

---

① 参见[英]霍布斯：《利维坦》，黎思复、黎廷弼译，商务印书馆 1985 年版，第 95 页。

② 王涌：《警惕“维稳”的敲诈勒索罪名》，网址：http://opinion.caixin.com/2015-02-25/100785374.html，2017 年 10 月 28 日访问。

得,在刑法评价上被认定为敲诈勒索既遂,但是笔者认为这样的评价并不正确。

一方面,该60万元的名义是帮扶救助费。至于何为帮扶救助费,笔者查询后发现,实在没有完整的帮扶救助费定义,换言之,帮扶救助费并不是一项法定的费用。从文意理解的角度来说,我们可以将其理解为各个地方政府为了帮扶救助困难群众,而给予这些人的一定数额的经费。既然不是如国家赔偿一类的有明确标准的费用,则其数额可大可小,而这个数额的决定权显然不在被帮扶救助人的手里,就本案而言,即并不在冯某某手里,而是在政府手里。更为重要的是,我们可以将帮扶救助理解为政府对于困难群众的关心和慰问,正如逢年过节各地各部门都会组织一定形式的对于困难群众的慰问活动一样,困难群众或许接受政府一定数额的现金,或许接受政府的两袋米,或许接受政府的两床棉被。数额多少由政府定,但是接受者从来不会对数额进行怀疑,换言之,如果仅仅是两瓶酱油接受者不会嫌少,但是如果是60万元的现金,接受者也不会嫌多,因为定额权不在接受者而在施舍者手里,多少都是政府的心意。在帮扶救助费的名义之下,任何人都是有权利接受的,这就如民法上的赠与合同,被赠与者不用负担任何义务,即使是两瓶酱油也可以节省10来块钱,何乐而不为?因此,本案中冯某某的女儿患了重大精神疾病,需要大量的治疗费用,无疑属于困难群众之列,政府提出给予其帮扶救助费用其有什么理由拒绝呢?况且,其余困难群众也在接受政府的救助,这正如阿Q认为的和尚摸得我为什么摸不得?因此冯某某接受该笔帮扶救助费无可厚非,至于数额的问题,前面已说决定权并不在冯某某手里所以其没有任何怀疑,而且冯某某女儿治疗需要花费巨额金钱,因此冯某某应该是认为其属于特别困难群众,60万元的帮扶救助费用可能连治疗费用都不够,故更没有对数额进行怀疑的必要。

另一方面,该60万元的名义并非赔偿费。至于该60万元的名义,本案已经以政府文件的形式为其定性了,即帮扶救助费。但是帮扶救助费是绝对不能够理解为赔偿费的。赔偿费是基于民事纠纷而产生的侵权赔偿主张,帮扶救助费是因为困难而接受的政府施舍,这两者在内涵和外延上都存在较大区别。解释者可能心怀正义对帮扶救助费作出各种各样的解释,但是不能离开刑法用语、法条文字去追求“正义”。否则,“人们在具体情况下便没有预测可能性,刑法本身也丧失安定性,国民的自由便没有保障,国民的生活便不得安宁”。[①] 无论是否有政府的帮扶救助,冯某某和焦某某的民事纠纷都没有了结,因为二者完全是不同性质的事情。当然作为一种权利的放弃,冯某某可以放弃其对于焦某某的权利主张,但是这种放弃以不违反法律或者损害他人利益以及社会公共利益为前提。如是,则放弃权利无效。在本案中,冯某某签订承诺不再上访,其女儿的医疗费用自理,这只能视为对于上访权利以及赔偿请求权的放弃,但

① 张明楷:《刑法分则的解释原理》,中国人民大学出版社2011年版,“序说”第5页。

是这不能理解为冯某某的民事赔偿请求权已经得到了满足。总之,冯某某接受了政府的60万元帮扶救助完全是一个困难群众的权利行为,任何中华人民共和国公民都可以接受帮扶救助,但是接受政府的帮扶救助并不需要以放弃与此毫不相关的民事赔偿请求权为条件。如果政府非要以放弃相应的民事权利为条件,那只能说明其动机不纯,在某种程度上讲也是权力的滥用,和被救济人无任何关系。

综上所述,在冯某某敲诈勒索案件中,冯某某和焦某某才是民事纠纷的当事人。本案中,政府本应作为一个中立裁判对其纠纷进行调解,却不当地扮演了裁判员和运动员的双重角色。政府本来不该以帮扶救助为条件而要求冯某某放弃民事赔偿请求权,法官也不应该将个别官员的不当恐惧扩张为政府的恐惧,而本案法官不当地将政府的帮扶救助费用评价为焦某某的赔偿费用,进而不当地将冯某某接受帮扶救助的行为评价为敲诈政府的行为。总之,通过这一典型案例,我们能够得出这样的结论:在私人纠纷中,如果政府不当介入,无论当事人接受了政府多少数额的费用,也无论这样的费用是以什么名义,接受者的行为都是不能够被评价为敲诈勒索罪的。一言以蔽之,政府不当介入的私人纠纷中不成立以政府为对象的敲诈勒索罪。

## 二、政府作为敲诈勒索对象之刑事政策反思

### (一)政府作为敲诈勒索对象隐藏钓鱼执法风险

前文从教义学的角度分析了冯某某不构成敲诈勒索罪,但是如果从刑事政策的角度而言,将政府当作敲诈对象容易导致钓鱼执法。钓鱼执法来自之前上海的一起热点事件。[①] 有学者对钓鱼执法作了定义,即"由公务员单独实施或者两人以上的公务员与公务员、公务员与非公务员共同实施的,以获取罚款为目的,通过制造虚假证据,以暴力和其他威胁手段强迫行政相对人接受行政处罚的行为"。[②] 笔者认为,这一定义是狭义的钓鱼执法。其实,钓鱼执法的后果并不一定仅仅限于接受行政处罚,而有可能导致刑事处罚,比如在禁渔期,如果渔政部门钓鱼执法,那么被执法者可能会遭受非法捕捞水产品罪的刑事处罚。因此,钓鱼执法的后果应该包括行政处罚、民事责任以及刑事处罚。如果将政府解释为敲诈勒索罪的对象,将极易发生钓鱼执法之刑事处罚后果。

---

① "钓鱼执法"一词来自上海交通部门的两件查扣非法营运车辆事件。上海的白领张军在2009年9月8日遭遇当地运管部门的"钓鱼执法",在被迫缴了1万元罚款并声明放弃申诉的权利后,才取回了自己的车。同年10月14日晚,据当事司机孙中界称,当时自己驾驶面包车行驶在路上,一男子衣着单薄恳求搭车,男子上车几分钟后,自己的车即被两辆车包围、逼停,随即被指认涉嫌黑车经营,回公司后遭遇指责,他无法接受自己做好事反被冤枉,遂用菜刀切断左手小指以示清白。《上海将终结钓鱼式执法案并道歉 撤销原处罚决定》专题,网址:http://news.sohu.com/s2009/diaoyuzhifa/,2016年10月27日访问。

② 程凡卿:《钓鱼执法的违法性探讨——以刑法学与行政法学的交叉领域为视角》,载《法律适用》2010年第12期。

例如,在葛某某敲诈勒索案中,[①]葛某某丈夫因犯罪被判处有期徒刑5年,后其丈夫在服刑期间死亡。监狱称其丈夫是因病正常死亡,司法鉴定所也出具了相同结论的鉴定报告。但因丈夫尸体上有外伤,且肠胃内无食物,葛某某并不认同这一结论,因此便开始到处申诉,要求监狱赔偿死亡赔偿金等费用共计86万余元。赔偿要求遭拒后,葛某某先后申请相关有权部门进行复查,但结论均一致。葛某某不服复查结论便到北京上访,其间当地政府分13次共给了她4.5万元。后法院认定葛某某触犯敲诈勒索罪。对于本案,有媒体直接质疑道,"访民也不可能成功敲诈13次究竟是地方政府不懂法律,还是另有隐情"。[②] 显然,地方政府不可能不懂法,真正的可能是"另有隐情"。笔者认为这个隐情恰恰是钓鱼执法。

同一个事情有人学到了教训,有人可能就学到了经验。上海钓鱼执法事件被曝光后,钓鱼执法并没有灭绝,正如不少犯罪人表示其犯罪手段的习得是来源于电视上的法治节目,部分人也学会了钓鱼执法。政府的职能和定位本来不应该出现钓鱼执法现象,但由于有各类考核指标等大山压着,个别不负责任的公职人员难免出于功利考虑而钓鱼执法,实践中即使是公检法等司法机关也有个别司法人员为完成办案任务而虚构案件的情况。实际上,在拆迁等敏感项目中,社会关注度高、维护稳定压力较大,尤其在个别实行维稳考核指标权重较大的地方,维护稳定更是成了头等重任,而拆迁中的维稳又是头等重任中的头等重任。为了保持社会稳定,避免群体性事件的发生,个别地方出现钓鱼执法现象就在所难免。政府出现钓鱼执法现象有其特殊的便利,因为政府具有多重身份,比如政府既是经济建设的布局者,又是民众利益的保障者。这两个身份在绝大多数时候是协调一致的,经济发展的目的还是实惠民众,但是经济发展需要统一规划布局,而这个过程中就难免牺牲个体利益,这时候政府的两个角色之间便不再协调一致,当政府选择经济建设的布局者角色时,就不得不放弃个别民众的利益,这也是个人利益服从于集体利益的诠释。但是政府在选择经济建设布局者这个角色之前,可能先选择民众利益保障者的角色——给予民众一定的救济补偿。对此,民众是不会拒绝的,在政府完成了其权利保障者的角色后,不得不选择经济建设的布局者角色时,其恰恰可能利用已经完成的权利保障者角色来实现经济建设布局者角色——以给予的救济补偿相威胁。因此,政府角色的多重性决定了将政府解释为敲诈勒索罪的对象容易导致钓鱼执法。

(二)钓鱼执法出罪存在困境

与钓鱼执法相关的有两个重要的概念。一个重要概念是日本的诱惑侦查。诱惑

---

① 参见罗婷:《被认定敲诈政府13次访民获刑3年》,网址:http://finance.ifeng.com/a/20151204/14107938_0.shtml,2016年10月27日访问。

② 《访民敲诈政府,为什么能有13次》,载《领导决策信息》2015年第47期。

侦查分为机会提供型和犯意诱发型两种，两者的关键区别在于犯罪嫌疑人本身是否存在犯意，如果不存在则属于前者，反之则属于后者。[①] 机会提供型是犯罪人本身已经有犯意，只是提供了机会而已，如果侦查人员不提供机会犯罪人依旧会选择其余的机会，因此具有非难可能性。而犯意诱发型则是当事人并没有犯意，而由侦查机关的引诱而产生的犯意，因此当事人不具有非难可能性。龙宗智教授指出，"不能诱导他人犯罪，是因为国家只能打击和抑制犯罪而不是制造犯罪，这是国家行为的基本界限，也是任何公民行为的基本界限"。[②] 因此现在一般认为机会提供型要予以处罚，而犯意诱发型不以犯罪处罚。

另一个重要概念是警察圈套，这是英美国家的通常表达。[③] 警察圈套是英美刑法上的一个合法辩护事由，只要当事人能够证明存在警察圈套就可以被宣告为无罪。[④] 我国《刑事诉讼法》第153条第1款对诱惑侦查作了明确限制规定："……不得诱使他人犯罪，不得采用可能危害公共安全或者发生重大人身危险的方法。"有学者从实体、程序、情理、效益指出了警察圈套不应作为犯罪处理的缘由，[⑤]因此在我国警察圈套也被认为是一个出罪事由。

可见，只要能够被证明为犯意引诱型诱惑侦查或者警察圈套就能够排除犯罪。但是在非法证据排除规则尚未完全确立的前提之下，这种排除是十分困难的。因此，世界范围内的一个通常的出罪事由在我国语境下就容易成为当事人入罪的理由，这不得不引起我们的重视。

在葛某某敲诈勒索案中，葛某某的权利相对人是监狱，从某种程度上讲，这是一个行政法律关系，而非民事法律关系，因为二者之间不再具有平等地位。但是和冯某某敲诈勒索案一样，在葛某某主张权利的时候，政府又站出来了，但是政府并不是替葛某某和监狱交涉赔偿事宜，而是劝其息访停止权利主张。政府给出的对价是分13次给付共计4.5万元现金，但不能够满足当事人的正当权利主张，因为葛某某的权利主张是86万元，4.5万元和86万元的差距还是较大的，而且政府是分13次给予的，可见政府的这种多次小额的救济金不能被视为葛某某的敲诈所得。但是在本案中，法院恰恰是认为这4.5万元是敲诈所得。我们可以试想，如果没有政府出面，那么葛某某依旧会继续上访请求有关部门维护自己的权利，如果葛某某的请求具有合理性，那么相关

---

① 参见马跃：《美、日有关诱惑侦查的法理及论争之概观》，载《法学》1998年第11期。

② 龙宗智：《诱惑侦查合法性问题探析》，载《人民司法》2000年第5期。

③ 所谓警察圈套，是指在侦查过程中，警察、为官方服务的"线人"，或者为了减免罪责而同意为当局效劳的罪犯，隐瞒身份与目的接触被怀疑可能从事、正在从事或已经从事犯罪的被嫌疑人，佯装需要某种不当服务、违禁物，以利益或其他手段诱使被嫌疑人实施违法活动，从而取得控诉犯罪的证据。参见陈林林：《美国法上的警察圈套理论述评》，载《诉讼法论丛》2000年第6卷。

④ 参见赵秉志：《英美刑法学》，科学出版社2010年版，第142页。

⑤ 参见唐若愚：《犯意引诱型警察圈套中的被告人应按无罪论处》，载《法律适用》2005年第12期。

部门会予以赔偿,如果葛某某的请求不具有合理性,那么相关部门会告知其不符合条件。但恰恰是当地乡政府以劝访者的身份出现,才导致了葛某某的命运出现了重大的风险。

其一,如果葛某某在政府的主持下,与监狱就赔偿事项协商达成一致,这是最圆满的结果。其二,如果葛某某接受了政府的小额救助,而这种救助是以葛某某不再上访为附加条件,此时,掌握主动权的政府有两种选择:一是如果葛某某确实不再上访,那么政府可以选择对小额救助置之不理,此事就此告一段落,但是葛某某的权利主张根本无法得到满足;二是如果葛某某继续上访政府也可以选择将葛某某以敲诈勒索罪(既遂)移交公安处理[也可能处于某些原因葛某某没有继续上访也以敲诈勒索罪(既遂)移交公安处理]。因此葛某某一旦接受政府的救助,要么权利无法得到满足,要么将面临敲诈勒索罪的处罚。

以常识来判断,第一种情况的概率是极小的,现有的权力结构之下,一个乡政府能够协调葛某某和监狱之间的纠纷是不太现实的。很可能出现的是第二种情况,这也是乡政府力所能及的事情。但是在第二种情况中,往往因为当事人的权利主张无法满足而迫使政府采取第二种态度。分析到这里结论已经很明了了,在政府介入的纠纷调解过程中,除非政府能够顺利完成纠纷双方之间的调解任务,否则权利主张一方一旦接受政府的任何救助都将陷入极大的被动,则要么以牺牲权利主张为代价,要么以牺牲自己的自由为代价。可见,在纠纷调解过程中政府的救助金无异于“毒药”。但是权利主张者往往不能避免饮鸩止渴,因为多数权利主张者都是生活困难,即使政府的救助金和其权利主张相去甚远,但是其没有拒绝的理由,而且其内心都是怀着对于政府的无限信任,是坚信政府能够为自己的权利主张给一个圆满答复的,哪怕这种主张有时候被证明并不合法。如果将政府解释为敲诈勒索罪的对象,那么权利人就将面临极大地被追诉风险;如果将政府解释为敲诈勒索罪的对象,那么政府和权利人之间的“被害人”和“敲诈人”的角色会在不经意间悄悄发生对换。

那么政府可否袖手旁观呢?显然不可能,政府已经在不知不觉中充当了“家长”的角色。在古代政府就是司法衙门,县太老爷就是审判长,因此无论什么鸡毛蒜皮的事都会去找政府。现代政府也摆脱不了其“家长”的角色。之前刚开始发行股票时,民众买股票亏损了会去找政府,现在民众参与非法集资钱被骗了也会去找政府,而且政府本身也处于各种不科学、不合理的考核之下,因此政府是不习惯而且也不可能袖手旁观的。换言之,要改变政府的“家长主义”并非朝夕之功,但是政府的家长主义又会使当事人的合法权利处于风险之中。

(三)否定政府作为敲诈勒索对象之刑事政策意义

刑法的目的在于保护法益,但是刑法的机能则是法益保护和人权保障。韩忠谟先生指出,刑法发挥保护守法者和打击犯罪者的双重作用。[①] 这亦即刑法既是犯罪人的大宪章,又是善良人的大宪章之要义所在。如果社会民众不能左右自己的自由,不能掌握自己的命运,而是被权力机构以敲诈勒索罪遏制住命运的咽喉,那么敲诈勒索罪就成了恶法。亚里士多德在2000多年前最早对法治进行界定时,就认为良法是法治的两项核心要素之一。[②] 换言之,法治必须是良法之治。之后围绕"恶法非法"和"恶法亦法"的话题,自然法学派和实证主义法学派展开了旷日持久的争论。这一争论主要作用在于立法,在司法领域,一项法律被制定之后,就必须被遵守。正如法谚所云:"法律不是嘲笑的对象。"张明楷教授也提倡不要随意批判法律和主张修改法律,而应当善于解释法律。[③] 因此,如果将政府解释为敲诈勒索的对象会使民众失去预测可能性失去自由,那么这样的解释就是不合适的。我们无法准确探知敲诈勒索罪的立法原意,但是即使立法原意可以探知,我们也应该坚持正义的解释理念对刑法作出有利于被告人的解释。

前文论述了如果将政府解释为敲诈勒索的对象,权利人将容易陷入钓鱼执法的陷阱,进而行为人将陷入极大的被动与不自由之中。换言之,如果将政府解释为敲诈勒索的对象,则政府可能随时都存在"制造"敲诈勒索罪罪犯的可能。对此刑事政策不能无动于衷,因为刑事政策旨在有效地惩罚和预防犯罪。当民众可能无端受到刑法的侵扰时,刑事政策就必须作出自我调整。

一方面,刑事政策调整的基本前提是明确哪些是"真正的"犯罪。刑事政策的重要意义在于有效惩罚和预防犯罪,但是当这种犯罪是来自自身"制造"时,这时谈论惩罚和预防犯罪可能就是唐·吉诃德大战风车是一场虚幻的战争。因此,当下刑事政策的核心不是在于如何加大对于维权型敲诈勒索罪的打击力度,而是从正义的解释立场出发,对敲诈勒索罪保持必要的宽容,具体而言是对敲诈勒索对象进行限缩,将政府排除在敲诈勒索的对象之外,否定敲诈政府的行为可以构成敲诈勒索罪,让刑事政策的调整立足于"真正的"犯罪之基础,唯有如此才是釜底抽薪之计。

另一方面,刑事政策必须坚持权利保障的导向。"刑事政策必须坚持以保护人权为最高价值追求,国家运用刑法打击犯罪,保护人民的目的才得以全面实现。"[④]刑事政策并非只是表现于犯罪控制,刑事政策必须受一定原则的指导,即使在形势政策的发源地德国,"人道、法治和公正三大原则贯穿于刑事政策的始终"。[⑤] 比如,我国曾经实施的多次严打就在注重犯罪控制的时候不经意间忽视了公正的代价,有些在今天看

---

① 参见韩忠谟:《刑法原理》,北京大学出版社2009年版,第8页。

② 参见严存生主编:《西方法律思想史》,法律出版社2015年版,第42页。

③ 参见张明楷:《刑法格言的展开》,北京大学出版社2013年版,第3页。

④ 程应需:《人权保护与我国刑事政策的价值选择》,载《法学评论》2006年第2期。

⑤ 马登民、张长红:《德国刑事政策的任务、原则及司法实践》,载《政法论坛》2001年第6期。

来不该判处死刑的人被判处了死刑,不该判处自由刑的人被判处了自由刑,最近几年暴露出来的冤假错案,从案件发生时间来看,多数发生在2000年以前,而那正是严打刑事政策的大力推行期。因此,如果将政府解释为敲诈对象,那么实际上会导致的结果就是政府将掌握刑法发动的主动权,政府可以选择以要求权利人放弃各种权利为交换条件息事宁人,也可以选择以敲诈勒索罪移送公安机关立案侦查,而这时政府与掌握他人要害进而恣意提出各种不当要求的敲诈行为人就在不知不觉间实现角色等同了,进而普通民众的权利保障就会大打折扣。

## 三、政府作为敲诈勒索对象之"综治"思维反思

### (一)后劳教时代之"综治"后遗症

我们不能过多地谴责政府介入普通民众的维权行为,在不少情况之下,政府的介入对于普通民众的权利纠纷的解决还是大有裨益的。我们也不能过多地谴责政府的嬗变,因为政府也面临着高举着的各种绩效、业绩考核的大棒。发现问题是解决问题的关键环节,我们不能抱有偏见地认为政府天然就对民众具有敌对意识,政府应该是为人们服务的。某种程度上讲,政府本身也是权利主体,比如在行政案件中,政府就是案件当事人的角色,如果对于法院的最终判决不满意,那么理论上政府也是可以上访的,当然这种情况只是存在于理论上,实践中这种情况是极少发生的。政府为何会高频率地出现在敲诈勒索罪的被害人席位上呢?笔者认为,直接根源在于政府承担的社会治安综合治理职能,虽然早有将社会治安综合治理纳入法治化轨道的声音,但是这样的变革还远没有完成,有学者指出了社会治安综合治理存在的问题,"所处地位不高、决策缺乏民主性、重视权力运用忽视权利保障、强调治标忽视治本、政策性过强法治化不足"。①

我们必须承认并非每一个人民都是"刁民",但是也必须承认并非每一个人民都是"善民",不然就不会有那么多被判处死刑的罪行极其严重的犯罪分子。在社会生活中,应该说绝大多数人都是在遵守法律法规的前提之下,在遵循一定范围内的公序良俗的道德约束下生活,不是每个人都如秋菊一样锱铢必较,但是却不能排除比秋菊更较真的权利主张者。司法实践中的确有个别权利主体的权利主张并不理性,这些人成了社会治安综合治理过程中的麻烦制造者。尤其在大型会议、重要外宾来访的关键时间,这些人极度活跃,因此政府部门就必须对这部分人特别注意,否则将招致各种考核的"大棒袭击"。

以往对于这部分人是通过劳教来处理的,但是劳教制度却饱受争议。一种声音是批判。有学者指出,劳教制度违背了法律保留原则、正当程序原则以及罪刑法定原则,

① 辛科:《社会治安综合治理:问题与对策》,载《中国政法大学学报》2011年第3期。

应当废除。[①] 第二种声音是保留。如有学者明确提出应当坚持“劳动教养”的名称。[②] 第三种声音是改造。刘仁文教授指出，“劳动教养制度使刑法和治安管理处罚法之间的衔接存在逻辑关障碍，劳动教养制度必须向保安处分改革”。[③]

党的十八届三中全会通过的《中共中央关于全面深化改革若干重大问题的决定》宣告着劳教制度在理论界和实务界的众多的批判中走完了自己的最后里程，也给劳教制度的诸多争议画上了句号，但是劳教制度废除之后留下的问题却远远不能画上句号。笔者也赞同废除劳教制度，但是对于劳教制度废除之后的诸多问题却需要仔细思考。有学者指出，劳教制度废除之后我们面临的重大课题是如何在有效管控又不走劳教旧路的前提下妥善处理潜在的违法群体。[④] 笔者认为，这一思考很有见地。全国人民代表大会常务委员会《关于废止有关劳动教养法律规定的决定》第3条对劳教废除之后的部分问题进行了回应，[⑤]但是对于之前应该纳入劳教范围的人员如何处置却没有一个明确的交代，正是在这种意义上，笔者认为废除劳教制度只是治标之策而非治本之策，因为劳教制度虽然废除了，但是劳教制度适用的市场仍然存在。如果在诸如保安处分一类的善后措施没有做好之前就贸然废除劳教制度，那么直接招致的后果就是原本该被劳教的人会被以更严厉的刑罚来替代劳教或者让这部分人逍遥法外。

（二）警惕敲诈勒索罪成为劳教替代品

笔者认为，最近几年政府频频以被害人的身份出现在敲诈勒索罪中恰恰是废除劳教制度的后遗症。

第一，之前的需要被劳教的对象仍然存在。我们必须正视这样一个现实，那就是废除劳教制度只是一个国家治理体系方面的变革，但是作为制度适用的对象——符合被劳教条件的人群依旧存在。就像废除了嫖宿幼女罪，但是之前的嫖宿幼女行为依旧存在，只是不再作为嫖宿幼女罪来处罚。制度的变革并不能变革之前适用制度的人。显然，对这些符合劳教条件的人有三种选择：一是听之任之、放任不管；二是用保安处分来调整；三是用刑法来规制。

第二，让之前的劳教对象逍遥法外不具有现实性。在上述三种选择中，第一种选择最不合理，既没有理论可能性，也缺乏实践可能性。从理论层面来讲，劳教对象最高可以被劳教4年，从时间上看已经超过了故意杀人3年的最低刑期，如果仅从犯罪预防的角度来看，可见劳教对象具有再犯可能性高、改造难的特点。显然这个群体再次

---

① 参见杨峰：《浅析劳教制度的存废》，载《法制与社会》2011年第1期。

② 参见杨建顺：《劳教制度废止当慎重——关于劳动教养制度的四个问题》，载《人民论坛》2013年第3期。

③ 刘仁文：《劳教制度的改革方向应为保安处分》，载《法学》2013年第2期。

④ 参见陈伟：《劳教制度废除后的法律衔接机制探究》，载《暨南学报（哲学社会科学版）》2015年第12期。

⑤ 全国人民代表大会常务委员会《关于废止有关劳动教养法律规定的决定》第3条：“在劳动教养制度废止前，依法作出的劳动教养决定有效；劳动教养制度废止后，对正在被依法执行劳动教养的人员，解除劳动教养，剩余期限不再执行。”

危害社会的可能性较大,因此,如果将这部分人放任不管,很可能为新的犯罪埋下隐患。从实践层面来讲,某个地方虽盗窃犯罪案件频发,但鲜有政府相关部门被问责的先例,而如果上访案件频发,那么为数不少的政府相关部门都会承担责任。因此,从利益分析的角度考虑,政府可能对部分犯罪案件保持理性和平和,但是绝不可能对上访案件熟视无睹。因此,放任之前的劳教对象不管具不具有合理性和可操作性,无论是用保安处分还是用轻罪制度,之前可能被纳入劳教范围的对象都需要有一个后续的替代措施。

第三,我国目前的保安处分体系尚不健全。不少学者主张将保安处分纳入法治化轨道并将其作为替代品来规制之前被劳教的对象。[①] 相较于主张用刑法规制劳教对象一派的观点而言,这样的观点体现了刑法的谦抑性原则,看上去具有合理性。的确,综合各方面,在理论层面上,用保安处分制度来规制之前被劳教的对象似乎更为妥当,但是这只限于理论上的合理性,原因在于我国目前的保安处分制度尚不健全,保安处分效果尚不明显。由于保安处分并不受到实务界的欢迎,民众也容易将保安处分理解为轻纵犯罪,用不健全的保安处分体系来规范之前的被劳教对象恰恰可能制造出更多新的犯罪。如果按照时延安教授的建议那样将保安处分纳入法治化轨道之后再使之成为劳教的替代品也是远水救不了近火,如果还有10天就将有大型集会的话,保安处分是不能够解决政府控制危险上访人群的燃眉之急的。可见,在当下的刑事司法客观状况之下,保安处分并非救急之策。

第四,将劳教对象纳入刑法规制不具有理论合理性但是具有实践合理性。就理论不合理性而言,有学者指出,将原来的劳教对象纳入刑法规制容易导致出现高成本和低效益的社会治理困境。[②] 但是更大的不合理在于之前本来可能处以短期劳教的被处以了较长的自由刑,这实际上是加重了当事人的负担,可能招致废除劳教制度以保障人权之名而行侵害人权之实。就实践合理性而言,之前的劳教启动机关是公安机关,而公安机关具有行政机关的属性,和政府有着更为密切的联系,因此只要政府具有"需求",公安机关就往往会"买单",而现在劳教制度废除之后,政府依然有"需求",但是公安机关却不能再用劳教制度来"买单"。有学者对劳教制度进行批判,认为劳动教养容易产生"违法不如犯罪,劳教不如判刑"的畸形社会印象。[③] 这样的批判很中肯,但是这既是劳教制度的缺点同时也是劳教制度的优点所在,比如劳教制度的劳动教养的期限是1~3年,必要时可延长1年,这个期限比行政拘留的最大期限15天要长,比管制拘役及短期自由刑也要长,如果得知某无理缠访者将会在一个需要召开20

① 参见时延安:《劳动教养制度的终止与保安处分的法治化》,载《中国法学》2013年第1期。

② 参见袁林、姚万勤:《用刑法替代劳教制度的合理性质疑》,载《法商研究》2014年第6期。

③ 参见梅传强:《论"后劳教时代"我国轻罪制度的建构》,载《现代法学》2014年第2期。

天的大型会议上制造麻烦，那么15天的行政拘留是不够的，而且现在行政拘留正在逐步规范，行政拘留的启动条件也越来越严格，如果当事人没有任何违法举动，公安机关是不可能提前启动行政拘留的，换言之，公安机关不会随意用行政拘留来为政府的需求买单。因此，政府只剩下最后的通道，那就是寻求刑法对当事人进行制裁。所以，在诸如行政考核制度、保安处分、轻罪制度、乡规民约的村民自治制度等根本性的制度没有改变的前提之下，政府寻求刑法作为社会治安综合治理的工具也是"不得已而为之"。但是无论政府有多少无可奈何，权利主张者都不应该为制度性的问题"买单"，尤其是这种买单是以刑法这种昂贵代价的形式。

最近对于上访行为，司法实践出现了新的动向——将主张权利的上访者直接以寻衅滋事罪判处。例如，在冯某敲诈勒索案中，①冯某以家人有病无钱医治为由，长期到北京等地上访相要挟，向政府工作人员胡某某索要现金16,000元。冯某一审被判处敲诈勒索罪。冯某上诉后，二审法院改判其构成寻衅滋事罪。在笔者收集的案例中很多二审案件，很多一审判处敲诈勒索罪的上访案件，二审都改判了寻衅滋事罪。不得不说这一现象受综治思维影响很大，实际上这种综治思维由来已久，在1983年的提出严打之后到1997年《刑法》出台之前，流氓罪是政府推行社会治安综合治理过程中适用最便捷的罪名。在1997年《刑法》出台之后到《刑法修正案（八）》出台之前，应该说敲诈勒索罪替换了流氓罪的角色，成了最好使的工具。在《刑法修正案（八）》出台之后，修改了的寻衅滋事罪则大有替代敲诈勒索罪最便捷工具角色之嫌。② 这说明无论一审还是二审，司法实践的动向已经有了悄然的改变。但是这一改变既可喜又可悲，可喜之处在于司法实践已经不再含糊地以"以非法占有为目的，采取要挟与威胁方法索要他人财物，数额较大，其行为已构成敲诈勒索罪"的空洞表达判定权利人构成敲诈政府。而是开始从教义学的角度开展对敲诈勒索罪的深入反思，认为将政府解释为敲诈对象并不妥当。③ 可悲之处在于，寻衅滋事罪已经悄然接过敲诈勒索罪的大旗，成了社会治安综合治理最便捷的工具，虽然寻衅滋事罪的最长刑期为10年，短于敲诈勒索罪的10年以上有期徒刑，但是无论长短刑罚都是最严厉的恶害，都不是普通人可以承受之重，政府帮扶救助金的诱饵依旧存在，民众被刑事追诉的风险也依旧没有减弱。

---

① 参见（2012）商刑终字第191号。

② 比如，有观点认为很多之前可能按照敲诈勒索罪判处的案例，现在可以直接以寻衅滋事罪判处。参见佚名：《镇安法院对缠访闹访者作出实刑判决》，网址：http://www.hf.gov.cn/Item/128156.aspx，2016年10月27日访问。

③ 当然这种反思也许并非全都出于教义学的立场，也有可能出于政治立场的考虑，如果总是说政府被敲诈容易给民众一种政府软弱无能的印象，从而影响政府的公信力。

## 四、结语

需要特别说明的是,笔者并非否定社会治安综合治理,相反笔者非常赞同社会治安综合治理这一思路,实践证明这也是一条能够有效化解社会稳定风险进而确保社会和谐稳定的行之有效的基本方略。只是政府参与的社会治安综合治理如何在法治的轨道上妥善推进需要细致研究,显然这是一个刑法领域之外的问题,非本文力所能及。但可以肯定的是,只要敲诈勒索罪的市场需求依旧广泛,权利主张者就时刻处于被追诉的风险之中。体制性的问题的解决并非朝夕之功,法律人能够期待的仅是对敲诈勒索罪本身进行更有利于保障人权的解释。因此,从以人权为本位的刑事政策的角度讲,于长远之计应该由立法机关通过修正案明确将政府排除于敲诈勒索的对象之外,于当务之急应该由最高司法机关出台司法解释或者指导案例将政府排除于敲诈勒索的对象之外。

# 抢劫中"抗拒抓捕"的目的性限缩

钟　凯　杨　蓉*

【内容摘要】《刑法》第269条事后抢劫中所规定的以暴力或暴力相威胁的方式"抗拒抓捕"的行为能否一概转化为抢劫罪,需要结合刑事诉讼的目的以及强制措施的原则从刑法解释论的角度加以分析。"抗拒抓捕"一词的含义应在人权保障目的下进行必要的限缩,不当或过限抓捕在性质上应属不法,而由此引起的适度反抗,只要在目的、方法、手段、程度等方面符合限定条件,就不应解释为抗拒抓捕,也不能转化为抢劫罪。

【关键词】事后抢劫　抗拒抓捕　人权保障　目的性限缩

## 一、引子:从一则事后抢劫的案例谈起

2013年9月1日凌晨,被告人阿牛与阿黑经预谋后,在成都市某小区行窃。阿牛先潜入某单元4楼8号将严某7859元人民币盗走,后潜入该单元8楼16号将夏某某141元人民币盗走。在逃离盗窃现场时,阿牛被小区保安发现,遂至该单元2楼公共阳台处举起花盆砸向对其进行抓捕的保安魏某、吴某、肖某某等人,在保安退让时,趁势逃逸。逃逸过程中,阿牛被保安抓住,并遭殴打,阿牛遂行反抗,并在反抗过程中随手抓起花盆碎片划伤保安魏某,致其右脚脚背受轻微伤。随后,阿牛因遭受持续殴打,伤势较重并陷入昏迷。

本案中阿牛的行为构成事后抢劫几无疑问,引起笔者思考的是阿牛的两次抗拒抓捕行为的性质问题。第一次的暴力拒捕是导致阿牛的行为从盗窃转化为抢劫的关键因素;而对第二次的暴力"拒捕"是否能作同样的解释,则有进一步讨论的必要。应该承认,在实施抓捕的过程中往往都伴随着某种暴力手段,以压制行为人的反抗,这对于保证刑事诉讼的顺利进行、防止行为人继续危害社会均为必要。然而,在暴力抓捕的过程中,始终存在以下几个不可回避的问题:第一,抓捕行为的性质如何?第二,抓捕行为所伴随的暴力是否存在限制?第三,过限或不当的暴力抓捕是否存在合法性或正当性?第四,对过限或不当的暴力抓捕予以反抗的行为能否解释抗拒抓捕?第五,若

* 钟凯,法学博士,中国民航飞行学院副教授;杨蓉,四川省成都市郫都区人民法院刑庭庭长。

是承认对过限或不当的暴力抓捕予以反抗的行为不成立抗拒抓捕,又应如何评价其行为性质?围绕上述问题,形成了本文的基本研究框架,这里依次展开论述。

## 二、解析:定性相关疑难问题的梳理与应答

抗拒抓捕是否一定属于非法并进而可能导致行为性质的转化?这并非一个可一概而论的问题,抓捕所具有的"准强制措施"特征,决定了抓捕过程中常常会伴随以各种形式的暴力,对于必要且适当的暴力,反抗即意味着行为人对刑事追诉活动的拒绝与排斥,显示出其更大的人身危险性,一般会导致行为性质的转化;而对不当或过限的暴力予以反抗能否不加区别地以"抗拒抓捕"论,则需通过对定性相关的疑难问题进行梳理后作出解答。

### (一)抓捕行为的性质

何为"抓捕"?从词义上来看,其是指捕逮捉拿。"抓"的本义为搔,也即人用指甲或带齿的东西或动物用爪在物体上划过,这反映出"抓"所具有的强力性特征,也就意味着抓捕过程一般可能伴随以暴力;而"捕"字的本义为捕捉、捉拿,反映出"捕"字在效果上所具有的控制力特征,也就意味着抓捕从效果上看应呈现为被抓捕者被控制或至少具备控制可能性的状态。

应当说,在《刑法》第269条中使用"抓捕"一词用以描述事后抢劫的客观行为特征是比较形象的,也易为人理解。但从规范性的角度来看,"抓捕"并非一个规范用语,[①]这主要表现在抓捕活动并不如其他刑事强制措施一般存在程序性的规范、约束或保障,在《刑事诉讼法》等法律规范中也没有与之相对应的概念。由此,也就决定了抓捕行为在性质上只能是一种"类刑事强制措施"或"准刑事强制措施"。作此界定主要是基于三个方面的原因:

其一,因为抓捕适用的对象为现行犯或重大嫌疑分子(准现行犯),而对于现行犯和重大嫌疑分子,任何人都有权实施临时性的人身保全,这既是由于他们的犯罪嫌疑十分明显,不经司法审查也不容易发生错误,也是基于缓不救急的考虑,对于现行犯和重大嫌疑分子只有先行采取紧急措施,才不致使犯罪继续,造成更加严重的危害后果。[②]

其二,我国《刑事诉讼法》将刑事强制措施明文限定为拘传、取保候审、监视居住、

---

① 《刑法》中存在一定数量的非规范用语,如第294条组织、领导、参加黑社会性质组织罪在概括"黑社会性质的组织"的特征时所使用的"称霸一方",第20条第3款对"特别防卫权"所针对的行为类型进行概括时所使用的"行凶",第49条第2款对死刑适用对象进行限制时所使用的"特别残忍手段"等,都属于在理解上造成较多歧义的表述方式,且难以对相关词汇的规范含义进行准确界定。

② 参见易延友:《刑事强制措施体系及其完善》,载《法学研究》2012年第3期。

拘留、逮捕、扭送六种,[1]这也就决定了抓捕虽属强制,但并非经由法定授权的强制,而是基于实质上的合理性和正当性而得以存在的措施,故只能是一种"准强制"或"类强制"。

其三,考虑到抓捕行为在效果和目标上与一般的刑事强制措施类似,即都是为了保障侦查、起诉、审判活动的顺利进行而对犯罪嫌疑人采取的临时限制其一定程度人身自由的方法。在类型划分上,其与拘留和扭送较为相似,均属针对现行犯和重大嫌疑分子的临时性强制措施。其与拘留的主要区别在于执行主体不同(拘留为公安机关,抓捕不存主体限制),程序不同(拘留须经审批,并由公安机关负责人签发拘留证,抓捕不存程序限制)。但从拘留与抓捕所涉之事项来看,二者存在一定重叠,具体包括《刑事诉讼法》第81条所列举的在犯罪后即时被发觉的;被害人或者在场亲眼看见的人指认他犯罪的;在身边发现有犯罪证据的;犯罪后企图逃跑或者在逃的;以及有毁灭、伪造证据可能五种情形。[2] 其与扭送的区别关键在于执行主体不同(扭送的主体只能是公民,抓捕不存在主体限制),二者在所涉事项上同样存在一定重叠,具体包括《刑事诉讼法》第84条所列举的正在实行犯罪或者在犯罪后即时被发觉的;正在被追捕的两种情形。故可以将抓捕作为一类"准刑事强制措施"或"类刑事强制措施"予以理解。

(二)抓捕行为的暴力界限

由于强制措施关乎公民的人身自由权利且往往附随以一定程度之暴力,因此理论和实务上基本一致认为,刑事强制措施的实施必须伴随以严格的条件和程序,以免不受限制的权力造成侵犯公民权利的后果。为此,理论上也为刑事强制措施的实施设置了诸多门槛,以防止强制处分权之滥用或逾越必要之程度,如得到普遍遵循的合法性、必要性、比例性以及司法审查等原则。与普通的刑事强制措施类似,作为"准强制措施"的抓捕行为,一般也会伴随以一定程度的暴力。当然,适度暴力的存在自有其合理性,因为"国家一方面要在制度上赋予人民当然的权利,并通过宪法法律的形式表明公民权利范围,另一方面要对实践中出现的异类分子给予教育、挽救、惩罚,通过侦查、起诉、审判和执行,来恢复受侵害的权益与秩序,并实现社会管理职能。这其中为

---

① 关于扭送的法律地位,诉讼法学界存有争议,有观念认为,"公民扭送与强制措施,就其性质,是两种根本不同的行为,不能将两者混为一体"。参见陈光中、徐静村主编:《刑事诉讼法学》(修订版),中国政法大学出版社2000年版,第217页。也有观念认为,"扭送符合强制措施的根本特征,也是为了实现强制措施的根本目的,因此,扭送实际上不可避免地具有强制措施的性质"。参见易延友:《刑事诉讼法》(第2版),法律出版社2004年版,第203页。笔者认为,扭送符合强制措施的本质特征和根本目的,且在《刑事诉讼法》"强制措施"一章中有对其法定情形进行表述,故可以将之作为强制措施予以理解。

② 值得一提的是,这里所列举的可以实施抓捕的情形与《刑事诉讼法》第82条第(一)至(五)项所列举的可以拘留的情形并不一致,做此限定主要是为了与《刑法》第269条所设定的可能引起抗拒的事由,即"窝藏赃物、抗拒抓捕或者毁灭罪证"相匹配,但不适用抓捕并不代表同时排斥拘留的适用。

克服人的自保本能支配下的逃避刑罚或妨害诉讼行为,需要以国家公权力为后盾,强制性限制与剥夺个人权利实现国家刑罚权,恢复或弥合被侵害的秩序与权益”。[①] 基于此,刑事强制措施或“准强制措施”一旦适用就必然会对公民权利产生约束,并对涉案的现行犯或重大嫌疑分子科以一定的忍受义务,其中所暗含的暴力因子也是为《刑法》《刑事诉讼法》所认可的(至少是默认的)。但不可回避的疑问是:现行犯或重大嫌疑分子应在多大程度上忍受强制措施所带来的负担或痛苦?必须承认,“在法官判决之前,一个人是不能被称为罪犯的,只要还不能断定他已经侵犯了给予他公共保护的契约,社会就不能取消对他的公共保护。如果犯罪是不肯定的,就不应折磨一个无辜者,因为,在法律看来,他的罪行并没有得到证实”。[②] 因此,即便现行犯或重大嫌疑分子有容忍一定程度痛苦之义务,却并不能当然地认为其实体权利可以因此被剥夺或被限制。

由此,一个应然且合理的思维逻辑就应是为抓捕设定程序性规则。然而,在抓捕尚未被纳入刑事强制措施范畴的当下,对于抓捕在目前如何予以规范适用尚属一个亟待解决的问题。笔者认为,至少应从必要性和适当性两个层面对抓捕行为及其附随暴力进行限制或限缩。

在必要性层面,要求“所采取的手段及方法不仅有助于目的之实现,而且为实现目的所不可缺少”。[③] 首先,在实施抓捕时应存在必要的证据指向被抓捕者,也即抓捕的对象只能被限定为现行犯或重大嫌疑分子。其次,抓捕的目的只能是防止现行犯或重大嫌疑分子逃跑,保全与案件相关的各种证据,排除被抓捕者对侦查活动的干扰,从而使诉讼活动得以顺利进行,使犯罪的人受到应有的惩罚。最后,抓捕的手段、措施、程度应受约束,避免过度或者不当适用。这就要求抓捕行为的发动是基于现行犯或重大嫌疑分子的窝藏、抗拒、隐匿等行为,若本案中的行为人阿牛在遭遇保安呵斥时即已蹲下抱头待捕,对之实施的抓捕就不应伴随暴力,而只能是对其自由的限制,并等待公安机关依法采取进一步行为。此时若对阿牛实施所谓的暴力压制行为,在性质上就不能被评价为一种预防性保障措施,而仅可能是一种情绪发泄。

在适当性层面,要求抓捕行为“与被适用人的人身危险程度和所涉及犯罪事实的轻重程度相适应”。[④] 这意味着,首先,抓捕行为所选择的手段、方法、措施以及行为强度应当符合法律所规定的目的或者至少有助于目的的实现,也即应当尊重被抓捕者的程序性权利,避免其人权遭受恣意的侵犯。换言之,采用过限的暴力或不当乃至违法的如侮辱性、残虐性的手段实施抓捕的,应在司法评价过程中予以否定或排斥,或允许被抓捕者为保障自己的合法权利实施防卫。其次,在实施抓捕的过程中,若有多种措

① 谢佑平、张海祥:《论刑事诉讼中的强制措施》,载《北京大学学报(哲学社会科学版)》2010 年第 2 期。
② [意]贝卡里亚:《论犯罪与刑罚》,黄风译,中国大百科全书出版社 1993 年版,第 31 页。
③ 陈卫东:《刑事审前程序与人权保障》,中国法制出版社 2008 年版,第 204 页。
④ 谢佑平、张海祥:《论刑事诉讼中的强制措施》,载《北京大学学报(哲学社会科学版)》2010 年第 2 期。

施可供选择,必须选择适用对公民权利的损害与侵害最小的措施,如被抓捕者未实施暴力又或是暴力程度极其轻微,则一般不应在抓捕的过程中伴随暴力。最后,在实施抓捕的过程中,应注意进行法益衡量,抓捕行为对被抓捕者公民权利的损害与所要保护的法益之间应基本平衡,至少不能高于所要保护的法益,以确保二者之间呈现为相对均衡的状态。

(三)过限或不当抓捕的行为性质及责任

从观念上来说,对抓捕行为需要从法律层面给予各种实体上和程序上的限制,以实现保障自由的需要;从现实来说,目前抓捕这一“准强制措施”并未从程序法上予以规范,而实体法上对“抓捕”概念的确认也并不必然能够推导出过限、不当抓捕的行为性质及可能产生的法律后果。如前所述,抓捕需要从必要性与适当性两个层面进行限缩,那么,接踵而来的问题是:如果缺乏暴力抓捕的必要性却实施了暴力抓捕,或虽具暴力抓捕必要,但明显超出适当性限度的,应如何理解该两类行为的性质?

客观地说,《刑法》需要赋予公民以抓捕现行犯或重大嫌疑分子的权力。理由在于:首先,当行为人实施了犯罪或具备重大犯罪嫌疑时,就已经产生了刑事法律责任,否定性法律评价便已初步形成,也就应该通过运用包括抓捕在内的刑事强制措施对之予以必要控制;其次,从《刑法》第269条的意旨来看,抓捕对应的事项是行为人的抗拒,当然,隐匿罪证、窝藏赃物的行为也往往会导致被抓捕,因为该三类行为均属为国家追诉犯罪设定障碍的行为;再次,在行为人予以抗拒时,抓捕还可以达到中止犯罪人的犯罪行为或使已经被侵害的法益得到部分恢复的效果,迫使犯罪人失去继续犯罪的可能;最后,抓捕对于维持刑法的效率价值意义重大,所谓“迟来的正义为非正义”,通过将行为人置于抓捕者的控制之下,能够保证行为人按时到案和接受审判,也为犯罪人受到法律的制裁提供了可能。

但亦如孟德斯鸠所言:“一切有权力的人都容易滥用权力,这是万古不易的一条经验。有权力的人使用权力一直到遇有界限的地方方才休止。”[①]就抓捕行为而言,它犹如“一把锋利的‘双刃剑’,用其为善,则善莫大焉;用其作恶,则恶贯满盈”。[②] 社会文明的发展决定了权力制约的重要性,未受制约的抓捕及其附随的暴力在实施过程中也充斥着各种风险:其一,诚如亚里士多德所言:“人类若由他任性行事,总是难保不施展他内在的恶性。”[③]抓捕者尤其是被害人充当抓捕者的时候,其在主观上往往不会满足于单纯控制或压制犯罪人,对犯罪的憎恶决定了抓捕者此时亦习惯于借助抓捕行为对犯罪人施以惩罚,以释放内心的报复情感,而这也就暗含了不当或过限抓捕的风

① [法]孟德斯鸠:《论法的精神》(上),张雁深译,商务印书馆1961年版,第154页。

② 谢佑平、江涌:《论权力及其制约》,载《东方法学》2010年第2期。

③ [古希腊]亚里士多德:《政治学》,吴寿彭译,商务印书馆1965年版,第319页。

险。其二,未受约束的权力导致权力具备了扩张性。抓捕作为在实体规范上存在的"准强制措施",却未能在程序规范上加以控制,导致抓捕在动态的实践过程中极易发生扭曲和变形。因为未加制约的权力本就具有不确定性,抓捕者似乎也能由此为其行为的恣意找到理由,为自己的行为披上一件正义的外衣,以法无禁止性、限制性的规则为由,打着替天行道、惩罚犯罪的旗号在侵犯人权的道路上大行其肆。

通过前述分析,可以形成这样一种认知:从维护社会利益和被害人人权的角度讲,需要且离不开抓捕,从被抓捕者的人权保障角度讲,应控制和慎用抓捕。在应然状态下,抓捕与人权保障之间并不存在冲突或矛盾,这里借用论者对逮捕与人权保障的辩证关系的论述来作说明:"它[①]在完全认可人权是反映了社会道德的最基本要求、反映了社会生活中人作为人应当享有的权利要求的前提下,以自己的特殊方式,以不得已地牺牲某个个人的人身自由来保障其他社会成员的人权不受不道德的、不合法的侵犯;它表面看起来是与人权格格不入的,而实质它与人权具有共同的道德标准,是人权的捍卫者。"[②]但即便如此,能够完成对抓捕以人权保障为目的这一观念的证成,依然是以"不得已"为前提的。这种"不得已"意味着滥用抓捕或运用抓捕不当都可能产生侵犯人权的后果,而这显然是与法律的目的格格不入的。

基于这样一种被限缩的认识,不当或过限抓捕在性质上也就因为其与人权保障观念的冲突而欠缺了实质合法性,应被评价为不法,在后果上则表现为民事或刑事法律责任。具体来说:

第一,根据《侵权责任法》(已废止)第4条第1款的规定,"侵权人因同一行为应当承担行政责任或者刑事责任的,不影响依法承担侵权责任"。对于过限或不当的抓捕行为,无论是否追究刑事法律责任,行为人均应承担适度的民事法律责任,具体包括停止侵害、赔偿损失和赔礼道歉三种方式中的一种或数种。这里提到的"适度",意指过限或不当抓捕的侵权责任与普通的民事侵权责任不同,其在责任的量上将显著轻于普通的民事责任,依据则是民法理论上的过失相抵制度。该制度认为,"就损害之发生(包括损害发生之原因)或扩大,被害人(包括债权人)有过失时,减轻赔偿金额或免除赔偿责任"。[③] 并以此作为侵权人不承担责任或减轻责任的一种情形。当侵权行为的出现是基于被侵权人所实施的"与善良公民行为相偏离的行为"时,被侵权人应该明知其行为可能导致对自己造成某种损害的结果或状态,此时仍然有意为之或放任损害结果的发生的,就应在责任分配的过程中承担部分乃至全部责任。由于过限或不当抓捕行为所致的侵害是由被侵害人的犯罪行为引起,被侵害人对于侵害结果的发生存

① 原文指逮捕,亦可将之套用于抓捕。——笔者注

② 孙谦:《论逮捕与人权保障》,载《政法论坛(中国政法大学学报)》2000年第4期。

③ 史尚宽:《债法总论》,中国政法大学出版社2000年版,第303页。

在明显过错,故侵害人所能承担的责任只能是一种较低层次的有限责任。

第二,对于公安机关实施的不当或过限抓捕行为,根据《国家赔偿法》的规定,公安机关无须承担赔偿责任,亦即不存在行政法律责任。但从观念上看,这一规定值得商榷,因为在刑事司法活动中,强制措施的滥用或不当适用,就是超越司法权限范围的侵犯人权行为,这一点也同样适用于抓捕在内的"准强制措施"。作为一种"必要的祸害"的刑事诉讼,其中的强制措施也是一种"恶害",也是必须予以制约与监督的权力。而制约与监督的实现,一方面依赖于《刑事诉讼法》的程序性规范,另一方面则依赖于公安机关的自我克制,而当公安机关未能有效克制自己的权力甚至出现权力滥用结果时,赋予被侵害人以必要的申诉权利并适度补偿其因司法机关的不当或过限行为所致的损失也应是一种符合思维习惯的逻辑。

第三,对于不当或过限抓捕造成被抓捕者重伤或死亡的,应就重伤或死亡的结果承担刑事责任。抓捕所附随的暴力决定了即便是适当且必要的抓捕行为也往往可能造成被抓捕者一定程度的人身损害。笔者认为,适当性判断不是也不可能是一种精确判断,故只要没有明显超出必要限度,都应理解为适当,在造成的损害结果上,轻伤和轻微伤一般都能为适当暴力所包容。当然,这一论断能否成立还需同时结合前述必要性及法益衡量两个层面的判断来进行综合认定。基于此,对于公安机关实施的不当或过限抓捕行为,虽未在《刑事诉讼法》和《国家赔偿法》明确其行政法律责任,但从《刑法》的规定来看,在造成被抓捕者人身法益不必要的重大损失时,应追究抓捕者滥用职权的刑事责任。而对于普通公民实施的不当或过限抓捕致人重伤或死亡的,则应区分情形分别追究故意伤害罪或过失致人重伤(或死亡)罪的刑事责任。值得注意的是,与民法上的过失相抵相类似,刑法上也存在可能影响责任量刑的法定或酌定事由,其中,被害人的过错可用于冲抵不当或过限抓捕的部分乃至全部刑事责任。根据被害人的过错概念,在类型上,不当或过限抓捕活动中的被害人属于有责性被害人,也即本身实施了违法犯罪行为或者违背道德或其他社会规范行为或过失行为,从而与加害行为的发生之间具有一定直接关系的人。[①] 对于"有责性被害人,尽管对于加害的发生负有一定责任,但加害行为人仍然应构成犯罪,只不过作为一种被害人有过错的犯罪,其在量刑上应当考虑"。[②] 基于此,对于存在被害人过错的加害人,刑法必将被害人过错作为一种酌定的量刑事由予以考量,也就应对加害人从轻处罚。理由正如德国犯罪学家汉斯·冯·亨廷所言:"在某种意义上说,被害人决定并塑造了罪犯。尽管最终的结果可能是单方面的,但是,被害人与犯罪人之间具有深刻的互相作用,直至该戏剧

① 参见汤啸天:《犯罪被害人学》,甘肃人民出版社 1998 年版,第 110 页。

② 陈兴良:《被害人有过错的故意杀人罪的死刑裁量研究——从被害与加害的关系切入》,载《当代法学》2004 年第 2 期。

性事件的最后一刻,而被害人可能在该事件中起到决定性的作用。”①因此,由于不法侵害是由被害人的过错所致,说明了加害人的主观恶性明显低于普通的犯罪人,其行为的社会危害性也就得以降低,相应地,行为人的应受谴责性就会得到适当的缩减。这一点在2010年实施的《人民法院量刑指导意见(试行)》中也有体现,根据该意见,“对于故意伤害罪,因被害人的过错引发犯罪或对矛盾激化引发犯罪负有责任的,可以减少基准刑的20%以下”。

(四)对过限或不当抓捕予以反抗的行为性质及限度

与普通的刑事强制措施不同,法定的刑事强制措施由于存在前置性的规范,约束或限制相对较多,而抓捕行为由于未能在《刑事诉讼法》中得以法定,反而增加了侵犯犯罪人人权的概率和风险。应该认识到,被抓捕者在刑事司法活动中不仅有承受一定限制或剥夺性痛苦的义务,也享有基本的人权与公民权利。这也就意味着,即便面临抓捕,其也有权得到人道的待遇和肉体、精神免遭摧残的权利。进言之,即便是在法院判决其有罪之后,犯罪人所应承受的痛苦也是被严格限定的,且当中不应该也不可能充斥单纯的肉体性痛苦。因此,在刑事强制措施和“准刑事强制措施”中,对最小侵害性的控制必然会成为保障权利价值的核心。② 这也就意味着如果抓捕行为不必要或不适当,也就必然会构成对刑事强制措施相称性价值的悖论,自然也就应当允许通过司法救济合理地弥补在维护秩序过程中对被抓捕者造成的权利伤害,保障其合法权益。然而,法律作为一种静态的存在,在面对已然出现的权利侵害时,其总是表现出一种滞后性,对于正在进行的侵犯被抓捕者人身法益的行为,过分依赖于国家权威的事后保护可能为时已晚,不当或过限抓捕所造成的后果也就可能无力挽回。这一点,在前述阿牛一案中是有所体现的。那么,犯罪人在被抓捕的过程中由于遭受了过限或不当抓捕而予以反抗的,应作何种认定呢?

笔者认为,对于遭受过限或不当抓捕的现行犯或重大嫌疑分子,应赋予其一定程度的反抗权利。这一权利一方面是对权力恣意的回应,有其合理性;另一方面也必须受到限缩,避免因为抓捕和反抗的对立激化演变为新的犯罪或出现更加严重的结果。关于反抗权利的合理性,前文已有多处论述,无须赘言;而关于如何限缩反抗之权利,则有进一步研究的必要,笔者认为,这里的反抗应从以下几个方面理解:

第一,反抗的前提限于存在正现实侵害人身的过限或不当抓捕行为。所谓正义无须向不正义让步,抓捕行为的正义属性不可动摇,对抓捕行为予以适度限缩只能是基于保障人权,避免与法律的目的相冲突的考虑。这也就决定了在性质上抓捕不能与不法侵害乃至刑事犯罪画等号,否则不仅可能导致对现行犯或重大嫌疑分子的放纵,也

① 许章润主编:《犯罪学》(第2版),法律出版社2004年版,第124页。

② 参见樊奕君:《比例原则视角下刑事强制措施价值平衡研究》,载《中国刑事法杂志》2011年第12期。

会导致正义行为的萎缩，更无法在观念上为国民所接受。基于此，可能允许进行反抗的抓捕应符合以下条件：首先，抓捕必须附随暴力，未附随暴力的抓捕一般不会构成对被抓捕者人身的侵害，不允许反抗；其次，附随的暴力是现实的暴力，也即存在以现实的有形力直接作用于被抓捕者人身的不当或过限抓捕行为，仅对被抓捕者进行言语威胁或轻微殴打的，不具有反抗的理由；最后，暴力的使用是过限或不当的，也即采用了不必要或不适当的暴力，对于符合相称性价值的暴力，被抓捕者有忍受之义务，不允许进行反抗。当然，如前所述，必要性与适当性的判断没有绝对精确之标尺，故只要抓捕附随之暴力未明显超出必要限度，均不得反抗。

第二，反抗的对象限于实施过限或不当抓捕的公民或公安机关，不涉及第三人。赋予被抓捕者以适度反抗的权利并不是为了鼓励抗拒抓捕，更不能由此导致合法的抓捕行为被压制，使得抓捕不能。如后所述，反抗的目的只能是防卫自身，以避免过限或不当的抓捕造成不必要的损害，而为了避免这种损害，反抗的对象就只能是抓捕者本人，否则该行为就不再是反抗，而是打击。事实上，对无关的第三人实施反抗，一方面，达不到制止不法侵害之目的，更有可能激化抓捕过程中的暴力因素；另一方面，将无关的第三人作为实施反抗的工具或手段，实际上与将他人作人质无异，必然枉及无辜，不可能在法律上取得正当性或合法性。

第三，反抗的目的是制止不法侵害、保护合法权益。基于合理根据在适当范围内实施的反抗在本质上就是一种防卫，而防卫的成立除了在客观上要求存在合理根据和适当行为，在主观上还应要求被抓捕者存在防卫意识，也即具备主观的正当化要素。这一点和正当防卫在主观方面的要求是一致的，因为“行为是主观与客观的整体构造，因此如果不存在防卫意思，那么很明显不能说是防卫行为。进而，违法性并非仅仅是结果无价值而且还必须考虑行为无价值，从这样的违法观出发的话，如果没有防卫意思，偶然地在客观上实现了防卫的结果，是不应该认定违法性被阻却。从这个意义上来说，防卫意思是必要的，也就是说应该将（防卫意思）作为主观的正当化要素来把握”。[①] 因此，对于被抓捕者实施的反抗行为，必须从反抗的方法、手段、强度、对象等客观要素入手进行审查，确证行为时被抓捕者的主观目的，考察其是为了防卫自身还是想要实施新的犯罪。若是为了实施新的犯罪，即便在客观上造成了防卫自身的效果，也不应给予合法性的评价。

第四，反抗的方法、手段应以非暴力为原则，以有限的暴力为补充。作为对附随有暴力的过限或不当抓捕的回应，反抗并不必然表现为对人的暴力，更不能以摧残、强制他人为手段。这意味着在实施反抗的过程中，被抓捕者并不必须通过暴力指向抓捕者

① ［日］福田平：《刑法总论》（第 3 版增补），有斐阁 2001 年版，第 154 页。转引自王充：《论防卫意识》，载《当代法学》2011 年第 6 期。

的人身,亦可以物为媒介,间接保护自身。如使用桌椅板凳进行遮蔽或遮挡等。只有在无法通过非暴力手段防卫自身时,才可能允许被抓捕者采取适度的暴力回应他人的暴力。在具体的行为方式上,被抓捕者除不得已时,其所采取的一般不应是拳打脚踢或更严重的可能造成抓捕者人身伤害的方法、手段,而应采用推搡、拉扯等不会直接伤及抓捕者人身的方法、手段。否则抓捕与反抗之间就可能演变为一种暴力互殴,反抗所使用的暴力的加剧必然会导致抓捕附随暴力的激增,甚而可能导致更为严重的人身伤害后果。

第五,反抗的程度只能以防卫自身为限。与作为预防性保障措施的抓捕在程度上的要求类似,对过限或不当抓捕的反抗亦应严格限制,这是由赋予反抗权利的目的也即保障人权、防卫自身所决定的,也就意味着超出防卫自身必要性的反抗都不可能具备刑法上的合法性。换言之,反抗的行为只能是为了防御超出适当性界限的那一部分暴力,而必要的防御在强度上要么会低于该部分暴力,要么至多等同于该部分的暴力,否则在法益衡量的过程中就不可能形成优势结论。据此,反抗行为在程度上的界限应是浮动的,并受制于抓捕所附随的暴力的性质及强度,暴力性质越恶劣、强度越大,抑制过限或不当暴力所需要的行为强度也就越大;暴力越轻微、强度越小,抑制过限或不当暴力所需要的行为强度也就越小。

第六,反抗行为在性质上属于超法规的违法阻却事由,是一种特殊的正当防卫。经过主客观两个层面的限缩,符合条件的反抗行为已然剥去了原有的犯罪外衣,而发展成为人权保障的合法性手段,那么,在刑法上又应如何评价反抗行为的性质呢?笔者认为,反抗行为在成立条件上与正当防卫基本一致,但又和刑法的明文规定略有出入,故应将之作为一类超法规的违法阻却事由,作为一种特殊的正当防卫以阻却反抗行为的违法性。理由在于:从前文对过限或不当抓捕的行为性质的评价来看,应将之界定为一种不法行为,即在过限或不当的情形下,抓捕所附随的暴力实际上就是一种不法侵害,同时,这种具有紧迫性的侵害是可以通过被抓捕者的反抗行为予以防御的,而这种防御在齐备了前述主客观要素后,就已然具备了成立正当防卫在客观上所需要的不法性、侵害性、现实性、紧迫性和对象的特定性这些客观要素以及防卫意识这一主观的正当化要素,但与一般的正当防卫不同,反抗行为在手段和强度上也即限度上的要求要明显强过于正当防卫。在正当防卫中,对“必要限度”的解释是制止不法侵害、保护法益的合理需要,也即只要是为制止不法侵害、保护法益所必需的,就是必要限度之内的行为。[①] 从《刑法》第20条第2款的意旨来看,正当防卫只要没有造成不应有的重大损害,就属于必要限度,这也就决定了正当防卫在限度上的要求更为温和、在手段上的选择更为宽泛,防卫工具也通常是由现场的客观环境决定的,防卫人只需要在

① 参见张明楷:《刑法学》(第4版),法律出版社2011年版,第201页。

现场获得最顺手的工具即可，一般不能要求防卫人在现场选择比较缓和的工具。[①] 而反抗行为由于是自身犯罪引起，存在被害人的过错，因此对防卫人的保障就只能是一种最低限度的保障，也就意味着在限度上被抓捕者不可能享受和普通公民同等的待遇，故在手段和强度上的要求就应更加严苛，其与一般正当防卫的区别在于：在程度上，正当防卫所损害的利益只要和所保护的法益之间相差不过大，就具有合法性；而反抗所损害的利益不能大于所保护的利益，更不能压制住抓捕行为。在手段上，正当防卫可以随机选择，且一般表现为暴力；而反抗则应尽可能回避暴力，只有在不得已的情况下才允许使用有限的暴力。这也就决定了反抗行为和正当防卫在刑法上的不同待遇，只能将反抗行为作为一种特殊意义上的正当防卫予以评价。

基于此，在实施了盗窃、诈骗、抢夺犯罪后，因遭遇抓捕而予以抗拒的就应区分两种情形予以认定，若是面对适当且必要的暴力抓捕，行为人施以暴力或以暴力相威胁的，无疑应构成事后抢劫；若是面对过限或不当的暴力抓捕，行为人为防卫自身而使用适度的暴力相反抗或以实施暴力相威胁的，不能评价为抗拒抓捕，也不能因为存在抗拒行为而将之转化为抢劫。因为被抓捕者在遭受不当或过限暴力时，仍然对其科以不合理的忍受之义务是和人权保障理念相冲突的，此时行为人所实施的反抗行为就不能被解释为逃避审判、躲避制裁，而只能解释为人基于自保之本能所作的反应。换言之，法律也不可能期待现行犯或重大嫌疑分子在遭受不当或过限的暴力时一味隐忍，这种义务即便是守法之善良公民也无法承受，更何况是本就具有一定人身危险性的现行犯或重大嫌疑分子。

### 三、结论：在以暴制暴与以暴抗暴之间的权衡

为了有效防范人权保障的风险，对刑法条文及其用语的解释应强调解释的保守性，也即一方面应在刑法理论上强调刑法必须坚持罪刑法定主义以及谦抑性、不得已性、最后手段性；另一方面应在立法上明确规定罪刑法定原则，以适当限制国家刑罚权以充分保障人权。罪刑法定原则的基本目标就是适当限制国家刑罚权以充分保障人权，其基本要求当然是刑法解释必须保守和内敛，反对过度解释和国家刑罚权的过度张扬。基于此，刑法解释的核心、出发点和归宿点均只能是保障人权，因为我们维护社会秩序价值本身的终极目标恰恰也在于保障人权。[②] 实践中，无论是拘留等法定的强制措施还是抓捕等"准强制措施"往往都会附随以不同程度的暴力，必要的暴力对于实现刑事诉讼目的是适当的也是不可避免的，其往往也是对犯罪尤其是暴力犯罪的一

---

① 参见张明楷：《刑法学》（第4版），法律出版社2011年版，第201页。

② 参见魏东主编：《中国当下刑法解释论问题研究——以论证刑法解释的保守性为中心》，法律出版社2014年版，第5~8页。

种积极回应,可以保证刑事诉讼的顺利进行,防止现行犯、重大嫌疑分子继续危害社会并对之产生必要的威慑。然而,过限或不当的暴力就是对被抓捕者人权的漠视与侵犯,因此,在以暴制暴的过程中,赋予被抓捕者在特定情形下以暴抗暴之权利就显得十分必要。基于此,对于《刑法》第 269 条所规定的“抗拒抓捕”一词的解释就必须基于保守的刑法解释立场进行必要的目的性限缩,准许有利于被告人出罪的客观解释、实质解释,对于符合限缩目的的反抗行为就不能解释为“抗拒抓捕”,从而方能合理权衡刑法实践中的刑法立法公正与刑法司法公正之间、秩序维护机能与人权保障机能之间的紧张关系,以最终达致在照顾刑法的一般公正、形式公正、秩序维护的前提下尽力实现刑法的个别公正、实质公正和人权保障。①

故在前述阿牛一案中,对阿牛两次暴力拒捕的行为就应作不同意义的解读。从前文所作的分析来看,阿牛第一次使用花盆砸向保安的行为只能被理解为刑法上的抗拒抓捕,并以此作为其行为性质发生转化的依据和理由,因为从此时保安抓捕行为的表现形式来看,仅是包围现行犯的方法,可以说既是必要的,也是适当的。这也就意味着阿牛此时应被科以忍受义务,不能实施反抗,否则就需要对其反抗行为进行法律上的评价,并进而导致行为性质的转化。而阿牛第二次使用花盆碎片刺向保安的行为则不能与第一次的拒捕行为作相同的评价。显然,在阿牛被控制住后事实上就已经达到了“准强制措施”所需要的效果,也即已经使阿牛受到拘束并使之服从,即意味着抓捕者此时并无实施进一步行为的必要,更不能借口抓捕而对阿牛实施所谓的“制裁”。基于此,保安在已经有效控制了阿牛过后对之实施的殴打行为也就必然构成对强制措施必要性的逾越,亦超出了干预公民权利的适当范围,此时阿牛所实施的反抗就应属于对权力恣意的防卫,具有合法性。具体可以通过比对前述反抗行为的特征来作判断:其一,反抗发生的原因是因为保安实施了不必要且不适当的过限抓捕行为;其二,反抗的对象是正在对阿牛实施殴打的抓捕者即保安;其三,反抗的方法、手段为使用花盆碎片划伤抓捕者的脚背,与保安对其所实施的殴打所可能导致的人身损害相比较,并无明显不当;其四,反抗的目的是防卫自身,避免遭受进一步的伤害。当然,从实际效果来看,阿牛的反抗行为并未能有效避免进一步的人身伤害,但是否实现了防卫之效果与能否实施防卫以及对防卫目的的判断并不冲突;其五,从性质上判断,阿牛的行为符合前述特殊意义上的正当防卫的构成。故阿牛第二次“抗拒抓捕”的行为并不能评价为事后抢劫中的“抗拒抓捕”,而只是针对过限或不当暴力的防卫,因此可以形成这样一种假设性判断,如果阿牛没有第一次的抗拒抓捕行为,其行为在刑法上只能被评价为盗窃罪,而非事后抢劫。

---

① 参见魏东主编:《中国当下刑法解释论问题研究——以论证刑法解释的保守性为中心》,法律出版社 2014 年版,第 125 ~ 126 页。

# 稿　　约

《刑法解释》是由四川大学法学院和刑事政策研究中心主办、法律出版社出版发行、专题研究刑法解释学和刑法方法论的连续出版物，由法学界学术泰斗和知名学者、司法实务界专家共同组成编辑委员会，由赵秉志教授和李少平大法官担任编委主任，魏东教授担任主编，暂定每年出版1～2卷。《刑法解释》以登载学术底蕴深厚、理论创新性突出或者实践指导性强、字数在2万字以上的原创性长篇大作为主，设置的主要专栏有"特稿""刑法解释学""刑法教义学""判例刑法学""外国与比较刑法学""书评"等。

《刑法解释》作为严肃的学术性连续出版物，主张严守学术规范，择善而从，择优而用。来稿请以WORD文档附件形式，发送邮件到以下邮箱地址：xingfajieshi@163.com；纸质文稿可寄送以下通信地址：四川省成都市双流区川大路四川大学法学院3007室，魏东(收)，邮编：610207。

《刑法解释》热切期待刑法学同人不吝赐稿，并请遵从下列写作技术规范：

一、论文的体例和标题的用法

(一)原则上不使用"章""节"等细目。

(二)一级标题编序原则上使用汉字表达，如：一、二。另行，前空二字。

(三)二级标题编序原则上使用汉字表达，如：(一)、(二)。另行，前空二字，行末不带标点。

(四)其他层次，用阿拉伯数字表达，如：1、2、；(1)、(2)。另行，前空二字。

正文标题排序中原则上不使用①、②等，如出现需以①、②等为标题层次时，即需对正文结构进行调整，避免层级过多。

(五)在自然段内出现要点列举时，可为：(1)、(2)；第一；其一；一般情况下接排。

二、注释的用法

(一)注释采用当页脚下注，注释号每页重新起算排序，用圆圈加阿拉伯数字①、②等。

(二)除特殊情况外，文中注号置于注处标点外右上角。

(三)引用资料非来自原始出处者，注明"转引自"。

(四)引文出自同一资料相邻数页者，采用注释例：第28页以下、第28～31页。

(五)引注作品重复出现时，需注释完整，不采用"同上注""同前注"等形式。

(六)作者为三人或三人以上的作品,首次引用时应显示全部作者,重复出现时可在第一作者之后加“等”字样。

注释例一(著作类):

《马克思恩格斯选集》(第2卷上册),人民出版社1972年版,第35页。

柴成文等:《板门店谈判》,上海人民出版社1989年版,第45~48页。

国务院发展研究中心:《中国农业报告》,中信出版社2001年版,第35页。

注释例二(期刊类):

赵白辰:《建构新经济制度》,载《中国社会科学研究》1993年第2期。

注释例三(文集类):

王民:《价格理论》,载张可主编:《经济学论集》,经济出版社1992年版,第33~39页。

注释例四(报纸类):

王启东:《法制与法治》,载《法制日报》1989年3月2日,第2版。

注释例五(网站类):

吴汉东:《论范式民法典中的知识产权制度》,网址:http://www. privatelaw. com. cn/cgi - bin/ztyj/view. asp? id =38,2015年1月1日访问。

注释例六(译作类):

[德]拉伦茨:《德国民法通论》,邵建东译,法律出版社2003年版,第1页。

[澳]依凡·谢瑞尔:《国内法院对国际法的查明和适用》,尤明青译,载《法商研究》1997年第5期。

注释例七(外文类):

从该语种的通常注释习惯。

三、法律法规等的用法

(一)法律名称前不需要加“中华人民共和国”字样,如不用《中华人民共和国刑法》,只需为“《刑法》”即可;但外国刑法名称除外。

(二)在专指某法典时,加书名号,其他叙述时不加书名号,如:《刑法》第5条规定……我国刑法所规定的故意杀人罪……

(三)涉及条款时,表述(示例)为《刑法》第292条第1款第(三)项。

(四)如文中多处出现名称较长的法律法规、规章、司法解释等,可于文前附缩略语表,文内统一使用简称。

(五)引用法条原文时,如和原文毫无差别,加引号;如有差别,不加引号。

四、数字的用法

(一)使用汉字的情况

定型词汇,如:八国联军,五四运动,白发三千丈,二八年华,五省一市。

民族纪年,如:腊月二十三,咸丰六年九月十日,日本平成七年。

概数和约数,如:七八十个,几千年,三十多个省份,约三千人。

非物理量,如:一个人,三本书,六条意见,五个百分点。

(二)使用阿拉伯数字的情况

统计数字,如:48　69%　1/4　1:50　-25.6　3.875。

时间,如:公元前8世纪　1949年10月1日　20世纪80年代　1970年代。

法条号,如:《刑法》第292条第2款,有期徒刑9年。

物理量,如:12m　100kg　45.8万元　11个月　4.9万册　12.4亿人。

《刑法解释》编委会
2020年6月16日

**图书在版编目(CIP)数据**

刑法解释. 总第6卷 / 魏东主编. -- 北京 : 法律出版社, 2021
ISBN 978-7-5197-5437-2

Ⅰ. ①刑… Ⅱ. ①魏… Ⅲ. ①刑法-法律解释-中国-文集 Ⅳ. ①D924.05-53

中国版本图书馆CIP数据核字(2021)第044686号

**刑法解释(总第6卷)**
**XINGFA JIESHI (ZONG DI-6 JUAN)**

魏 东 主编

责任编辑 周 洁 韩梦超
装帧设计 贾丹丹

**出版发行** 法律出版社
**编辑统筹** 司法实务出版分社
**责任校对** 周合芝 周诗湄
**责任印制** 胡晓雅
**经　　销** 新华书店

**开本** 787毫米×1092毫米 1/16
**印张** 20.5 **字数** 512千
**版本** 2021年5月第1版
**印次** 2021年5月第1次印刷
**印刷** 北京虎彩文化传播有限公司

地址:北京市丰台区莲花池西里7号(100073)
网址:www.lawpress.com.cn
投稿邮箱:info@lawpress.com.cn
举报盗版邮箱:jbwq@lawpress.com.cn

销售电话:010-83938349
客服电话:010-83938350
咨询电话:010-63939796

**书号**:ISBN 978-7-5197-5437-2
**定价**:56.00元

凡购买本社图书,如有印装错误,我社负责退换。电话:010-83938349